# I 総則・物権編

# Law Practice
# 民　法 ［第5版］

千葉恵美子＋潮見佳男＋片山直也 ［編］

# Civil Law

商事法務

# 第5版はしがき

2017（平成29）年の民法（債権関係）改正に続き，2018（平成30）年には，相続法改正（平成30年法律第72号），また，2021（令和3）年4月には，「民法等の一部を改正する法律」（令和3年法律第24号）によって民法・不動産登記法等の改正が行われ，また，「相続等により取得した土地所有権の国庫への帰属に関する法律」（令和3年法律第25号。以下「相続土地国庫帰属法」という）が新設されました。

そこで，こられの改正を踏まえて，本書を4年ぶりに全面的に改訂し第5版として刊行することにいたしました。

改訂にあたっては，初版のはしがきで述べた本書の執筆方針を維持することを確認した上で，編者3名で，改正民法の施行によってどのようなテーマを補充するべきか，また，これまでの項目に変更すべき点がないか慎重に検討いたしました。

協議を重ねた結果，新規のテーマを追加するとともに，これまでの項目についても，2017年の民法（債権関係）改正に基づく解釈論が展開されてきつつあることから，新しい判例の補充とともに，改正民法に基づいた解説の修正・補充を全面的に行うことにいたしました。この結果，本書は，すべて改正後の民法の条文に基づいて解説が行われています。

改正内容についてみると，2018年の相続法改正については『Law Practice 民法Ⅲ〔第2版〕』でも取り扱われていますが，財産法との関係で議論すべき点については，読者の理解を深めるために『Law Practice 民法Ⅰ』，『Law Practice 民法Ⅱ』でも適宜取り上げることにしました。一方，2021年改正では，所有者不明土地の増加等によって不動産の管理が十分でない状況が生じていることから，所有者不明土地の発生の予防とこのような土地の利用・管理の円滑化のために，不動産所有権を中心とした民事基本法および不動産登記制度の総合的な見直しが行われており，主に『Law Practice 民法Ⅰ』で取り上げました。

なお，2021年改正にかかる民法および不動産登記制度の改正部分については，2023（令和5）年4月1日から（ただし，不動産登記法の改正のうち，

相続登記の申請義務化および相続人申告登記に関する規定については2024年4月1日，住所等の変更登記の申請義務や所有不動産記録証明制度などについては，2026年4月28日までに），また，相続土地国庫帰属法は，2023（令和5）年4月27日から施行されます。

　改正民法によって新たな法規範として追加された条文の中には，解釈論が固まっていない点も多く，注文の多い編者からのお願いに，執筆者の先生方に丁寧にご対応いただきましたこと，編者一同，心より感謝申し上げます。「改正民法に即して事例問題を作成した上で，改正民法に基づいてどのように考えるのか」をわかりやすく解説するという難しい作業となりましたが，充実した内容の第5版を刊行することができますのも，ひとえに執筆者の先生方のご尽力の賜物です。

　また，この度も，㈱商事法務コンテンツ制作部の吉野祥子氏のご奮闘なしには，改正民法に基づいて全面改訂した本書を迅速に皆様にお届けすることはできなかったと思います。細部にわたるチェック，編者と執筆者の連絡・調整など，執筆者が多い本書の編集作業を精力的に行っていただき，さまざまにご支援・ご協力をいただきましたことを，この場を借りて厚く御礼を申し上げます。

　最後になりましたが，校正作業の段階で，本書の編者の1人であり，この間の民法改正作業の中で，大きな影響を与えてこられた潮見佳男教授が逝去されました。多忙な公務の中，潮見教授は，体系書の改訂作業を精力的に進められ，多くの改正について解釈の方向性を，また，民法学の体系にどのように位置づけられるのかを示され，残された課題を明らかにして下さいました。63歳という円熟期に急逝された潮見教授自身の無念さを想うとともに，潮見教授ともう議論ができない寂しさを感じております。30年余りになる交流を懐かしく思い出しながら，潮見教授のご冥福を心よりお祈り申し上げたいと思います。

2022年8月

編者を代表して　千葉惠美子

# 初版はしがき

　本書は，法律基本7法についての「基本的な知識の習得」と「実践的な応用力の育成」をコンセプトとする『Law Practice シリーズ』の1つとして企画されました。『Law Practice シリーズ』は，法学部の3年生・4年生および法科大学院の未修者コースの学生・法科大学院の既修者コースの受験をめざす学生を対象とする「自習用演習教材」です。

　本書には，2つの点で特色があります。

　『Law Practice シリーズ』では，原則として数名で共同執筆する方式がとられていますが，民法については，当該分野について造詣が深い63名の先生に執筆をお願いすることにいたしました。膨大な情報量と知識を必要とする民法については，このような方式のほうが，スタンダードで，かつ，質の高い演習書を作成することができると考えたためです。

　本書の編集にあっては，編者3名が協議を重ね，民法の財産法領域全体をカバーする100項目を選び，執筆者の先生に特に取り上げていただきたい事項や論点を抽出し，次の執筆方針を採用することにいたしました。

　第1に，基本判例をベースとしながら，当該事案に対する解答を導くために，民法の基本的な考え方をできるだけわかりやすく示すこと，第2に，解決に至る思考のプロセスを示すこと，第3に，判例の考え方をわかりやすく記述すること，第4に，判例・学説上，見解の対立がある場合には，見解の対立点がどこにあるのかに焦点を当てて記述すること，以上の点です。

　「注文の多い」編者からのお願いにもかかわらず，執筆者の先生には，適切で興味深い事例問題を作成していただき，問題の解決の道筋を示しながら，関連する判例（参考判例）の正確な理解や見解の対立点に深く言及していただきました。論点としては，すでに多くの解説などがある分野であっても，これまで教科書などで十分に記述されていない点や見過ごされてきた点などについて丁寧に論述していただきました。編者一同，執筆者の先生には，厚く御礼申し上げます。

　本書のもう1つの特色は，民事訴訟手続の中で，紛争の当事者が民法をどのように活用するのかという観点から，事案を作成し解説をお願いした点に

あります。「民事訴訟」という一般的には馴染みがない場面で，民法をどのように活用するのかを考慮した理由の1つは，もちろん，本書が，法科大学院の学生を読者としている点にありますが，より本質的には，訴訟での民法の活用を意識することが，民法についての体系的で正確な理解を促進される働きがあると考えたためです。

「民法を学ぶ」という段階から「民法を使う」という段階へ。

すぐれた料理人の包丁さばきを見た後は，読者自身が，本書と基本書と判例を参考に，自分で料理を実践してみることが肝要です。本書では，関連問題として，事例問題を発展・展開させた問題，他の関連領域を扱った問題などを作成してあります。関連問題についても，具体的な紛争を解決する醍醐味を味わっていただくことを期待しています。

本書が，初学者向けの信頼される演習書となることを編者一同願っています。

最後になりましたが，㈱商事法務書籍出版部の吉野祥子氏には，本書の企画段階はもとより，執筆者が非常に多くなった本書の編集作業を粘り強く行っていただき，また，編集者と執筆者の連絡・調整などにご尽力いただきました。吉野氏の奮闘なくして，本書は日の目を見なかったと思います。編者一同，この場をお借りして，心よりお礼申し上げます。

2009 年 8 月

千葉恵美子

潮見　佳男

片山　直也

## 1　法令名の表記

　2017 年改正分・2018 年改正分については，すべて現行法ということになるので，条数のみ（○条）。ただし，「2017 年改正前民法○条」「2018 年改正前民法○条」の場合，「2017 改正前○条」のように示す。

　また，民法および不動産登記制度の改正部分については，令和 5（2023）年 4 月 1 日から（ただし，不動産登記法の改正のうち，相続登記の申請義務化および相続人申告登記に関する規定については 2024 年 4 月 1 日，住所等の変更登記の申請義務や所有不動産記録証明制度などについては，2026 年 4 月 28 日までに），相続土地国庫帰属法は，令和 5（2023）年 4 月 27 日から施行される。上記改正について，2023 年 4 月 1 日の時点で施行されている条文を引用する場合には条数のみを，その時点で施行前の条文については，「○条〔未施行〕」と表記する。

## 2　判例の表示

最判昭和 45・9・22 民集 24 巻 10 号 1424 頁
→最高裁判所昭和 45 年 9 月 22 日判決，最高裁判所民事判例集 24 巻 10 号 1424 頁

## 3　判例集・雑誌等の略称

| | |
|---|---|
| 下民集 | 下級裁判所民事判例集 |
| 金判 | 金融・商事判例 |
| 金法 | 旬刊金融法務事情 |
| 刑集 | 大審院・最高裁判所刑事判例集 |
| 交民集 | 交通事故民事裁判例集 |
| 高民集 | 高等裁判所民事判例集 |
| 集民 | 最高裁判所裁判集民事 |
| ジュリ | ジュリスト |
| 新聞 | 法律新聞 |
| 判決全集 | 大審院判決全集 |
| 判時 | 判例時報 |
| 判タ | 判例タイムズ |
| 判評 | 判例評論 |
| 法教 | 法学教室 |
| 評論 | 法律学説判例評論全集 |
| 民集 | 大審院・最高裁判所民事判例集 |
| 民録 | 大審院民事判決録 |
| 論究ジュリ | 論究ジュリスト |

## 4　文献の略称

| | |
|---|---|
| 一問一答債権関係 | 筒井健夫＝村松秀樹編著『一問一答 民法（債権関係）改正』（商事法務・2018） |
| 環境百選 | 淡路剛久＝大塚直＝北村喜宣編『環境法判例百選〔第 2 版〕』（有斐閣・2011） |
| 講義 | 中田裕康ほか『講義 債権法改正』（商事法務・2017） |
| 潮見ⅠⅡ | 潮見佳男『新債権総論ⅠⅡ』（信山社・2017） |

# 目　　次

## ● Law Practice 民法Ⅱ巻【債権編】目次 ●

## ■編者紹介■

千葉恵美子（Chiba Emiko）
昭和 28 年生まれ。昭和 51 年北海道大学卒業
現在：大阪大学大学院高等司法研究科招聘教授
主著：集団的消費者利益の実現と法の役割（商事法務・2014）（共編著），
　　　新・シネマで法学（有斐閣・2014）（共著），キャッシュレス決済と
　　　法規整（民事法研究会・2019）（編著），アルマ民法 2：物権〔第 4
　　　版〕（有斐閣・2022）（共著）


潮見佳男（Shiomi Yoshio）
昭和 34 年生まれ。昭和 56 年京都大学卒業
元京都大学大学院法学研究科教授
主著：契約規範の構造と展開（有斐閣・1991），契約責任の体系（有斐閣・
　　　2000），契約法理の現代化（有斐閣・2004），新債権総論 I・II（信山
　　　社・2017），民法（全）〔第 3 版〕（有斐閣・2022），詳解相続法〔第 2
　　　版〕（弘文堂・2022）


片山直也（Katayama Naoya）
昭和 36 年生まれ。昭和 58 年慶應義塾大学卒業
現在：慶應義塾大学大学院法務研究科教授
主著：債権各論 I（弘文堂・2008）（共著），詐害行為の基礎理論（慶應義塾
　　　大学出版会・2011），財の多様化と民法学（商事法務・2014）（共編
　　　著），法典とは何か（慶應義塾大学出版会・2014）（共編著）

## 執筆者一覧（50音順）

秋山　靖浩（早稲田大学教授）→Ⅰ巻28・38
阿部　裕介（東京大学准教授）→Ⅰ巻54
池田　清治（北海道大学教授）→Ⅱ巻3
池田　雅則（成城大学教授）→Ⅰ巻56
石川　博康（東京大学教授）→Ⅱ巻15
石田　剛（一橋大学教授）→Ⅰ巻29・Ⅱ巻36
伊藤　栄寿（上智大学教授）→Ⅰ巻39・40
岩藤美智子（岡山大学教授）→Ⅱ巻22
臼井　豊（立命館大学教授）→Ⅰ巻16
大久保邦彦（大阪大学教授）→Ⅰ巻21・25
大澤　彩（法政大学教授）→Ⅱ巻1
大澤慎太郎（早稲田大学教授）→Ⅱ巻28
大塚　智見（大阪大学准教授）→Ⅰ巻18
大中　有信（同志社大学教授）→Ⅰ巻4
大場　浩之（早稲田大学教授）→Ⅰ巻33
岡本　裕樹（筑波大学教授）→Ⅰ巻15・Ⅱ巻30
荻野　奈緒（同志社大学教授）→Ⅱ巻10
尾島　茂樹（金沢大学教授）→Ⅰ巻23・Ⅱ巻23
笠井　修（中央大学教授）→Ⅱ巻21
※片山　直也（慶應義塾大学教授）→Ⅰ巻44・45・49・Ⅱ巻34
金子　敬明（名古屋大学教授）→Ⅰ巻22
鹿野菜穂子（慶應義塾大学教授）→Ⅰ巻13
鎌野　邦樹（早稲田大学教授）→Ⅰ巻5・6
川地　宏行（明治大学教授）→Ⅱ巻25
北居　功（慶應義塾大学教授）→Ⅱ巻7・12
久保　宏之（関西大学名誉教授）→Ⅱ巻19
窪田　充見（神戸大学教授）→Ⅱ巻53
栗田　昌裕（名古屋大学教授）→Ⅱ巻49
黒沼　悦郎（早稲田大学教授）→Ⅱ巻47
髙　秀成（大阪大学准教授）→Ⅱ巻24
小池　泰（九州大学教授）→Ⅱ巻54
古積健三郎（中央大学教授）→Ⅰ巻55
後藤　巻則（早稲田大学教授）→Ⅰ巻9
小山　泰史（上智大学教授）→Ⅰ巻57
三枝　健治（早稲田大学教授）→Ⅱ巻4

齋藤　由起（北海道大学教授）→Ⅰ巻26

※潮見　佳男（元京都大学教授）→Ⅱ巻8・11・26・56

七戸　克彦（九州大学教授）→Ⅰ巻32

下村　信江（近畿大学教授）→Ⅰ巻43

白石　　大（早稲田大学教授）→Ⅱ巻37・38

白石　友行（千葉大学教授）→Ⅱ巻9

水津　太郎（東京大学教授）→Ⅰ巻47

角田美穂子（一橋大学教授）→Ⅰ巻14

高須　順一（法政大学教授）→Ⅱ巻35

髙原　知明（大阪大学教授）→Ⅰ巻41

滝沢　昌彦（一橋大学教授）→Ⅱ巻40

田髙　寛貴（慶應義塾大学教授）→Ⅰ巻50・51

田中　教雄（九州大学教授）→Ⅱ巻13

※千葉恵美子（大阪大学招聘教授）→Ⅰ巻27・36・42・Ⅱ巻16

都筑　満雄（明治大学教授）→Ⅱ巻17

常岡　史子（横浜国立大学教授）→Ⅰ巻2

手嶋　　豊（神戸大学教授）→Ⅱ巻45

鳥山　泰志（東北大学教授）→Ⅰ巻48

長野　史寛（京都大学教授）→Ⅱ巻51

中原　太郎（東京大学教授）→Ⅱ巻50

難波　譲治（中央大学教授）→Ⅰ巻8

西内　康人（京都大学准教授）→Ⅰ巻7

野澤　正充（立教大学教授）→Ⅱ巻39

野々上敬介（龍谷大学准教授）→Ⅰ巻19

橋本　佳幸（京都大学教授）→Ⅱ巻48

平野　裕之（慶應義塾大学教授）→Ⅰ巻59・Ⅱ巻32

平林　美紀（南山大学教授）→Ⅱ巻31

深川　裕佳（南山大学教授）→Ⅱ巻29

福田　誠治（駒澤大学教授）→Ⅱ巻27

藤原　正則（北海道大学名誉教授）→Ⅱ巻41・42

松井　和彦（大阪大学教授）→Ⅱ巻6・14

松尾　　弘（慶應義塾大学教授）→Ⅰ巻30・31

松岡　久和（立命館大学教授）→Ⅰ巻35・53

松久三四彦（北海学園大学教授）→Ⅰ巻24

松本　克美（立命館大学特任教授）→Ⅱ巻5

水野　　謙（学習院大学教授）→Ⅱ巻52・55

宮下　修一（中央大学教授）→Ⅰ巻20

武川　幸嗣（慶應義塾大学教授）→Ⅰ巻11・12
村田　大樹（関西大学教授）→Ⅰ巻52・Ⅱ巻20
山下　純司（学習院大学教授）→Ⅰ巻1
山田　　希（立命館大学教授）→Ⅰ巻17
山野目章夫（早稲田大学教授）→Ⅰ巻58
山本　和彦（一橋大学教授）→Ⅱ巻33
山本　敬三（京都大学教授）→Ⅰ巻10
山本　周平（北海道大学准教授）→Ⅱ巻44
油納　健一（広島大学教授）→Ⅱ巻43
吉永　一行（東北大学教授）→Ⅰ巻3
吉原　知志（大阪公立大学准教授）→Ⅰ巻34
吉政　知広（京都大学教授）→Ⅱ巻2・18
和田　勝行（京都大学准教授）→Ⅰ巻46
和田　真一（立命館大学教授）→Ⅱ巻46
渡邊　　力（関西学院大学教授）→Ⅰ巻37

※は編者を指す。氏名・所属の後は担当の問題番号を指す。

# 総則・物権編

# 制限行為能力：未成年者

　Ａは，母親Ｂと２人暮らしであり，父親ＣはＡが幼い頃に他界している。Ａが16歳で高校に進学した2022年４月，Ｃの父親であり，Ａの祖父に当たるＤが死亡し，Ａが唯一の相続人として，Ｄの自宅土地建物（まとめて「甲」と呼ぶ）を相続した。

　2022年８月，Ａは，Ｂの承諾を得ることなくＥに甲を1000万円で売却する契約を締結し，Ｅは1000万円をＡに支払って移転登記をした。Ａは，受け取った1000万円のうち，100万円をＦに対する借金の返済に充てた。

　それから１年間に，ＡはやはりＢの承諾を得ることなく，残り900万円のうち，200万円をＧからバイク乙を購入する費用に充て，また300万円を遊興に使ってしまったため，残りは400万円になった。

　2023年９月，Ａは，乙の運転中に交通事故を起こして入院し，バイクは廃車となった。

　(1)　Ｂは，Ｇ・Ａ間の乙の売買契約を取り消して，200万円の返還を求めることができるか。なお，ＧはＡと契約をする時，Ａの年齢を特に確認せず，Ａもそのことを話題にしなかったものとする。

　(2)　Ｂは，Ａ・Ｅ間の甲の売買契約を取り消して，甲の返還を求めることができるか。取消しが認められるとした場合には，ＡがＥに対してどのような義務を負うか。なお，ＥはＡと契約をする際に，Ａが未成年であることを知っていたが，ＡがＢの同意を得てきたという誓約書にサインをさせて契約したものとする。

●】 参考判例 【●

①　最判昭和42・4・18民集21巻3号671頁

② 最判昭和44・2・13民集23巻2号291頁
③ 京都地判平成25・5・23判時2199号52頁

●】解説【●

## 1　未成年者の行為能力の制限

　行為能力とは，単独で法律行為をする能力のことである。

　人は，出生と同時に権利能力を認められ，権利義務の享有主体となることができるが（3条1項），自ら契約などの法律行為をするには，意思表示の時点で，意思表示をする能力（意思能力）を備えていなければならない（3条の2）。これは，内心的効果意思を欠いた状態で行われる意思表示や法律行為が無効であるからという説明の仕方もできなくはないが，むしろ事理弁識能力の低い者を不利益から保護するためであると説明するほうが適切であろう（意思能力の規定は，「法律行為」や「意思表示」の章ではなく，「人」の章に置かれている）。意思能力が備わるのは，法律行為を複雑さによっても異なるが，だいたい7歳から10歳ぐらいといわれている。このため，幼児などのした法律行為は，意思無能力ゆえに無効になろう。

　本問のAは高校生であるから，意思能力は備わっていると考えられる。

　しかし，人の成長はさまざまであるから，小学生，中学生と年齢が上がっていく中で，個別に，いつ意思能力が備わったと判断することは難しい。また反面で，若年者については，社会経験の乏しさから取引被害に遭う危険性も高く，高校生ぐらいになっても一定の保護が必要である。

　そこで民法は，人が成年になる年齢を一律に決め，その年齢に達しない未成年者については，意思表示の時点で意思能力を有していたとしても，単独では法律行為をできないという原則を定めている。成年の制限行為能力者（成年被後見人や被保佐人，被補助人）が，家庭裁判所の審判によって個別に行為能力を制限されるのとは対照的である。

　現在の民法では，18歳を成年年齢としている（4条）。このため，本問のAは甲の売却や乙の購入をした当時は，制限行為能力者であったことになる。発展問題でも，Aが契約をした時点ではまだ17歳だったのだから，やはり制限行為能力者だったことになる。

## 2 法定代理人による財産管理

このように，未成年者は行為能力を制限されるため，意思能力を備えていても，単独では法律行為をすることができない。このため，未成年者の財産管理に関する法律行為は，法定代理人が未成年者本人に代わって行うのが原則となる。

法定代理人とは，父母すなわち親権者，もしくは未成年後見人のことである。通常は親権者だが，親権を行う者がいない場合や親権者の管理権が喪失している場合などには，未成年後見が開始し，未成年後見人が就任する（838条1号）。

なお，婚姻中の父母の親権は，共同行使が原則とされているが，父母の一方が親権を行うことができないときは他の一方が行う（818条3項）。

法定代理人は未成年者の財産管理権を有しており（824条・859条），未成年者のために行った法律行為の効果は，未成年者に直接帰属する。法定代理人が未成年者のために代理行為をするのに，未成年者本人の承諾は必要ない。ただし，親権者や未成年後見人の利益と，未成年者の利益が相反する行為については，法定代理権が制限され，特別代理人の選任を家庭裁判所に請求しなければならない（826条・860条）。利益相反行為かどうかの判断は，外形的客観的に行われる（参考判例①）。

## 3 法定代理人の同意権

未成年者が自ら意思表示をして，単独で法律行為をするためには，原則として法定代理人の同意を得なければならない（5条1項本文）。同意を得ずにされた法律行為は，取り消すことができる（同条2項）。この場合の取消権者は未成年者本人，または法定代理人である（120条1項）。

ただし，未成年者が，「単に権利を得，又は義務を免れる法律行為」については，法定代理人の同意がなくても単独で行うことができる（5条1項ただし書）。未成年者の行為能力の制限は，本人の利益を保護する目的であるところ，このような行為は，未成年者の不利益にはならないからである。

また，法定代理人が目的を定めて処分を許した財産は，その目的の範囲内において，未成年者が自由に（法定代理人の同意なく）処分することができる（5条3項前段）。たとえば，予備校の学費として渡された金銭を使って予

備校への入学を申し込む場合に，あらためて親の同意をとる必要はない。目的を定めないで処分を許した財産を処分する場合も同じであり（同項後段），たとえば毎月の小遣いとして渡された金銭は自由に使うことができる。

　また，法定代理人から営業を許可された未成年者は，その営業に関しては，成年者と同一の行為能力を有する（6条1項）。ここでの営業とは，自らが独立して営利の事業を行う場合をいう。この場合に，個別の取引行為に法定代理人の同意をとっていては，営業が成り立たないからである。

　本問では，AはBの同意を得ることなく，甲の売却，乙の購入等の行為を行っているから，AもしくはBは，次の**4**で述べる事情がなければ，原則どおり取消権を行使できる。また発展問題でも，丙の購入はAが未成年の時点で行われているのだから，取消権を行使することができることになる。

### 4　相手方の保護

#### (1)　取り消しうる行為の追認

　未成年者が法定代理人の同意を得ずにした行為であっても，未成年者にとって有利な内容であれば，取り消されないこともある。このとき，相手方にしてみると，取消権を行使されるかどうか不確定な状況に置かれることになる。この状況を解消するため，民法は取り消すことができる行為も取消権者が追認の意思表示をすることによって，それ以降は，取り消すことができなくなることを定めている（122条）。取り消された行為は，初めから無効であるとみなされる（121条）が，追認により取消権が消滅することで，行為が有効であることが確定することになる。

　ただし，未成年者に単独で追認を許しては行為能力を制限した意味がないので，未成年者の行為について取消権が消滅するのは，ⓐ未成年者が成年に達した後にした追認（124条1項），ⓑ未成年者の法定代理人による追認（同条2項1号），ⓒ未成年者が法定代理人の同意を得てした追認（同項2号）の場合である。

　なお，追認ができる時以後に，取り消すことができる行為について，ⓐ全部または一部の履行，ⓑ履行の請求，ⓒ更改，ⓓ担保の供与，ⓔ取り消すことができる行為によって取得した権利の全部または一部の譲渡，ⓕ強制執行

のいずれかがなされると，法定追認が生じて，追認があったものとみなされる（125条）。

　本問では，Aは未成年者であるから追認権はなく，Bの追認の有無が問題になるが，Bに追認あるいは法定追認をうかがわせる事情はない。他方，発展問題では，Aが成年に達した後に未払代金を支払ってしまうと，法定追認になる可能性がある。

### (2)　相手方の催告権

　制限行為能力者の相手方は，制限行為能力者が行為能力者となった後に，その者に対して，1か月以上の期間を定めて，その期間内にその取り消すことができる行為を追認するかどうかを確答すべき旨の催告をすることができ，その期間内に確答がなければ，その行為は追認されたものとみなされる（20条1項）。

　また，制限行為能力者の相手方が，その法定代理人に対し，その権限内の行為について同様の催告をした場合にも，法定代理人が期間内に確答を発しないときは，その行為は追認されたものとみなされる（20条2項）。

### (3)　制限行為能力者の詐術

　制限行為能力者が行為能力者であることを信じさせるため詐術を用いたときは，その行為を取り消すことができなくなる（21条）。ここにいう詐術とは，自らが行為能力者であると相手方に誤信させるような行為，あるいは，同意権者からの同意を得たと相手方に誤信させるような行為のことであるが，どのような行為が詐術に当たるかは，条文上は明らかではない。かつては，積極的手段を用いるのでなければ詐術に当たらないとしていたが，現在の判例は，単なる黙秘は詐術には当たらないが，他の言動とあいまって，相手方を誤信させ，または誤信を強めたときは，詐術に当たるとする（参考判例②）。もっとも，多くの判例は，準禁治産者（現在の保佐人や補助人に該当する成年の制限行為能力者）の例であり，未成年者の詐術が認められた例は数が少ない。

　また，制限行為能力者が詐術を用いた場合に取消権が消滅するのは，詐術を用いた本人の財産保護より，それを信じた相手方の取引の安全の保護を優先するためである。そうすると，未成年者が虚偽の言動をした場合でも，相

手方がそのことを容易に知りうるような場合にまで，詐術と認める必要はないであろう。裁判例では，未成年者が契約書に虚偽の生年月日を記載したような場合や，年齢を偽った場合であっても，詐術には当たらないとしたものがある（参考判例③）。

小問(1)では，Ａは自らが未成年者であることをＧに告げていないが，Ｇも年齢を特に確認していなかったのであり，詐術に当たるとは考えにくい。小問(2)については，ＡがＢの同意を得てきたと述べたことを詐術とみる余地はないではない。もっとも，不動産売買のような重要な法律行為で，相手方が未成年者であることを知りながら，法定代理人の同意の有無を十分に確認せず，同意を得てきたという誓約書にサインをさせるという行為は，相手方は未成年者が詐術を用いている可能性を認識しながら，あえて契約をしたようにも評価できる。このような場合に，未成年者が詐術により契約をしたという主張を相手方に認める必要はないという考え方もありそうである。

## 5　取消しによる原状回復義務

取消権が行使されると，法律行為は初めから無効であったものとみなされ（121条），無効な行為に基づく債務の履行として給付を受けた者は，相手方を原状に復させる義務を負う（121条の2第1項）。ただし，行為の時に制限行為能力者であった者は，その行為によって現に利益を受けている限度において（現存利益の範囲で），返還の義務を負う（同条3項）。

給付を受けた原物が残っている場合には，それを返還することになるが，滅失または毀損していたとしても，その現状で返還することで足りることになる。原物を転売した場合などは，その代金として受け取った金銭の限度で利益を受けていることになるから，その代金額を返還すればよい。

金銭を返還すべき場合において，その金銭が取消前に費消されているときは，その返還範囲が問題になる。その金銭が遊興費に浪費されたように，取り消された行為がなければ，そのような金銭が費消されなかったという場合には，費消された分は現存利益がなく，返還を免れると考えられている。これに対して，生活費など通常の費消の場合は，日常の出費を免れたため，現存利益ありと判断される。

小問(2)で甲の売買契約が取り消された場合，ＡはＥに代金1000万円を返

還する義務を負うはずだが，200万円で購入したバイクは廃車になっているから現存利益はなく，遊興費として費消した300万円も現存利益はない。他方で，借金の返済に使った100万円は，債務の消滅という利益を受けているから，預金として残っている400万円と合わせて，現存利益ありと判断されることになると思われる。

■**発展問題**

2024年1月，Aの18歳の誕生日の1週間前に，AはHという業者に版画の購入の勧誘を受け，50万円する版画丙を購入する契約にサインをさせられた（Hから年齢は特に確かめられなかったものとする）。その後，丙を購入したことを後悔したAは，1週間後の18歳の誕生日の日に，Hに丙の売買契約はやめにしたいという内容の手紙をHに郵送したところ，代金支払請求訴訟を提起するという内容の内容証明郵便が送付されてきた。Aは，代金を払わなければならないか。

●】**参考文献**【●

＊坂東俊矢・消費者法判例百選〔第2版〕（2020）16頁

（山下純司）

# 2 制限行為能力：高齢者

Y（1939 年生まれ）は，2009 年頃から認知症の症状が現れ判断能力が著しく低下してきたため，子の A が事実上 Y の後見人としてその財産の管理を行っていた。X は，2004 年に Y の所有する甲建物を賃借して，以来そこで精肉店を営んでいる。Y が認知症になってからは，X からの賃料の受領や賃貸借契約の更新の交渉等は A が X との間で行っていた。

2019 年 1 月に甲建物を含む一帯の土地に B 会社が等価交換方式でビルを建設する計画が生じ，それに伴い甲建物は取り壊されることになった。その際，X はいったん甲建物から立ち退き，ビルの完成後に Y が取得する専有部分の建物（乙建物）を賃借するとの賃貸借の予約が XY 間でなされた。その際，A は，保管していた Y の実印や印鑑登録カードを利用して Y に無断で Y の代理人として賃貸借の予約を締結した。また，この契約には，Y の都合で賃貸借の本契約を締結することができないときは Y が X に 3000 万円の損害賠償金を支払うという特約が付されていた。2021 年 2 月にビルは完成したが，直前に A は X に対して賃貸借の本契約の締結を拒む意思を示し，さらに同年 3 月に Y に無断で Y の代理人として乙建物を 1500 万円で C に売却した。そこで，X は Y に対して特約に基づき損害賠償の支払を求める訴えを提起した。

一方，A は 2021 年 4 月に家庭裁判所に対して Y の後見開始を請求し，同年 5 月に家庭裁判所は後見開始の審判をして A を Y の成年後見人に選任した。そして，A は，X の損害賠償請求訴訟において，本件賃貸借の予約は無権代理であり，後見人としてその追認を拒絶するから無効であると主張した。この場合において，X による 3000 万円の損害賠償請求は認められるか。

## ●】参考判例【●

① 最判昭和 47・2・18 民集 26 巻 1 号 46 頁
② 最判平成 3・3・22 集民 162 号 227 頁
③ 最判平成 6・9・13 民集 48 巻 6 号 1263 頁
④ 最判平成 26・3・14 民集 68 巻 3 号 229 頁

## ●】解説【●

### 1 成年後見開始前の無権代理行為と後見人の追認・追認拒絶

　本問は，Y の所有する甲建物と等価交換で取得されることになる乙建物につき A が Y の代理人と称して X との間で賃貸借の予約をし，その後 Y について成年後見の審判がされ，A が後見人となったという事案である。賃貸借の予約の当時 Y に意思能力があり A に代理権を与えていたときは有効な代理行為があったといえるが，そのような事情なしに A が Y の実印や印鑑登録カードを利用して Y に無断で賃貸借の予約を締結したのであれば，これは A による無権代理となる。

　代理権をもたない者が本人の代理人として無権代理行為を行った場合，表見代理の要件を満たすか（109 条・110 条・112 条），本人が追認しない限り（113 条），本人にこの行為の効果は帰属しない。本人は追認するか否かの自由を有し，本人が成年後見の審判を受けているときは，成年後見人が法定代理人として追認または追認拒絶をする。

　民法は，精神上の障害により判断能力が十分でないため単独で有効な法律行為を行うことが制限される者を制限行為能力者とし，判断能力の程度に応じて成年被後見人，被保佐人，被補助人の 3 類型を設けている。この成年後見・保佐・補助制度は，高齢化社会におけるノーマライゼーションを目的とし，高齢者の自己決定と意思自治の尊重を図るべく 1999 年に禁治産・準禁治産に代わり設けられたものであるが，特に成年後見制度は，精神上の障害により事理弁識能力を欠く常況にある者という判断能力の最も不十分な段階の者を対象とすることから，後見人の職務には被後見人の財産の管理，生活・療養看護等に関する法律行為およびこれらに関連する身上保護上の事務

が含まれる（858条）。そして，被後見人の財産について後見人は広範な管理権および法定代理権を有し，代理人として被後見人の財産の売却や賃貸等を行うことができる（859条）。無権代理に対する追認権・追認拒絶権も，この民法859条の範囲内の行為として後見人が行使することができる。

　本問ではYに無断で乙建物の賃貸借の予約が締結され，その後Yは成年後見の審判を受けたのであるから，後見人が追認しない限り本件賃貸借の予約の効果が被後見人Yに及ぶことは原則としてない。しかし，本問では無権代理人であるA自身がYの後見人に選任されており，この場合，Aが自ら行った無権代理行為を本人Yのために追認拒絶することができるか，たとえ追認拒絶できるとしてもこれは信義則に反し許されないのではないかという問題が生じる。

　なお，1999年の民法改正で，成年後見人が被後見人の居住用不動産を処分するには家庭裁判所の許可を要するとする859条の3が新設された。後見人は被後見人の身上配慮義務（858条）を負い，居住の場は被後見人の身上面に重要な意味をもつことから，後見人の包括的な財産管理権・代理権に対する特則として置かれたものである。建物の解体や撤去は事実行為であるが，解体等を業者に依頼するときは請負契約などが締結されるのであり，裁判実務では処分行為に準じて許可を要する行為と扱われている。本問で甲建物が仮にYの居住用不動産であったとしたら，後にAがYの成年後見人に選任されたとしても，甲建物の取壊しに必要な家庭裁判所の許可がそもそもない点が問題となろう。民法859条の3の家庭裁判所の許可のない行為は無効と解されており（無権代理と解する少数説もある），無権代理人であるAの後見人就職を契機とするAによる追認拒絶の可否と無権代理行為の追完を論ずるまでもなく，原則として甲建物の取壊し，乙建物への建替え，Xへの賃貸の予約は無効と扱われるべきものと考えられる。

## 2　無権代理人と無権代理行為を追認拒絶できる者の地位

　無権代理人の地位と無権代理行為を追認拒絶できる者の地位が同一人に帰した場合，当該行為の追認拒絶が可能かについては，無権代理と相続の場合に同様の論点がみられる。特に，本問と類似するのは無権代理人が本人を単独相続したケースであり，判例は，本人と無権代理人との資格が同一人に帰

したことにより本人が自ら法律行為をしたのと同様の法律上の地位を生じたと解し，追認拒絶はできないとする（最判昭和40・6・18民集19巻4号986頁）。ただし，このような無権代理人の本人単独相続の事例を含め無権代理と相続［→本巻22］では，相続によって「無権代理人の地位」と「本人の地位」が同一人に帰属するときに追認拒絶が可能か，追認拒絶ができない結果この者自身に無権代理行為の効果が帰属するかが問題となるのに対して，本問では，無権代理人であるAの追認拒絶を認めない場合，無権代理行為の効果が被後見人である本人Yに帰属する点で，同一に考えることはできない。

　本問のAは，無権代理によりXと賃貸借の予約を締結した後，Yの成年後見人となった。前述1のように後見人は被後見人の財産に関する包括的な管理権および代理権を有し，無権代理行為の追認権・追認拒絶権も代理権の一環として後見人の権限に含まれる。ただし，後見人は被後見人の財産管理について善管注意義務を負っており（869条・644条），これに違反して被後見人に損害を与えた場合には損害賠償義務が生じる。このことからすれば，追認権・追認拒絶権の行使に際しても後見人は被後見人に対して善管注意義務を負うのであり，本問でAが無権代理行為を追認するか拒絶するかについても被後見人Yの利益を最も考慮して判断すべきであるといえる。それにより，Aは善管注意義務を尽くしたということができる。このように考えると，たとえA自身が無権代理人としてXと契約したとしても，後見人となったことによりAの法的地位に質的な変更が生じたとみることができ，後見人として本件賃貸借の予約の追認を拒絶することは妨げられないと考えることができる。Aの後見人就職前後の挙動の矛盾のみを捉えて，Aによる追認拒絶を否定する，ないしその追認拒絶が信義則に反するということはできないということである。これを踏まえたうえで，さらに，AがXとの間で行った無権代理行為をYの後見人として追認拒絶することが個別の事案の具体的事情からみて信義則に反するかどうかを検討する必要がある。

### 3　後見人による無権代理行為の追認拒絶と信義則

　後見人の広範な財産管理権および代理権に鑑みれば，被後見人の利益に合致し善管注意義務に反しない限り，無権代理行為の追認拒絶も原則として信義則違反には当たらないといえる。ただし，本問では，AはXと乙建物の賃

貸借の予約をするに当たり，Yの都合で賃貸借の本契約を締結できないときはYが3000万円の損害賠償金を支払うとの特約を付しながら，乙建物完成直前にXに対して本契約の締結を拒む意思を表示した。また，Aは，完成後の乙建物を1500万円でCに売却している。これらの事情のもとで，Aが後見人として賃貸借の予約の追認を拒絶することがYの利益に合致し，善管注意義務を尽くしたといえるかが検討されなければならない。そして，Aは，追認するか拒絶するかを実際に決すべき時点においてその時の状況やYの利益を考慮し民法859条の権限を行使すべきであることに鑑みると，追認拒絶が信義則違反に当たるか否かの判断もこの時点が基準となると考えられる。本問では，Aが後見人となった時点ですでに賃貸借の予約および乙建物のCへの譲渡という2つの無権代理行為がなされており，Aはこの2つの行為をするに至った事情をも踏まえたうえで，Yの利益と不利益を勘案し，Xとの賃貸借の予約を追認するか拒絶するかを判断することが求められる。

　後見人による追認拒絶と信義則違反の具体的判断について，判例には，ⓐ無権代理人が後に後見人となったことによって追認されるべき行為をした者とこの行為を追認すべき者とが同一人となり，ⓑ無権代理人が後見人就職前から事実上後見人の立場で財産管理をしていて，それにつき何ぴとからも異議がなく，ⓒ当該行為に関し後見人と被後見人の間に利益相反関係がないときは，信義則上後見人は無権代理行為の追認を拒絶することはできず，無権代理人が後見人に就職するとともに当該行為は本人に対して効力を生ずるとするものがある（参考判例①）。ただし，この参考判例①は事例判決であり，未成年者の財産を無権代理人から譲り受けた者と未成年者自身からその成人後に譲り受けた者との争いにおいて，両者が対抗関係に立つか否かの判断の前提として，後見人に就職した無権代理人の追認拒絶が信義則に反するかどうかに言及したものであって，未成年者である本人の利益の保護が問題となった事案ではない。したがって，成年後見人Aの追認拒絶をめぐり被後見人である本人Yと無権代理の相手方Xとの利益が直接対立する本問の事案にそのまま当てはまるとはいえない。

　本問により近いのは参考判例③である。参考判例③は無権代理人（本人の長姉）ではなくその妹（本人の次姉）が後見人に就職した事案であるが，後

見人が無権代理行為を追認拒絶することが信義則に反するかどうかの判断要素として，ⓐ契約締結に至るまでの無権代理人と相手方との交渉経緯および無権代理人が契約締結前に相手方との間でした法律行為の内容と性質，ⓑ契約の追認により被後見人（参考判例③では禁治産者）が被る経済的不利益と追認拒絶により相手方が被る経済的不利益，ⓒ契約締結から後見人就職までの間の契約の履行等をめぐる交渉の経緯，ⓓ無権代理人と後見人との人的関係および後見人が就職前に契約の締結に関与した行為の程度，ⓔ本人の意思能力につき相手方が認識しまたは認識し得た事実を挙げる。特に重要なのはⓑであり，本問でも無権代理行為の追認または追認拒絶による本人Yと相手方Xそれぞれの経済的不利益の比較考量が要となる。そして，そこでは，Aによる追認拒絶が信義則違反というためには，少なくとも本件賃貸借の予約がYにとってもその利益に適う合理的なものであることが前提となると解することができる。それにより，本問で3000万円の損害賠償金の特約が甲建物の賃借権を放棄するXの不利益に比して過剰であり，客観的観点からYにとって不利益な特約であった場合には，追認拒絶は妥当であって信義則違反に当たらないと考えられる。反対に3000万円の損害賠償金の特約が合理的であったときは，本件予約の締結に至ったAとXとの交渉の経緯（ⓐ），予約成立からAの後見人就職までの間のA側・X側の行為態様や信頼関係を破壊するような事情の有無（ⓒⓓ），Yの意思能力に関するXの認識可能性（ⓔ）等を考慮のうえ，Aによる後見人としての追認拒絶の可否を決すべきことになろう。

　なお，後見人による追認拒絶が信義則に反し許されないとされる場合であっても，後見人が当該無権代理行為を追認したものでない以上，被後見人に効果は帰属せず，相手方は催告権（114条）や取消権（115条）を行使できるにとどまるとする見解がある。しかし，判例と多数説は，この場合信義則上追認拒絶が認められない結果当該行為の効果は本人に及ぶ（すなわち追認を擬制する）と解している（参考判例①②）。

### 4　取引相手方の権利の保護

　ところで，一般に，後見人が無権代理行為の追認を拒絶すると当該行為は本人との間では無効が確定するが，相手方は，無権代理人に対して民法117

条の責任を追及することができる。すなわち，本問でAが賃貸借の予約の追認を拒絶した場合，相手方であるXは，無権代理人としてのAに対して特約の履行または損害賠償を求めることができる（同条）。また，本問でXは乙建物の賃貸借の予約と引換えに甲建物の賃借権を放棄しており，Aが賃貸借の予約を追認拒絶することによってYは乙建物についての賃借権の負担を免れる結果，Xの損失においてYが利益を得ていることになる。この場合，XはYに対して乙建物の賃借権評価額相当分を不当利得として返還請求できよう（703条）。

　このように無権代理の相手方保護のために民法上諸手段が用意されていることからすれば，Aによる追認拒絶を信義則違反とし本人Y自身に無権代理行為の効果を帰属させるのは，民法117条や703条による救済にとどまらない相手方Xの権利保護が要請される例外的場合であるとみることができる。参考判例③は，「後見人は，禁治産者を代理してある法律行為をするか否かを決するに際しては，その時点における禁治産者の置かれた諸般の状況を考慮した上，禁治産者の利益に合致するよう適切な裁量を行使してすることが要請される。ただし，相手方のある法律行為をするに際しては，後見人において取引の安全等相手方の利益にも相応の配慮を払うべきことは当然であって，当該法律行為を代理してすることが取引関係に立つ当事者間の信頼を裏切り，正義の観念に反するような例外的場合には，そのような代理権の行使は許されない」と述べており，この点について前述3参考判例③の⒜から⒠の要素は，後見人による追認拒絶が取引における正義の観念に反し信義則違反となる例外的場合に当たるかどうかの具体的判断基準を示したものということができる。

### 5　法定後見制度と任意後見制度

　本問は法定後見の事例であるが，もし先に任意後見契約が締結され登記されている場合には，家庭裁判所は本人の利益ために特に必要があると認めるときに限り，後見開始の審判等をすることができる（任意後見10条）。任意後見を選んだ本人の意思を法定後見に優先させる趣旨である。任意後見監督人が選任され任意後見契約の効力が発生した後に，本人の利益ために特に必要があると認められ法定後見開始の審判が確定したときは，任意後見契約は終

了する。反対に，すでに本人につき法定後見が開始している場合において，任意後見契約が発効したときは，法定後見が終了する（任意後見4条2項）。

　また，成年被後見人については時効の完成猶予に関する特則がある。すなわち民法158条1項は，時効の満了前6か月以内の間に成年被後見人に後見人がない場合，後見人の就職時から6か月を経過するまでの間は当該被後見人に対して時効は完成しないと規定する。成年被後見人に後見人が付されていない場合には時効中断措置をとることができず，その間に時効の完成を認めると被後見人の保護に欠けるためである。同条は，成年被後見人すなわち「後見開始の審判を受けた者」を対象とするが，判例は，成年後見の審判を受けていなくても，時効期間の満了前6か月以内に精神上の障害により事理を弁識する能力を欠く常況にある者について，少なくとも時効期間の満了前の申立てに基づき後見開始の審判がされたときは，同項が類推適用されるとする（参考判例④）。

----

**・・・・ 関連問題 ・・・・**

　本問のYは2010年頃まで1人暮らしをしていたが，ある日AがYを自宅に訪ね，たまたまYの預金通帳を見たところ，1000万円ほどあった預金がほとんどなくなっていることに気づいた。AがYに尋ねると，業者Dの催す宝石の展示会で宝石を買ったらしいことがわかった。家の中を探したところ大量の指輪やネックレス等と契約書がみつかり，この1年ほどの間にYはDの送迎車で10回以上展示会に行ってこれらの宝石を購入していたことが判明した。Yは若い頃から装飾品にあまり関心がなく，AはYが買った宝石を身につけているところをみたことはない。

　この場合において，YはDに対して宝石の返品と支払った代金の返還を求めることができるか。

----

**●】参考文献【●**

＊田中豊・最判解民平成6年度494頁／熊谷士郎・百選Ⅰ14頁

（常岡史子）

# 3 | 非営利法人と営利法人

　X・Yの2人は，他の10人ほどの有志とともに，法人Aを設立し，法律書の編集・販売を事業として行うこととした。代表者には，Yが就任した。Aが，株式会社である場合と，公益社団法人である場合のそれぞれについて，次のような問題を考えてみよう（いずれの場合も，YがAの事業を決定・実施するに際して，法律や定款に定められた手続は満たされていたものとする）。

　なお，Aが株式会社である場合には，その目的は法律書の編集および販売であり，Xは株主の1人，Yは株主兼代表取締役であるものとする。また，Aが公益社団法人である場合には，その目的は，法律知識の普及・啓発活動を行うことにより社会の健全な発展に貢献することであり，Xは社員の1人，Yは社員兼代表理事であるものとする。

　⑴　Yは，Aの知名度の向上に向けた事業として，全国の法学部生から法律ゆるキャラのアイディアを募集するコンテストを開催することにし，イベント会社Bに開催費用として300万円を支払った。Xは，このイベントがAの目的の範囲から外れたものだと考えており，Bへの費用の支払は，Aに損害を与えるものだと考えている。この場合Xは，Yに対して，Aに対する損害賠償をするよう請求できるか。

　⑵　Yは，法学教育の推進に関する基本法の制定を目指す政党Cに対して，Aから300万円の政治献金を行った。Xは，この政治献金がAの目的の範囲から外れたものだと考えており，Cへの政治献金は，Aに損害を与えるものだと考えている。この場合Xは，Yに対して，Aに対する損害賠償をするよう請求できるか。

## ●】参考判例【●

① 最判昭和 27・2・15 民集 6 巻 2 号 77 頁
② 最判昭和 45・6・24 民集 24 巻 6 号 625 頁
③ 最判平成 8・3・19 民集 50 巻 3 号 615 頁

## ●】解説【●

### 1　営利法人と非営利法人

#### (1)　株式会社と公益社団法人

　株式会社は，構成員である株主に利潤を分配することを目的とする法人であり（会社 105 条参照），そこには収益を上げる事業（事例では法律書の出版）を行うこと自体が目的として掲げられている。このように，私益を追求し，そこで上げた利潤を構成員に分配することを目的とした法人を，営利法人という。

　営利法人以外の法人は，非営利法人という。非営利法人の典型例は，私益ではなく公益を追求し，利潤の分配も禁止されている公益社団法人である。公益社団法人では，構成員である社員に利潤を分配することは禁止されている（一般法人 11 条 2 項・35 条 3 項）。行う事業も，法人の（あるいはその構成員の）私益を追求するようなものではなく，社会全体に恩恵をもたらすような公益（事例では法律知識の普及・啓発活動を通じた社会の健全な発展）を目的としたものでなければならない（公益法人 2 条 4 号・4 条参照。法律書の編集・販売は，この目的実現のために行う事業と位置づけられる）。

#### (2)　さまざまな非営利法人

　しかし，非営利法人に分類される法人には，公益社団法人（あるいは公益財団法人）以外にも，一般社団法人（一般財団法人），特定非営利活動法人（いわゆる NPO 法人），農業協同組合（農協）や消費生活協同組合（生協）といった協同組合など多種多様なものがある。そして，その中には，公益ではなく構成員の利益を目的とする法人や，利潤を構成員に分配することが許されている法人もある。たとえば，農協は，組合員である農業経営者の利益を目的とする法人であり，社会全体に恩恵の及ぶような公益を目的としている

わけではない（農協7条1項・10条）。また，農協は，株式会社と同様に，出資をした組合員に対して剰余金を配当することも許されている（同法52条）。しかし，それでも農協は，ⓐ行うことのできる事業が法によって限定されており，ⓑ活動の主目的が事業によって収益を得てそれを配当することではなく組合員への助成（技術向上の指導，必要資金の貸付け，施設や物品の共同利用など）であることなどを理由に，株式会社とは性質が異なるものとして，非営利法人に位置付けられている。

### 2　法人の目的：目的外の行為の効力

#### (1)　判例：権利能力制限説

　営利法人と非営利法人の区別は，法人の行った行為が法人の目的の範囲内にあるといえるか否かについての判断方法に影響するといわれている。もっとも，上に述べたように，非営利法人にはさまざまな種類のものがあり，営利法人と似た側面をもつものもあることを考えると，その区別が絶対的なものであるとか，非営利法人であるということから確定的な結論を得ることができるとかいったように考えるべきではない。その説明に当たって，まずは法人の目的をめぐる法的ルールを確認しよう。

　株式会社でも公益社団法人でも，あるいはその他の法人でも，法人の設立には，その法人の目的を定める必要がある（株式会社について会社27条1号，公益社団法人について一般法人11条1項1号）。本問の場合，株式会社であれば「法律書の編集・販売」が，公益社団法人であれば「法律知識の普及・啓発活動を通じた社会の健全な発展」が法人Aの目的である。そして，法人は，その「目的の範囲内において，権利を有し，義務を負う」ものと定められている（34条。なお平成18年の一般法人法制定と同時に行われた民法改正の前は43条に規定があったが，ここでは平成18年改正前民法43条も含む意味で「民法34条」と呼ぶこととする）。

　この条文の意味をめぐっては，学説上の争いがあるが，判例は，この規定を文字どおりに理解し，「目的外の行為を法人がしても，そこから生じる権利や義務は法人に帰属しない」（「目的外の行為は無効である」と表現されることもある）ことを定めたものだと解釈している。この立場は，民法34条を，法人の権利能力が法人の目的の範囲内に制限されていることを定める規定と

理解するものである。

(2) その他の学説

　もっとも，このように解すると，目的外の行為の効力が法人に帰属する可能性は一切否定されることになる。目的外の行為であると知らずに法人との取引に応じた相手方は，不測の損害を被ることがあり，取引の安全が害されることとなる。

　そこで，判例とは異なり，民法34条の規定を，取締役や理事の代理権（代表権）を制限するものと理解する見解もある（古くは，「法人の行為能力が制限される」と表現された）。この説によれば，目的外の行為は，法人にとって無権代理になるので，表見代理などによる相手方の保護を一定程度図ることができるようになる（もっとも法人の目的は，定款に明記されて誰でも知りうるものであることから，相手方が無過失である場合は稀で，実際には相手方が保護を受ける可能性は小さいとも指摘されている）。

　さらに，商法における通説は，株式会社を念頭に，法人が目的の範囲外の行為を行っても，その行為の効力は何らの影響を受けることもなく，ただ，取締役（や理事）の法人に対する職務違反としての責任（損害賠償や懲戒処分）を生じさせるだけだと理解する。この説によれば，相手方は常に保護されることになる。大量の取引を迅速に行う商取引の世界では，取引の安全を図る要請が非常に強いことを反映した説である。

　こうした反対説も有力ではあるが，ここではまず，判例の立場を理解することを目標にして，これらの学説についてこれ以上詳しくは立ち入らないことにしよう。

3　法人の目的の範囲の決定

　それでは，ある行為が法人の目的の範囲内にあるか否かは，どのような基準に照らして判断するのだろうか。

(1) 「業務の遂行に必要な行為」という基準

　まずいえることは，定款に書かれた目的を文字どおりに理解して，そこに狭く限定するというのは非現実的であるということである。たとえば，「法律書の編集・販売を行うこと」を目的とした法人は，出版した本を新聞広告で宣伝することも，さらには事業資金の融資を銀行から借り受けることも，

いずれも目的にいう「編集・販売」に当たらないからできないというのでは，厳格にすぎる理解だろう。

　判例も，目的となる業務の遂行に必要な行為となりうるものは，その法人の目的の範囲内の行為となると理解している。さらに，その際，業務の遂行に「必要」といえるか否かは，問題となる行為をした状況のもとで現実に必要であったかを具体的に検討するのではなく，「定款の記載自体から観察して，客観的に抽象的に必要であり得べきかどうかの基準」に従って判断するべきであるとしている（参考判例①）。

　小問(1)に照らして，この基準のもつ意味を考えてみよう。「法律ゆるキャラ」を募集するという企画はやや安易なように感じられ，法律の専門家や法学部生の関心を集めるかはやや怪しくもあり，成功の見込みが薄い（かもしれない）。その意味では法人Aにとっては必要のない行為であるように感じられるかもしれない。しかし，判例が判断基準としているのは，そのような具体的な場面における現実の必要性ではなく，およそそうしたキャンペーンを行うことが，「法律書の編集・販売」あるいは「法律知識の普及・啓発活動を通じた社会の健全な発展への貢献」という目的の遂行のために必要となる可能性があるかという点である。そのような客観的・抽象的な意味で，目的遂行のために必要だといえるのであれば，その行為は法人の目的の範囲内にあるといえ，取締役または理事が「目的外の行為をして法人に損害を与えた」として責任を追及されることはないと解することができる（もっとも，キャンペーンを行うという経営判断自体が，取締役や理事として果たすべき注意義務の水準に達しないようなずさんなものであったということになれば，そのことを理由とした責任追及はありうるが，法人の目的をめぐる話とは別の問題である）。

## (2) 営利法人の場合

　そして判例は，営利法人である株式会社については，この判断基準を非常に広く解釈しており，およそある行為が法人の目的の範囲外だとされることがほぼあり得ないとも指摘されている。そうした指摘の根拠とされるのが小問(2)のような政党への政治献金を会社の目的の範囲内の行為であると判断した判例（参考判例②）である。

判決のなかで，最高裁は，会社もまた自然人と同様に社会的実在なのであるから，それとしての社会的作用を負担せざるを得ないとして，社会的作用に属する活動（たとえば災害救援資金の寄付など）を行うことが，間接的ではあるが目的遂行のために必要だといえると述べる。そして，会社が政党に政治資金を寄付することは，議会制民主主義を支える不可欠の要素である政党の健全な発展に協力するものとして，会社に期待された行為であると指摘する。これらを前提に，会社による政治献金も，会社の目的の範囲内の行為であると判断した。

(3) 非営利法人の場合

次に，非営利法人についてであるが，判例は，一般論としては，営利法人の場合と同じく，業務の遂行にとって客観的・抽象的にみて必要といえるかという基準が適用されるとしている。しかし，目的の範囲外の行為であるとして当該行為を無効にした例もあり，営利法人の場合のように，目的の範囲を事実上無制限に拡大して捉えているわけではない。

もっとも，2点に注意が必要である。第1に，先に述べたとおり，非営利法人にはさまざまなものがあるのだから，どのような非営利法人でも同じような判断がされるわけではない。たとえば一般社団法人・一般財団法人（さらにはこれらの法人を母体にして設立される公益社団法人・公益財団法人）の場合には，株式会社と同様に法人の目的に法律上の制約がないことなどを理由に，目的の範囲を拡大して捉えることに厳しい制約を課す必要はないという指摘もある（佐久間毅『民法の基礎(1)総則〔第5版〕』〔有斐閣・2020〕363-364頁）。

第2に，判例をみると，たとえば農協が組合員以外の者に金銭の融資（員外貸付）を行ったというケースについて，その行為を無効にしたものと有効にしたものとが分かれている。つまり，同種の法人の同種の行為でも，個別の事件の具体的事情に応じて判断が分かれうる。

では，具体的には，どのような事情があると法人の行為が目的の範囲外として無効にされているのか。2つの判例を例に挙げてみていくこととしよう。

## ⑷ 非営利法人の行為が目的の範囲外として無効にされた判例

第1の判例は，農協の理事長が農協の行為として，組合員以外の者に対する金銭の融資（員外貸付）を行ったというケースで，これが法人の目的外の行為であり無効になると判断したものである（最判昭和41・4・26民集20巻4号849頁）。

員外貸付は，農協の財産の維持や組合員の利益を脅かす可能性がある行為であり，農業協同組合法10条に規定された農協の事業にも含まれていない。しかし，判例は，それだけで，員外貸付を無効と判断しているわけではない。むしろ，農協の経済的基盤を確立するために組合員ではない取引業者に事業資金を貸し付けたというケースで，その員外貸付を有効とする判例もある（最判昭和33・9・18民集12巻13号2027頁）。

員外貸付が無効と判断されたケースで，最高裁は，当該員外貸付が，農協の目的事業とはまったく関係ないものであったこと，その融資が組合の定款に違反することを代理理事も相手方も知っていたことを指摘している。行為が法人やその構成員の利益にどのような影響を与えるかという点とともに，取引の安全にも配慮をしながら，具体的な事実関係ごとの判断が行われているものと評価することができる。

第2の判例は，小問⑵のような政治献金に関するものである。税理士会が税理士法改正運動の資金とするために政治献金を行うこと（正確には，その献金のために会員から特別会費を徴収する旨の総会決議をすること）が目的の範囲外の行為となる旨を判示した判例がある（参考判例③）。

その判示に際しては，税理士会の特殊な性格が指摘されている。すなわち，ⓐ税理士会の目的が，法において直接具体的に定められていること（このため税理士会の目的は会則の必要的記載事項とされていない。税理士49条の2第2項），そしてⓑ税理士は税理士会に入会していなければ税理士業務を行うことができないとされており（税理士52条），税理士会への入会が間接的に強制されていること（税理士会が「強制加入団体」であると表現する）が指摘されている。特にⓑの点は，会員である税理士に実質的には脱退の自由が保障されていないため，会員の思想・信条の自由との関係を考慮することが必要だと指摘されており，政治献金を法人の目的の範囲外の行為だと判断す

る重要な根拠となっている。

┌ **関連問題** ┐

　(1)　本問において法人Aが公益社団法人であったとする。代表理事のYが，自己の個人的な借金の穴埋めをするためにAを代表してAの事業資金として銀行から金銭を借り入れたという場合，Aは，この借入行為が法人の目的の範囲外の行為であるから無効だとして，その支払を拒否することができるか。

　(2)　本問において法人Aが公益社団法人であったとする。Aは，前年に発生した大震災からの復興を支援するために，社員から特別会費を徴収し，それを義援金として寄付するという決議を可決した。社員の1人Xは，この決議は法人の目的の範囲外の行為であるから無効だとして，特別会費の支払を拒否することができるか。
└ ┘

●】**参考文献**【●

＊原田昌和ほか『民法1（START UP）』（有斐閣・2017）17頁〔山口敬介〕／後藤元伸・百選Ⅰ16頁／松尾弘・百選Ⅰ〔第6版〕（2009）16頁

（吉永一行）

# 4  理事の代表権の制限

　A同窓会は，A大学の卒業生間の交流と親睦を図る団体で，一般社団法人として，2015年4月1日に法人格を取得し，また理事会を設置して，Bを代表理事としていた。A同窓会には，会の拠点となる建物とその敷地のほか，かなりの不動産資産を持っていたが，それとは別に会員の親睦のための簡易施設として建物甲とその敷地乙も所有していた。

　2021年6月ころ，Bのもとを訪れた不動産業者Cが「甲と乙を代金500万円で購入したい」ともちかけた。Bはこの施設が現在ほとんど使われていないことを考え，売却したいと思ったが，「定款にはA同窓会が不動産を取得・処分するためには，理事会の決議が必要である旨の定めがある，少し待ってほしい」と答えた。

　2021年7月18日，Bは「先の理事会で，甲と乙の売却について決議された，まだ議事録はできていないが，当日のメモはある」と述べて，鉛筆書きの議事次第を提示した。そこには「不動産処分の件」との記載があった。Cは，Bが地元の名士であったため，それ以上疑うことはなかった。そこで，同日，内金として50万円をBに交付するとともに，同年8月1日に残代金を支払い，甲・乙の登記をCに移転することを決め，契約書を作成した。

　Cは，8月1日にA同窓会の事務局を訪れたが，Bは不在であった。CがA同窓会の事務職員に尋ねたところ，理事会で甲・乙の処分について話し合われたことはないとの説明を受けた。納得できないCは，450万円の支払と引換えに，A同窓会に対して，A・C間の売買契約に基づいて甲・乙の所有権移転登記を請求した。これに対して，A同窓会はどのような反論をすることができるか。

●】参考判例【●

① 最判昭和 60・11・29 民集 39 巻 7 号 1760 頁
② 最判平成 21・4・17 民集 63 巻 4 号 535 頁
③ 最判平成 6・1・20 民集 48 巻 1 号 1 頁
④ 最判昭和 50・7・14 民集 29 巻 6 号 1012 頁

●】解説【●

## 1 代表理事の代表権

　Ｃは，2021 年 7 月 18 日に締結された A 同窓会との間の売買契約（以下，「本件売買契約」という）に基づいて，建物甲とその敷地乙の所有権移転登記を請求している。したがって，代表理事である B が C との間で締結した本件売買契約の効力が A 同窓会に及ぶのかどうかが問題となっている。仮に，C が甲・乙の所有権に基づいて移転登記を請求した場合でも，所有権の取得原因である本件売買契約の有効性が問題となるから，移転登記請求が認められるかどうかは，いずれにせよ本件売買契約が有効かどうかという問題に帰着する。

　ところで，法人の理事は，原則として法人内部においてはその業務を執行するとともに（一般法人 76 条），対外的には各理事が法人を代表する（同法 77 条 1 項）。

　法人が，理事会を設置した場合には，代表理事を定めなければならない（一般法人 90 条 3 項）。そして，この代表理事は法人の業務に関する一切の裁判上または裁判外の行為をする包括的権限を有している（同法 77 条 4 項）。

　本問では，代表理事である B が A 同窓会の所有する建物甲とその敷地乙を C に売却しており，B には包括的な代表権があるのだから，その効力は A 同窓会に及びそうである。他方，A 同窓会は，定款で不動産を取得・処分するためには，理事会の決議が必要である旨定めて，代表理事の代表権を制限しており，B は理事会の決議を経ないで本件売買契約を締結している。本問を考えるうえでは，定款によって代表理事の代表権が制限されている場合，これに反する行為の効力が法人に及ぶかどうかが，まず問題となる。

## 2 任意的制限に反する行為の効力

代理事の代表権を制限する内容の社員総会決議や定款の定めがあるにもかかわらず，それに反する行為が行われた場合，代表理事が法人を代表して行った行為は，どのような効力をもつのだろうか。法人による任意的な制限について，一般法人法77条5項（同様の規定は会社法349条5項にも置かれている）は，理事や代表理事の包括的権限に制限を加えても，善意の第三者に対抗することができないと定めている。

この規定は，2006年改正前民法54条（以下，本問ではこれを「旧54条」という）を引き継ぐものであるとされている。この民法旧54条についての判例の考え方をみておこう。

### (1) 判例の立場

最高裁は，漁業協同組合（協同組合法によって法人格がある）がその定款で「固定資産の取得又は処分に関する事項」を理事会の決定事項の1つとして掲げているにもかかわらず，理事会の決定を経ないで，組合長理事が漁業協同組合の不動産を処分したという事案で，「善意」とは理事の代表権に制限が加えられていることを知らないことであると解したうえで，その主張・立証責任は，第三者の側にあると述べた（参考判例①）。

総会の決議によって代表権が制限されている場合は，法人の外部からはそのような制限が示されているわけではないし，定款によって制限されている場合も，代表権の制限は公示されているわけではない。また，一般社団法人と取引をする相手方は，代表権の制限がないか定款によってみなければ，確実な取引が行えないのであれば，取引の安全を害することになる。そこで，相手方の保護要件は，条文の文言どおり「善意」でよく，無過失までは要しない。

そして，総会決議や定款による任意的な制限がある場合，代表理事の代表権は制限されて，これに反する代表者の行為は法人との関係で無権代理であり，民法旧54条（またそれを引き継いだ一般法人法77条5項）の規定によってはじめて効果が法人に帰属すると考えられることから，相手方は，善意であることを主張してはじめて，自らの権利を基礎づけることができる以上，その主張立証責任は相手方が負うものと考えられるからである。

### ⑵ 学説

これに対して，学説上は，むしろ法人の側が，相手方の悪意を主張立証すべきであるという考え方が有力に主張されている。そもそも法人の代表者は，法人の対外的な関係において包括的な代理権をもっていることが出発点なのであり，それが制限されていることについて相手方が知っていることは例外的なのだから，そのときに限り無権代理になると捉えて，法人に効果が帰属しないものと考えるわけである。したがって，原則として効果が法人に帰属するところ，それが阻却される事由として相手方の悪意について法人に主張立証責任を負担させるべきだと考えるのである。

### ⑶ 本問の場合

本問では，Ｂは，理事会の決議がないにもかかわらず本件売買契約を締結しているのだから，定款の制限に違反している。したがって，Ｃは一般法人法77条5項に基づいて，本件売買契約の効力がＡ同窓会に及ぶことを主張することになる。

この主張の当否を考えるに当たっては，ＣがＢから直接，定款に理事会の決議が必要であるとの説明を受けていることをどのように評価するかが問題となる。

### 3　相手方が代表権の制限について悪意である場合の表見法理による保護

さて，相手方が法人内部の代表権の制限について知っている場合，もはや一般法人法77条5項による保護は与えられない。

しかし，任意的制限について悪意であった場合でも，相手方が何らかの事情で，代表者が定款に定められた手続を踏んで取引を行っていると正当に信頼した場合は，その信頼を保護する必要がある。

任意的な代表権の制限が存在することに気づかなかったために，結果的に制限があることについて善意であった場合は，行為が有効に法人に帰属することが認められるのに対して，任意的制限について気づいた，いわばより注意深いともいえる相手方が，法人内部の手続が行われたと誤信したために，まったく保護されなくなるのは，適切ではないからである。

そこで，判例・学説は一般に，この場合に，民法110条を類推適用して，

当該行為が法人内部の手続等を経て適法に行われたと信じ，そう信じることについて正当な理由がある場合，行為が有効に法人に及ぶことを主張できると考えている。

民法110条は，本来与えられた代理権とは異なる行為をした場合に適用されるが，この場合には，本来与えられた包括的代表権が制限され，その制限を知っていたために，無権代理となるのであるが，代表理事には基本となる代理権があり，その代表権が及ばない行為を行ったという点に類推の基礎を見出しているものといえよう。

民法110条の類推適用を認めると，相手方は法人内部での手続が行われたと信じたことにつき過失がない場合に，そのことを主張立証すれば，保護されることになる。したがって，適切な手続がとられたということについて，文書等で代表者が示し，その文書等が真正なものである場合には原則として過失がないといえるが，文書が通常と異なるなど，特段の事情がある場合には，相手方には調査義務が生じ，それを怠った場合には，過失があったものと判断されることになろう。

本問では，CはBから鉛筆書きの議事次第をみただけで，甲・乙の売却について理事会の決議があったものと誤信して，実際に理事会で決議されたかどうかについては，調査をしていない。鉛筆書きの議事次第が不自然なものであるという点，またCが不動産取引を業として行っている専門家であることが特段の事情に当たるかどうかを踏まえ民法110条の類推適用が認められるかどうかを考える必要がある。

### 4 法定決議事項による代表権の制限

法律が一定の事項について，決議を要求しているために，代表権が制限される場合がある。重要な取引についての理事会の決議（一般法人90条4項）と事業全部譲渡の場合の社員総会の決議（同法147条・49条2項5号）などがそれに当たる。

理事会設置一般社団法人の場合，代表理事が一般法人法90条4項に列挙された重要な行為をする場合には，理事会の決議が必要であることを定める。これは，会社法362条4項の内容が一般法人法にも規定されたものである。この場合，相手方が保護されるのはどのような場合か。

## ⑴　判例の立場

　会社法についての判例は，重要な財産について決議を経ないで，取引が行われた場合，これは法人の内部的な意思決定を欠くにすぎないから，決議を経ないで行われたとしても，その行為は原則として有効であり，取引の相手方が決議を経ていないことを知りまたは知りうべかりしときに限り無効になると解している（参考判例②）。したがって，判例の見解に立てば，法人が相手方の悪意有過失を主張立証すべきだということになり，この場合は，もはや一般法人法77条5項は，適用されない。

## ⑵　学説

　しかし，このような判例に対しては，有力な反論がなされている。判例は，法定決議事項について法人が手続を踏んでいないことは，単なる内部的な瑕疵であって，軽微なものとみているが，相手方の保護要件は，善意無過失であり，厳しい要件が課されている。これに対して，代表権が制限されると考えられている任意的代表権の制限があった場合には，相手方は善意のみで保護されるという転倒現象が起きているというのである。

　むしろ，一般法人法90条4項の制限は，単なる内部的な意思決定の瑕疵ではなく，代表権の制限にほかならないと捉えたうえで，当該行為の法人にとっての重要性に鑑みて，相手方の保護要件を善意ではなく，善意無過失とすべきだと考え，自らの善意無過失を相手方が自らの善意無過失を主張立証すべきだとする。

## ⑶　重要な財産の処分および譲受け

　従来判例が，代表権の任意的制限として問題としてきた事例群は，定款によって法人の不動産その他の売却について理事の代表権を制限するものが主要な例であった。そうすると，法人の有する不動産のうち，一般法人法90条4項にいう「重要な財産」に該当するものについては，もはや同法77条5項の適用は受けず，もっぱら同法90条4項によって規律されることになり，相手方の保護要件としては，そのような制限が存在しないことについての善意は問題とならないことになる。判例は，重要な財産であるかどうかについては，会社法に関するものであるが「当該財産の価額，その会社の総資産に占める割合，当該財産の保有目的，処分行為の態様及び会社における従

来の取扱い等の事情を総合的に考慮して判断すべきものと解するのが相当である」と述べている（参考判例③）。取引の対象となった財産が「重要な財産」とされるか否かで，適用条文と主張立証責任の所在が大きく変わることに注意する必要がある。

### ⑷　本問の場合

本問の甲・乙が，一般法人法 90 条 4 項にいう「重要な財産」に該当するかどうかがまず問題となる。もし，重要な財産であるとするなら，判例・学説によると一般法人法 77 条 5 項は適用されず，もっぱら同法 90 条 4 項の問題となり，制限の有無ではなく，理事会の決議を経ていないことについての善意無過失が問題となる。

### 5　法人の不法行為責任

法人が契約上の責任を負うか否かについて検討してきたが，相手方に代表者が法人内部の手続を踏んでいると誤信したことについて過失があり，法人の契約責任が否定される場合にも，なお法人の不法行為責任を追及することが可能な場合がある。

本問でも，仮に C が，一般法人法 77 条 5 項の善意があるとはいえず，また理事会の決議があったものと誤信したことに過失があると判断され，契約に基づいて移転登記請求を行うことができない場合でも，それによって生ずる損害を不法行為に基づいて請求することが可能となる。

さて，一般法人法 78 条は一般社団法人の代表理事その他の代表者がその職務を行うについて第三者に加えた損害を賠償する責任を負うことを定めている。

この規定は，2006 年改正前民法 44 条を引き継いだものであるが，判例は同条が問題となった事例で，「職務をおこなうについて」という文言を，民法 715 条の使用者責任が規定する「事業の執行につき」と同義と捉え，厳密にいえば，職務の執行行為そのものとはいえないが，外形的にみてあたかも職務に属するとみられる場合（取引的不法行為における外形理論）にも，なお，法人の責任を認めるという態度を示した。

そして，相手方の保護要件として，取引的不法行為についての民法 715 条の場合と同様に，善意無重過失を要求している。すなわち「行為の外形から

見てその職務行為に属するものと認められる場合であっても，相手方において，右行為がその職務行為に属さないことを知っていたか，又はこれを知らないことにつき重大な過失のあったときは，当該地方公共団体は相手方に対して損害賠償の責任を負わないものと解するのが相当である」（参考判例④）と判示したのである。

　このとき，相手方に過失があり表見代理による保護が否定されたとしても，相手方に法人の代表者との取引によって損害が生じている場合，相手方が内部的な手続が踏まれていないことについての悪意も重大な過失もない場合には，法人の代表者による不法行為に基づく請求そのものは肯定されることになろう。ただし，過失相殺による賠償額の減額が行われる可能性は生ずる。不法行為責任によるときは，法律行為責任とは異なって，相手方の信頼の度合いに応じた割合的な解決が図られることになる。

### 関連問題

　(1)　本問において，Bが売却しようとしたのが，A同窓会の活動拠点となる建物であった場合，Cの移転登記請求が認められるか。

　(2)　本問において，BがCに対して，理事会の決議があったとの記載のある理事会議事録を，通常の書式のとおりに偽造して，BがCに提示した場合，Cの請求が認められるか。

### ●】参考文献【●

＊中原太郎・百選Ⅰ64頁／松本恒雄＝潮見佳男編『判例プラクティス民法Ⅰ』（信山社・2010）41頁〔後藤元伸〕

（大中有信）

# 5 団体の法律関係：外部関係

　甲マンションは，30 の住戸＝世帯からなっており，Ａ管理組合を組織している。その購入に当たり，各区分所有者は，「Ｂ町内会 〇〇祭り会」（以下，「Ｂ会」という）との間で，同会へ加入することを約し，出資金 10 万円を支払った。Ｂ会は，その地域の伝統的な夏祭りに山車を繰り出して毎年参加してきた。Ｂ会は，同地区の在来の住民 20 世帯によって組織されていたが，「新住民」にも祭りに参加してもらいたいという意図から，上記入会契約の締結を分譲契約と同時に働きかけたものである。甲マンション 30 世帯の入会により，その年の夏祭りへの参加も順調に運ぶ予定であったが，Ｂ会の山車が同年のはじめに原因不明の出火により焼失してしまった。そこで，Ｂ会の会長Ｃは，自己の判断のみによって，新しい山車の製作を専門の大工Ｄに注文した。その際に，Ｄからその製作代金 200 万円の支払を確保するために連帯保証人を要求された。Ｃは，この件をＡ管理組合の理事長Ｅに相談したところ，Ｅは，Ａ管理組合の理事会の承認を経たうえで，Ａ管理組合が連帯保証人となることを承諾し，Ｄとの間で連帯保証契約を締結した。山車の完成・引渡後に，Ｄがその製作代金をＢ会に対して請求したところ，Ｂ会の預金全額がＢ会の会計担当者Ｆによって不正に引き出され，その全額がＦ個人の借金の返済に充てられていたことが判明した。

　(1)　Ｄは，Ｂ会の各構成員に対して山車の製作代金の支払を請求することができるか。各構成員は，どのような反論が可能か。

　(2)　Ｄは，Ａ管理組合に対して保証債務の履行を請求することができるか。Ａ管理組合の各構成員（区分所有者）は，どのような反論が可能か。

## ●】参考判例 【●

① 最判昭和 39・10・15 民集 18 巻 8 号 1671 頁
② 最判昭和 48・10・9 民集 27 巻 9 号 1129 頁
③ 最判平成 26・2・27 民集 68 巻 2 号 192 頁

## ●】解説 【●

### 1　法人と組合

　人の集団である団体には，大別して，法人（社団法人。以下では社団法人の意味で単に「法人」という）と組合とがある。法人においては，団体自体が取引主体として権利・義務の主体となるのに対し，組合においては，組合が取引主体として現れても権利・義務の主体となることはなく，最終的には個々の組合員にその効果が帰属する。組合は，各当事者が出資をして，共同の事業を営むことを約することによって成立する（667 条 1 項）。これに対して，法人の設立には法律上の根拠ないし手続を必要とする（33 条）が，これを欠く団体すべてが組合と扱われるわけではなく，「権利能力なき社団」（後述 3⑵）として扱われる場合がある。本問の B 会は一般的には組合であると解される（A 管理組合については後述）。

### 2　組合の法律関係

#### ⑴　組合の業務執行

　組合の業務は，組合員の過半数で決定し，各組合員が執行する（670 条 1 項）が，組合契約の定めるところにより，1 人または数人の組合員または第三者に委任することができる（同条 2 項）。委任された者は業務執行者という。ただ，組合の常務（日常の軽微な事務）は，原則として各組合員が単独で行うことができる（同条 5 項）。組合の事業において，たとえば第三者から金銭の借入れをする場合に，組合には法人格がないことから，組合員全員が共同して当該契約を締結しなければならないことになるが，当該法律行為にあたり誰か 1 人に他の組合員の過半数の同意をもって代理権を授与したり（670 条の 2 第 1 項），または，あらかじめ誰か 1 人を組合契約の定めるところにより業務執行者として定めておく（包括的に代理権を授与する）ことがで

きる（同条２項）。法律行為の効果は組合員全員に帰属する。B会のCは業務執行者であると解されるが，それぞれの法律行為に代理権があるか否かは組合契約の定めるところにより，その定めがない場合には他の組合員の過半数の同意が必要である。

　業務執行者は，各組合員と同様に常務に関する事項については組合を代理するが（670条の２第３項），常務以外の事項に関し組合契約に定められた業務の範囲内にない場合には組合員の過半数の同意を要する。これを得ないで代理行為をした場合には，無権代理となり，相手方の保護は表見代理の法理（110条）によってなされると解されているが，有力説は，過半数による決定という制約は内部的な問題にすぎず，代理行為は有効であると説く（しかし，悪意または過失のある相手方は保護する必要はなかろう）。なお，組合契約ないし組合規約で業務執行者の権限を制限しても，善意・無過失の第三者には対抗できないと解されている（最判昭和38・5・31民集17巻4号600頁）。さて，B会における山車焼失後の対応については，基本的には常務以外の事項と解され，Cのみの判断で行うべきものではなかったと解せよう。ただ，Dとの請負契約については，Dが善意・無過失である限り前述のとおり有効であり，その効果はB会に帰属すると解せよう。

### (2)　組合の財産関係

　組合財産は，総組合員の共有に属する（668条）。各組合員は出資額の割合に応じてその権利の上に持分を有する。しかし，各組合員は清算前に分割を請求することはできない（676条3項）。

　組合の債務も，まずは組合員全員に合有的に帰属する。したがって，組合の債権者は，組合または組合員全員を被告として給付の訴えを提起し，その勝訴判決に基づいて組合財産に対して執行をすることができる（675条1項，大判昭和11・2・25民集15巻281頁〔盛徳丸事件〕）。ただし，民法は，組合の債権者に，これと並んで，各組合員に対する個人責任を追及する途（無限責任）も認めた。すなわち，組合の債権者は，その選択に従い，その債権が発生した当時における損失分担の割合（674条参照）によって各組合員に割り付けられた割合または等しい割合で，各組合員個人に対して弁済を請求し，また，その個人財産に対して執行することができる。ただし，債権者が債権

発生当時に組合員の損失分担の割合を知っていたときは，その割合でその権利を行使する（675条2項）。組合の債権者は，これら2つの方法のうち，どちらでも任意に選択して行使する。本問のDについても同様である。

### (3) 組合員の変動

組合員全員の同意がある場合，または，組合規約に定めがありその定めによる場合に，新組合員は，出資をして組合に加入することができる（677条の2第1項）。本問の甲マンションの各区分所有者もB会につきこのような場合に該当すると思われ，10万円の出資をしてB会に加入した。

組合からの脱退については，組合員本人の意思に基づく脱退（任意脱退。678条）と，除名など本人の意思に基づかない脱退（非任意脱退。679条・680条）がある。組合契約で組合の存続期間を定めなかったとき，または，ある組合員の終身の間組合が存続すべきことを定めたときは，各組合員は，いつでも脱退することができる。ただし，組合に不利な時期にあっては，やむを得ない事由がなければ脱退することはできない（678条1項ただし書）。組合契約で組合の存続期間を定めた場合には，その間は脱退することはできないが，ただ，この場合でも，やむを得ない事由があるときは，脱退することができる（同条2項。最判平成11・2・23民集53巻2号193頁）。

組合員の脱退があると，脱退組合員と組合（残存組合員）との間で財産関係の清算が行われる。組合財産の状況がプラスである場合には，脱退組合員の持分に応じて財産の払戻しが行われ（その出資の種類を問わず金銭で払い戻すことができる），組合財産の状況がマイナスである場合には，脱退組合員の損失分担の割合に従った額が負担させられる（681条）。

## 3 法人の法律関係

### (1) 法人の業務執行・財産関係等

組合に対して，法人は，個々の構成員（社員）とは別に社団という独立の権利主体が存在し，構成員は，法人に対して社員権という権利を有する。法人の業務や運営に関する基本的事項は定款と総会で定められるが，法人の内部的および対外的な具体の業務については，ことごとく法人の機関である理事が執行し，社員は原則として関与しない。そして，理事が「代表」として対外的に取引する場合に，それは構成員の「代理」としてではなく，法人の

手足（機関）ないし代理人として行うものである。法人の財産は，その独自の財産として構成員の財産からは区別され，各構成員の共有（ないし合有）となるものではないから，各構成員は，法人の財産について持分を有せず，したがって，脱退時においても分割の請求ができない。法人が対外的に債務を負った場合には，同債務はもっぱら法人の財産によって負担され，各構成員が責任を負うことはない（有限責任）。構成員の加入・脱退については，定款の定めるところにより，基本的に自由になされる。前述のように本問のB会は一般的には組合であると解せられるが，非営利法人として一般社団法人となることは可能である（一般法人11条2項参照）。

(2) **権利能力なき社団**

　団体の性格や活動に関する実体は社団であっても，公証人の認証（一般法人13条・155条）を欠いていたり，法人登記（同法22条・163条）がなされていない場合には，「権利能力なき社団」として扱われる。参考判例①は，権利能力なき社団というためには，団体としての組織を備え，多数決の原則が行われ，構成員の変更にかかわらず団体が存続し，その組織において代表の方法，総会の運営，財産の管理等団体としての主要な点が確定していることを必要とする。マンションの管理組合は一般的にはこのような要件を満たすため権利能力なき社団と解されるが，本問のB会が仮にこのような要件を満たしていれば権利能力なき社団と解される余地はある。権利能力なき社団については，可能な限り，法人に関する法規定ないし法理が適用されると解されている。つまり，権利能力のない社団の財産については，構成員に総有的に帰属し，構成員は，持分権や分割割請求権を有しないとされる（最判昭和32・11・14民集11巻12号1943頁および参考判例③参照）。また，権利能力なき社団の代表者が社団名義でした取引上の債務は，その社団の構成員全員に総有的に帰属し，社団の総有財産だけが責任財産となり，各構成員は，個人的に債務ないし責任を負わないとされる（参考判例②）。

## 4　マンションの管理組合

　マンション等の区分所有建物では，その構造上，区分所有者間において建物や敷地等の管理を必要とすることから，区分所有者は，当然に，管理のための団体（一般には「管理組合」と呼ばれている）の構成員となる（区分所有

者である限りは管理組合から脱退することはできない）。そして，建物や敷地等の管理については，この団体を基礎として，区分所有法（「建物の区分所有等に関する法律」）の定めるところにより，集会を開催し，また，規約を定めて共同で決定する。決定された事項は，管理者によって執行される（建物区分3条）。管理者は，その職務に関して，区分所有者を代理する（同法26条2項）。なお，現実には，区分所有者の中から複数の理事が集会（総会）によって選任され，それらで理事会が構成され，その理事長が管理者となっている場合が多い。管理組合は，団体ではあるが，以上の点で，民法の定める，構成員の意思に基づいて設定・設立される組合（667条）や法人（33条）とは異なる。上述のように，管理組合は，建物や敷地等の管理のための団体であり，管理に関する事項以外のことをその目的とすることはできない。したがって，A管理組合がB会の山車製作代金債務を連帯保証することはできないと解せよう。なお，管理組合は，区分所有者および議決権の各4分の3以上の多数による決議で法人（管理組合法人）となることができる（建物区分47条1項。なお，区分所有者の責任に関しては，29条1項・53条参照）。

**●•••• 関連問題 ••••●**

　本問について，次のことを検討せよ。
　(1)　A管理組合が，甲マンションの共有部分の修繕工事をH工務店に委託し，その工事が完了した場合において，Hは，A管理組合から支払がなされなかった分の工事代金残額を各区分所有者に対して請求することができるか。また，A管理組合が管理組合法人であるときはどうか。
　(2)　仮に，B会の組合契約または組合規約において，会長が100万円以上の取引をするときには組合員の3分の2以上の多数で決する旨の定めがあった場合に，Dは，山車の製作代金の支払をB会の各組合員（構成員）に対して請求することができるか。

**●】参考文献【●**

＊山田誠一・百選 I 18頁／大村敦志・百選 I 36頁／鎌野邦樹・争点124頁／
　一問一答債権関係369-377頁

（鎌野邦樹）

# 6 団体の法律関係：内部関係

　甲団地管理組合（以下，「甲」という）は，都市郊外部に所在する10棟の区分所有建物（各棟の住戸数は100戸）の区分所有者全員によって構成される団体であり，その敷地をその区分所有者全員で共有している。その敷地内にはテニスコートがあることから，甲の区分所有者の有志Aら5名（いずれもテニスのコーチ歴を有する）は，テニスを通じて入会者間の親睦を図る目的で「テニスクラブ乙」（以下，「乙」という）を設立した。その規約には，次のような各条項がある。

　「乙は，Aら5名を会員（定員5名）とし，その他の入会者（2万円の入会金を支払って誰でも入会することができ，入会後は年会費1万円を支払う）を準会員とする。準会員は，定期的に会員よりテニスの指導を受けることができる」

　「会員は，10万円を1口として2口以上の出資金を支払わなければならない。出資金は，退会が認められたときに，出資額の割合に応じて返還する」

　「会員は，死亡のほかは，会員全員（当該会員を除く）で構成される役員会で承認された相手方にその地位を譲渡する場合でなければ退会できない」

　「準会員は，いつでも退会できるが，入会金および年会費は返還されない」

　Aらは，各自，設立時に2口ずつ出資した（その後の出資金の追加はない）。乙は，会員の中に有名な元プロテニスプレイヤーがいることもあり，現在，準会員は100名を超えて，その総財産額は300万円に至っている。

　他方，甲には，区分所有者全員と区分所有者からの賃借人（その一部）を構成員とする「甲団地自治会丙」（以下，「丙」という）が設立され，丙は，周辺の町内会と連携して防犯・防災活動等を行い，また，夏祭りを開催している。

　(1) Aは，乙に対して，退会する意思を表示し，出資額の割合（5

分の1）に応じた乙の総財産額 300 万円のうちの 60 万円の返還を請求したが，乙は，Aの退会の意思表示および返還請求を拒絶した。Aの同意思表示および同請求は，認められるか。

　　(2)　甲および丙の構成員であるBは，甲および丙に対し，退会を請求することができるか。

　　(3)　丙の構成員であるCは，丙の会長Dが丙の財産を横領したとして，Dに対し，損害賠償として横領額 100 万円を丙に支払うように請求した。Cの請求は認められるか。

●】参考判例【●

① 最判平成 11・2・23 民集 53 巻 2 号 193 頁
② 最判平成 22・4・8 民集 64 巻 3 号 609 頁
③ 最判平成 17・4・26 判時 1897 号 10 頁
④ 東京地判平成 24・6・8 判時 2163 号 58 頁

●】解説【●

## 1　団体の諸形態

### (1)　法人・権利能力なき社団・組合

　本巻⑤で述べたように，人の集団である団体には大別して法人（社団法人）と組合があるが，実際上はどちらに属するかが明確でないものもあり，また，どちらにも属しないと思われるものもある。本問の甲のような管理組合は，後述のように，建物の区分所有等に関する法律（以下，「区分所有法」という）によって認められる団体（区分所有 3 条・65 条）であり，権利能力なき社団と解されるが，場合によっては民法上の組合と解されることもあり，また，同法 47 条 1 項に定める手続を経ると法人（管理組合法人）となる。

　本問のテニスクラブである乙は，Xら 5 名が出資をして共同の事業を営むことを約することによって設立されているので，この 5 名からなる民法上の組合（667 条）と解することができるが，準会員を含む組織全体については，場合によっては権利能力なき社団と解されることもあろう。また，仮にX

ら5名の出資を伴わず，また，入会についても明確な手続がないような単な
るテニス同好者の集まりである場合には，団体とはいえないであろう。

本問の丙のような自治会は，その出資の有無や規模（構成員数）等により
民法上の組合と解されたり，権利能力なき社団と解されたりするが（法人と
なる場合については地方自治法260条の2参照），本問の丙は，一般的には後者
であると解される。参考判例③（後述）の第1審は当該自治会を組合とした
が，第2審および参考判例③はこれを権利能力なき社団とした。

### (2) 管理組合（区分所有者の団体）と自治会

本問で注意を要するのは，本団地内の区分所有者全員が甲と丙の構成員で
あるが，甲については，区分所有者である限りは当然にその団体の構成員と
なる（区分所有3条・65条）が，丙については，構成員の資格に関しては規
約等で決定され，また，入会や退会は基本的に任意である。参考判例③は，
権利能力なき社団としての県営賃貸住宅の自治会に関して，それは強制加入
団体ではなく，会員はいつでも一方的意思表示によって退会することができ
き，退会後は自治会費の支払義務はないとした。以上から，小問(2)について
は，Bは，区分所有者である限り甲に対し退会を請求することはできない
が，丙に対しては任意に退会を請求することができる。

### 2 区分所有者の団体

### (1) 管理組合の法的性格

本問の甲のような管理組合は，区分所有法により当然に認められる団体で
ある（区分所有3条・65条。なお，マンションの管理の適正化の推進に関する法
律では，区分所有法3条でいう団体を，一般の呼称に従って「管理組合」という
〔マンション管理2条3号〕。本稿でもこの団体を「管理組合」という）。管理組
合は，その実態により，前述のように，一般的には権利能力なき社団と解さ
れているが，場合によっては民法上の組合と解されることもあり，区分所有
者数が少なく，建物等の管理について，集会の決議によることなく，また，
規約が存在しないような場合にはこのように解される（区分所有法3条は，
集会の開催，規約の設定または管理者の選任を義務付けているわけではない）。

管理組合においては，管理者（区分所有25条1項）が，その職務に関し，
区分所有者を代理する（同法26条2項）ところ，管理組合法人となった場合

には，理事が置かれ，理事が管理組合法人を代表する（同法49条1項・2項）が，他の法人と異なり，管理組合法人は，その事務に関し，区分所有者を代理する（同法47条6項）。そして，管理組合における管理者（一般的には規約の定めにより理事長を管理者としている）がその職務の範囲において第三者との間で債務を負った場合には区分所有者がその責めに任ずる（同法29条1項）のと同様に，管理組合法人では，管理組合法人の財産をもってその債務を完済することができないときは，区分所有者がその債務の弁済の責めに任ずる（同法53条1項）。

(2) **団地管理組合**

団地内の各棟の区分所有者は，各区分所有建物の管理のための団体（「棟別管理組合」）を当然に構成するが（区分所有3条），敷地が団地内の区分所有者全員の共有であるときには，敷地の管理のための団体（「団地管理組合」）を当然に構成する（同法65条）。甲は，このような団体に当たる。そして，その規約（団地規約）で特に定めることによって，敷地だけでなく各棟の区分所有建物も団地全体で管理することができる（同法68条1項2号）。たとえば定期的な大規模修繕工事を行う場合に，このようにしておけば，団地全体で計画的なその実施が可能となる。

3 **団体からの脱退と財産関係の清算**

1(2)で述べたように丙のような自治会（権利能力なき社団）においては，入会および退会は基本的に任意である。社団法人に関し，一般社団法人及び一般財団法人に関する法律（以下，「一般法人法」という）は，その趣旨の規定を置いている（一般法人28条）。そして，社団法人および丙のような自治会（権利能力なき社団である場合），ならびに甲のような管理組合（権利能力なき社団である場合）においては，その構成員が当該団体に対しその活動のために支払った金銭は，当該団体に帰属し構成員の持分を観念する余地はない。したがって，規約に別段の定めがない限り，構成員が脱退時に返還を受けることはない（関連問題(1)参照）。

それでは，小問(1)で問題とされているように，組合に関しては，脱退は自由なのか，脱退時に金銭の返還は認められるのか。

## (1)　組合からの脱退

　「テニスクラブ乙」は，前掲の規約から組合と解することができる（667条1項）。これを組合員5名から独立した別個の団体とみることはできない。それでは，Aは，任意に乙から脱退することができるか。乙については規約において組合の存続期間を定めていないとみられるので，組合員は，原則としていつでも脱退することができる（678条1項）。ただし，規約において退会を制限していることから問題となる。同規約の趣旨は，無制限に脱退を認めることによって，出資金の払戻しによる組合財産の減少やコーチの不足を招来して，ひいては組合の存続を危うくするという点にあると思われる。

　参考判例①は，民法678条は，やむを得ない事由がある場合には常に組合から脱退することができる旨を規定しており，この点は，組合員の自由の尊重や公の秩序に照らし強行法規であるとする。この立場からすると，Aは，やむを得ない事由がある場合にはただちに，そうでない場合でも組合に不利な時期でなければ，譲渡の相手方を示すことなく乙に対する一方的な意思表示により脱退することができると解することができる。

## (2)　持分の払戻し

　組合については，各組合員に対する損益分配が予定されており（674条），また，各組合員の持分は，組合の存続中であっても組合財産に完全に解消することなく潜在的に「合有」として存在している。したがって，組合員が脱退するときには，その時における組合財産の状況に従って，当該組合員の持分の払戻しがなされる（681条）。その払戻しの価額は，本問にあっては，各自の出資額（20万円）ではなく，民法の規定（同条1項）から，また，本件規約の文言（「出資額の割合に応じて」）からして，Aの主張のように，出資額の割合（Aら5名の総出資額の5分の1）に応じた額（60万円）である。

　参考判例②は，平成18年の改正前の医療法（同法改正後は，社員の持分を否定することで社員の退社時の出資金の払戻しが否定されたが，改正前はこれらを認めていた）のもとでの当該医療社団法人の定款において，「退社した社員はその出資額に応じて返還を請求することができる」と定められていた事案について，「出資社員は，退社時に，同時点における被上告人〔当該医療社団法人〕の財産の評価額に，同時点における総出資額中の当該出資社員の出資

額が占める割合を乗じて算定される額の返還を請求することができる」と判示した。

### 4 役員の不正行為

#### ⑴ 団体における代表訴訟

一般社団法人においては，社員は，一般社団法人に対し，理事等の責任を追及する訴えの提起を請求することができ，一般社団法人がその請求の日から60日以内に責任追及の訴えを提起しないときは，当該社員は，一般社団法人のために，理事長等の責任追及の訴え（代表訴訟）を提起することができる（一般法人278条1項・2項。会社847条参照。一般法人88条も参照）。それでは，丙の構成員であるCは，自治会長Dが丙の財産を横領したとして，Dに対し，一般法人法278条の規定を類推して，損害賠償として横領額100万円を丙に支払うように請求することができるか（小問⑶）。

参考判例④は，団体においては，多数決の原則等に従い団体としての意思を決定するのが原則であり，例外的に，法が特に代表訴訟を認めた場合についてのみこれが許されるとして，権利能力なき社団である自治会について一般法人法278条の規定の類推を否定した。代表訴訟は，濫用されることもありうることから（先の「Dが丙の財産を横領した」とのCの主張は必ずしも事実とは限らない。なお，一般法人278条1項ただし書および6項参照），一般法人法278条の規定の類推については，基本的には許されないと解すべきであろう。

#### ⑵ 役員の不正行為に対する法的措置

役員の不正な行為があった場合に，社団法人（権利能力なき社団も含む）や管理組合の構成員は，当該役員に対し，どのような方法で責任を追及することができるか（関連問題⑵参照）。1つは，当該役員を総会ないし集会の決議において解任する方法がある（一般法人70条1項〔権利能力になき社団については同規定の類推。以下同〕，区分所有25条1項。なお，解任請求については同条2項）。なお，理事は，総会ないし集会で選任・解任され（一般法人63条1項・70条1項，区分所有49条8項），代表理事（理事長）は理事会で選任（選定）・解任（解職）されることから（一般法人90条2項・3項，区分所有49条5項参照），代表理事（理事長）を解任するためには，基本的には，集会の決議

において「理事」を解任する必要がある（理事会では，「理事長」の解職のみが可能であり，「理事」の解任まではできないと解される）。

もう１つは，総会ないし集会において，当該役員に対し当該団体に損害賠償金を支払うべきとする訴訟を提起する旨の決議をすることができる（一般法人35条１項，なお，同法111条１項参照。区分所有39条１項）。これらの場合においては，一定の割合以上の構成員によって，総会ないし集会の招集者に対し，その招集を請求することができる（一般法人37条類推，区分所有34条３項～５項）。

以上に対し，組合における業務執行組合員の解任や組合員の除名については，正当な事由がある場合に限り，他の組合員の一致によってのみすることができる（672条２項・680条）。

```
･････ 関連問題 ･･･････････････････････････
 (1)　甲および丙の構成員であるＥが，甲団地内の自己の所有する
住戸を売却した場合に，甲および丙に対して，すでに支払った修繕
積立金（修繕はいまだ実施されていない）および自治会費（当該年度の
夏祭りはいまだ実施されていない）の返還を受けることができるか。
 (2)　甲の区分所有者Ｆは，不正行為を理由に理事長Ｇを解任した
いと思っている。そのためには，どのような方法があるか。
･････････････････････････････････････････
```

●】参考文献【●

＊大村敦志・百選Ｉ36頁／山野目章夫・平成22年度重判88頁／鎌野邦樹・判評565号（判時1915号）（2006）11頁／丸山昌一・NBL995号（2013）101頁

（鎌野邦樹）

# 組合の法律関係

　大学の同期である医者A・B・Cは，コストの削減を図るために，A・B・Cが治療に使う固定資産や消耗品を共同で購入することを目的としてABC医院を設立した。その際，出資された財産はABC医院代表A名義の預金口座で管理することが約束され，また，物品の購入一切をAの権原とすることも取り決められた。ただし，このAの物品購入権限は，金額にして20万円に限られ，これを超える物品の購入についてはB・Cの事前の同意を要すると取り決められていた。

　Xは，ABC医院と日頃取引のある業者である。A・B・C間での権限の取決めについてXは熟知することはなかったものの，普段はAが単独で医院を代理して取引しており，また，パソコンなどの高額物品の購入の際にはAのみならずB・Cも同席して取引していたので，A・B・C間に何らかの取決めがあることを，Xは何となく察していた。

　このような状況のもと，Aが単独でXのもとを訪れ，ABC医院による100万円の医療機器の購入を申し入れた。Xは高額物品の購入に関してB・Cの同席がないことを不審に思ったものの，AからXは医院の肩書付預金の預金通帳を見せられ，Aが対外的な取引の一切を取り仕切っていると信用し，X・A間でAが医院を代理して100万円の医療機器の売買契約が締結された（代金支払が先履行とされている）。その際には，XからB・Cへ，代理権の有無についての問合せは行われなかった。

　Xは，Bに対して，民法675条2項に基づき医院開設の出資金額の割合に応じて30万円の支払を求めることができるか。

●】参考判例【●

① 最判昭和 38・5・31 民集 17 巻 4 号 600 頁
② 最判昭和 35・12・9 民集 14 巻 13 号 2994 頁

●】解説【●

### 1 組合を契約当事者とする場合の組合員に対する責任追及の前提：組合代理

　Ｘとしては，Ａ・Ｂ・Ｃ間の契約が組合契約であるとして，当該組合を契約当事者としてＡが代理によって契約したところの責任を，民法675条2項に基づいて請求していくことが考えられる（ここで，同項本文によれば，組合が契約当事者として負った責任につき組合員は原則として平等の割合で責任を負うが，損失分担割合を選択することもでき，また，同項ただし書によると，損失分担割合を知っていたことを相手方から立証された場合，この損失分担割合に基づいて組合員は責任を負う。この損失分担割合は民法674条1項により出資割合で定まるのが原則である）。そして，組合が契約当事者として責任を負うための要件事実は，ⓐＡ・Ｂ・Ｃ間の組合契約の締結，ⓑＡの代理権の発生原因事実，ⓒＡの代理行為（Ａ・Ｘ間の売買），ⓓＡによる顕名，となる（ただし，後述のように組合契約に基づいて代理権が発生する場面もあり，この場合はⓑはⓐに吸収される。なお，本問では問題としていないが，民法675条1項により組合に対して責任追及することも可能である）。このような法的構成において，大きな問題となるのはＡの代理権の有無である。そこで，その他の付随的問題について，まず1で論じ，その後，代理権の有無にかかわる問題について2と3で論じることにする。

### (1) Ａ・Ｂ・Ｃ間に組合契約は成立しているか

　上記ⓐの要件事実に対応する。この要件事実の充足性は，「出資」と「共同の事業」の合意が必要であると定める民法667条の解釈から導かれることになる。

　ここで，「出資」とは，財産的価値のあるものであれば何でもよく，民法667条2項で定められた労務の出資可能性は確認規定にすぎないと考えられ

ている。本問で合意された金銭での出資が，ここでいう「出資」に該当することに何ら問題はない（669条も参照）。

また，「共同の事業」についても特段の制限はない。これに該当しない例が消極的に定義されており，たとえば，共有物の単なる共同使用ではこれに該当しないとする判例がある（最判昭和26・4・19民集5巻5号256頁）。判例の理由づけは明確でないものの，組合財産は民法668条により共有であるとされている一方で，これは民法676条など特別の財産的拘束を受けることから，学理上，持分処分の自由を原則とする狭義の共有と区別するために，合有と把握されるものであって，このような特別の拘束を正当化するに値しない単なる共有物利用は共同の事業からは除かれる。また，学説上は，業務執行権の全部を失わせること（特に，民法673条の定める検査権すら失わせること），または，利益分配のすべてから特定の組合員を排除すること（いわゆる獅子組合）は組合契約の性質を失わせると考えられている。

本問では，いずれの事情もうかがえない。むしろ，費用節約のための共同購入を目的としている点で，「共同の事業」に該当する積極的事実がうかがえる。したがって，A・B・C間の契約は組合契約である。

(2)　**組合の名を示した顕名は可能か**

組合には，法人とは異なって権利能力を認めないとの見解が一般的であるため，組合代理の場合にも本人は存在しないことになる。そこで，組合の代理の場合には，組合員全員の名前を示すことで顕名になることに争いはないものの，組合名義での顕名をもってこれに代えることができるかどうかが，上記1ⓒとの関係で解釈上問題となりうる。

そして，このような組合名義での顕名を認めることにつき，否定説は皆無である。したがって，Aが医院の名義で行った取引も，有効な顕名だと考えることができる。

## 2　業務執行者としての代理権

次に，上記1ⓑの代理権発生原因について検討することにしよう。本問でまず考えられるのは，業務執行者としての代理権である。

(1)　**業務執行者とは**

これを根拠づけるためには，代理行為をした者Aが業務執行者であると

いわねばならない。条文上，民法670条3項では，組合業務執行の委託を受けた者を業務執行者と呼ぶと定めている。

　ただし，業務執行者の定義上，どのような委託を受けたことが必要なのかは必ずしも明確でない。仮に，業務執行者の定義を，包括的な業務執行の委託を受けた者としよう。この定義を採用する場合の問題は，業務執行権に一定の制約が組合契約で加えられている場合の処理である。つまり，本問のように，対外的業務執行権の一部に内部的制限を加えている場合，包括的な業務執行の委託とはいえないのではないか，という疑問が生じる可能性がある。しかし，判例は，対外的業務執行権の一部に制約を加えられている者であっても，業務執行者であることを前提に議論を進めている（参考判例①参照）。

　このような業務執行者の定義の難点は，商法上の支配人の定義の難点と同様の問題である。つまり，支配人には，ⓐ営業所に関する包括的業務執行権が授与された者という定義と，ⓑ当該営業所の主任者という定義と，2とおりの定義がある。そして，ⓐ説だと，対外的業務執行権の内部的制限がある者は支配人でなくなってしまい，したがって，支配人と取引をした相手方の保護を定めた商法の規定が適用されなくなる，とⓑ説から批判されている。

　このⓑ説に説得力があると考え，この考えに沿って業務執行者を定義する場合には，組合事業の主任者たる地位の有無から，業務執行者を定義することになろう（事務処理権限委託の包括性は，業務執行者の認定にとって，直接には問題とならない。もっとも，主任者たる地位が評価的概念であって，評価根拠事実によって間接的に認定されるものと考えるなら，委託の包括性の程度は，主任者たる地位を認めるための評価根拠事実と理解することもできよう）。

　本問では，Aの権限の包括性の程度，Aの対外的権限と組合目的との関連性を主張して，XはAの業務執行者性を根拠づけることになる。

**(2)　業務執行者の代理権に関する内部的制限が有する意味は何か**

　このようにして定義される業務執行者の対外的業務執行権限のうち，代理権の有無および範囲については，2017年民法改正により民法670条の2第2項が設けられた。そして，本問のように業務執行者が1人である場合について，業務執行者が代理権を有することに争いがない。

問題は，本問のように業務執行者の代理権に内部的制限が加えられている場合の処理である。これについては，学説と判例で考え方が分かれている。

　まず，学説には多様な立場があるものの，主要な学説としては，民法110条を用いるものと，一般法人法77条5項（2008年改正前民54条）を用いるものに分かれている。民法110条説であったとすると，Xの側が自らの「正当の事由」，つまり，越権代理でないことについて自らの善意かつ無過失を主張立証しなければならない。これに対して，一般法人法77条5項説だと，Bの側が，Xの悪意または重過失を主張・立証しなければならない。この2つの説を比較すると，主観的要件の程度（無過失か，無重過失か），および，主張・立証責任（Xの側か，Bの側か）の2つの点で，一般法人法77条5項説のほうが民法110条説より有利となっている。

　これに対し，参考判例①は，上記いずれの学説とも異なった立場を採用している。つまり，一方で，Bの側の保護要件としては，善意かつ無過失を要するという意味で，一般法人法77条5項説よりは民法110条説に近い。他方，判例はこの主張・立証責任をXではなくBの側に課している。この意味では，民法110条説から全面的に説明できるわけでもない。

　この判例を理論的に説明することは難しいものの，主観的要件や主張・立証責任については，会社法における内部的手続違反の判例（最判昭和40・9・22民集19巻6号1656頁）との類似性を指摘できるかもしれない。つまり，当該判例では，株式会社の代表取締役が，取締役会の決議を経てすることを要する対外的な個々の取引行為を，上記決議を経ないでした場合でも，上記取引行為は，相手方において上記決議を経ていないことを知りまたは知ることができたときでない限り有効である，とされている。ここでは，一般法人法77条5項と同様の要件効果を定める会社法349条5項では処理できないような，法令上の内部的手続違反が問題となっている。そして，これらの規定のような特別の保護がない限りにおいて，内部的手続違反については，相手方の主観的要件は無過失，主張・立証責任は団体の側としたうえで，団体と取引した第三者の保護が認められているのが，判例の現状だといえよう。

　本問では，日常の取引慣行に照らしてXの側がやや不審に思っているこ

とやB・Cへの問合せの不存在が過失・重過失の評価根拠事実となり，逆に，Aから示された預金通帳がその評価障害事実となろう。

### 3　組合員としての代理権

本問は，Aが業務執行者であると考えたほうが考えやすいものの，Xの側としてはあえてAが業務執行者であると主張せずに攻めていく方法も考えられる。つまり，Aが組合員であることから，組合員としての代理権を利用する方法である。

#### (1)　組合員の代理権の範囲はどのような基準から決まるのか

最上級審裁判例は，業務執行規定に従う場合に限り代理権を認めてきた。つまり，2017年改正前民法670条の規定によらないと組合代理はできないとしている（大判明治40・6・13民録13輯648頁。ただし，多数決によることなく組合員の多数派による代理を認めた参考判例②も参照）。

民法670条の2は，このような最上級審の解釈を受け継いでいる。したがって，Aは，B・Cの同意がなくても，常務の範囲であれば代理権を有することになる。

#### (2)　常務とは何か

そこで，常務とは何か，が問題となる。この問題につき，2つの定義がある。まず，通説は事務の軽微性から常務を定義している。これに対し，少数説として組合目的の範囲内から決める見解があり，軽微なものといえなくても組合目的の事業の部類に属するなら常務といえる（たとえば，物品販売目的の組合での多額取引も常務）とする立場がある。

本文に照らしてみれば，通説の定義だと常務とはいいがたい支出であろう。他方，少数説の定義だと，売買対象物と組合目的との関係から，常務に当たると評価される可能性がある。

#### (3)　常務に関する代理権を基本代理権として民法110条の適用は可能か

上記通説の立場に立ったとしても，常務にする代理権を基本代理権として，民法110条を適用する余地がある。

ただ，この民法110条の適用に関しては，相互に関連する2つの問題に注意する必要がある。第1に，基本代理権の発生根拠は，任意代理に近いものだと考えるのか，それとも，法定代理に近いものだと考えるのか，という問

題である。第2に，民法670条の2という法令により，代理権の範囲が定められていることの意味である。ここで，第1の問題について法定代理に近いものだと考えた場合に，その逸脱について安易に民法110条を適用して相手方保護の範囲の拡張を図ることは，法令により代理権の範囲が限定されている趣旨を損なう解釈論である（民法761条から生じる基本代理権を民法110条による拡張につき慎重な態度を示した最判昭和44・12・18民集23巻12号2476頁を参照）。したがって，民法110条による代理権の範囲の拡張は，民法670条の2第3項による常務についての代理権の発生根拠につき，組合契約当事者の意思推定により認められるものだと解する場合に限って（つまりは，任意代理に近いものだと考える場合に限って），適合的な解釈となろう。

・・・●  **関連問題**  ●・・・・・・・・・・・・・・・・・・

本問について，次の場合について検討せよ。

(1) 「ABC医院」にとってXから日常的に仕入れている医薬品を，AではなくCが「ABC医院」を代理する形で，Xとの間で代金1万円と定めて購入する契約を締結した場合，XはBに対してその一部の支払を求めることができるか。

(2) 組合員ABCの出資額がそれぞれ2000万，900万，900万であった場合に，Aは単独で有効に「ABC」医院を代理することができるか。

●】 **参考文献** 【●

＊中田568-572頁・577頁／山本敬三『民法講義4-1 契約』（有斐閣・2005）752-772頁，特に766頁注31／森本滋編『商法総則講義〔第3版〕』（成文堂・2007）93頁

（西内康人）

# 8 公序良俗違反・法令違反

　バッグ類の販売業者であるＹはかねてからポーカー賭博に夢中になり，借金を重ねてきたが，ついには負け金の借金総額が1000万円に達し，困っていた。そのとき，仕入先の1つであるＸから，困っているなら金を貸すといわれ，2022年1月10日，Ｘから1000万円を借りて賭博の借金を全額返済した。その後，ＹはＸから商売への協力を求められ，恩義があるので引き受けたところ，その内容は偽ブランド品の売買であった。すなわち，有名ブランド品に似せた商品を販売して利益を得るためＸが外国から格安の偽商品を買い付け，それをＹが販売するという手はずであった。Ｘは以前にも偽ブランド品を輸入したところ，飛ぶように売れたので，今度もブランド品の定価より安く売れば莫大な利益が上がることを予想してもちかけたのである。そこで，Ｘが偽ブランドマーク入りの皮製バッグ100個を500万円で外国から買い付けた後，同年3月1日，Ｙに2000万円で売却する契約を結び，ただちにＹがバッグを受領した。代金支払は同年4月1日という約束であった。Ｘ・Ｙとも，偽ブランド品の売買が不正競争防止法および商標法に反することを知っていたが，ロゴマークをつけただけで高くても買う客のほうが悪いと思っていた。それに，以前にＸがかかわった偽ブランドバッグの販売では，バッグ自体がしっかりした品質であったので，購入した客から特に苦情はなく，それどころか礼状が届くほどであった。Ｙが仕入れた後，同年3月10日に「高級バッグ」として1個35万円で売り出したところ，予想どおりたちまちすべてが売り切れた。

　その後，ＸからＹへの貸金の期限と，売買代金の支払期限が到来したので，ＸはＹに請求したが，Ｙは支払わない。そこで，両債権の請求訴訟を起こしたが，これらは認められるか。

## ●】参考判例【●

① 最判昭和 29・8・31 民集 8 巻 8 号 1557 頁
② 最判昭和 39・1・23 民集 18 巻 1 号 37 頁
③ 最判平成 13・6・11 判時 1757 号 62 頁

## ●】解説【●

### 1　公序良俗違反・法令違反

　本問では，賭博で負った債務を弁済するための借金や不正競争防止法，商標法違反の売買が問題にとりあげられている。これらの契約について，その内容が公序良俗違反や強行法規違反として無効になるのではないかを検討しなければならない。

### 2　動機の不法

　公序良俗に反する法律行為（契約など）は無効である（90 条）。平成 29 年に，公序良俗に反する「事項を目的とする法律行為」から，公序良俗に「反する法律行為」と改正されたが実質的な変更ではない。すなわち，改正前から判例は，法律行為の内容だけでなく，法律行為が行われた過程その他の諸事情を考慮していたので，それを条文上も明確にしたものである。

　では，公序良俗とは何か。

　社会的妥当性と言い換えられることもあり，さまざまな類型があるが，賭博が公序良俗に反することにはほぼ争いがない（競馬など，法律によって認められている場合は別である）。本問では，賭博契約自体が問題となっているのではないことに注意してほしい。すなわち，X・Y 間の借金（消費貸借契約）自体は，通常の契約であり特に公序良俗（同条）に反するということはなさそうである。しかし，その借金は何のためにしたのかというと，賭博で負った多額の債務の返済のためであるから，X が Y とした契約の動機が不法であったということになる。この動機の不法は消費貸借契約に影響するであろうか。もし消費貸借契約も公序良俗違反となれば，無効であり，Y が契約の無効を主張できる可能性がある。

　動機の不法についての判例・学説は，以下のような状況にある。判例は，

賭博資金とするための金銭消費貸借（最判昭和47・4・25判時669号60頁，最判昭和61・9・4判時1215号47頁），賭博で負けた賭金支払のための金銭消費貸借（大判昭和13・3・30民集17巻578頁）などにおいて，不法の目的が表示されていたことを前提として公序良俗違反により無効としている。しかし，禁制品の密輸資金を貸した事例では，不法動機を認識していたにもかかわらず民法90条の適用がないとされた（参考判例①。この判例には学説の批判が多い）。

学説では，不法な動機が法律行為の内容として表示された場合に無効とする，表示説が有力である。表示説は，法律行為の社会的価値は，動機を考慮に入れることによってはじめてこれを判断できるが，動機が表示されないとき無効にすると，取引の安全に反するだけでなく，法律行為の内容はもっぱら表示行為によって推断するという原則にも反するという。この説に対しては，動機が表示されるかどうかによって公序良俗を判断するのは背理であるという批判がある。そのほかの説として，以下のようなものがある。相手方が動機の不法を知りまたは知りうべかりし場合に無効とする，認識（可能性）説によると，契約後でも知った時が基準時となる。動機の違法性の程度（違法性が強ければ無効に傾く）と，相手方の認識の程度（相手方が知らなければ有効に傾く）とを相関的に考慮して判断する，相関関係説によれば，相手方が認識していなくても無効になる可能性がある。不法な目的を実現するための法律行為は当然無効になり，ただ相手方がその動機を知り得なかった（＝善意・無過失）場合は，無効を主張し得ないという，相対的無効説もある。

本問のX・Y間の金銭消費貸借は，いずれの説によっても無効になる可能性がある。表示あるいは相手方の認識については，本問から明確とはいえないが，困っているなら金を貸すというくだりは，XがYの賭博借金を知っており，そのための借金であることが示されていたという可能性が強いであろう。ただし，消費貸借契約が無効になったとき，貸金返還請求ができないとしても，Yは1000万円を不当利得していることになり，不当利得返還請求できる可能性がある。その請求も不法原因給付（708条）として妨げられるかもしれない［不法原因給付の詳細については，→本巻⑩］。

### 3 取締法規違反の売買の効力

本問で，次に検討すべきなのは，不正競争防止法や商標法に違反するＸ・Ｙ間の売買が強行法規違反または公序良俗違反によって無効ではないかということである。このような取締法規（行政取締目的から一定の行為を禁止制限する法規）に違反する行為の効力について規定がないことから問題になる。

本問に類似する事案の最高裁判例が２件ある。まず，有毒アラレ事件は，アラレ菓子の製造販売業者が硼砂が有毒性物質であることを知り，かつ，これを混入して製造したアラレ菓子の販売が食品衛生法によって禁止されていることを知りながら，あえて製造のうえ，その販売業者に継続的に売り渡す契約は，2017年改正前民法90条により無効であるとされたものである（参考判例②）。強行法規違反というだけでなく，「一般大衆の購買のルートに乗せたものと認められ，その結果公衆衛生を害するに至るであろうことはみやすき道理であるから」2017年改正前民法90条違反としている。また，ポロ社にせ商品事件判決（参考判例③）は，衣料品の卸業者と小売業者との売買契約が，「周知性のある米国ポロ社の商品等表示と同一又は類似のものを使用したものであることを互いに十分に認識しながら，あえてこれを消費者の購買ルートに乗せ，……大量に販売して利益をあげようと企てた」から，2017年改正前民法90条により無効であるとされた事例である。ここでも，不正競争防止法・商標法に違反しているという法令違反を強行法規違反として無効というのではなく，反社会性が強い行為であるから同条に違反するとして無効としている。有毒アラレ事件では，法令違反に加え，一般大衆の購買ルートに置いたという事実を重視しており，ポロ社にせ商品事件でも，あえて消費者の購買ルートに置いたことを重視している。

一方，学説においては，従来，強行法規（91条）と公序良俗（90条）を切り離す見解が支配的であり，取締法規が強行法規（違反すれば無効）かどうかについては，取引の安全や当事者の信義・公平の諸点を考慮に置き，それぞれの取締法規について，立法の趣旨，違反行為に対する社会の倫理的批判の程度，一般取引に対する影響，当事者間の信義・公平などを仔細に検討して，決定するほかないとしていた。しかし，近時の学説では，根拠条文と総合判断の内容についての双方に有力な異論が主張されている。まず，根拠条

文についてであるが，民法91条が強行法規違反について定めており，法規の趣旨によって強行法規か任意法規か区別するというのが従来説である。しかし，有毒アラレ事件においては当事者の悪性の程度が考慮されており，従来説にもすでに現れているように，法規の趣旨だけではなく，総合判断がなされるのであって，それはまさに民法90条の公序良俗違反の判断である。しかも，近時の研究によれば，民法91条は，反対解釈によって強行法規違反を無効にするという立法趣旨をもつものではなく，単に当事者の意思が任意規定（法規）に優先するという文字どおりの意味しかなかったことも明らかにされている。

　次に，総合判断の内容についても，違反行為がすでに履行されているかどうかで区別する履行段階論や，取締法規の目的を警察法令と経済法令に分けるという見解がある。前者の履行段階論は，論者によって異なるところもあるが，履行段階に応じて法規の目的や当事者間の信義・公平を実現する必要性が変わってくるとみて，すでに履行されている違反行為については有効の方向，まだ履行されていない場合は原状回復の問題が生じないので無効の方向に決するというものである。たしかに，食肉の販売には許可が必要であるから許可なく販売しても無効だとしても，商品を引き渡してしまってから無効だといって返還させるほどのこともないとも思える。後者のいわゆる経済的公序論は，取引の効力に関係のない警察法令に違反しても私法上は有効であるが，取引を保護する法令や取引秩序を維持する法令違反の場合は無効になるというものである。たしかに，取引と直接は関係なく衛生を保護するための食品衛生法に違反した場合と不正競争防止法のように取引と密接に関連する法令に違反した場合とでは異なる面があろう。

　以上のような判例・学説の状況にかんがみ，X・Y間の売買契約について，総合判断のうえで公序良俗に反して無効とすべきかどうかを検討すべきである。なお，売買契約が無効となった場合，売買代金の請求はもちろんできないが，引き渡した物について原状回復（121条の2）の問題は残っており，さらにその給付が不法原因給付（708条）とされれば返還請求できないことになる。

## 4 主張・立証責任

契約が成立すれば履行請求できるはずであるので，公序良俗違反による無効を主張する側が，公序良俗違反を基礎づける事実を主張・立証する必要がある。したがって，本問前半の動機の不法の場面であれば，（立場によって要証事実が異なるが，たとえば表示説によれば）無効を主張する側が，賭博のために支払うという動機が表示されたことについて主張・立証責任を負う。本問後半は，賭博と異なり公序良俗違反かどうかの判断は難しいのであるが，無効を主張する側が総合判断の基礎となる事実を主張・立証することになろう。

> ・・・**発展問題**・・・
>
> 　建築業者Ｘと注文者Ｙは，建築基準法等の法令に適合しない建物の建築を目的とする請負契約を締結したが，当該契約は，虚偽の図面で建築確認申請をし，いったん完成して検査を受けた後に，別の図面で違法な工事を行うという悪質なものであった。計画どおり建築されれば，耐火構造規制や避難道路幅員制限に違反するなど，居住者や近隣住民の生命・身体等の安全に関わる違法な建物となるものであったが，区役所の指示等によって，Ｘ・Ｙは新たに違法工事部分を是正する合意を行い，Ｘが追加変更工事を行った。Ｘが追加工事部分の代金請求をした場合，Ｙは拒むことができるか。

### ●】参考文献【●

＊川角由和・百選Ⅰ〔第6版〕（2009）32頁／石川博康・百選Ⅰ34頁／大村敦志・百選Ⅰ36頁／曽野裕夫・平成24年度重判65頁／Before/After 6頁〔桑岡和久〕

（難波譲治）

# 9 消費者契約における不当条項

　Xは，2024年8月21日，Yとの間で京都市内にあるマンションの一室（本件建物）を契約期間2年間，賃料1か月9万6000円で賃借する旨の賃貸借契約（本件契約）を締結し，本件建物の引渡しを受けた。本件契約には，本件契約締結と同時に，XがYに対して保証金40万円を支払う旨の定めがあり，Xは保証金40万円をYに支払った。

　また，本件契約には，保証金をもって，家賃の支払，損害賠償その他本件契約から生じるXの債務を担保する旨の定め，および，Xが本件建物を明け渡した場合には，Yは契約締結から明渡しまでの経過年数に応じた額の敷引金（経過年数1年未満は18万円，2年未満は21万円，3年未満は24万円，4年未満は27万円，5年未満は30万円，5年以上は34万円）を控除したうえでXに返還するが，Xに未納家賃，損害金等の債務がある場合には，上記残額から同債務相当額を控除した残額を返還するという敷引特約（本件特約）があった。本件契約には，さらに，賃借人が社会通念上通常の使用をした場合に生ずる損耗や経年により自然に生ずる損耗（通常損耗等）については敷引金により賄い，Xは原状回復を要しないとする定めがあった。

　本件契約は2026年4月30日に終了し，XはYに対して本件建物を明け渡したが，Yは本件特約に基づいて，保証金から敷引金21万円を控除してその残額19万円をXに返還した。そこで，Xは本件特約が消費者契約法10条により無効であるとして，Yに対して保証金の残額21万円の返還を求めた。このXの請求は認められるか。

## ●】参考判例【●

① 最判平成 23・3・24 民集 65 巻 2 号 903 頁
② 最判平成 23・7・12 判時 2128 号 43 頁
③ 最判平成 23・7・15 民集 65 巻 5 号 2269 頁
④ 最判平成 17・12・16 判時 1921 号 61 頁

## ●】解説【●

### 1 不当条項の無効

　消費者契約法は，消費者と事業者の間の情報，交渉力の格差に着目し，消費者に一方的に不利益な条項により消費者の正当な利益が害されることを防ぐために，以下のような不当条項の全部または一部を無効とする規定を置いている。

### 2 不当条項リスト

#### ⑴ 免責・責任制限条項

　ⓐ事業者の債務不履行により消費者に生じた損害を賠償する責任の全部を免除する条項および当該事業者にその責任の有無を決定する権限を付与する条項は無効とされる（消費契約 8 条 1 項 1 号）。また，事業者の債務不履行により消費者に生じた責任について，事業者の故意・重過失による損害賠償責任の一部を免除する条項および当該事業者にその責任の限度を決定する権限を付与する条項は無効とされる（同項 2 号）。

　有償契約において契約不適合（引き渡された目的物が種類または品質に関して契約に適合しないこと）により消費者に生じた責任について，損害を賠償する事業者の責任を免除する条項および当該事業者にその責任の有無や限度を決定する権限を付与する条項は，消費者契約法 8 条 2 項 1 号・2 号の定める例外を除き，無効とされる（同条 1 項 1 号・2 号）。

　ⓑ事業者の債務の履行に際してされた当該事業者の不法行為により消費者に生じた損害賠償責任の全部を免除する条項および当該事業者にその責任の有無を決定する権限を付与する条項は無効とされる（消費契約 8 条 1 項 3 号）。また，事業者の債務の履行に際してされた当該事業者の不法行為によ

り消費者に生じた責任について，事業者の故意・重過失による損害賠償責任の一部を免除する条項および当該事業者にその責任の限度を決定する権限を付与する条項は無効とされる（同項4号）。

　ⓒ損害賠償責任の一部を免除する条項は，事業者の軽過失による行為にのみ適用されることを明らかにしていないときには無効とされる（消費契約8条3項）。ⓒの施行日は令和5年6月1日である。

(2)　解除権を放棄させる条項

　事業者の債務不履行により生じた消費者の解除権を放棄させ，または当該事業者にその解除権の有無を決定する権限を付与する条項は無効とされる（消費契約8条の2）。

(3)　消費者の成年後見等の開始のみを理由として解除権を付与する条項

　事業者に対し，消費者が後見開始，保佐開始または補助開始の審判を受けたことのみを理由とする解除権を付与する消費者契約（消費者が事業者に対し物品，権利，役務その他の消費者契約の目的となるものを提供することとされているものを除く）の条項は，無効とされる（消費契約8条の3）。

(4)　損害賠償額の予定・違約金条項

　損害賠償額の予定・違約金条項としては，第1に解除に伴う損害賠償額の予定・違約金条項がある。すなわち，消費者契約の解除に伴う損害賠償額を予定し，または違約金を定める条項がある場合に，これらを合算した額が，当該条項において設定された解除の事由，時期等の区分に応じ，当該消費者契約と同種の消費者契約の解除に伴い当該事業者に生ずる「平均的な損害の額」を超えるものは，その超える部分が無効とされる（消費契約9条1号〔令和5年6月1日以降は9条1項1号〕）。

　たとえば，大学の入学辞退の場合の授業料の不返還特約につき，判例（最判平成18・11・27民集60巻9号3437頁など）は，消費者契約法9条1号の問題として解決を図っている。

　損害賠償額の予定・違約金条項の第2のものとして，金銭債務の不履行に伴う損害賠償額の予定・違約金条項がある。すなわち，消費者が金銭債務の全部または一部を支払期日までに支払わない場合に，損害賠償額の予定または違約金を合算した額が当該支払期日の支払残高に年14.6パーセントを乗

じた額を超えるときは，その超過部分が無効とされる（消費契約9条2号）。

### 3　「不当条項」の一般条項

消費者契約法10条は，上記のような個別的リストに該当しない場合であっても，「消費者の不作為をもって当該消費者が新たな消費者契約の申込み又はその承諾の意思表示をしたものとみなす条項その他の法令中の公の秩序に関しない規定の適用による場合に比して消費者の権利を制限し，又は消費者の義務を加重する消費者契約の条項であって」（第1要件），「民法第1条第2項に規定する基本原則に反して消費者の利益を一方的に害するもの」（第2要件）は，無効とする規定を置いている。判例上，次のような特約の有効性が問題とされている（このほか，同法10条に関する最高裁判決としては，生命保険の支払遅延による無催告失効条項を有効とした判決（最判平成24・3・16民集66巻5号2216頁）などがある）。

#### ⑴　敷引特約

敷引特約（敷金の額から一定の金額を控除して残額を返還する旨の特約）の有効性につき，参考判例①があり，本問はこれをモデルとしている。この判決は，ⓐ居住用建物の賃貸借契約に付された敷引特約は，契約当事者間にその趣旨について別異に解すべき合意等のない限り，通常損耗等の補修費用を賃借人に負担させる趣旨を含むものというべきであり，本件特約についても，このような趣旨を含むことが明らかである。ⓑ賃借物件の損耗の発生は，賃貸借という契約の本質上当然に予定されているものであるから，賃借人は，特約のない限り，通常損耗等についての原状回復義務を負わず，その補修費用を負担する義務を負わない。そうすると，賃借人に通常損耗等の補修費用を負担させる趣旨を含む本件特約は，任意規定の適用による場合に比し，消費者である賃借人の義務を加重するものというべきである，として消費者契約法10条第1要件該当性を認めた。

次いで，ⓒ賃貸借契約に敷引特約が付され，賃貸人が取得することになる敷引金の額が契約書に明示されている場合には，賃借人は，賃料の額に加え，敷引金の額についても明確に認識したうえで契約を締結するのであって，賃借人の負担については明確に合意されている。そして，通常損耗等の補修費用は，賃料にこれを含ませてその回収が図られているのが通常だとし

ても，これに充てるべき金員を敷引金として授受する合意が成立している場合には，その反面において，上記補修費用が含まれないものとして賃料の額が合意されているとみるのが相当であって，敷引特約によって賃借人が上記補修費用を二重に負担するということはできない，とした。

これに続けて，⑥もっとも，消費者契約である賃貸借契約においては，賃借人は，通常，自らが賃借する物件に生ずる通常損耗等の補修費用の額については十分な情報を有していないうえ，賃貸人との交渉によって敷引特約を排除することも困難であることからすると，敷引金の額が敷引特約の趣旨から見て高額にすぎる場合には，賃借人が一方的に不利益な負担を余儀なくされたものとみるべき場合が多いといえる。そうすると，消費者契約である居住用建物の賃貸借契約に付された敷引特約は，当該建物に生ずる通常損耗等の補修費用として通常想定される額，賃料の額，礼金等他の一時金の授受の有無等に照らし，敷引金の額が高額にすぎると評価すべきものである場合には，当該賃料が近傍同種の建物の賃料相場に比して大幅に低額であるなどの特段の事情のない限り，信義則に反して消費者である賃借人の利益を一方的に害するものであって，消費者契約法10条により無効となるとした。

このような判断のもとで，⑥本件では，本件敷引金の額が補修費用として通常想定される額を大きく超えるものとまではいえず，本件賃貸借契約の締結から明渡しまでの経過年数に応じて，賃料の2倍弱ないし3.5倍強にとどまっていること，更新料以外に礼金等他の一時金を支払う義務を負っていないことから，本件敷引金の額が高額にすぎると評価することはできず，本件特約を消費者契約法10条により無効であるということはできないとして，第2要件該当性を否定した。

参考判例①に続き，参考判例②も，参考判例①をそのまま踏襲して敷引特約を有効としている。

参考判例①では，敷引特約が通常損耗等の補修費用を賃借人に負担させる趣旨の合意を含むことから補修費用が含まれないものとして賃料の額が合意されており，賃借人が敷引特約によって補修費用を二重負担していないことが特約の有効性の根拠の1つとされているが，参考判例②では，敷引金が通常損耗等の補修費用である旨の明確な合意がなく，敷引金と別に通常損耗等

の補修費用を徴収している。そこで，参考判例②では，当該敷引金の額に対応して賃料がその分低額になっているか不明であるため，参考判例②において敷引金の徴収を正当化するには参考判例①と異なる理論構成が必要になるはずであり，参考判例②が参考判例①をそのまま踏襲していることは疑問である。敷引特約は，本来なら賃料に含まれるはずの通常損耗の補修費用を賃料と別個に賃借人が負担する趣旨であることをみえにくくし，情報・交渉力の格差に乗じて賃借人に趣旨が不明瞭な特約を課すことになる点で問題である。敷引特約の有効性については，より慎重な判断が必要であろう。

　なお，通常損耗の発生は賃貸借契約の本質上当然に予定され，その投下資本の回収は賃料によって行われるから，建物の賃借人に通常損耗についての原状回復義務を負わせるのは，賃借人に予期しない特別の負担を課することになる。そこで，通常損耗について賃借人が原状回復義務を負うためには，賃借人が補修費用を負担することになる損耗の範囲につき，賃貸借契約書自体に具体的に明記されているか，賃貸人が口頭により説明し，賃借人がその旨を明確に認識して，それを合意の内容としたものと認められるなど，その旨の特約が明確に合意されていることが必要であるとするのが判例であり（参考判例④），民法改正によって，通常の使用および収益によって生じた賃借物の損耗（通常損耗）と賃借物の経年変化が，賃借人の原状回復の対象外であることが明記された（621条）。

　参考判例④の事件は，消費者契約法施行前のものであったが，同法施行後，敷引特約の効力は，消費者契約法10条によって争われるようになり，参考判例①②が登場した。

### (2)　更新料特約

　更新料条項についても，参考判例③が，消費者契約法10条に反せず有効であると判示した。

　この判決は，更新料が「一般に，賃料の補充ないし前払，賃貸借契約を継続するための対価等の趣旨を含む複合的な性質を有するもの」であり，「更新料の支払にはおよそ経済的合理性がないなどということはできない」としたうえ，賃貸借契約書に一義的かつ具体的に記載された更新料条項は，更新料の額が賃料の額，賃貸借契約が更新される期間等に照らし高額にすぎるな

どの特段の事情がない限り，消費者契約法 10 条後段要件に当たらないとし，これを本件についてみると，本件条項は本件契約書に一義的かつ明確に記載されているところ，その内容は，更新料額を賃料の 2 か月分とし，本件賃貸借契約が更新される期間を 1 年間とするものであって，上記特段の事情が存するとはいえず，これを同条により無効とすることはできないとした。

> **発展問題**
>
> 　Y（携帯電話の移動通信サービスを提供している電気通情報業者）は，消費者 X との間で，「X は Y から継続的に通信サービスの提供を受け，毎月その利用料金を支払う」旨の携帯電話利用契約を締結した。Y は，携帯電話利用契約において，通常料金プランと月々の通信料金が安く設定されている割引料金プランの 2 種類のサービスを提供しており，通常料金の場合には，いつでも中途解約でき，解約料は発生しないが，大部分の消費者が選択している割引料金プランの場合には，契約期間が 2 年間であり，この期間内（当該期間の末日の属する月の翌月を除く）に中途解約すると 9975 円の解約料が発生する契約条項となっている。そして，割引料金プランにおいて契約を解約しない場合には自動更新となり，更新後の契約期間も 2 年間であり，中途解約については同様の内容となっている。このような状況で，X は，中途解約にかかる解約料の定めが平均的な損害の額（消費契約 9 条 1 号）を超えて無効であると主張した。この場合の平均的な損害の額はどのようにして算定されるべきか。

### ●】参考文献【●

＊丸山絵美子・平成 23 年度重判 64 頁／千葉恵美子・判評 640 号（判時 2145 号）（2012）154 頁／大澤彩・百選 II 128 頁／後藤巻則・判評 644 号（判時 2157 号）（2012）148 頁／沖野眞已・消費者法判例百選〔第 2 版〕（2020）58 頁

（後藤巻則）

# 10 公序良俗と不法原因給付

　Xは，自分の所有する土地甲（時価9000万円）を担保に住宅ローンを借り入れ（残債務2400万円），毎月16万円を返済していたほか，消費者金融から300万円を借り入れ，毎月20万円を返済していた。

　2021年1月20日に，Xは，金融業者Yの融資案内をみてYを訪れ，借換えによる債務負担の軽減について相談した。Yは，甲の資産価値に目をつけ，3000万円をXに融資し，その担保として甲に極度額6000万円の根抵当権の設定を受けることとした。その際，利率は年5パーセント，遅延損害金は年40パーセントとし，同年7月20日に一括返済することが約定された。これは，半年以内に長期低利のローンに借換えができるとYが説明したことによるが，実際はそのような可能性はなく，YはXを返済不能に追い込み，遅延損害金とあわせて極度額相当額（あわよくば甲の価値全額）を取得するつもりだった。

　その後，融資の実行日に当たる2021年1月25日に，Yは，共謀していたZに，Xに対する貸金債権を根抵当権とともに根質入れした。その際，Yは，Xに対し，Xへの貸付金3000万円を調達するためにZから同額を借り入れることとし，その担保として根質入れをする必要があると説明し，Xの承諾を取り付けた。

　その後，XはYと連絡がつかなくなり，2021年7月20日を過ぎて，ZがXに対し，3000万円とその利息および遅延損害金を返済しない限り，根質権に基づいて甲の根抵当権を実行するといってきた。

　そこで，(1)Xは，Yとの消費貸借契約は無効であるとして，債務不存在の確認と甲の根抵当権の登記の抹消を求めることにした。それに対し，Yは，Xの主張を争うとともに，(2)仮に消費貸借契約が無効であるとしたときには，Xに対し，3000万円とその法定利息相当額の返還を求めることとした。認められるか。

## ●】参考判例【●

① 東京高判平成 14・10・3 判時 1804 号 41 頁
② 最判昭和 30・10・7 民集 9 巻 11 号 1616 頁
③ 最判平成 26・10・28 民集 68 巻 8 号 1325 頁

## ●】解説【●

### 1 公序良俗

#### (1) 問題の所在

本問では，X・Y 間で，元本 3000 万円，利率年 5 パーセント，遅延損害金年 40 パーセント，返済期を半年後とする消費貸借契約が締結され，その担保として甲について極度額を 6000 万円とする根抵当権設定契約が締結されている。X・Y 間の消費貸借契約が有効であれば，X は Y に対し貸金返還債務を負うが，X・Y 間の消費貸借契約が無効とされれば，X は Y に対して貸金返還債務を負わず，さらに——根抵当権設定契約にも無効原因が認められればもちろん，仮にそうでなくても付従性の原則により——甲に設定された根抵当権も無効となる。(1) X の債務不存在の確認と甲の根抵当権の抹消請求は，このようにして基礎づけられる。問題は，X・Y 間の消費貸借契約（および根抵当権設定契約）が無効といえるかどうかである。本問では，詐欺取消しが認められる可能性もあるが，次の(2)の問題が控えていることを前提とすれば，民法 90 条の公序良俗違反による無効が認められるかどうかが問題となる。

#### (2) 伝統的な見解と暴利行為の理解

公序良俗について，伝統的な見解は，公序は国家・社会の秩序を主眼とし，良俗は道徳観念を主眼とするという差があるだけであり，むしろ両者を行為の社会的妥当性を指すものとして一括したうえで，裁判例を手がかりとしながら公序良俗違反を類型化することを試みてきた。たとえば，人倫に反するもの，正義の観念に反するもの，暴利行為，個人の自由を極度に制限するもの，営業の自由の制限，生存の基盤たる財産の処分，著しく射倖的なものという類型化がその代表例である。

このうち，本問で問題となるのは，暴利行為である。暴利行為については，「他人の窮迫・軽率・無経験に乗じて，著しく過当な利益の獲得を目的とする法律行為は，無効とする」という準則が判例上確立している（大判昭和9・5・1民集13巻875頁等）。これは，ⓐ他人の窮迫・軽率・無経験に乗ずるという主観的要素と，ⓑ著しく過当な利益の獲得を目的とする法律行為がされたことという客観的要素からなる。

　本問の消費貸借契約は，利率が年利5パーセントであり，いわゆる高利契約には当たらない。また，遅延損害金は年40パーセントであり，利息制限法の制限（年2割）を超えるとしても，同法7条により，その超過部分について無効とされることになる。そのため，これだけをみる限り，ⓑ著しく過当な利益の獲得を目的とした法律行為がされたとはいえない。

　しかし，本問では，Xの借換えの相談に応じて3000万円をXに融資するだけであるにもかかわらず，甲に極度額6000万円の根抵当権が設定されている。これは，不必要かつ過剰な担保といわざるを得ない。しかも，半年以内に長期低利のローンに借換えができるという架空の話をして，半年後に融資額を一括返済することが約定されている。これは，Xを返済不能に追い込み，遅延損害金とあわせて最終的に極度額相当額（あわよくば甲の価値全額）を取得することをねらったものである。Yが，共謀していたZに，Xに対する貸付債権を根抵当権とともに根質入れしたのも，通常人にとって理解しにくい方法を用いることにより，形式上第三者に当たるZに権利を帰属させることで，Xからの苦情の申入れや抗弁を封ずることが意図されたものと推測される。

　したがって，本問では，全体としてみれば，ⓐXの思慮や法的な知識の不足に乗じて，ⓑ極度額に相当する6000万円ないしそれ以上の利益の獲得を目的とする法律行為がされたとみることができる。これによると，XY間で締結された消費貸借契約と甲についての根抵当権設定契約は，公序良俗に反し無効ということになる。

### (3) 最近の見解：保護的公序

　最近の学説では，公序良俗違反の類型について見直しが進められ，客観的な秩序の違反に尽きない権利や自由の侵害に当たるものが存在することが指

摘されている。そこでは，そうした権利や自由を侵害から保護するために，民法90条が用いられる。そのため，この場合の公序は「保護的公序」と呼ばれ，効果も相対的無効——保護されるべき権利や自由の侵害を受けた側のみが無効を主張することができる——とされる。

本問で問題となっているのは，Xの財産の侵奪を目的とした行為であり，この意味での保護的公序違反の典型例に当たる。したがって，Xは，消費貸借契約と甲の根抵当権設定契約の無効を主張できることになる。

## 2 不法原因給付

### (1) 問題の所在

2017年民法改正により，法律行為が無効である場合の効果として「原状回復の義務」に関する規定が新たに設けられた。それによると，「無効な行為に基づく債務の履行として給付を受けた者は，相手方を原状に復させる義務を負う」とされている（121条の2第1項）。法律行為が無効である以上，この場合の給付には「法律上の原因」がない。この規定は，不当利得の返還請求のうち，特に法律行為が無効である場合の給付利得について規定したものにほかならない。

これによると，以上のように，XY間の消費貸借契約が公序良俗に反し無効であるとするならば——しかもXが実際にこの無効を主張するときには——，(2)Yは，Xに対し，原状回復として，交付した3000万円とその法定利息相当額の返還を請求することができるはずである。

このように，民法121条の2第1項により認められる原状回復請求は，不当利得の返還請求であることから，この場合にも，不当利得に関する規定として，民法708条が適用される。したがって，この場合のYからXへの「給付」が，民法708条の「不法な原因」のためにされた給付に当たるとするならば，Yはその「給付したもの」の返還を請求することができなくなる。問題は，この場合のYからXへの「給付」とは何であり，それが「不法な原因」のためにされたといえるかどうかである。

### (2) 不法な原因

まず，不法原因給付制度の趣旨と「不法な原因」の意味を確認しておこう。

民法 708 条が，不法な原因のために給付をした者はその給付したものの返
還を請求することができないとするのは，「不法をおかした者は法的救済を
求めることができない」という考え方に基づく。自ら不法な行為をしたこと
を理由として法的救済を求めることを許すのは，法の自己否定であり，認め
ることはできないと考えるわけである。

　もっとも，「不法な原因」により給付が行われた場合に，給付者の返還請
求を否定すれば，不法な結果が存続することになる。そのため，支配的な見
解は，「不法な原因」を限定して理解する。具体的には，そこでいう「不法」
は，倫理的非難の可能性の強い公序良俗違反の場合——判例によると，「そ
の社会において要求せられる倫理，道徳を無視した醜悪なものである」場合
（最判昭和 37・3・8 民集 16 巻 3 号 500 頁）——に限るべきであるとされている
（倫理的非難説）。これは，本来ならば不当利得返還請求権を持つ者から救済
の可能性を奪うためには，その者に強い非難に値する不法がなければならな
いという考え方から基礎づけられる。

　本問に関していうと，Y のした行為は，実質的には X の財産を侵奪する
ことを目的とした行為であり，「その社会において要求せられる倫理，道徳
を無視した醜悪なものである」ということができるだろう。

　これに対して，最近では，「不法な原因」が何であるかは，法律行為を無
効とする規範（無効規範）の目的によって決められるべきものであるとする
考え方が有力に主張されている（規範目的説）。法律行為を無効とするだけで
なく，不当利得返還請求まで否定すべきかどうかは，無効規範の目的によっ
て決まるべき事柄である。この場合に，不当利得返還請求まで否定すれば，
権利者は自己の財産を失うことになるため，そうしなければ無効規範の目的
を実現することができない場合に限るべきであるとするわけである。これに
よると，何が無効規範の目的であり，そこからどこまでのことが要請される
かが決め手となる。

### (3)　給付の意味

　次の問題は，そこで何が「給付」に当たり，その返還請求が否定されるこ
とになるかである。本問では，消費貸借契約のような貸借型の契約が無効と
される場合に，何が「給付」に当たるかが問題となる。

同じく貸借型契約のうち，賃貸借契約の場合は，賃貸人から賃借人に対してされる「給付」は，賃借物を使用収益させることである。これが「不法な原因」によるものであったときには，その「給付したもの」，つまり一定の期間賃借物を使用収益できたことを金銭に換算した額（賃料相当額）の返還請求が否定されることになる。それに対して，賃借物そのものは，「給付したもの」に当たらない。賃貸借契約によって，賃貸人は賃借人に賃借物の所有権を譲渡するという給付をしたわけではないからである。したがって，賃貸借契約が無効とされる場合には，それが「不法の原因」によるものであったとしても，賃借物そのものの返還請求は妨げられない。

　消費貸借契約についても，同じように考えるならば，「給付したもの」とは，一定の期間元本を利用できたことである。本問でいえば，融資の実行日である 2021 年 1 月 25 日から実際に返還するまでの間元本 3000 万円を利用できたことであり，法定利率 3 パーセント（404 条 2 項）で計算したその利息相当額がそれに当たる。それに対して，元本そのものは，「給付したもの」には当たらないはずである。そうすると，たとえ「不法な原因」に当たるとされる場合でも，元本の返還請求は妨げられないことになりそうである。

　ここで，仮に元本の返還請求まで否定すべき場合があるとすれば，それはやはり無効規範の目的によると考えられる。

　たとえば，芸娼妓契約のケース——生活に困窮した A が娘 T を利用して生活費を調達するため，売春宿の経営者 B との間で，㋐ A が B から 500 万円を借り受ける代わりに，㋑ T が B のもとで芸娼妓として働き，その報酬の半額で A の借金の返済に充てる旨の契約を締結するような場合——で問題となったように，消費貸借契約を無効とし，その元本の返還請求まで否定しなければ，T が売春行為を強制されるおそれがあり，T の権利を保護しようとした規範目的を実現することができない場合には，民法 708 条を拡張して，元本の返還請求も否定することが要請される（参考判例②参照）。

　しかし，本問の場合は，甲に設定された根抵当権が無効とされれば，X の財産が侵奪されるおそれはなくなる。したがって，元本の返還請求まで否定しなければ，X の権利を保護しようとした目的を実現することができないとまではいいがたい。それにもかかわらず，なお元本の返還請求まで否定する

ことを正当化しようとすれば，たとえば，このように他人の権利を侵奪しようとした者から元本をいわば没収することにより，同種の行為を抑止することも規範の目的に含めることが考えられる。問題は，民法 90 条および民法 708 条にそのような目的を認めることが適当かどうかである。

**･･ 発展問題 ･･**

　A 会社は，無限連鎖講に該当する事業を開始し，新規の会員から集めた資金を先に会員となった者への配当金の支払に充てていた。これにより，Y は，A 会社に 800 万円を出資金として支払い，A 会社から 3000 万円の配当金の支払を受けたが，その後，A 会社の事業が破綻し，破産するに至ったため，約 4000 名の会員は，出資金を支払ったものの，配当金を受け取ることができなかった。そこで，A 会社の破産管財人 X は，破産手続の中で被害を受けた会員に配当を行うことを目的として，Y に対し，配当金と出資金の差額 2200万円の返還を求めた。認められるか。

**●】参考文献【●**

＊難波讓治・リマークス 29 号（2004）10 頁〔参考判例①の判批〕／川角由和・リマークス 28 号（2004）10 頁／畑佳秀・ジュリ 1494 号（2016）78 頁〔参考判例③の解説〕／大澤彩・平成 26 年度重判 79 頁〔参考判例③の判批〕

（山本敬三）

# 民法94条 2 項類推適用と その限界①

> 　Xは甲不動産を所有しているが，Xの妻であるAは，2017年5月，Xの実印・印鑑登録証明書・甲に関する登記識別情報を無断で持ち出すなどして，甲につき，X・A間の贈与を原因とする所有権移転登記を経由した。Xは2018年3月ころこの事実を知り，Aを非難したが，Aと夫婦関係にあったことや，抹消登記手続のための手間と費用が惜しかったことなどから，甲をA所有名義で登記されたままとしていた。もっとも，Xとしては，甲はあくまで自己の所有に属するものと認識しており，Aに譲ったつもりはない。ところがその後，XとAは不仲に陥り，2022年4月，AはXに対する離婚および財産分与請求訴訟を提起するとともに，甲をYに売却してしまい，所有権移転登記が経由されるに至った。YはX・A間の上記事情を知らず，「甲は 5 年ほど前に夫からもらった不動産であり，所有権移転登記も済ませている」旨のAの言を信じて甲を買い受けていた。
>
> 　そこで，XはYに対し，甲に関する所有権移転登記の抹消登記手続を求めた。Xの請求は認められるか。

## ●】参考判例【●

① 最判昭和 45・9・22 民集 24 巻 10 号 1424 頁
② 最判昭和 45・7・24 民集 24 巻 7 号 1116 頁

## ●】解説【●

### 1　無権利の法理と不動産取引の安全

　本問におけるXの請求原因は甲の所有権に基づく妨害排除請求となるが，X・A間の贈与の不存在・Aの無権利が確認されれば，原則としてYは甲の所有権を取得することができない（無権利の法理）。YがA所有名義の登

記を信じて取引していたとしても，不動産登記には公信力が認められていないため，ただちにYがXの請求を拒めるわけではない。

　しかし，不実登記につきXに責任があるといえるような場合であっても，常にYは保護されないとすれば，第三者の取引安全が不当に害され，衡平といえない。それでは，どのような場合にいかなる法的根拠に基づいて，第三者Yは保護されるであろうか。

### 2　民法94条2項類推適用法理の意義

　判例は，不実登記すなわち虚偽の権利外観の作出・存続が真正所有者本人の意思に基づくと評価しうる場合に，民法94条2項を類推適用して善意の第三者の保護を図っている。その根拠は，ⓐ登記に公信力が認められておらず，本人の静的安全に対する配慮が強く求められる不動産取引においては，不実登記の原因・経緯を問うことなく一律に第三者を保護するのではなく，その作出・存続につき本人の意思関与がある場合に，本人にその責任を負わせて善意の第三者を保護するという解決が衡平に適っている，ⓑ同項の趣旨は，虚偽表示によって権利外観を作出した本人の帰責性に照らして，これを信頼した第三者の取引安全を図ることにあり，上記ⓐの価値判断に整合するという点にみいだされている。わが国では，このような同項類推適用が，登記の公信力に代わる補充的機能を果たす判例法理として確立されている。

### 3　民法94条2項類推適用の要件

　それでは，具体的にどのような場合において民法94条2項類推適用が認められるのであろうか。問題は，不実登記に対する「本人の意思関与」についてどのように評価すべきかである。判例法理の展開を確認しよう。第1に，本人－登記名義人間の通謀あるいは登記名義人の承諾がなくても，本人自ら不実登記を作出した場合（外形自己作出型）には，民法94条2項類推適用が認められる。これは，同項によって本人が権利を失う根拠を，本人が自己の意思に基づいて外形を作出した点に求め，通謀または登記名義人の承諾の有無は重要でないという理解に基づいている。

　第2に，本人に無断で他人が不実登記を作出した場合（外形他人作出型）であっても，本人が事後に不実登記の存在を知りながら，その存続を明示または黙示に承認していた場合においても，民法94条2項類推適用による第

三者保護が拡張されている。このことは，少なくとも不実登記の存続が本人の意思に基づくものと評価しうるときは，自ら作出した場合に準じる非難可能性が認められるのであり，本人の承認が不実登記の事前・事後いずれにされたかによって区別すべき合理的理由はないという評価を基礎としている。

## 4　民法94条2項類推適用の限界

このように，民法94条2項類推適用をどこまで拡張してよいかという問題は，虚偽の権利外観に対する「本人の意思関与」要件緩和につきどのように限界づけるかという問いを意味する。上述の外形他人作出型における事後的承認の意義をめぐっては，不実登記を「知りながら放置」していたことで足りるのか，足りるとしても，わずかの期間でも放置すればただちに承認ありとみなされるのか，それとも，長期間の放置あるいは，不実登記の存続を認容するような本人の態様が加わることを要するのか，学説は分かれている。

この点については，ⓐ虚偽表示に準じる意思関与とは何を指すかにつき，どのように解釈すべきか，ⓑ民法94条2項本来の判断枠組みをどこまで維持・尊重すべきか，その本来適用から離れて新たな法理が形成されたものとして，割り切ってよいか（不実登記に対する承認の意義・有無にどこまでこだわるか），ⓒ不動産に関する本人の権利喪失を正当化しうるだけの事情として何を求めるかに関する利益判断をどのように行うべきか，ⓓ本人側の要件を緩和することとのバランスという観点から，第三者に無過失を要求すべきか，といった諸問題が関連してくる。

本問では，XがAに甲を譲渡するつもりがないにもかかわらず，4年以上にわたってA所有名義の不実登記を放置していたことをもって，所有権を失わせるのに十分な意思関与ないし帰責性ありと評価できるかどうかがポイントとなる。さらに，Yの側の要件につき，A所有名義の登記の存在とAの説明を信じたYに過失はないとすれば，無過失の要否にかかわらず，Yは保護されよう。処分の経緯あるいはAの支配態様について特に疑念を抱くべき事情がうかがえない限り，Aの所有名義となっている登記を信頼したYは特別な調査確認義務を負わない，とすれば，無過失要件の要否につき，その具体的な意義についてあらためて確認する必要があろう。

## 5 民法177条との関係

民法94条2項類推適用法理が，不動産取引安全のための法理として重要な役割を担うようになるにつれて，同法177条との関係が問われるに至っている。同法94条2項類推適用における「不実登記の承認・放置」は，その緩和化を進めるほどに，「権利者としてなすべき登記の懈怠」との区別が微妙となる一方，同法177条においても，第三者の要件に関して背信的悪意者排除による調整が重要な機能を果たすに至り，「権利者の登記懈怠に対する非難可能性」と「第三者の取引態様の正当性」に関する衡平かつ柔軟な判断が志向される結果，両者の判断枠組みが接近しているように見受けられるからである。同法94条2項類推適用において，第三者に権利保護資格要件として登記を要求するという構成を採用すればなおさらである。

その意味において，民法94条2項類推適用の限界づけは同法177条との機能配分にも関連する問題といえる。問題類型に応じて両者を使い分けるとしても，「不実登記の承認」と「真正登記の懈怠」，「善意者保護」と「背信的悪意者排除」，「特別な第三者保護」と「登記の有無による画一的解決」などに関する異同に留意しながら，どちらによる解決が妥当なのかにつき，より具体的できめ細かな判断が求められるといえよう［→本巻31解説］。

### ● 発展問題 ●

Xは自己所有の乙不動産につき，2022年2月，不動産業者であるAに売り渡し（以下，「本件売買契約」という），所有権移転登記が経由された。Aは売買代金を支払っていなかったが，XはAを信用して上記登記手続に協力していた。ところが，Aははじめから代金を支払うつもりはなく，資力および支払意思を装ってXから乙を侵奪する意図を有していた。同年4月ころになってAの意図に気づいたXは，ただちに本件売買契約を取り消す旨をAに通知したが，乙の登記名義の回復等について専門家に相談しようと考えているうちに，まもなくしてAは乙をYに売却し，所有権移転登記がされてしまった。

XはYに対して，乙に関する所有権移転登記の抹消登記手続を請求することができるか。

●】参考文献【●

＊中舎寛樹・争点65頁／野々上敬介・百選Ⅰ44頁

（武川幸嗣）

Xは，自己所有の甲不動産を賃貸して収益を上げようと考え，以前より不動産取引につきXの相談に乗っていた知人のAに，甲の賃貸・管理を任せることとした。Xは，2021年12月ころ，Aから甲に関する登記識別情報の提供を求められ，これに応じた。またその翌月には，XはAから実印と印鑑登録証明書を交付するよう指示され，乞われるままに引き渡した。なお，XはAを信用していたため，特にそれらの使途を問うてはいなかった。さらにその翌月，XはAから，甲をAに売却する旨を記した売渡証書を提示され，内容を確認せずに署名し，登記申請書にAがXの実印を用いて押印するのを漫然とみていた。Aは甲につき売買を原因とする自己名義の所有権移転登記を経由したうえ，2022年4月，甲をYに売り渡して所有権移転登記手続を行った。Yは甲を買い受けるに当たり登記簿の記載を確認したものの，Aが甲を処分する事情については特に説明を求めなかった。

Xは甲がY所有名義で登記されているのに驚き，Yに対して所有権移転登記の抹消登記手続を請求した。これは認められるか。

#### ●】参考判例【●

① 最判昭和 43・10・17 民集 22 巻 10 号 2188 頁
② 最判平成 15・6・13 判時 1831 号 99 頁
③ 最判平成 18・2・23 民集 60 巻 2 号 546 頁

#### ●】解説【●

#### 1 民法 94 条 2 項類推適用（単体型）の限界

民法 94 条 2 項類推適用が認められるには，外形自己作出型はもちろん，

外形他人作出型であっても，不実登記が本人の承認に基づいていることが要求される（外形意思対応型）。それでは，ⓐ本人が作出した虚偽の権利外観（例：虚偽の他人名義の仮登記）に対して，さらに他人の行為が加わって不実登記が行われるに至ったが，本人はそれを知らなかった場合（外形意思非対応型），ⓑ本人が他人を信用して交付した重要書類等が濫用されて不実登記がされた場合など，「不実登記の原因・基礎の作出」への本人関与があるにとどまる場合（外形与因型）はどうであろうか。このような場合，不実登記それ自体は本人の意思を逸脱しているため，これを信じて権利関係を築いた第三者が現れたとしても，もはや虚偽表示規定の類推適用によってその保護を図ることはできない。

　そうすると，こうしたケースにおいては，不実登記に対する本人の帰責性が権利を失わせるほど大きいとはいえず，第三者を保護すべきではないと解すべきであろうか。

## 2　民法110条との併用による第三者保護

　この問題につき着目すべきは，表見代理，特に民法110条における取引安全とのバランスである。ⓐ本人が他人を信用して無権利者処分の原因・基礎を作出している点，ⓑその他人によって本人の意思を逸脱した処分行為が行われた点に，同条との類似点がみいだされるからである。もっとも，ⓐ本人による代理権授与があるとは限らない点，ⓑ無権利者処分が代理人としてではなく自己名義の処分行為である点において代理とは異なるが，代理人による処分であった場合は，本人の関与が上記のようなものであったとしても，代理権ありと信じるにつき正当理由があれば相手方が保護されることとの比較において，どのように考えるべきかが問われる。

　判例は，無権利者取引における外観信頼保護という点において民法94条2項と民法110条は共通の目的を有していると捉え，両制度の「法意」または「趣旨の類推」適用により，このような場合にも善意無過失の第三者を保護する途を与えた。両制度の要素の組合せによるかかる法律構成の承認は，同法94条2項類推適用法理をさらに拡大するための規範定立を意味するが，第三者に無過失要件を付加することによって，本人側の関与要件の緩和化および表見代理との均衡に配慮した点に特色がある。

### 3 民法 110 条重畳型の要件と注意点

それでは，民法 94 条 2 項・民法 110 条重畳適用の要件は民法 110 条と同一でよいか。民法 94 条 2 項類推適用との共通点は何か。この問いに対しては以下の点に注意を要する。

民法 110 条では「代理権」に対する信頼保護の当否が問題となるのに対して，民法 94 条 2 項・民法 110 条重畳型においては「所有権」に対する信頼が保護の対象となる。いずれも処分権限の外観という点では共通しているが，次のような相違がある。まず，代理人による処分は他人が所有する重要財産であることを前提とする取引であるため，代理人の処分権限の有無につき，相手方には高度な調査確認義務が課されるのが通常である。これに対して，自己の名においてその所有に属する不動産として処分する場合，処分者の所有名義で登記されていれば権利推定が働くことから，取引の相手方においては，処分者の所有権帰属につき，その支配態様や処分経緯などから特に疑念を生じさせるような事情がみられない限り，これに対する信頼が正当なものとして評価されやすい。

そのため，ここで問題とされている自己名義の処分において，本人側の要件につき，表見代理と同じように，基本代理権の授与あるいは対外的関係を予定した事務処理の委託で足りるとすれば，結果として表見代理以上に過度に第三者が保護されるおそれが生じる。そこで，第三者の側に無過失要件を付加するだけでなく，本人側の要件についても民法 110 条において要求される関与 + $\alpha$ を求めてバランスを図る必要がある。そこに民法 94 条 2 項類推適用の要素を加味する意義が存する。

判例は，ⓐ不実登記の基礎・原因となった虚偽の外形が本人の意思に基づく場合（不実登記に対する承認はなくても，少なくともその前提となった虚偽の権利外観を作出しようという意思が認められる場合），ⓑ不実登記の基礎・原因に対する本人の関与につき，不実登記に対する承認と同視しうる程度に重大な帰責性が認められる場合を本人側の要件としている。

### 4 民法 94 条 2 項・民法 110 条重畳型の限界

上記 3 のⓐについては，本人が他人名義の虚偽の仮登記手続を行ったかまたは，虚偽の仮登記申請を行う意思において他人に登記手続に必要な重要

書類等を交付した場合において，その他人がこれを奇貨として自己の所有名義で本登記手続を了したうえ，第三者に処分した場合などが該当しよう。

　問題は⑥の認定であるが，本人に虚偽の外形作出の意思がないため，他人を信用して登記手続に必要な重要書類等を交付してしまったというだけでなく，不実登記がされた事実について知らなかったとは主張しがたい程度に，本人の重大な関与ないし不注意を認定できるかどうかがポイントとなろう。具体的には，⑦重要書類等交付の目的・経緯，④自己の不動産が他人のほしいままに処分される危険の程度および，その放置の有無・期間，⑦売買契約書の作成あるいは不実登記の申請手続に対する関与の有無・程度などを考慮要素として，これらの態様につき総合的に判断しながら，意思関与に匹敵する非難可能性の有無を評価することが求められよう。本問では，A所有名義の不実登記作出の過程を通してXは継続的に重大な関与を行った旨がうかがえるが，それがごく短期間に集中している点をどう評価するかが問われよう。また，Yに無過失を要求する場合，Yは処分の経緯・事情に関する調査確認義務を常に負うか，が問題となる。

　発展問題においては，XはAに対して乙の処分に必要な重要書類を交付したものの，不実登記手続への関与は継続的とはいえず，すぐに不実登記の防止に努めようとしたが，早急に処分されてしまった点に留意を要する。

　なお，学説には，不実登記に対する意思関与と「同視しうる程度の帰責性」要件および，第三者の無過失要件の承認は，民法94条2項単体型の枠内においても可能であるとして，民法110条と併用する必要性につき疑問を提起するものがあり，民法94条2項単体型と民法94条2項・民法110条重畳型との区別は流動的となっている。

・・・ 発展問題 ・・・

　Xは自己所有の乙不動産を賃貸して収益を上げようと考え，不動産業者であるAに乙の賃貸・管理を委託した。AはXの無知に乗じて乙を侵奪しようと企図し，Xに対し，乙の管理のために早急に必要であると称して，実印・印鑑登録証明書・白紙委任状ならびに甲の登記識別情報の提供を求め，XはAに急かされて慌ててこれらを

交付した。しかしながら，Xは事情を確認せずにAに重要書類等を預けたことに不安を抱き，翌日Aに問い合わせたが，Aは巧みな言い逃れをしてXをなだめた。Aはその後ただちに上記書類等を冒用して登記原因情報を偽造し，甲につき売買を原因とする自己名義の所有権移転登記を経由したうえで，すかさずこれをYに転売して所有権移転登記が経由された。

　XはYに対して，甲につき所有権移転登記手続の抹消登記手続を求めることができるか。

## ●】参考文献【●

＊中舎寛樹・争点65頁／佐久間毅・百選Ⅰ46頁／磯村保・平成18年度重判66頁

（武川幸嗣）

# 「法律行為の基礎とした事情」と錯誤

2022年4月に，美術品の販売業を営むXは，同種の営業を行うYの店舗において，画家M筆と表示のある「水仙」と題する画幅をみせられ，Yからこれを180万円で購入する契約を締結し（以下，「本件売買」という），3日後に代金を支払って引渡しを受けた。Xは約2年，Yは10年近く，美術品の取引経験を有する者であり，両者は本件売買の約1年半前から互いに美術商として知り合い，これまでにも取引をしたことがあった。本件売買の当日，Xは，以前から興味をもっていた画家N筆の「富士」をYが入手したとの情報を得て，Yの店舗を訪れたのであるが，目当てにしていたN筆の「富士」は傷や汚れがあったためその購入をやめ，近くに飾ってあった「水仙」に興味をもち，これを購入することにしたものである。その際，Xは，「水仙」についてYに尋ねたところ，Yから，これはMの筆によるものであり，「富士」と同様，名高い美術品愛好家の家から出たものであるから間違いのない物だとの説明を受け，購入を決意したものであった。ところがその後，この画幅をXがZに200万円で転売しようとした際，Zの要望により鑑定を依頼した結果，実は贋作であることが判明した。本件画幅は，真作であれば200万円前後の値がつけられるが，贋作であれば20万円以下の価値しかない。

Xは，錯誤を理由に本件売買契約の意思表示を取り消し，Yに対して目的物の返還と引替えに代金180万円を返還するよう請求することができるか。

●】 参考判例 【●

① 東京高判平成10・9・28判タ1024号234頁
② 最判平成元・9・14判時1336号93頁

③ 最判平成 28・1・12 民集 70 巻 1 号 1 頁
④ 最判平成 14・7・11 判時 1805 号 56 頁

●】解説【●

### 1 Xの考えられる主張

本問では，Xが民法 95 条に基づき錯誤による取消しをして，代金の返還を求めることの可否が問われている。本問の事実関係のもとでは，このほか，目的物の契約不適合を理由に契約を解除して代金の返還を求めることも考えられる（後述 8）。さらに，Yの詐欺による取消しを主張することも一応は考えられるが，詐欺というためには，Yに欺罔の故意があったことが必要であるところ，本問ではこれは明確にはうかがわれない。なお，仮に本件契約が「消費者契約」に該当する場合であったなら，さらに，消費者契約法 4 条 1 項 1 号に基づく不実告知による取消しの可能性も考えられたであろうが，本問では，XとYはいずれも事業者であるから，同法の適用はない（同法 2 条参照）。以下では，錯誤に焦点を当てて検討を進める。

### 2 動機の錯誤の法的取扱いをめぐる従来の議論

民法 95 条は，2017 年改正前民法（以下，「改正前民法」という）95 条のもとでの議論を踏まえたものであることから，まずは同改正前の議論を簡単に確認しておこう。絵画の売買において，真筆であると信じて購入したが実は贋作であったという場合における買主の錯誤は，表示に対応する意思が欠けているわけではないので表示の錯誤ではなく，従来「動機の錯誤」といわれてきた錯誤類型（後述のとおり，改正民法では 95 条 1 項 2 号に基礎事情錯誤として規定された）の一場合である。改正前民法 95 条では，同条の適用を受ける錯誤を「法律行為の要素の錯誤」と規定しているにすぎなかったため，この規定のもとでの動機の錯誤の法的取扱いについては，多くの議論があった。

#### (1) 伝統的な考え方：動機表示定式（錯誤二元論）

改正前民法 95 条が動機の錯誤にも適用されうるかについて，起草者は否定的だったようであり，初期の判例にも消極的なものがみられた。

しかし，後に判例は，「動機が表示されて意思表示の内容とされた」という要件の下で改正前民法 95 条の適用可能性を肯定するようになった（大判

大正 3・12・15 民録 20 輯 1101 頁）。目的物の性状に関する錯誤についても，物の性状は通常法律行為の縁由にすぎないが，表意者がこれを意思表示の内容とし，その性状を有しなければ法律行為の効力発生を欲せず，しかも取引の観念，事物の常況からみて意思表示の主要部分をなす程度のものと認められるときは，法律行為の要素となるとされた（大判大正 6・2・24 民録 23 輯 284 頁〔受胎馬事件〕等）。この考え方は，学説でも通説をなすに至った。

### (2) 批判説：錯誤一元論

しかし，その後学説においては，表示の錯誤と動機の錯誤の区別はしばしば困難であること，動機の表示を要求することは動機の錯誤の実態に合わないこと，取引安全の要請は動機の錯誤のみならず表示の錯誤においても存在することなどを理由に，表示の錯誤と動機の錯誤の区別的取扱いを否定して一元的な取扱いをすべきだとし，いずれの錯誤についても，相手方の認識可能性，錯誤の重要性，錯誤の共通性などの基準に基づいて，改正前民法 95 条の適用可能性を判断するべきだとする見解（錯誤一元論）が，有力に主張されるに至った。

### (3) 新二元論：改正前民法 95 条の適用排除論

一方，動機の錯誤を，表示の錯誤と区別し，改正前民法 95 条の適用対象から排除すべきだとする見解も，新たに主張された。すなわち，この見解は，動機が誤っていたことのリスクは本来表意者が負担すべきものであって，このリスクを相手方に転嫁できるのは，動機が保証，条件，前提などの形で合意された場合に限られるところ，それらの合意が認められる場合には，同条の適用によってではなく，それぞれの合意の効力や契約責任などの問題として処理が図られるべきだとするのである。

### (4) 法律行為の内容化論

他方，近年は，問題となった事項が法律行為の内容（契約の場合は契約の内容）として取り込まれていたと評価できるかが重要であるとし，「動機」が単に当事者の一方的な動機にとどまらず契約内容に取り込まれた場合において，その契約内容化されたことが事実と異なっており，かつその錯誤が重要であるときにはじめて，改正前民法 95 条が適用されうるものとする見解が有力に主張されていた。この見解は，判例がとってきた動機表示定式の実

質的な意味を，新たな角度から再評価するという意味も有していた。

### 3　民法における基礎事情錯誤

　民法95条は，従来にいう動機の錯誤を，「法律行為の基礎とした事情」に関する錯誤（基礎事情錯誤）として明文化した（95条1項2号）。すなわち，表示の錯誤（同項1号）とは別に，「表意者が法律行為の基礎とした事情についてのその認識が真実に反する錯誤」を，錯誤の一類型として明確に掲げた（同項2号）。そして，基礎事情錯誤を理由に同条により意思表示を取り消すためには，ⓐ「その錯誤が法律行為の目的及び取引上の社会通念に照らして重要なものである」こと（1項柱書の「重要性」要件），ⓑ「その事情が法律行為の基礎とされていることが表示されていた」こと（2項の「表示」要件）が要件となることを明確にした（このほか，3項には，錯誤が重過失によるものであったときは原則として取消しはできない旨規定されている）。このうち，ⓐの要件は，表示の錯誤と基礎事情錯誤に共通する要件であるが，ⓑの要件は，基礎事情錯誤に特有の要件であり，ⓑの要件をどのように理解するべきかが問題となる。

　なお，改正によって，錯誤の効果は，改正前の無効から取消しに変更され（95条1項），善意・無過失の第三者保護規定も新設された（同条4項）。

### 4　民法における「表示」要件（要件ⓑ）と従来の判例

　上記ⓑの要件は，基本的には，改正前民法のもとで動機の錯誤につき展開された判例法理を明文化したものと説明されている。つまり，改正前民法のもとで判例の用いた表現は必ずしも統一的ではなかったが，比較的多くの判例が動機の「表示」を要求してきたことから，これを捉えて現行民法95条1項2号が規定されたものである。

　もっとも，この「表示」の意味については注意を要する。動機の錯誤に関する従来の判例を仔細にみると，判例は，動機が相手方に示されれば足りるとしているわけではないことがわかる。判例の表現には微妙な違いもあるが，特に契約における錯誤では，「動機表示定式」の下で実際に問題とされているのは，当該動機が一方当事者の「単なる動機」にとどまらず，当該法律行為（契約）の内容に取り込まれたと評価しうるかという点であったということができる。そして実際，判例の中には，表意者が明確に動機を相手に

示していなかった場合でも，「動機が黙示的に表示」されていれば法律行為の内容になりうるとして，同条の適用可能性を肯定したものがあり（参考判例②），逆に，表意者が相手に自分の動機を伝えていた場合でも，動機が表示されて法律行為の内容とされたとはいえないとして，同条の適用を否定したもの（最判昭和37・12・25集民63号953頁等参照）がある。近時の判例にも，動機の錯誤が意思表示の無効を来すためには，「その動機が相手方に表示されて法律行為の内容とな」ったことが必要としたものがある（参考判例③）。これら従来の判例は，民法95条2項の「表示」（「その事情が法律行為の基礎とされていることが表示されていた」）の解釈にも引き継がれることになろう。

### 5 民法95条2項の「表示」と契約の解釈

　このような理解によると，「その事情が法律行為の基礎とされていることが表示されていた」と認められるか否かは，当該法律行為の解釈の問題である。特に契約の場合には，その「表示」の有無の判断においては，契約締結過程のやり取りや相手方の説明その他の契約締結に至る経緯，当事者の職業や専門性，当該契約をめぐる取引慣行などが考慮されるべきであろうし，また，有償契約の場合には，当該事項が価格その他の契約条件に反映されていると評価できるかも重要な判断資料となろう。さらに，契約類型も，重要な意味をもつことがあろう。たとえば，判例は，クレジット契約上の債務につき保証をしたが商品売買の実体のない空クレジットであったという事案において，保証人による錯誤の主張を認めたが（参考判例④），これは，当該契約類型の特殊性を考慮に入れたものと理解することができよう。

　本問におけるXの錯誤は，「『水仙』がMの筆による真筆の絵画であること」という表意者Xが法律行為の基礎とした事情が，真実に反していたというものであるが，この錯誤は，契約締結にいたる経緯や価格の決定とその経緯等に照らせば，買主Xの一方的な動機にとどまるものではなく，XY間の売買が「Mの筆による真筆の絵画」として行われたと解され，したがって民法95条2項の表示要件が満たされたと認められる可能性が高いといえよう。

## 6 「表示」要件と錯誤の重要性（要件ⓐ）

　表意者が基礎とした事情が，「法律行為の基礎とされていることが表示されていた」という要件（「表示要件」）と，その錯誤の重要性要件とは，相互に関連するものの，別個の要件と捉えることができる。民法では，この重要性要件が95条1項柱書において，「その錯誤が法律行為の目的及び取引上の社会通念に照らして重要なものである」という形で規定されている。

　改正前民法のもとでも，判例は，「法律行為の要素」という要件について，法律行為の主要部分であって，表意者はこの点に関する錯誤がなかったならその意思表示をしなかったであろうと考えられ，かつ，それが一般取引の通念に照らしても妥当と認められるものをいうとしてきた（大判大正7・10・3民録24輯1852頁等）。民法95条1項柱書は，この判例法理を踏まえ，錯誤と意思表示との間の因果関係要件と重要性要件とに整理したうえで重要性要件を明確に掲げ，その重要性要件の判断において考慮される要素（法律行為の目的および取引上の社会通念）を条文上明確にしたものである。

## 7 表意者の重過失

　基礎事情錯誤について，上記のⓐおよびⓑの要件が満たされている場合でも，表意者に重大な過失があれば錯誤による取消しは原則として認められない（95条3項柱書〔旧95条ただし書〕）。この重過失の評価を基礎づける事実は，錯誤による取消しを争う相手方が，主張立証すべきもの（錯誤を理由とする取消しの主張に対する抗弁として機能するもの）と解される。

　本問のように，表意者X（買主）が絵画等の取引をする事業者であった場合には，購入に際して相応の注意を尽くすべきであって，調査もせずに漫然と売主の言を信じたとすれば，買主に重過失があったともいえそうである。しかし，重過失の有無は，あくまでも他の諸事情と併せ考慮して判断されるのであり，錯誤者が当該取引に関する事業者であったことからただちに重大な過失が認められるわけではない。

　また，民法95条3項柱書の重過失抗弁は，表意者に重過失があるときは，相手方の利益を犠牲にしてまで表意者の保護を図る必要はないという考慮に基づくのであるから，相手方に保護に値する利益がない場合には妥当しない。民法は，この点に関する改正前民法の下での一般的解釈を明文化した。

つまり，たとえ錯誤が表意者の重過失によるものであった場合でも，ⓐ相手方が表意者の錯誤を知り，または重過失により知らなかったとき（同条3項1号），および，ⓑ相手方が表意者と同一の錯誤に陥っていたとき（同項2号）は，表意者はなお錯誤による取消しをすることができる。

### 8　売主の契約不適合責任との関係

絵画の売買において，真筆であることが契約内容とされていたのに実際に引き渡されたものは贋作だったという場合は，「引き渡された目的物が品質に関して契約の内容に適合しないもの」（品質に関する契約不適合）に該当するので，買主は，契約不適合の場合における売主の担保責任の規定（562条以下）に基づいて権利行使をすることもできる。

民法では，品質に関する契約不適合の場合につき，買主の追完請求権（562条），代金減額請求権（563条），損害賠償請求権（564条・415条），解除権（564条・541条・542条）を規定している。

錯誤規定と売主の担保責任規定との関係につき，改正前民法のもとでの判例には，契約の要素に錯誤がある場合には瑕疵担保の規定は排除されるとしたものがあった（最判昭和33・6・14民集12巻9号1492頁〔イチゴジャム事件〕）。しかし，これは，表意者の錯誤無効（当時）の主張を認めた原審判決に対し，相手方が，瑕疵担保規定（当時）によって錯誤規定の適用は排除されるとした上告理由を排斥するための判示であって，逆に，表意者が錯誤を主張せずもっぱら担保責任の規定に基づく解除や損害賠償請求をする場合に，これを否定する趣旨まで含むものではなかったといえよう。しかも，改正前民法95条のもとでは，錯誤の効果が無効とされていたことから，限定的な場合にのみ同条の適用が認められるという考慮があったのかもしれない。

改正民法では，錯誤の効果は取消しとされ（95条1項），第三者保護規定も新設された（同条4項）。一方で，売主の担保責任規定は，改正民法では債務不履行体系の中に組み込まれることとなった。この新しい規定のもとでの錯誤規定と担保責任規定との適用関係は，今後の解釈に委ねられているが，買主は，それぞれの要件を満たす限り，錯誤規定に基づく権利と担保責任規定に基づく権利を選択的に行使することができると解すべきであろう。

　Y（銀行）は，A（会社）の代表者Bから，Aに対する3000万円の融資（信用保証協会保証付融資）の申込みを受け，Aから提出させた信用保証委託申込書等の書類一式を，Yのビジネスバンキングセンターに送付した。同センターは，同書類に基づいて審査を行い，信用保証協会（X）への保証委託を行うことが適当であると判断し，信用保証依頼書等の書類一式をXに送付した。そしてその後，Xから信用保証書を送付されたことにより，YはAに対する3000万円の融資を実行した。しかし，AがYに返済をしないので，Xが保証債務の履行としてYに弁済を行った。ところが，その後，実はAはYから融資された当時，企業としての実体がなく，BがAの運転資金の名の下に金員を詐取することを企てたものであったことが判明した。Xは，Yとの間の保証契約の意思表示を錯誤を理由に取り消して，Yに対し，弁済をした金額の返還を請求しうるか（東京高判平成19・12・13判時1992号65頁）。

## ●】参考文献【●

＊山下純司・百選Ⅰ50頁／新堂明子・消費者法判例百選（2010）48頁／山本敬三・NBL1024号（2014）15頁，同1025号37頁

（鹿野菜穂子）

# 14 詐欺・錯誤と消費者契約法

　独身 OL の X は，2024 年 4 月頃，結婚紹介所のウェブサイトを介して知り合った A の勧誘により，Y 銀行から融資（以下，「本件融資」という）を受けて，投資目的で，A の勤務先である B 不動産業者が所有する新築マンションの 1 室・甲を 2500 万円で購入することにした。X は株式や不動産への投資経験はまったくないこともあって当初は渋っていたが，言葉巧みに説得され，A との交際への期待もあっての決断であった。その日は祝祭日で，X と A は喫茶店で会っていたが，そこに他の B 社員が加わって甲の売買契約締結の手続が行われ，続いて Y 銀行支店に場所を移して本件融資の手続が行われた。勧誘にあたり A は「甲近辺は，某有名大学の新設学部が開校予定，高速列車も開通するから損することはない」「今なら Y 銀行の特別金利が適用になる」といい，ローン返済計画と甲の修繕積立金と収支予測のシミュレーション表もみせていたが，大学や高速列車の計画はなく，シミュレーション，特別金利も虚偽であった。甲の購入資金として，X は頭金として預金 200 万を充てる一方，Y との間で利息や手数料込で 2700 万円の金銭消費貸借契約を締結し，この貸金債権を担保するために甲に抵当権が設定されているが，甲の担保価値は 4000 万円（その後の査定では市場価値は 1000 万円），X の年収，保有金融資産なども水増しして Y に申告されていた。Y と B とは資本関係も提携関係もない。しかし，Y 担当者は融資実績を上げたい一心で，B が紹介する顧客の不動産購入資金の融資について，B から提供された情報について Y 独自に審査することなしに融資を実行していた。

　その後，X は，A は「デート商法」といわれる悪徳商法の常習犯で，女性の交際に対する期待を利用してマンション投資等の勧誘を繰り返していたこと，B にも 1 年前から各地の消費者センターに苦情

が寄せられていたことを知った。Xは，Bとの話し合いで「今回の甲
の取引はなかったこととさせていただきます。ただ，本件融資はお客
様とY銀行様との間で結ばれた契約で，当社としてはご相談に応ず
ることはできません」といわれた。

　ローンの返済をしたくないXとしては，Yに対してどのような請
求ができるか。また，これに対して，Yはどのような反論ができる
か。

## ●】 参考判例 【●

① 東京高判平成 27・5・26 判時 2280 号 69 頁
② 最判平成 23・10・25 民集 65 巻 7 号 3114 頁

## ●】 解説 【●

### 1　問題の所在

　一見してわかるように，Yに対するローンの返済から解放されない限り，
Xは，法的に救済されたとはいいがたい。それに，Xの立場からみれば，Y
が本件融資をしなければ，Xの甲への不動産投資自体，そもそも実現する
ことはなかった。しかし，ここに，すでに問題の難しさが潜んでいる。「不
動産投資」は甲不動産売買と本件融資（金銭消費貸借）という複数の契約か
ら成っていること，そして，Xが不動産投資を決意するに当たって大きな
意味をもっていたAは，そのいずれの契約でも当事者となっていない。今
日こういった現象は決して稀ではないと思われるが，実は，この問題は一筋
縄ではいかない。

　XのYに対する請求としては，以下の構成が考えられる。まず第1に，
AがXの恋愛感情を利用して，交際への期待を抱かせつつ，不当に高額の
不動産への投資を決意させた点に着目して，Xが行ったBとの甲の売買は
公序良俗違反により無効となり（90条），その原資とすべくYとの間で締結
された金銭消費貸借契約も，原因を欠くことになって無効となる，と主張す

ることが考えられよう（同条）。

　第2に，投資経験のないXに対して，Aは不動産投資のリスクを十分に説明するどころか，虚偽の説明によってリスクを隠蔽していたとして，甲売買の契約締結過程にかかる説明義務違反に基づく損害賠償を主張することも考えられるところ（Aには不法行為責任〔709条〕，Bには使用者責任〔715条〕を，効果として〔真実を知っていればするはずもない〕契約を締結してしまったこと自体が損害だとして，いわゆる原状回復的損害賠償を請求），Yは，こういった問題ある販売取引に融資することで被害を「助長した」として，共同不法行為（719条）を主張することが考えられるだろう。

　そして第3は，Xは，Aから本件融資の適用金利や投資のシミュレーションについて虚偽の説明を受けてYと金銭消費貸借契約を結んだ，つまり第三者Aの「詐欺」あるいは「不実表示」によって，真実を知っていれば結ぶはずのない契約をしたので取り消すというものである（96条2項・95条）。

　このうち第1の構成は，甲不動産売買が公序良俗違反により無効であると認められたとして，そのことをもって本件融資も無効といえるか，いいかえれば，2つの契約の経済的，実質的に密接な関係に着眼して「一体的にその効力を否定する」，つまり，売買契約の効力否定が別契約にも伝播するかを問題とする。しかしながら，X・B間の甲不動産売買とX・Y間の金銭消費貸借とは法的には別個のものとして扱うのが原則となっている。参考判例②は，個品割賦購入あっせんにおける売買契約と立替払契約でも別個に扱うのが原則であることをあらためて確認した。本問同様，デート商法で独身男性がアクセサリーを購入させられていた事案であったが，ⓐ販売業者とあっせん業者の関係，ⓑ販売業者の立替払契約締結手続への関与の内容および程度，ⓒ販売業者の公序良俗に反する行為についてのあっせん業者の認識の有無および程度を相関的に考慮して，「一体的に……効力を否定することを信義則上相当とする特段の事情」がない限り無効にはならない，としたのである。

　第2の構成も，似た問題に直面する。虚偽の収支シミュレーションによる投資リスク説明に問題があることが認められたとしても，売買と融資を一体

として扱い，融資者の責任を問うのは容易ではない（「ペイ・フリー型相続対策」として販売された融資一体型変額保険につき東京地判平成7・12・13判タ921号259頁）。基本的に，融資取引（金銭消費貸借契約）は金銭を貸し渡し，借主が合意された条件で貸主に返済するという契約であって，その使途の合理性の検討は借主の自己責任で行うべき問題とされていることによる。

ところで，Bは，Xに対して「甲取引はなかったことにする」との申出をしている。しかし，そもそも甲不動産取引は不動産業者Bの事務所外で締結されているので，クーリングオフが可能である（宅建業37条の2。告知から8日間）。このXの法的保護は，Yとの関係に影響を及ぼすものではない。そこで，以下では，Aの行為を法的にどう位置づけられれば，XY間で締結された金銭消費貸借契約の効力を否定することができるのかという，第3のアプローチを中心にみていく。

## 2　代理人詐欺の可能性

Aは，本件融資についても架空の特別金利や虚偽の収支シミュレーション表でXを誘引したほか，Yの融資実行に影響を及ぼすXの信用力，担保価値について虚偽の申告をしている。AはBの従業員であるから，これらAの行為はBの業務の一環という評価は可能であるが，これをYに及ぼすことはできるかが問題となる。仮に，Yから，B社あるいは個人Aに対して，本件融資契約の締結について代理権を授与されていたという事情があれば，AないしBが相手方Xを欺罔して契約を締結させた行為は，Yが行ったのと同視され，Xは意思表示を取り消すことができる。この場合，本人Yがこれらの事情について知っていたか，または知るべきであったか（悪意・有過失）は問題とならない（101条1項，大判明治39・3・31民録12輯492頁）。

とはいえ，YはBに融資顧客の紹介の依頼をしていたとしても，勧誘は事実行為にすぎず，法律行為を行う権限までB（およびその従業員）に付与していたものではない，と反論することが考えられる。また，B・Y間には資本関係も提携関係もなかったことから，Xが代理権授与を立証することには困難が予想される。

### 3 第三者の詐欺／不実表示によってした意思表示ならば

#### ⑴ 第三者詐欺による取消しの可能性

　第三者であるB（A）が行った詐欺によってXは，相手方Yと融資契約を締結する旨の意思表示をしたとすればどうであろうか。第三者詐欺は「相手方がその事実を知り，又は知ることができたときに限り，その意思表示を取り消すことができる」（96条2項）。

　ここで，2017年改正前民法96条2項は「相手方がその事実を知っていたとき」，つまり相手方Yの悪意をXが立証できないと取り消せなかったのに対し，同改正によって相手方の主観的要件が緩和されている。これは，真意でないことを表意者自身が知っていてなす「心裡留保」も（いわば表意者が悪意），相手方の悪意・有過失を立証すれば効力を否定できることからすれば（93条1項ただし書），第三者詐欺の場合に相手方の悪意を立証しない限り，意思表示の効力を否定できないというのは，真意でない意思表示をしてしまった表意者と相手方の保護のバランスのとり方として平仄があっていないのではないかとの疑問が提起され，相手方Yに過失があった場合にも表意者Xは保護されることになった。

#### ⑵ 第三者の不実表示によってした意思表示と錯誤

　ところで，「詐欺」の要件としては，いわゆる2段の故意（他人を騙して錯誤に陥らせる故意＋その錯誤に基づいて一定の意思表示をさせようという故意），欺罔行為の違法性，因果関係が必要であるところ，特に故意の立証が難しく，詐欺による取消しが認められた裁判例は多くはない（消費者契約法の立法趣旨でもあった）。そこで第三者の「詐欺」ではなく「不実表示」と構成することも検討に値しよう。

　「不実表示」は詐欺と錯誤の中間で，改正論議では，「表意者の錯誤が，相手方が事実と異なることを表示したために生じたものであるとき」にも（動機に関する表意者の認識が法律行為の内容となっていたときと並んで）動機の錯誤があったものとして意思表示の取消しを認めることが模索されていたが（中間試案第3-2⑵イ），実現しなかった。しかし，相手方の行為によって錯誤が惹き起こされれば，相手方は当然了解しているので「法律行為の基礎とされていることが表示されていた」といえ（95条2項），「表意者が法律行為

の基礎とした事情についてのその認識が真実に反する錯誤」で，その錯誤が「法律行為の目的及び取引上の社会通念に照らして重要」であれば，取消しが認められる（同条1項2号）——つまり，「動機の錯誤」要件の中に「不実表示」を読み込むことは可能であろう。

　そのうえで，第三者による「不実表示」をどう考えるかは，別途，検討すべき課題であるが，第三者の不実告知により表意者が錯誤に陥り，かつ，相手方が第三者の不実告知を「利用」した関係がある場合には，第三者詐欺に準じて相手方が悪意・有過失であれば，表意者が重過失でない限り，取り消せるのではないか（95条3項1号・96条2項）。本問では，XはB（その従業員A）の不実表示により重大な錯誤に陥っており，また，Yの担当者は融資実績を上げたい一心で，Bが水増ししていた顧客Xの返済能力や甲の担保価値に関するBの「不実表示」を「利用」していた。では，YはA・Bの問題行為を知り，または知り得たといえるであろうか。Aはデート商法の常習犯であり，Bにも1年前から消費者センターへ苦情が寄せられていたことが，消費者Xの調査で明らかになっていることからすれば，Yにとって，その調査が困難とは考えにくい。また，Yは融資銀行として本来なすべき審査を怠ったうえで，A・Bの不実表示をYのXへの融資実行を決定づける情報として利用している。「不実表示」を「利用」したのは，融資実績を上げたかったYの担当者個人だとしても，当該担当者の権限，あるいは，適正な監視態勢を構築できなかったことなどを根拠に，Yの過失をみいだすこともできると思われる。

### 4　消費者契約法による保護：「媒介の委託」の有無

　消費者契約法は，消費者と事業者の間には，その情報力と交渉力に構造的な格差があることに鑑み，消費者に対して，民法上の詐欺・錯誤よりも拡大された要件のもので意思表示を取り消すことを認めている（消費契約1条・4条・5条）。Xは自然人であるし，本件融資は「事業として又は事業のために契約の当事者となる場合」には該当しないので，「消費者」に該当する一方，Y銀行は「事業者」に当たることに疑問の余地はなく（同法2条1項・2項），Xは，消費者契約法上の消費者契約の申込みまたはその承諾の取消しを主張することも考えられる（同法4条・5条）。

他方で，たとえば，地主Ｚに対してＢ社が，同じように言葉巧みに「土地を遊ばせていてはもったいない。税制改正があってうまみもあるから，Ｙ銀行の融資を受けて新築マンションを建てたらどうか。本社が全戸一括で借り上げて，テナント探しなどの面倒な賃貸業務はすべてこちらがやるし，本社があなたに支払う賃料は空室のあるなしを問わずにこのとおり保証しますから，ローンの返済計画が狂うことはない」と勧誘されて，マンションを建ててみたものの，現実には空室ばかりでＢ社は賃料を滞納，ＺにはＹへのローンの負担のみが……という場合はどうだろうか。問題の構図はほぼパラレルである。しかし，地主Ｚの事業の一環で結ばれた契約であるから（消費契約２条２項），ここには消費者契約法の適用はないことになる。

　Ｘが消費者として扱われることのメリットは，「消費者契約の締結について媒介をすることの委託」があれば，媒介者の不実告知を理由に意思表示の取消しが可能になる点にある（消費契約５条）。ここでは，相手方Ｙの悪意・有過失は問題とならない。本問で「媒介の委託」があったかはＹＢ間に提携関係はないこともあって微妙である。ＹはＢに顧客の紹介を依頼はしていたようであるが，本件融資手続のＢ（Ａ）の関与度合いなどによるであろう。

　消費者契約法に基づく取消しのもう１つのハードルが，「重要事項」要件である（同法４条４項）。同法に基づく不実告知を理由とする取消し（４条１項１号）は，「事実と異なる」のが「重要事項」に関するものでなければならず，その「重要事項」は，同条５項で定義されている。それによれば，消費者契約の「内容」や「取引条件」である必要があって，いわゆる動機はこれに含まれないとされてきたところ，動機の中でも生命，身体，財産その他の「重要な利益についての損害又は危険を回避するために通常必要であると判断される事情」も「重要事項」に含まれることになった（消費者契約法の平成28年改正による４条５項３号）。本問では，投資経験もないままに返済能力を上回る金額を投資するという「重要な利益」を失いかねない「危険」を回避するために通常必要であると判断される事情について誤認があったといえるのではなかろうか。

　また，2018年に改正された消費者契約法では，本問のようなデート商法について，消費者Ｘの社会生活上の経験の乏しさゆえの恋愛感情に乗じ，

契約を締結しなければ関係が破綻することになると告げ，Xを「困惑」さ
せて契約を締結させた場合についても，消費者契約の取消しが認められるこ
ととなった（4条3項4号）。この構成では「重要事項」の壁は問題とならな
いが，X・Y間の消費貸借契約について「媒介の委託」は問題となる。

### 5　表意者自身の誤認が利用された場合

次に，発展問題におけるXは，自らが旧契約の取引条件を誤って理解し
ていたことが端緒となって不満足な状況に陥っている。ここでは，Y・Y1
が積極的に誤認させたわけではなく，Xの誤認を「利用」したことをどう
評価できるかが問われよう。ポイントは，どのような事実に関する誤認をも
って「重要な錯誤」に基づく取消しが認められそうか（95条1項・2項），ま
た，Xが消費者であることに疑問の余地はないことから，④⑤⑥の不告知
をもって「不利益事実の不告知」に基づく取消しが認められるか（消費契約
4条2項），とりわけ鍵となるのが「重要事項」をどう考えるかであろう（同
項・5項）。

後者は，消費者契約の目的となるものの「内容」や「取引条件」であっ
て，「消費者の当該消費者契約を締結するか否かについての判断に通常影響
を及ぼすべき」（消費契約4条5項1号・2号）で，かつ，「当該告知により当
該事実が存在しないと消費者が通常考えるべきものに限る」とされている
（同条2項括弧書）。その趣旨は，当該消費者の主観的重要性ではなく，平均
的な消費者を基準に客観的に観察すべきという点にあるが，本問でこの客観
性をどう考えるかは工夫を要しよう。というのも，ここで問われている「消
費者契約」は「転換制度の利用」であるが，この「転換」は，ことにその利
用目的は，保険の契約者ごとに異なり，おおよそ平均的な消費者というもの
を観念しにくいという特徴があるうえ，旧契約を消滅させて新契約を締結す
るという「一連の行為」を指しているからである。ここでの「重要事項」
は，転換後の新契約の「重要事項」だけでなく，旧契約と新契約の保障内容
や保険料の異同について，転換の目的を踏まえ「判断に通常影響を及ぼすべ
きもの」も含めて考えるべきであろう（白熊啓太＝金岡京子「判批（東京地判
令和元・12・20)」保険事例研究会レポート349号〔2022〕7頁）。

　Xは Y 社と生命保険契約を締結していたところ，同じマンションに住む Y 社の従業員 Y₁ と親しくなり，Xから「お宅には入院給付金が 1 日目から出る保険ないの」と質問したことが契機となって，保険の保障内容を見直す「転換」制度の利用に向けた交渉をすることとなった。ここにいう保険の転換とは，現在の保険を利用して新たな保険を契約する方法をいい，現在の契約の積立部分や積立配当金を「転換（下取り）価格」として新しい契約の一部にあてる方法で，これにより元の契約（以下，「旧契約」という）は消滅する。

　Xが「保障見直し制度」利用に関心をもった背景には，3 年後に更新時期を迎える旧契約が自動更新されると保険料が現在の月額 1 万7600 円から月額 7 万 600 円にまで上がること，また，時間が経過すると転換（下取り）価格が下がるので，それが高い時点で保障内容を見直し，新契約の保険料を低く抑えましょう，との Y₁ の言葉を信じたことがあった。

　Xは，Y₁ から下記①～③までの事実を告げられたが，④～⑥までの事実は告げられないまま，Y₁ の勧めるまま，転換制度を利用して，旧契約を終了させ，新契約を締結した。

　①　新契約では入院給付金が 1 日目から出ること

　②　補償内容はほとんど変わらないこと（旧契約では死亡時総受取額が 3400 万円であるが，新契約では 3200 万円）

　③　保険料は若干上がるだけで済むこと（旧契約では月額 1 万 7600円であるが，新契約では 2 万 200 円）

　④　新契約は旧契約を「転換」するもので，新契約の保険料は実際には月額 4 万 5100 円であるところ，旧契約の転換（下取り）価格を充当することで，見かけ上月額 2 万 200 円になっていること

　⑤　新契約では，旧契約にあった災害割増し特約や新傷害特約がなく，入院保障の最大日数も 60 日と旧契約の半分になっているなど，保障内容が大幅に削減されること

⑥　実は旧契約の下でも入院１日目から入院給付金が出ること

　その後，④〜⑥の事実を知ったＸは，Ｙとの間で新契約の取消し
を主張することができるか。取消しを主張する際の法律構成と，言
及する事実を整理しながら検討せよ。

### ●】参考文献【●

＊金山直樹・現代民事判例研究会編・民事判例 13 号（2016）84 頁／ポイント
　12 頁〔角田美穂子〕

（角田美穂子）

# 15 代　理

　　A社は時計や装飾品を輸入・販売している。Aの商品は，Aの子会社Bの倉庫で保管・管理され，注文が入ると，Aからの委託に基づいて，Bから顧客に発送されることになっている。その際，Bは長年にわたり，運送会社Cによる運送を利用している。Cは通常の運送サービスのほかに，比較的安価な物品を対象とした宅配便サービスも行っている。この宅配便を利用する場合，運送料は通常の運送よりも低額だが，運送中に運送品が紛失・破損したときには，30万円を上限とした補償しかなされない。Bの倉庫事業部長は商品の価額に応じてこれらのサービスを使い分けていたが，コスト削減のために，30万円以上の商品を発送する際にも宅配便を利用することが時折あった。また，こうしたやり方を，Aの経営者も黙認していた。

　　Aは顧客Dからの注文を受け，スイス製腕時計（時価100万円相当）の発送をBに指示した。このとき，BはCの宅配便を利用して商品を発送したが，その運送の途中，商品が紛失した（原因不明）。その後，商品はあらためてDに送り届けられた。

　　この場合に，紛失した商品の価額に関するAからの損害賠償請求に対して，Cはどのような反論をすることができるか。

## ●】参考判例【●

① 最判平成10・4・30判時1646号162頁
② 最判平成5・10・19民集47巻8号5061頁

## ●】解説【●

### 1　法律行為から生じる法律効果の帰属主体

　法律行為がなされた場合，原則として，法律行為を行った者，すなわち当

該法律行為を構成する意思表示を行った者が，法律行為から生じる法律効果の帰属主体となる。したがって，契約の一方当事者が契約の効力を主張できるのは，相手方当事者に対する関係においてのみである。また，こうした法律効果には，権利取得や義務負担だけでなく，責任制限や短期消滅時効にかかわる特約条項の効力も含まれる。そのため，契約当事者間で，債務不履行による契約責任とともに不法行為責任も制限することが合意されていたとしても，当事者は，当事者以外の者からの不法行為等に基づく損害賠償請求に対して，この契約上の責任制限を主張することができない。

## 2　代理とその要件

　一方で，自己の権利関係にかかわる法律行為をすべて自身の意思表示を通じて行うことは，事実上・法律上の制約により，実際には不可能なことも多い。そのため，こうした制約を取り除き，私的自治による円滑な社会活動を促進するために，他人を介した自己の法律行為のための手段として，代理制度が置かれている。代理では，本人に代わって代理人が意思表示のやりとりをし，相手方との間で法律行為を行うが，その法律効果は本人と相手方の間のみに生じる。このように，代理による法律行為には，意思表示の主体と法律効果の帰属主体が異なる点で，通常の法律行為との違いがある。

　こうした代理行為の例外的な効果を本人に帰属させるためには，法律行為一般の要件（とりわけ，代理行為の効果を本人に帰属させる旨の代理人の意思）に加えて，代理制度に固有の要件が要求されている（99条）。まず，誰もが代理行為を行えるとなると，他人の法的地位を容易に侵害できることになる。そのため，代理行為を行える者は，本人との関係において適法な代理権を有している者に限定される。こうした代理権には，法律の規定に従って生じる場合（法定代理）と，本人と代理人との法律行為による代理権授与に基づいて発生する場合（任意代理）がある。また，代理権を有する者が，代理意思をもって代理行為を行ったとしても，その代理意思を相手方に表示しなければ，相手方は代理人自身を法律行為の当事者と誤認してしまう。契約後に，代理人から代理行為である旨の主張が許されれば，相手方に未知の者が契約当事者となり，特に債務者が誰であるかについて利害を有する相手方にとり，不利益は大きい。そこで，有効な代理行為のためには，相手方に対し

て代理意思の表示（顕名）が必要とされている。この顕名がない場合，代理人による意思表示の効果意思と表示の間に齟齬が生じるが，代理人は錯誤無効を主張することはできず，代理行為の効果は代理人に帰属することとされている（100条本文）。ただし，顕名に関しては，一定の場合に例外的な取扱いがなされる（同条ただし書，商504条）。

### 3　間接代理（取次ぎ）における委託者の法的地位

以上のような代理の要件の充足については，代理の効果を主張する者が主張・立証しなければならない。この立証が成功しなければ，ある者が他の者に一定の法律行為を行うことを委託し，受託者が委託者に経済的損益を帰属させるために，さらに別の者との間で自己の名で当該法律行為（間接代理・取次ぎ）を行ったとしても，その法律効果は，原則として受託者と法律行為の相手方の間のみに生じ，委託者の法的地位に影響を与えない。したがって，運送品所有者である委託者が運送契約の締結を受託者に委託し，受託者がこの委託に従い，委託者のために自己の名で運送人と運送契約を締結したとき，委託者が荷受人として法律上の責任制限に服する場合（商587条）を除き，運送人は運送契約上の責任制限を委託者に主張することができない。

### 4　運送取引特有の事情

ところで，通常の物品運送取引では，運送人の責任限度に応じて，運送保険と連関させた運送料が設定されるのが実情であり，かつその内容を定める運送約款の適正性は，所轄官庁の認可や事業者間の協定などにより担保されている。また，こうした運送取引の実情は広く一般に知られている。そうした中で，本問のようなＣがＡから運送取引約款による責任制限を超えて請求されると，Ｃは低額運送料の見返りである責任制限の利益を失う。これでは，Ｃが当初引き受けた以上の責任を負わされるのみならず，運送取引システムそのものが機能不全に陥ってしまう。さらに，物品運送は契約当事者以外の者のために行われることが多い。このとき，運送実施の利益を事実上享受する者が，運送事故の場合に運送契約上の責任制限を回避できることになれば，利害関係者間での運送リスクの配分が均衡を欠くことになる。最高裁判所の裁判例には，こうした事情を踏まえて，宅配便による運送を容認していた者が，責任限度額を超えて運送人に対し損害賠償を請求することを，信

義則により否定したものがある（参考判例①）。

### 5　責任制限の対第三者効を正当化する根拠の所在

　問題は，こうした結論を導くための理論構成である。1つには，契約外の損害賠償請求権者による当該運送の容認や同意に，この者への責任制限の効力の根拠を求めることが考えられる。しかし，単なる容認や同意は，責任制限の対外効を法的に正当化するに足らず，このような容認や同意の中に，他人の契約に服する意思を読みとることも困難である。また，仮にそうした意思が推認されても，その法的位置づけについて不明確さが残る。

　契約外の第三者が運送実施の利益を事実上享受している点を重視する見解もある。具体的には，自己の運送目的を達成するために，責任制限を伴う運送を容認して他人に運送契約を締結させた者が，運送事故の際に契約当事者ではないことを理由に自身への責任制限の主張を否定したとしても，そうした他人を介して責任制限の効力を回避しながら自己の取引目的を達成しようとする態度は，信義誠実の原則に照らして許されないとの主張である。こうした見解に対しては，これが運送取引の領域に限定されるものか，間接代理による取引一般にも及ぶのかにつき，契約の対第三者効の要件や範囲を含めて，慎重な検討が求められる。

　さらに，運送取引に用いられる約款の特殊性に着目する立場も示されている。これによれば，運送取引約款のように，内容が合理的で，広く一般に普及している約款には，ある種の制度的効力が付与されるべきであるとされる。こうした見解では，そうした効力を認めるための約款の「合理性」や「普及性」につき，具体的基準が明確にされる必要がある。また，この考え方については，運送にまったく関与していない運送品所有者にも運送契約上の責任制限の効力が及ぶことにつながる点の評価が問われるとともに，私人の設定した規範に法律と同等の一般的効力を承認することの可否や，その理論的根拠の所在など，より大きな問題もはらむ。

　いずれの見解によるにせよ，当該取引領域に固有の事情とともに，私的自治の原則・契約の相対的効力の原則や代理制度との整合性をにらんだ解決が求められる。加えて，直接的な契約関係にない者の間の利害を調整する際には，利得の正当性に関する規範的評価への目配りも必要である［とりわけ，

三者間の不当利得に関する議論が参考になる→Ⅱ巻42解説]。特に，契約中の特約が単なる形式的な合意にすぎないのか，実際的に機能しているのかも，契約の対外的効力を判断する考慮要素となりうる。

## 関連問題

　建設業者ＡはＢ建設会社から，Ｃ所有の宅地上での建物建築工事を請け負った。Ｂ・Ｃ間の元請負契約（請負代金4000万円）には，注文者は工事中契約を解除することができ，その場合の工事の出来形部分は注文者の所有とする旨の特約が付されていたが，Ａ・Ｂ間の下請負契約（請負代金額3000万円）では，そのような約定はなされなかった。また，ＣはＡによる一括下請負の事実を知らなかった。ＡはＢとの契約に基づき，自ら材料を提供して本件建築工事を行ったが，工事全体の25パーセント程度を終えた頃にＢが事実上倒産してしまったため，工事を中止した。この時点で，ＡはＢから下請負代金の支払をまったく受けていなかった。その後，ＣはＢとの請負契約を解除し，Ｄとの間で，Ａにより築造された出来形部分を基にした建設請負契約をあらためて締結した。Ｄによる工事完成後，Ｃは代金全額を支払い，建物の引渡しを受けて，この建物について所有権保存登記を得た。

　上記の事実状況において，以下の各場合につき，ＡはＣに対してどのような請求をすることができるか。これに対してＣはどのような反論が可能か［→Ⅱ巻20解説]。

　(1)　ＡはＢとの契約の際，Ｂ・Ｃ間の契約に出来形部分の所有権帰属に関する特約が含まれていることにつき，説明を受けていた。また，ＣはＡの工事中止の時点で，Ｂに請負代金の一部として2000万円を支払っていた。

　(2)　ＡはＢとの契約の際，Ｂ・Ｃ間の契約に出来形部分の所有権帰属に関する特約が含まれていることを知らなかった。また，ＣはＡの工事中止の時点で，Ｂに請負代金の一部として400万円を支払っていた。

## ●】参考文献【●

＊奥田昌道・判評 481 号（判時 1661 号）（1999）31 頁／武川幸嗣 ＝ 吉川慎一・民事法Ⅲ 164 頁／大村敦志『もうひとつの基本民法Ⅱ』（有斐閣・2007）113 頁／落合誠一・商法百選 200 頁

（岡本裕樹）

# 16 利益相反行為・自己契約・双方代理

未成年の子Ｘ，母Ａは，Ｘの亡父（Ａの亡夫）Ｂから甲土地，乙建物をそれぞれ相続した。その際Ａの依頼を受けて，遺産分割協議を主導した伯父Ｃ（Ａの義兄）が，甲土地と乙建物の所有権移転登記手続を代行した。その後もＣは，乙建物の賃貸管理をするなど全面的にＡ・Ｘ母子の世話をしてきた。

2022年5月，Ｃが代表取締役を務めるＤ会社は，Ｙ銀行から事業資金の融資を受ける必要に迫られたところ，その条件として第三者による保証を求められた。そこでＣに保証を頼まれたＡが，17歳であったＸの親権者として，甲土地にＤのＹからの借入金4000万円の担保として抵当権を設定することを承諾し，Ｃが，Ａの了解を得て，契約書の作成および登記手続を代行した。この契約に際して，Ｙは，当該融資の用途がＤの事業資金でありＸの生活資金などＸの利益にはならないことを知っていた。Ｘの物上保証により，Ｄは，Ｙから4000万円の融資を受けることに成功した。

やがて上記事実は，成年に達したＸの知るところとなった。Ｘは，Ｙに対して，Ａが親権者として締結した抵当権設定契約の効力を否定しその設定登記を抹消するために，どのような請求をすることができるか。またその請求は認められるか。

## ●】参考判例【●

① 大判昭和7・6・6民集11巻1115頁
② 最判昭和43・10・8民集22巻10号2172頁
③ 最判平成4・12・10民集46巻9号2727頁
④ 最判平成16・7・13民集58巻5号1368頁

●】解説【●

## 1　民法 108 条の自己契約・双方代理と利益相反行為

　代理人が本人の利益のために代理権を行使すべき内部的な誠実（忠実）義務に違反して代理行為をした場合であっても，代理権の法的性質「（代理行為の効果を本人に帰属させるための）資格・地位」および取引の安全との関連で外部的・客観的に定まる代理権の範囲・内容を逸脱してはいない（内部関係「義務違反」から分離・独立した外部関係「代理権の範囲」の抽象・無因性）ため，代理行為の効力に影響を及ぼさない，つまり有権代理が原則である。特に任意代理の場合は「報償責任・危険支配責任」の観点からすれば，不適格な代理人を選任したのはほかならぬ本人であり，また代理人をコントロールできた以上，濫用リスクを本人が負担させられてもやむを得なかろう。もっとも，この理屈が当てはまらない法定代理事例，まさに本問のような，民法 824 条が親権者に包括代理権を付与した事例では，とりわけ未成年の子の利益をどのように保護していくかが問題となる（後述 2・3 参照）。

　さりとて，いくら誠実義務が本人と代理人の間の内部的義務であるとはいえ，本人から代理権を授与された代理人が自ら代理行為の相手方となる「自己契約」と，相手方からも代理権を授与されてその代理人も兼ねる「双方代理」は，その代理形式から客観的にみて，代理人が自分一人の裁量で恣意的に判断できるため，上記義務違反により本人の利益を侵害する危険性が定型的に高い。そこで「自己契約・双方代理」については，代理権が内部的制約を受けるという意味で，民法 108 条 1 項本文は「無権代理」とみなすことにした（不確定的無効）。この擬制により民法 113 条から 117 条までの無権代理規定が適用されるため，たとえば本人による追認が可能となる。ただ例外的に，「債務の履行」と「本人の事前許諾した行為」については，本人の利益が害されるおそれや保護の必要がないため，有権代理として差し支えない（108 条 1 項ただし書）。前者の例としては，弁護士が不動産の買主，売主双方から売買契約上の義務の履行にすぎない移転登記申請（560 条）につき代理権を授与されている場合（最判昭和 43・3・8 民集 22 巻 3 号 540 頁）がある。

　さらに自己契約・双方代理には該当しないが「利益相反行為」である場合

にも，本人の利益侵害のおそれがあることから，同様に「無権代理」と擬制することを，2017年改正により民法108条2項本文が新たに追加・明文化した。たとえば，将来紛争が生じたときの和解契約に備えてあらかじめ賃借人が代理人選任を賃貸人に委任し，事後に賃貸人により選任された代理人が賃借人を代理して賃貸人と和解した場合，実質は自己契約に等しく「利益相反行為」に該当する（参考判例①。本人の事前許諾が認められそうだが，いかんせん包括的で以後の交渉しだいでは本人に不利益が生じうることから，民法108条2項ただし書の要件は満たさない。他方，金銭消費貸借に際して借主がすでに合意された契約条項の公正証書作成につき代理人選任を貸主に委任した場合に上記要件の充足を認めたものとして，最判昭和45・3・24判時592号61頁など）。主債務者がその債務につき保証人を代理して債権者と保証契約を締結する場合も，保証人に不利益な当該保証契約は代理行為をした主債務者の利益になるだけなので，民法108条2項の適用対象となる。また，代理人が自己の配偶者や自ら経営する会社を代理行為の相手方とする場合も，経済的基盤を同じくし結託する危険性が高いため，利益相反行為となる。利益相反行為の該当性について，本人と代理人の関係が複雑であれば判断は難しいが，取引の安全に配慮して，民法108条1項本文同様，当該行為の外形から客観的に判断される。具体例も含めて，民法826条の外形判断法理（後述3）が参照されることになる。なお本問では，親権者（法定代理人）AがD会社（第三者）の債務のために子（本人）X所有の甲土地を物上保証に供した行為が（民法108条の特則である）同法826条の「利益相反行為」に該当するのかが，問題となる。

　このように民法108条は，代理人による利益侵害の抽象的危険性から本人を実質的に保護すべく，1項本文では利益相反の典型的な「自己契約・双方代理」，2項本文では「利益相反行為」一般について「無権代理」と擬制することを原則としたうえで，例外的に本人の利益を害さない行為として，1項ただし書では前述のとおり「債務の履行」と「本人の事前許諾した行為」，2項ただし書では（前者はそもそも利益相反に該当しないため）後者のみを許容する構造となっている。なお，民法108条により不確定的無効となった代理行為の相手方から目的物を転得した者の保護については，とくに規定され

なかったものの，不動産の場合は民法94条2項の類推適用，動産の場合は同法192条による保護が考えられる。

ところで民法108条は，商事代理はもとより法定代理への適用，さらに公法上の代理への類推適用（参考判例④）も認められるが，実際は本問の親権者による法定代理のように（826条。後見人等に関する860条・876条の2第3項および876条の7第3項も同様・類似），民法の内外には個別に利益相反行為（取引）を規制する特別規定が多数存在する（たとえば信託31条。会社法上の利益相反取引については，後述4参照）。

## 2　民法826条の利益相反行為の定義

本問では，Xが，Aの行為は民法826条の「利益相反行為」に該当し無権代理であったと主張することが考えられるが，ここにいう「利益相反行為」とは一体何であろうか。

民法826条は元来，自己契約や双方代理が必要であっても，未成年の子が自ら行ったり親権者に事前許諾を与えたりすることができないことから，それに代わる特別代理人の選任を手続的に保障する規定であった。

ところが親権者は，親としての自然的情愛に対する信頼・期待（さらに子の財産の家産的実態）から民法824条により包括的な財産管理権を付与されていることを奇貨として恣意的行使に及ぶ事例が頻発した。そこで判例は，早くから子の利益を保護すべく民法826条の「利益相反行為」を拡大解釈して，親権者が自ら子所有財産の譲渡を受ける「自己契約」や共同相続人となった複数の子を代表して遺産分割協議をする「双方代理」という代理形式のみには限定しない。親権者が子を代理して相手方とする法律行為であっても「子との利益が実質的に相反する」，たとえば親権者自身の債務につき子を連帯債務者や保証・連帯保証人にしたり，子の不動産に抵当権を設定したりする場合には，親権の適正行使が期待できないことから，その法定代理権の包括性を制限する。このようにすでに民法826条も，民法108条同様（前述1参照），子の利益保護のため利益相反行為の実質的禁止を志向してきた。

## 3　民法826条の利益相反行為の判断基準

次に「利益相反行為」は，もっぱら子の利益保護の観点から判断すればよいのか，それとも親権者の包括代理権を信頼する相手方にも配慮する必要が

あるのかが問題となる。

　判例・通説は，取引の安全との調和とともに，特別代理人選任という事前手続の法的安定性を要請する家裁実務にも配慮し，代理行為自体またはその外形から客観的に判断する。この外形判断説は，判断基準の明確性から取引の安全に資する反面，自ら利得を企む親権者が，子の財産を売却したり，子の名義で金銭を借り子の不動産に抵当権を設定したりしても利益相反行為とならない判断結果を逆手にとり，容易に民法826条の制限を潜脱し子の財産を自由にできる。逆に子の教育費への充当目的でも，親権者が自ら金銭を借り子の財産を担保に供すれば，利益相反行為とせざるを得ない（最高裁として外形判断説を初めてとった最判昭和37・10・2民集16巻10号2059頁）。

　このような不合理・硬直性を回避するには，親権者の動機・目的や行為の実質的効果・必要性・背景等を総合考慮し利益相反性を事後判断することが求められる。この有力な実質判断説は，子の利益保護に適する反面，相手方の知り得ない事情も取り込んだ判断となるため，取引の安全を表見代理により別途調整する必要に迫られる［法定代理への民法110条の適用可能性については，→本巻21解説］。

　さて本問のように，親権者が自己ではなく第三者の債務のために子の不動産を物上保証に供する場合，外形上は親権者の利益に直接結びつかないため，外形判断説によれば，利益相反性は否認される（参考判例③）。ただ判例は可能な限り実質にまで踏み込んで判断し，親権者自らも子と共同で人的・物的担保を提供しているときは，将来的に求償・代位の場面等で利益衝突の生じるおそれが客観的に予測できることから，利益相反性の承認に向かう（参考判例②）。また第三者が親権者と内縁など利害共通する密接な関係にあり，その関係を相手方が知り利益相反事情を熟知しうるときも，親権者が自己の債務につき子の不動産を物上保証に供した場合と同視できよう。これらを踏まえて，本問では，ＤとＣおよびＣとＡの関係（経済的基盤の実質的同一性）を慎重に吟味しつつ，外形判断説により（いわばＣをＡの利害関係人と捉えて）利益相反行為と評価されるかを検討する必要がある。

　他方，実質判断説でも，親権者との利益相反性という基本枠組みの制約を受ける以上，本問でいくらＸへの不利益が明白であっても，それだけでは

足りずＡが何らかの利益を得ていると評価できるかが判断の分かれ目とな
ろう。

　そこで両説の優劣に鑑みて，取引安全の保護に優れた外形判断説に従いつ
つも，子の利益保護に不十分な判例・通説を克服すべく，利益相反性の判断
基準を緩和し「子に不当な不利益を課し，親権者が背後で利得する」危険性
に変更して厳格な運用を図ることが考えられる。この基準によれば，親権者
が子の不動産を担保提供した背景的要因として「（債務者たる）第三者との人
的関係」さえ存在していれば，上記危険性，つまり利益相反性は承認されよ
う。本問ではＡが，Ｘ所有の甲土地を物上保証に供したことで，自らはＣ
からの心理的重圧はもとより所有する乙建物の物上保証を免れたわけだが，
この事実はどのように評価すべきであろうか。

　なお本問で，Ａの行為が外見上形式的には利益相反行為に該当しないと
判断されたとしても，Ｘは，実質的にみれば「代理権の濫用」に当たると
して，民法107条により無権代理とみなされることを主張できないのだろう
か。判例・通説の外形判断説では，民法826条による子の利益保護に限界が
生じるため，民法107条の適用いかんが焦点となるが，本解説ではとりあげ
ない［→本巻17解説］。

### 4　会社法上の利益相反取引と民法108条

　ところで会社法は，取締役に対して，会社法330条で民法644条を準用し
て善管注意義務を負わせ（判例・通説によればその具体化として）会社法355
条で忠実義務を課す一般規定を設ける。そのうえで，取締役（つまり厳密な
意味で会社の代理人である代表取締役に限定されない）が会社の重要な決定に
関与する地位（いわばその影響力）を利用して会社の利益の犠牲のもとで自
己または第三者の利益を図るのを予防するため，会社法356条1項2号・3
号は，特に取締役と会社との「利益相反取引」について，取締役は事前に株
主総会（取締役会設置会社の場合は会社365条1項により取締役会）において
「重要な事実を開示し，その承認を受けなければならない」として手続的に
規制する（会社419条2項・482条4項・595条・651条2項も参照。一般社団法人法
84条・197条は理事について同様の規定を置く）。この利益相反取引の規制対象
には，取締役が直接，会社から財産を譲り受けたり金銭の貸付けを受けたり

あるいは第三者の代理人として会社と取引をする「直接取引」（会社356条1項2号。取締役同士で結託する可能性があるため，会社を代表する者が他の取締役である場合も含まれる）はもとより，会社が取締役以外の第三者（取締役の債権者）との取引であっても「取締役の債務を保証」したりその債務を引き受けたりするなど実質的にみて取締役の利益となり会社との利益相反を生じる「間接取引」（同項3号）も含まれる。なお，取締役に対する債務の履行などその性質上，会社の利益が害されるおそれのない取引については，判例により，当該事前承認は不要とされている。

　そして「株主総会の事前承認」を得た場合に，会社法356条1項2号の「直接取引」のみならず──2017年改正により民法108条2項で「利益相反行為」が追加・明文化されたことを受けて──会社法356条1項3号の「間接取引」にまで民法108条の適用排除が及ぶよう，会社法356条2項も改正された（つまり，上記事前承認を得た場合には有効に利益相反取引ができる）。他方で，この事前承認を得ずに利益相反取引がなされた場合の当該効力について，会社法上規定はないが，同法356条2項を反対解釈すれば，民法108条の無権代理に準じて無効と解される。ただ第三者との関係では，判例（最判昭和43・12・25民集22巻13号3511頁）・通説は，「取引の安全」を重視して（自ら規制違反の取引をした取締役側からは無効主張できないという会社の利益を保護する意味に加えて）会社が（事前承認を得ていないことに関する）第三者の悪意を主張・証明しない限り無効主張はできないという意味で「相対的無効」であるとする（事前承認の有無にかかわらず，利益相反取引を行った取締役が「その任務を怠ったときは」，会社法423条1項により，会社に対して損害賠償責任を負う。会社423条3項・428条1項も参照）。なお，上記会社法上の理解に2017年に改正された民法108条の影響がありうるのかについては，今後の成り行きを注視する必要があろう。

　Yは，所有する住宅をXに賃貸した。その際Yは，今後Xとの間で紛争が生じた場合に備えて，賃貸借契約の書面に，「和解に際しては自らがXの代理人を選任しその者との間で交渉・締結を行う」という特約を定めていた。Xは，これを承諾し，将来必要となるかもしれない代理人選任のために白紙委任状をYに交付しておいた。

　その後，家賃の値下げ等をめぐり紛争が生じ，Xが賃料を支払わなくなったため，和解交渉が必要となった。そこでYは，知人AをXに無断でその代理人として選任し，このAとの間で，すでに受領済みの白紙委任状を使い和解に至った。その内容は，Xが今後毎月の賃料とともに滞納額を分割で支払うべきこと，これに違反したときは，期限の利益を失い延滞分をすべて一括で支払い，賃貸借契約は即時解除となり，当該住宅をただちに明け渡すべきことであった。

　Xが，YとAの間でなされた和解の効力を否定するには，どのような請求をすることが考えられるか。またその請求は認められるか。

**●】参考文献【●**

＊石綿はる美・百選Ⅲ 100 頁／Before/After40 頁〔林薫男〕／ポイント 38 頁〔幡野弘樹〕

（臼井　豊）

# 17 代理権の濫用

　　資産家のＡは，自己の土地を複数の人に賃貸し，その管理を，娘とその夫に委ねていた。2024 年 4 月頃，賃借人の 1 人から土地（甲）を返還したいとの申出があった。Ａは，これを機に甲を売却しようと考え，娘夫婦に相談したところ，（娘の）夫の兄であるＢが自分に売却を任せてほしいといってきた。Ｂと多少の面識もあったＡは，売却のための代理権をＢに与え，委任状を交付した。

　　多額の借金を抱えたＢは，甲の売却代金を着服し借金の返済に充てようと考えていた。Ａから委任状を受け取ったＢは，ただちに中古車販売業を営む知人のＣに甲を 1500 万円で買わないかともちかけた。Ｃは，Ｂが金銭がらみの揉め事を何度か起こしているのを知っていたし，甲の実勢価格（実際に市場で取引される価格）が 2200 万円は下らないことも認識しており，この話に少なからず不安を覚えた。しかし，ＢがＡの委任状を示したうえで契約交渉を行い，甲の登記識別情報も持参していたことから気を許し，甲を 1500 万円で購入する契約をＢとの間で締結した。Ｃから代金を受け取ったＢは，その全額を自己の借金の返済に充てた。

　　他方，所有権移転登記手続を完了したＣは，Ｂとの契約から 13 日後，不動産業を営むＤに甲を 1800 万円で売却し，移転登記を行った。甲が格安である理由をＤに尋ねられたＣは，知人から安く譲ってもらったと説明していた。

　　諸々の事情を知ったＡは，Ｄに対して，Ａへの所有権移転登記を求めた。また，Ｂに対しても，損害賠償の請求を行った。これらの請求は認められるか。

## ●】参考判例【●

① 最判昭和 38・9・5 民集 17 巻 8 号 909 頁
② 最判昭和 42・4・20 民集 21 巻 3 号 697 頁
③ 最判昭和 44・11・14 民集 23 巻 11 号 2023 頁
④ 最判平成 4・12・10 民集 46 巻 9 号 2727 頁

## ●】解説【●

### 1 代理権の濫用とは

本問の A は，D に対して，所有権に基づく妨害排除請求権に基づき，C・D 間の所有権移転登記の抹消に代えて，D から A への移転登記を求めていくと考えられる。これに対して，D からは，A・C 間の売買契約は有権代理によるものであり，その結果，A は甲の所有権を失ったとの反論がなされることになろうが，この反論に対して A からは，B が代理権を濫用したことを理由に，B のした代理行為の効果は A には帰属しないとの再反論がなされるものと予想される。

そこで，まず問題となるのは，B の代理行為が代理権の濫用（107 条）に当たるかどうかである。代理権の濫用とは，「代理人が自己又は第三者の利益を図る目的で代理権の範囲内の行為をした場合」をいう。この場合の代理人には，本人のためにする意思，すなわち，代理行為の効果（債権・債務の発生）を本人に帰属させる意思はある。しかし，その目的ないし動機が，本人との関係からみて背信的と評価されるわけである。

条文の体裁からもわかるとおり，代理人が代理権を濫用しても，代理行為の効果は本人に帰属するのが原則である。相手方が代理人の目的を知り，または知ることができたときに限り，例外的に無権代理として扱われるにすぎない。この原則と例外の関係を，まずはしっかりと押さえることが大切である。

民法 107 条は，2017 年の改正で新設された規定である。改正前の学説には，代理人が背信的な意図でした行為には代理権の授与がないとして，これを相手方の主観的な態様を問うことなく無権代理と捉える見解もあった。こ

の説によれば，相手方の保護は表見代理の規定（110条）によることとなる。しかし，代理権の範囲が，代理人の内心の意図といった主観的な基準で決まるとなると，相手方のうかがい知れない事情に代理行為の効果が左右されることになり，取引の安全が害される。代理権の範囲内の行為であるかどうかは，行為の外形から客観的に決まることが望ましい。そのような考えから，従来の判例の立場（参考判例①②）と同様，民法でも，代理人が背信的な意図をもってした行為を代理権の範囲内の行為として扱うことを原則とするルールが採用された（なお，参考判例①は，法人の代表取締役が権限を濫用した事案である）。

## 2　代理権濫用の要件と効果

### (1)　自己または第三者の利益を図る目的

　本問のBには，甲の売却代金を着服する意図があり，実際に代金の全額を自己の借金の返済に充てた。このようなBの行為は，Aとの関係ではAに対する義務の違反となる。代理人は，任意代理であるか法定代理であるかを問わず，もっぱら本人の利益を図るために行為する義務を負っている。この義務は，一般には忠実義務と呼ばれている（信託30条参照）。代理人が自己または第三者の利益を図る目的（濫用目的）で行為をしたときに本人が（例外的にとはいえ）保護を受けられるのは，代理人に忠実義務の違反があるためである。同様の配慮は，自己契約や双方代理等（利益相反行為）に関する民法108条にもみられるところである。

　なお，代理人の濫用目的は，代理行為をした時点で存在している必要がある。代理行為の後に濫用目的を生ずるに至った場合は，相手方が代理行為の時点で，その濫用目的を知っていた可能性はない。したがって，本問とは異なり，Bが甲を売却した後に代金を着服する意図をもつに至ったような場合には，民法107条の規定を適用することによっては，Bのした行為の効果を否定することはできない。

　では，代理行為の後に濫用目的を生じた場合に，信義則（1条2項）の規定を適用して代理行為の効果を否定することは可能か。同様の問題は，濫用目的の発生時期が代理行為の前か後かを特定することができない場合にも生じうる。この点は，代理権濫用行為の効果を例外的な場合に限って否定する

とした民法107条の趣旨を，どこまで尊重するかにかかってくる。もとより，制限的な運用にはならざるを得ないが，信義則の規定による柔軟な解決が一切否定されるとまでは言い切れないものと思われる。

ところで，代理人のした行為が，本人にとって著しく不利なものである場合，すなわち，代理人に重大な善管注意義務違反がある場合にも，濫用目的の要件は満たされるか。たとえば，不動産業者である代理人が相当な廉価で不動産を売却したような場合である。学説には，重大な善管注意義務違反の行為も（客観的にみれば）本人の利益を図るものとはいえないから，相手方の主観的な態様によっては，本人を保護すべきであるとする有力な見解がある。

しかし，ⓐ代理人には背信的な意図まではないこと，ⓑ義務違反が重大か重大でないかの線引きは難しく，法律関係が不安定になりかねないこと，ⓒ代理人が（不注意で）した行為の結果も，本人が自らしたのと同様に引き受けさせるとする代理制度の趣旨に反すること，といった理由から，否定的な立場をとる見解が多い。

### (2) 相手方の悪意または過失

代理行為の効果を否定できるのは，相手方が，代理人の濫用目的を知り，または知ることができたとき，すなわち，相手方が悪意または有過失のときに限られる。悪意や過失の立証責任は，本人側にある。

2017年民法改正前の学説には，相手方の主観的要件を「悪意または重過失」とする有力な見解があった。代理人がしているのは，あくまでも代理権の範囲内の行為である。円滑な代理取引を促進するためには，相手方が特にそれ以上の調査をしなくても，有効な代理行為と扱われるのが望ましい。また，代理権の濫用は，本人と代理人との間の内部的な問題にすぎないから，本人が代理人の行為に対する責任を問われても仕方がない。とはいえ，代理人の濫用目的について悪意または（悪意に準ずる）重過失の相手方まで保護する必要はない。有力説の考え方は，以上のようなものであった。

これに対し，判例は，心裡留保との類似性に着目して2017年改正前民法93条ただし書を類推適用し，相手方に軽過失があるにすぎない場合でも，本人の保護を図ってきた。このような状況のもと，ⓐ実務上も定着しているこの要件には合理性があると考えられること，ⓑ本人自身が心裡留保により

意思表示をした場合には過失でもよいとされていることとのバランスをとる必要があること，といった事情が考慮され，相手方の主観的要件を「悪意または過失」とするルールが採用された（ただし，代理権濫用の場合には，表示に対応する意思のない心裡留保とは異なり，代理行為の効果を本人に帰属させる意思はあることから，ⓑの理由づけには異論もある）。

相手方の「過失」は，立証責任を負担する本人の側が，その評価根拠事実（代理人の背信的な意図の存在を基礎づける具体的事実）を主張・立証し，それに対して相手方が評価障害事実（背信的意図の不存在を基礎づける具体的事実）を主張することになる。本問のCは，Bが金銭にだらしないことを知っており，甲の売買価格が相当に廉価であることも認識していた。にもかかわらず，Aの委任状と甲の登記識別情報をBが持参しているのをみて気を許し，Bと取引を行った。過失の認定にあたっては，この点をどのように評価するかが問われることになろう。

### (3) 法定代理の場合

民法107条は，法定代理人が代理権を濫用した場合にも適用される。もっとも判例は，親権者が子を代理して法律行為をする場合のように，法定代理人に広範な裁量が認められている場合には，その行為が本人の利益を無視して自己または第三者の利益を図ることのみを目的としてされるなど，法定代理人に本人を代理する権限を授与した法の趣旨に著しく反すると認められる特段の事情が存しない限り，代理権の濫用には当たらないとする（参考判例④）。

親権者は，子に対する愛情から，子の利益を最も優先してその財産管理に当たると期待しうる立場にある。このため，親権者には，未成年の子の財産管理に関する包括的な代理権が与えられている（824条）。とはいえ，親権者が子の不利益を顧みず，自己または第三者の利益を図らないとも限らないことから，民法には，親権者の利益と子の利益とが相反する場合に子の利益を守るための制度（特別代理人の選任）が一応は設けられている（826条）。しかし，親子間の利益が相反するとまではいえないが，経済的にみて子の不利益になる行為を親権者がすることもある。そのような事態に対処する手段として，民法107条はなお有用である。

なお，法定代理人（特に制限行為能力者の法定代理人）が代理権を濫用した場合には，相手方の過失を認定する際に，より柔軟な運用をすることが望まれる。というのも，法定代理の場合には，本人が代理人を選任したわけではなく，また代理人に対するコントロールも期待しがたいからである。

### (4) 代理権濫用行為の効果

　本人が，代理人の濫用目的，および相手方の悪意または過失を主張・立証したときは，代理人のした行為は，代理権を有しない者がした行為（無権代理行為）とみなされる。

　判例は，従来，心裡留保の規定を類推適用し，代理権濫用行為の効果を「無効」と解していた（参考判例①②）。しかし，代理意思と代理行為の表示との間に齟齬のない代理権濫用行為を，心裡留保による意思表示のように無効とする必然性はない。本人が実際に自己の利益が害されると判断した場合に限って効果の不帰属を認めれば足りる。このような考えから，民法では，「無権代理」を擬制することとされた。

　無権代理とみなされる場合には，無権代理に関する一連の規定も適用される。したがって，本人の追認（113条）のほか，相手方の催告権（114条）や取消権（115条）も，行使が可能である。

　なお，民法107条は，代理行為の効果が本人に帰属しないことを認めただけであり，代理行為自体は授与された代理権の範囲でなされていることが前提である。したがって，無権代理とみなす旨が規定されたとはいっても，表見代理の規定が適用されるかどうかは，また別の問題である。同条は，代理人の濫用目的につき相手方が悪意・有過失の場合に限り，無権代理を擬制する。すると，相手方には「代理人の権限があると信ずべき正当な理由がある」とはいえないこととなるから，民法110条が適用される余地はない。

### 3　代理権濫用と転得者

　代理権の濫用を理由に無権代理が擬制されることになる法律行為を基礎として，第三者（転得者など）が新たな法律関係に入ることがある。この場合，第三者と本人との関係は，どのように処理されることになるか。

　無権代理が擬制される取引を原因とする登記は，実態を反映していない無効な登記である。したがって，このような登記を信頼して取引に入った転得

者は，一般的な権利外観法理（具体的には民法94条2項の類推適用）によって保護される余地がある（目的物が動産の場合は民法192条による）。実際，改正前民法の判例であるが，代理権濫用行為が2017年改正前民法93条ただし書の類推適用によって無効とされる場合であっても，代理権濫用について善意の第三者は民法94条2項の類推適用により保護されうるとの判断を示した例もある（参考判例③）。

多少問題となりうるのは，代理人の濫用目的につき善意・無過失の相手方から，悪意または有過失の第三者が権利を取得した場合である。従来の判例のように，代理権濫用の効果を「無効」と解するのであれば，本人と転得者との関係につき，いわゆる相対的構成をとり，転得者の権利取得を否定する余地もある。しかし，民法107条は，「無権代理」の擬制という構成を採用した。このため，有権代理か無権代理かは代理人が相手方との間で代理行為をした時点で確定することになる。したがって，相手方が代理人の濫用目的につき善意・無過失の場合は有権代理として確定し，転得者は，善意・悪意にかかわりなく，権利を取得する。

民法94条2項が類推適用される場合には，転得者の善意・無過失の立証責任は転得者の側にあると考えられる。前述の判例（参考判例③）も，そのように解している。

### 4　代理権を濫用した代理人の責任

本問のAは，Bに対して損害賠償を請求することはできるか。

民法107条により無権代理が擬制される場合には，相手方は，民法117条に基づき，権限を濫用した代理人の責任を追及することもできる。同条は，代理人として契約をした者（無権代理人）に代理権がなかったことを相手方が過失によって知らなかった場合でも，無権代理人が自己に代理権のないことを知っていたときは，相手方が無権代理人の責任を追及できると定めている（2項2号）。代理権濫用の場合，代理人は，自己の背信的意図につき必ず悪意である。したがって，代理人の濫用目的を知らなかったことにつき相手方に過失があると認められた場合でも，相手方は，無権代理人の責任を追及することができる。

　駐車場を経営する株式会社Ａの代表取締役であるＢは，イベント会社の経営者と知り合い，その縁で，このイベント会社の取締役であったＣとも知り合った。Ｃに財力があることを知ったＢは，個人的な借入金の返済に充てるための資金をＣから融通してもらおうと考えた。そこで，Ｂは，「現在，Ａの店舗の改修をしているが，地代や従業員の給料の支払の関係もあり，銀行から融資を受けるまでのつなぎ資金として至急現金が必要になった」と説明し，Ｃに融資を依頼した。Ｃの承諾を得たＢは，2024年4月10日，7200万円を貸付期間3年でＣから借り受け，現金で同額を受領した。その際にＢは同日付の金銭消費貸借契約書末尾の「連帯保証人」欄にＡの住所と商号を記載するとともに，Ｂ個人の三文判を押印し，指印を押捺した。

　なお，Ｃは，Ｂ個人が借主になる理由について，特にＢには説明を求めなかった。また，Ａが銀行から融資を受けられることになる予定日についても確認しなかった。

　以上の状況のもと，Ｃから連帯保証債務の履行を求められたＡはこれに応じなければならないか（なお，利益相反取引の制限に関する会社法356条1項3号，および取締役会の権限等に関する同法362条4項の適用については考えなくてよい）。

●】参考文献【●

＊吉永一行・百選Ⅰ54頁／ポイント42頁〔幡野弘樹〕

（山田　希）

# 18 表見代理：109条１項

　Ａは，Ｂから100万円を借り受け，その担保としてＡの所有する甲土地に抵当権を設定した。その際，Ａは，Ｂに抵当権設定登記手続を任せることとし，言われるがまま，代理人欄および委任事項欄が空欄の白紙委任状に署名捺印し，甲土地の登記識別情報通知および印鑑証明書とともにこれをＢに交付した。

　Ｂは，借金をする際の保証人になってほしいと友人であるＣから頼まれたものの，自らが保証人になることを断った。後日，Ｂは，代わりに甲土地に抵当権を設定することを提案し，Ａの承諾を得ていると話した。Ｃがこれを了承したので，Ｂは，実際にはＡの承諾がないにもかかわらず，上記白紙委任状および登記識別情報通知，印鑑証明書をＣに交付した。

　Ｃは，上記白紙委任状の代理人欄に自分の名前を，委任事項欄に「甲土地に対する抵当権の設定に関する一切の事項」と記入した。そのうえで，Ｃは，Ｄから500万円を借り入れるに当たり，Ｄに上記白紙委任状と印鑑証明書を提示し，Ａの代理人と称して，Ｄとの間で，甲土地にＤのＣに対する貸金債権を被担保債権とする抵当権を設定する契約を締結した。このとき，Ａから許諾を受けているとのＣの言を信じたＤは，Ａに直接問い合わせることをしなかった。その後，ＣおよびＤは，上記白紙委任状等を利用して，甲土地につき抵当権設定登記を備えた。

　上記抵当権設定登記の存在を知ったＡは，Ｄに対して，抵当権設定登記の抹消登記手続を請求することができるか。

## ●】参考判例【●

① 最判昭和39・5・23民集18巻4号621頁

② 最判昭和 41・4・22 民集 20 巻 4 号 752 頁
③ 最判昭和 42・11・10 民集 21 巻 9 号 2417 頁

## ●】解説【●

### 1 白紙委任状

　任意代理人による代理行為の効果が本人に帰属するためには，当該代理人が本人から代理権を与えられ，その範囲内で代理行為をなすことが必要である（99 条 1 項）。代理権の授与は，口頭のみによることも可能であるが，委任状を交付することが一般的である。委任状は，誰が誰にどのような範囲で代理権を与えたかを示す。しかし，代理人の氏名（代理人欄）や代理権の範囲（委任事項欄）を空欄にしたまま委任状が交付される場合がある。これを白紙委任状という。白紙委任状には，交付後の事情を考慮した柔軟な対応を可能とするメリットがあるが，本人が想定していない者が代理人となり，あるいは（かつ），本人が想定していない範囲で代理権が行使される危険がある。このような場合，白紙委任状を交付した本人と代理行為の相手方との間で，代理行為が，有権代理として，あるいは，表見代理として，本人に帰属するかが争われる。

　本問では，甲土地の所有者である A が，抵当権設定登記を有する D に対し，所有権に基づく妨害排除請求として，抵当権設定登記の抹消登記手続を請求する。これに対し，D は，甲土地につき抵当権を有し，したがって，抵当権設定登記を保持する権原を有すると反論する。この反論が成り立つためには，D が C との間で交わした抵当権設定契約が，有権代理として，あるいは，表見代理として，本人である A に帰属したことが必要である。

### 2 問題の構造

　白紙委任状を行使して代理行為がなされた場合に，どのような法律関係となるか。この問題は，学説上，白紙委任状がどのような趣旨で交付されたか，および，白紙委任状がどのように行使されたのかによって，区別して論じられる。

　第 1 に，白紙委任状が転々流通し，正当に取得した者が白紙委任状を行使することができるものとして交付された場合（転転予定型）と，白紙委任状

が輾転流通することを予定せず，白紙委任状を行使する者を一定の範囲に限定する趣旨で交付された場合（非輾転予定型）とが区別される。輾転予定型とは，白紙委任状が年金証書とともに交付され，その正当な所持人が年金を受領することを予定するといった例外的な事情がある場合を指し（大判大正7・10・30民録24輯2087頁），原則として，代理人の氏名が記載されているか否かにかかわらず，非輾転予定型であると解される。本問の白紙委任状は，上記のような例外的な事情の下に交付されたものではなく，Bのみによって行使されることが予定されていたのであるから，非輾転予定型である。

　第2に，非輾転予定型の白紙委任状が行使された場合，それを行使することが予定された者により行使されたのか（直接型），それ以外の者により行使されたのか（間接型）によって，問題の状況が変わる。たとえば，本問で，Bが白紙委任状を行使した場合には直接型となり，Cが白紙委任状を行使した場合には間接型となる（関連問題(1)がいずれに当たるのか検討してみよう）。

　輾転予定型や非輾転予定型・直接型の場合，白紙委任状を行使して代理行為をなした者が何らかの代理権を有していることが多い。したがって，その者が当該代理権の範囲内で代理行為をした場合，その行為は有権代理として本人に帰属する。これに対し，代理権が与えられていなかった場合や，代理権の範囲を超えて代理行為をなした場合，その行為は無権代理となる。しかし，白紙委任状の交付は，本人が，白紙委任状の行使者に代理権を与えた旨を，代理行為の相手方に対し表示したものとみることができる。したがって，代理権授与表示があったものとして，民法109条1項の適用が問題となる（何らかの代理権が与えられた場合には民法110条の適用も可能である）。

　第3に，非輾転予定型かつ間接型の場合，白紙委任状を行使することが予定された者に代理権が与えられ，かつ，実際に行使した者がその代理権の範囲内で代理行為をなしたのか（委任事項非濫用型），それを超えて代理行為をなしたのか（委任事項欄濫用型）によって区別される。輾転予定型とは異なり，非輾転予定型では，白紙委任状を行使することが予定された者以外の者は，何らの代理権を有しない。したがって，当該行使者が，白紙委任状を行使することが予定された者に与えられた代理権の範囲内で代理行為をなそう

が，それを超えて代理行為をなそうが，その代理行為が無権代理であること
に変わりはない（民法110条の適用も問題となり得ない）。しかし，委任事項
非濫用型では，本人が覚悟していた不利益のみが生ずるのに対し，委任事項
濫用型では，本人に想定外の不利益が生ずる危険がある。したがって，両者
を質的に異なる利益状況であると評価することができる。

　本問は，Ａが自ら設定したＢの甲土地に対する抵当権につき抵当権設定
登記手続を行うことのみを委任事項としていたのに対し，実際になされた代
理行為は，Ｄの甲土地に対する抵当権設定契約の締結であり，委任事項が
濫用されたものといえる。以下では，本問のような非輾転予定型・間接型・
委任事項濫用型の場合に，民法109条1項がどのように適用されるのかを検
討していく。

### 3　代理権授与表示

　まず，本人が相手方に対して自称代理人に代理権を与えた旨の表示をした
ことが，民法109条1項の要件となる。非輾転予定型・間接型の場合，本人
が相手方に対して白紙委任状の行使者に代理権を与えた旨の表示をしたかが
問われる。

　参考判例①は，不動産の所有者Ａが，抵当権設定登記手続をＢに委託し，
権利証および白紙委任状，印鑑証明書を交付した後，ＢがさらにこれらをＣ
に交付し，Ｃが，これらを用いてＤとの間で根抵当権設定契約を締結した
という事案につき，本人Ａの責任を否定した。最高裁は，これらの書類が
輾転流通することを常態とするものでなく，第三者がこれらを濫用したとき
にまで本人が責任を負うべきではないとして，代理権授与表示の存在を認め
なかった。これに対し，参考判例③は，ＣがＢを通じて融資を受けるに当
たって保証してほしいとＣから依頼されたＡが，Ｂに代理権を与える目的
で，白紙委任状および印鑑証明書をＣに交付したが，Ｂを通じた融資が失
敗したので，Ｃ自身が，Ｄとの間で消費貸借契約を締結し，それに当たり，
白紙委任状等を用いてＡを代理して，Ｄとの間で連帯保証契約を締結した
という事案につき，代理権授与表示の存在を認め，本人Ａの責任を肯定し
た。

　これらの判例は，委任事項欄濫用型と委任事項欄非濫用型を区別したもの

として位置づけられる。そのような区別によれば，委任事項欄濫用型は，非濫用型に比べ，本人を保護する必要性が大きく，本人の責任が否定される場合が多い（参考判例②も参照）。代理権授与表示自体を否定し，民法109条1項の適用を一切排除した参考判例①に対しては，批判も存在する。判例を批判する見解は，白紙委任状の客観的性質を重視し，仮に本人が予定していなくとも，それが輾転流通する危険性を有するものとして代理権授与表示に当たるとしつつ，相手方の悪意有過失を判断する際に，本人と相手方との利益衡量を図るべきだとする。なお，委任事項欄濫用型の場合には，民法109条2項を適用する余地がある［→本巻⒆解説］。

本問は，上記のとおり，非輾転予定型・間接型・委任事項濫用型の事案であり，判例理論の一般的理解に従えば，AからDに対する代理権授与表示を否定することになる。これに対し，本人の意図にかかわらず白紙委任状が輾転流通する危険を重視する立場を採用するとすれば，Aが白紙委任状をBに交付した事実をもって，AのDに対する代理権授与表示があったものと認定することができる。

### 4　相手方の悪意有過失

代理権授与表示があったとしても，相手方が悪意または有過失であった場合には，本人は責任を負わない（109条1項ただし書）。輾転流通することを予定されていない白紙委任状が，行使を予定されていない者により行使され，委任事項を超えて代理行為がなされた場合（非輾転予定型・間接型・委任事項欄濫用型），白紙委任状を提示した者に代理権がないことを，相手方が知っていたか，あるいは，知らないことにつき過失があったかが問われる。

参考判例②は，不動産の登記済権利証および白紙委任状，印鑑証明書を所持した自称代理人が，実際には代理権を有しないにもかかわらず，代理人として，根抵当権設定契約を締結したという事案につき，本人の責任を否定した。相手方の過失の有無が問題となったところ，最高裁は，根抵当権設定契約が自称代理人を代表取締役とする株式会社に対する代金債権を担保する目的で締結されたものであること，相手方が本人と面識をもたず，本人と自称代理人との関係についても知らなかったこと，相手方が自称代理人の代理権の有無を確認しなかったことなどの事情から，相手方に自称代理人の代理権

の有無を確かめる取引上の義務があるとし，それを果たさなかった相手方の過失を認めた。

　参考判例②や本問の事案では，代理行為が，本人の利益ではなく，自称代理人の利益に資することが明らかである。このような場合には，無権代理ではないかと疑う契機があり，相手方は，原則として，代理権の有無を本人に直接確認する義務を負うと考えるべきである（代理権があったとしても利益相反の問題が生ずる）[→本巻⑯解説]。特に不動産取引は，本人に与える不利益が大きく，また，慎重に確認する時間的余裕があるので，このような義務を果たさない相手方が表見代理による保護を受けないとしても，取引の安全を過度に害するとはいえない（関連問題(2)をどのように考えるべきか，本問との事案の違いに注意しながら考えてみよう）。

### 関連問題

　(1)　Ａは，Ｂから100万円を借り受け，その担保としてＡの所有する甲土地に抵当権を設定した。その際，Ａは，Ｂに抵当権設定登記手続を任せることとし，言われるがまま，代理人欄および委任事項欄が空欄の白紙委任状に署名捺印し，登記識別情報通知および印鑑証明書とともにこれをＢに交付した。Ｂは，従業員であるＣに抵当権設定登記手続を任せることとし，Ａの承諾がないにもかかわらず，上記白紙委任状および甲土地の登記識別情報通知，印鑑証明書をＣに交付した。

　Ｃは，上記白紙委任状の代理人欄に自分の名前を，委任事項欄に「甲土地に対する抵当権の設定に関する一切の事項」と記入した。そのうえで，Ｃは，Ｄから500万円を借り入れるにあたり，Ｄに上記白紙委任状と印鑑証明書を提示し，Ａの代理人と称して，Ｄとの間で，甲土地にＤのＣに対する貸金債権を被担保債権とする抵当権を設定する契約を締結した。このとき，Ａから許諾を受けているとのＣの言を信じたＤは，Ａに直接問い合わせることをしなかった。その後，ＣおよびＤは，上記白紙委任状等を利用して，甲土地につき抵当権設定登記を備えた。

上記抵当権設定登記の存在を知ったＡは，Ｄに対して，抵当権設定登記の抹消登記手続を請求することができるか。また，ＣがＢの従業員ではなく，司法書士であった場合はどうか。

　(2)　Ａは，自ら所有する甲土地の売却を決め，売却先の選定および買主との売買契約の締結をＢに任せることとした。その際，Ａは，代理人欄および委任事項欄が空欄の白紙委任状に署名捺印し，甲土地の登記識別情報通知および印鑑証明書とともにこれをＢに交付した。Ｂは，Ａの承諾がないにもかかわらず，それらをＣに交付した。Ｃは，上記白紙委任状等を提示してＡの代理人と称し，甲土地をＤに売却し，所有権移転登記手続を行った。

　上記所有権移転登記の存在を知ったＡは，Ｄに対して，所有権移転登記の抹消登記手続を請求することができるか。

## ●】参考文献【●

＊後藤巻則・百選Ｉ56頁／北居功・百選Ｉ〔第5版新法対応補正版〕(2005) 58頁

（大塚智見）

# 19 表見代理：109条2項

　Yは，土地甲を所有していたが，甲の有効な活用方法を思いつかず，特に手をつけないまま放置していた。しかし，このまま甲を所有していても管理にコストがかかるだけであることから，甲の取得に関心を寄せるAに甲を売却することにした。そこでYは，Aの代理人Bとの間で，代金を2000万円として甲の売買契約を締結した。Aから代金全額の支払を受けたYは，売買契約に基づくYからAへの甲の所有権移転登記手続をAに委託することにし，甲の登記済証，Yの印鑑証明書，甲の売渡証書（Yの記名押印があり，代金額・名宛人・年月日欄は白地），甲に関する登記一切の権限を授与する旨の委任事項が記載された委任状（Yの記名押印があり，受任者・年月日欄は白地）を，Bに交付した。

　その後Aは，YからAへの甲の登記名義の移転手続をしないまま，甲をXの所有する土地乙と交換することにした。Aは，再びBを代理人として，BがYから受け取った後B自身で保管していた上記書類一式をそのまままたせて，Xとの交渉に当たらせた。ところがBは，Xとの交渉の際，自らがAの代理人であることを明らかにせずに上記書類をXに呈示し，Yの代理人として振る舞った。Xは，Bの呈示した書類やその振舞いから，BはYの代理人であると信じた。そこで，Xは，Yの代理人だと信じたBとの間で，甲と乙の交換契約を締結した。

　Xは，前記交換契約に基づき，Yに対して，甲の所有権移転登記手続を求めた。この請求は認められるか。

## ●】参考判例【●

① 大判昭和 19・12・22 民集 23 巻 626 頁
② 最判昭和 45・7・28 民集 24 巻 7 号 1203 頁
③ 最判昭和 46・6・3 民集 25 巻 4 号 455 頁

## ●】解説【●

### 1 民法上の表見代理に関する規定

無権代理行為の効果は，本人に帰属しないのが原則である。それにもかかわらず代理行為の相手方が無権代理行為によって約された義務の履行を本人から受けるには，本人が無権代理行為を追認するか，表見代理の成立が認められる必要がある。

このうち，表見代理の成立が認められる場合として，民法上，109 条・110 条・112 条の 3 か条が設けられている。そこで，民法の規定に基づき表見代理の成立が認められるには，これら 3 か条が定めるいずれかの条項の適用があることが基礎づけられなければならないことになる。それを踏まえると，これらの条項が，それぞれ，どのような要件を定めており，いかなる場面・範囲に適用されうるかを把握することが重要だということができよう。

### 2 民法 109 条・110 条・112 条の適用可能性

設例の B は，X との間の交換契約の締結にあたり，Y の代理人として振る舞っている。しかし，B は，この交換契約についての代理権はもとより，Y を代理する何らかの権限が一度でも授与されたことがあるかどうかも，設例文中で明示はされていない。

#### (1) 民法 110 条・112 条の適用可能性

かりに，代理行為者が現在までに一度も本人のための代理権を授与されたことがない場合には，相手方は，民法 110 条，および 112 条 1 項・2 項による表見代理の成立を基礎づけることができないことになる。というのは，まず，民法 110 条の適用があるというためには，代理行為者が同条にいう「権限」を有していることを相手方は主張・立証しなければならないところ，この「権限」は，判例によると，代理権，それも原則として私法上の代理権に限られ

る（例外も含めて，参考判例③を参照）。また，民法112条は，「他人に代理権を与えた者」が，その「代理権の消滅後」において一定の場合には表見代理責任を負いうることを定めるものである——その限りで，同条1項と2項は共通している——ところ，同条1項または2項の適用を基礎づけるには，過去に代理行為者に代理権が与えられていたことを相手方が主張・立証しなければならないと解されるからである。

(2) **民法109条1項の適用可能性**

それでは，残る民法109条の適用可能性はどうであろうか。

まず，民法109条1項についてみると，相手方は，同項の適用を基礎づけるために，ⓐ代理行為の存在，ⓑその際に顕名がされたこと，ⓒ代理行為に先立って本人が代理行為者にⓐの行為に関する代理権を授与した旨を相手方に対して表示したこと（代理権授与表示），を主張・立証する必要がある。

代理権授与表示については，特に次の点が問題となる。第1に，代理権授与表示を本人がしたと評価できるのはどのような場合か，である。このことが問題となるのは，代理権授与表示を本人がしたといえることが，上記ⓒの要件となっていることによる。この点に関しては，特に本人から白紙委任状が交付された場合を中心に議論が行われている［詳しくは→本巻⑱解説］。判例によると，本人から白紙委任状を直接交付された者がそれを利用して無権代理行為をした場合，本人による代理権授与表示があったと評価しうるとされる（参考判例②を参照）。

第2に，本人による代理権授与表示がどのような内容のものと確定されるか，である。このことが問題となるのは，上記ⓐの行為は同ⓒで表示された代理権の範囲内でのものでなければならないところ，これを判断するには，代理権授与表示の内容を確定しておく必要があるからである。代理権授与表示の内容をどのようにして確定するかについては，それほど詳しく論じられているわけではないものの，意思表示の内容確定に関する準則が類推されうると一般に考えられていると思われる。これは，次の理由による。意思表示とは，権利変動を目指した当事者の意思の表明であるところ，代理権授与表示は意思表示とはいえない。代理権授与表示は，ある者に代理権を授与したことを代理の相手方に表明するものにすぎず，この表明によって代理権の授

与という私人間の権利変動が生じるわけではない（代理権の授与は，任意代理の場合，代理権を授与する者とされる者との間の法律行為によって行われる）からである。したがって，意思表示に関する準則が代理権授与表示にただちに適用されるとはいえない。しかし，代理権授与表示は，民法109条1項により代理権の授与があったのと同じ効果が認められることから，意思表示類似のものとみることができる。そこで，代理権授与表示にも意思表示に関する準則の類推が認められてよい，というわけである。

　そして，意思表示の内容確定については，一般に，表示行為の社会的意味を客観的に明らかにするとの考え方（客観的解釈説）と，当事者が表示行為に付与した意味のいずれが正当かを判断して明らかにするとの考え方（付与意味基準説）がある。もっとも，代理権授与表示の内容確定については，民法は客観的解釈説を前提としていると考えられる。その理由は，民法109条1項の規定振りにある。同項は，代理権授与表示の成立が認められた後になお，相手方の主観的態様が問題になるとしている。これは，表示行為の意味付与の正当性の判断に関わる相手方の主観的態様を，代理権授与表示の成否の判断の段階では考慮しないことを意味していると考えられるからである。

　客観的解釈説によると，相手方に呈示された白紙委任状およびその他の書類等が，どのような表示内容を有するかを客観的に明らかにすることにより，代理権授与表示の内容を確定していくことになる。この点につき本問では特に，呈示書類のなかに売渡証書が含まれていることが重要な意味をもつと考えられる。これら各書類の呈示が代理権授与表示の存在を基礎づけるとして，その客観的意味は，（交換契約でなく）売買契約締結の代理権授与表示と解釈されうるのではないか，という点に留意すべきだと考えられるからである。

(3)　**民法109条2項の適用可能性**

　ともあれ，以上を前提とすると，たとえば次のような場合には，民法109条1項・110条・112条1項・同条2項の各規定により表見代理の成立を基礎づけることはできないことになる。本人が代理権授与表示をしたものの，この表示によって客観的に示された代理権の範囲外の行為を代理行為者がし，かつこの者が本人のための代理権を現在まで一度も授与されたことがな

かった場合である。

　もっとも，この場合に本人はともかく代理権授与表示をしており，その表示の範囲内で代理人と称してされた行為について，その行為者があたかも実際に代理権を有していたかのように，その行為の効果が本人に帰属することがある。他方で，代理権を有する者が，その代理権の範囲外の行為を代理人と称してした場合，民法110条により，本人は表見代理責任を負うことがある。そうだとすると，代理権授与表示によってあたかも実際に代理権を有するかのように扱われる者が，その表示された代理権の範囲外の行為を代理人と称してした場合も，本人が表見代理責任を負うことがある，とすることも考えられうる。そこで，このような場合にも表見代理の成立が認められうるとする規定を，民法は設けている。それが，民法109条2項である。

　民法109条2項は，2017年改正前民法のもとで判例（参考判例②）により認められていた，改正前民法109条と110条をあわせて適用することにより表見代理の成立が認められうるとの法理――「民法109条と民法110条の重畳適用」などと呼ばれていた法理――を明文化する趣旨で，同改正において新設されたものである（その新設に伴い，同改正前民法109条は，同改正後は109条1項となっている）。

### 3　民法109条2項において当事者が主張・立証すべき事実

#### ⑴　規定の構造と主張立証責任の所在

　2017年改正前民法109条と110条の重畳適用における主張立証責任の所在は，各規定の規定振り（本文・ただし書の構造）を1つの根拠として，一般に以下のように解されていた。民法109条2項における主張立証責任の所在について，その規定振りからは必ずしも明確ではないものの，以下のような理解がこの条項の新設によって変更されたとはみられていない。それを前提とすると，民法109条2項の適用を基礎づけるために，相手方は，ⓐ代理行為の存在，ⓑその際に顕名がされたことに加えて，ⓒ相手方がその代理行為に対応する代理権の存在を信じたこと，ⓓそう信じたことについての正当理由，ⓔ代理行為に先立って本人が代理行為者にⓐの行為以外のある特定の事項に関する代理権を授与した旨を相手方に対して表示したこと，を主張・立証すべきことになる。

これに対して，本人は，上記⒠における表示された代理権が存在しないことと，それについての相手方の悪意または過失による不知を主張・立証する可能性が考えられる（109条1項ただし書参照。もっとも，この抗弁事由については，相手方の請求原因として掲げた前記の⒟の正当理由の存在を妨げる事実に含まれることに通常なろう，とも指摘されている）。

### ⑵　その他の抗弁等

このほか，学説では，民法95条の類推により，本人に代理権授与表示の錯誤取消しの主張を認める見解が主張されている。この見解は，代理権授与表示には意思表示に関する準則が類推されうるという立場（上記2⑵を参照）から，同条の規定も，代理権授与表示に類推適用されてよいと説く。これによると，代理権授与表示の錯誤取消しが認められた場合，ここでの本人の表見代理責任の帰責根拠である代理権授与表示が存在しないと扱われることになる結果，表見代理の成立が否定されることになる。

これに対して，代理権授与表示に民法95条の類推を認めるべきではない，とする見解もある。この見解は，民法109条の趣旨を代理権の授与という外観に対する相手方の信頼の保護と捉えたうえで，代理権授与表示について錯誤取消しの主張を認めると，同条のこうした趣旨が実現できなくなる，と説く。一方，民法95条の類推を認める見解は，次のように説く。外観の信頼に対する保護は，代理権授与表示だけでなく，意思表示一般で問題となる。意思表示においても，相手方は，その表示内容に対応する法律効果が生じると信頼しているはずだからである。それにもかかわらず，民法は，一定の場合には意思表示の錯誤取消しの主張を認めている。そうであれば，意思表示に類似する代理権授与表示について錯誤取消しの主張を認めても，相手方に不当な負担を課すことにはならない。したがって，代理権授与表示についても同条の類推が認められてよい，というわけである。

民法95条の類推を認める場合，白紙委任状の委任事項欄について顕著な濫用があったかどうかが，重要な意味をもつと考えられる。委任事項欄について顕著な濫用がなかった場合，本人の予定していた表示と実際の表示に大きな相違がないため，錯誤の客観的重要性（95条1項柱書参照）が認められず，錯誤取消しの主張が認められない。これに対して，委任事項欄について

顕著な濫用があった場合には，両者の間に大きな相違があるため，錯誤の客観的重要性が認められうると考えられるからである。

代理権授与表示に民法 95 条の類推を認める場合，相手方としてはさらに，本人の重過失を再抗弁として主張・立証することにより，本人による錯誤取消しの主張を妨げることができる（95 条 3 項柱書類推）。

**・・・ 関連問題 ・・・**

本問の事例において次のような事情があった場合，X は，Y に対する請求を，どのような法律構成に基づいて行うことが考えられるか。

(1) Y が B に交付した書類が，いったん B から A に引き渡された後，A が B に交換契約に関する代理権を授与した際に再度 A から B に交付された場合。

(2) A が，B を X との交渉に当たらせる以前に，Y の承諾を得て，Y から A への甲の所有権移転登記手続について B を Y の復代理人に選任していた場合。

(3) (2)の場合において，その後，甲と乙の交換契約が締結される以前に Y が登記手続に関する A との委任契約を解除していた場合。

**●】 参考文献 【●**

＊臼井豊・百選 I 66 頁／磯村保・百選 I〔第 7 版〕（2015）66 頁／鈴木弘・最判解民昭和 45 年度（下）803 頁／ポイント 44-46 頁〔幡野弘樹〕

（野々上敬介）

## 20 表見代理：名義利用許諾

Aは，知人のBに誘われて，2022年7月15日に，D百貨店で開催されている「陶磁器展」を訪れた。そこでは展示販売も行われており，購入された作品は，陶磁器展が終了した後に，代金と引換えで買主に引き渡されることになっていた。

Bは，Aと一緒に会場を回っていたが，陶芸家のCが出品した大きな花瓶（販売価格8万円）の前で立ち止まり，次のような話をした。「Cは自分の知人で毎回出品しているが，今回売れないともう出品できなくなるかもしれない。そこで自分が買うことにしたが，そのことがお店からCに伝わるかもしれないので，あなたが買ったことにしてくれないか。代金は，もちろん自分が支払うから安心してほしい。」

Aはその場では断って帰宅したが，夜になってBから電話があり，「自分がもう一度店に行って代わりに購入しておくから」と何度も頼まれた。Aは，曖昧な返答に終始したが，Bは「じゃあ，そうするから」といって電話を切った。翌7月16日，Bは，1人でDを再訪し，Aの名前でCの製作した花瓶を購入する契約を締結した。Bが契約書にAの住所や電話番号を何もみずにすらすらと記入したので，Dの担当者は，BがA本人であると思い込んでいた。

8月6日に陶磁器展が終了した後，Dから花瓶の引取りを求める電話があったので，AはBに連絡をとろうとしたが，BはAが知らぬ間に引っ越したようで電話もつながらない。そこで，Aは，本当はBが購入したものなので代金はBに請求してほしいとDに告げたが，Dは，Aの名前で契約がされていることを理由に代金の支払を請求してきた。これに対して，Aは，どのような反論をすることができるか。

## ●】参考判例【●

① 最判昭和 35・10・21 民集 14 巻 12 号 2661 頁
② 最判平成 7・11・30 民集 49 巻 9 号 2972 頁
③ 最判昭和 45・7・28 民集 24 巻 7 号 1203 頁（関連問題）

## ●】解説【●

### 1　Dの請求：売買契約に基づく代金支払請求

　本問において，Dは，Aとの間で花瓶の売買契約が成立したことを前提として，売買契約に基づく代金支払請求をしているものと考えられる。これに対して，Aは，売買契約がDとBとの間で成立したものであり，Bに対して請求するように主張している。したがって，Dの請求が認められるためには，まずはDとAとの間で売買契約が成立したといえなければならない。

　売買契約は，当事者の一方（売主）がある財産権を相手方（買主）に移転することを約し，相手方（買主）が代金を支払うことを約することで成立する（555条）。すなわち，売買契約の成立要件は，財産権移転の合意（条文上は「約束」とされているが，最終的に双方がそれぞれの「約束」を受け入れて「合意」する必要がある）とその対価としての代金支払の合意である。そうなると，本問では，これらの2つの合意が誰と誰との間でなされたかということを，まずは検討しなければならない。

### 2　他人名義の契約の当事者

　本問では，Dとの間で実際に契約書を作成したのはBであるが，BはAの名でそれを行っているため，契約自体はAが締結したことになっている（なお，契約は申込みと承諾の意思表示が合致すれば成立し〔522条1項〕，本問のような売買契約については，本来は契約書の作成は要求されない〔同条2項〕）。

　仮に，Aが，Bの依頼を受け，Aの名で花瓶の売買契約を締結し，とりあえず代金もAが支払うつもりでいたのであれば，DとAとの間で売買契約が成立したと評価できるであろう。しかしながら，本問では，Aは花瓶の代金を負担するつもりはない。むしろ，Aとしては，Bが自らの名を勝手に使用して売買契約を締結したのであるから，代金を支払う義務はないと主張する

ものと考えられる。

　逆に，Bはもともと自らが花瓶を購入するつもりであるし，仮にAの名で
売買契約を締結したとしても，そもそも本人であるAのためにすることを示
さずにした意思表示は自己のためにしたものとみなされるのであるから
（100条本文），実際にはDとBとの間で成立したと考えることもできよう
（この場合には，Aという名は，いわばBの通称やペンネームと同様の形で用いら
れていると考えるとわかりやすいかもしれない）。いずれにせよ，契約名義はと
もかくとしても，Bが代金を支払って花瓶を引き取るのであれば，実際には
何も問題は生じない。ところが本問では，最後の段階になってBが行方をく
らませてしまっているので，結果的には，Aがいくら契約の当事者はBだと
主張しても，DとしてはAとの間の契約成立を前提に請求するしかない。

　そこで，結局のところ，DとAとの間で契約が成立しているといえるかど
うかを検討しなければならないことになる。

### 3　名義利用許諾の有無と表見代理成立（109条1項）の可否

　本問では，Aは，自らが契約を締結したつもりはなさそうである。しかし
ながら，BからBがAの代わりに花瓶を購入するという提案を受け，それに
明確な返答をしないままでいるうちに，Bが自らの提案どおりにすると一方
的に宣言し，実際にそのようにしてしまっている。この状況をどのように評
価すればよいのであろうか。

　もし，Aが自ら花瓶を購入するつもりであってBの提案に同意したのであ
れば，Aは，Bに代理権を授与したことになり，Bはそれに従ってAのため
に代理行為として売買契約を締結させたことになる。いわば，このような場
合には「有権代理」が成立することになる。有権代理が成立したといえるた
めには，ⓐ代理人による意思表示（代理行為），ⓑ本人のためにする旨を示
したこと（顕名），ⓒⓐの当時に代理権が存在したこと（代理権授与）を立証
する必要がある（99条1項）。ⓑについては「A代理人B」と書かれた委任
状等を示すのが一般的であるが，Bがその代理権の範囲内において，Aの代
理人であることを示さずにあたかも自らがAであるかのように契約書等に
「A」と記入した場合であっても，原則として有効な代理行為がなされたと
考えるのが判例（大判大正9・4・27民録26輯606頁）・通説の立場である。

本問では，たしかにＢはＡであるかのように振る舞って契約書にＡの名で署名している。しかしながら，Ａはそもそも自ら花瓶を購入する意思はなく，また，それを前提にＢに代理権を授与しているわけでもない。そうすると，いくらＡの名で契約したとしても，上記のⓒの要件を満たさないのであるから，有権代理が成立したとみることは困難である。Ａが代理権を授与していない以上は，代理権を有しないＢがＡの代理人としてした契約は「無権代理」で行われたものであって，Ａ本人が追認しない限りはその効力は生じない（113条1項）。

それでは，ＤがＡに対して，売買契約の成立を前提として代金を請求する方法はもはやないのであろうか。本問の事案をよくよく検討すると，Ａは，ＢがＡの代わりに花瓶を購入するという提案に対して明確な返答をしていない。そうすると，Ａは自ら花瓶を購入する意思はなくても，Ｂが自らの名義を用いて契約を締結することを了承した（名義利用を許諾した）とみる余地がある。この場合には，Ａは，Ｂに対して，本来は代理権を授与していないが，代理権を与えたかのような行動をとっているわけであるから，いわば第三者であるＤに対して本来は代理人ではない他人のＢに代理権を与えた旨を表示した，すなわち，「代理権授与の表示による表見代理」（109条1項）が行われたと考えることもできよう。

とはいえ，本問では，Ａは，たとえばＢが代理人であると記載した委任状を交付するというような形でＢが代理人であるという表示をしたわけではないのであるから，「代理権授与の表示」がそもそも存在しないようにみえる。もっとも，109条をはじめとする「表見代理」の規定は，本来は「無権代理」であるにもかかわらず，あたかも「有権代理」であるかのような外観を作出したのであれば本人がその責任を負わなければならないということ（本人の帰責性）を理由として設けられている規定である（このような考え方を「権利外観法理」または「表見法理」という）。そうであるとすれば，ＡがＢに代理権を授与した旨を直接表示しなくても，そのような表示をしたと受け取れる行動をしたのであれば，同条1項が適用される余地は十分にあるといえる。

## 4 名義利用許諾をした者の責任をめぐる最高裁判例

実は，前述した「表見代理」の規定をめぐる考え方は，従来の最高裁判例でも前提とされている。それが典型的に現れているのが，「東京地方裁判所厚生部」事件をめぐる最高裁判決（参考判例①）である。以下では，まずこの判決の事案の概要と判旨を確認しておこう。

東京地方裁判所には，戦時中から職員の福利厚生を目的として生活物資の購入や配給を行っていた「東京地方裁判所厚生部」が設置されていた。これは同裁判所の正式な組織ではなかったが，その職員は戦後に設けられた正式な部局である「東京地方裁判所事務局厚生係」に配属されて従来どおりの事務を引き続き処理し，また，同係の1室で「東京地方裁判所厚生部」という名義で他と取引を継続してきた。また，「厚生部」の職員らは，庁用の裁判用紙を使用して官庁の取引で用いる様式の書式で「発註書」や「支払証明書」を作成し，また，発註書の頭書には「東地裁総厚第○号」と記載し，さらに支払証明書には東京地方裁判所の庁印を使用していた。このような状況の下で，「厚生部」に繊維製品を販売した会社がその代金の支払を求め，東京地方裁判所を設置する国に対して訴えを提起した。

最高裁判所は，次のように述べて，国が支払義務を負う可能性があると判示した。「一般に，他人に自己の名称，商号等の使用を許し，もしくはその者が自己のために取引する権限ある旨を表示し，もってその他人のする取引が自己の取引なるかの如く見える外形を作り出した者は，この外形を信頼して取引した第三者に対し，自ら責に任ずべきであつて，このことは，民法109条，商法23条等の法理に照らし，これを是認することができる」。

ここでは，他人に自己の名称等の使用を許諾した，あるいはその他人が自己のために取引する権限があるという表示をした場合には，その他人がした取引の責任を自ら負うものとされているが，その理由として，他人の取引があたかも自己の取引であるかのような外形を作り出したことが挙げられている。これは，まさに前述した民法109条1項（2017年改正前民109条）の背景にある考え方である。ただ，注意をしなければならないのは，この判例は2017年改正前民法109条を直接適用したわけではなく，「109条……等の法理に照らし」という慎重な言い回しをしていることである。その理由は，東

京地方裁判所が積極的に「厚生部」に対して代理権を授与したのではなく，そのような誤解を相手方に与えるような行為をしていたことにより代理権を授与したのと同様の外形を作り出したと考えたからであろう。

なお，上記の判例でも引用されている 2005 年改正前商法 23 条（現在の商 14 条・会社 9 条）は，他人に自己の商号の使用を認めるという，いわゆる「名板貸人の責任」を定めたものである。これに関しては，スーパーマーケット内にあるテナント（ペットショップ）について，前者の経営会社とは営業主体が異なるにもかかわらず，あたかもその営業の一部門であるかのような外観が存在したことを理由に，同条を「類推適用」して，その経営会社は，名板貸人と同様に，後者のテナントと買物客の間の取引に関して生じた責任を負うとした判例（参考判例②）がある。ここでも，経営会社が積極的に外観を作出したとはいえない状況を踏まえて，同条を直接適用ではなく類推適用したものと考えられる（もっとも，同条は，名板貸人ではなく，名板借人とその相手方との間で取引が成立することを前提としつつ，名板貸人と名板借人に連帯責任を負わせる規定であることから，参考判例①②ともに，外観を作り出した者に直接責任を負わせることを目的として直接適用を避けたのではないかという指摘もある）。

本問では，Aは，Bの要望に対して曖昧な返答に終始しており，Bの一方的な主張に対して特に何も対応はしておらず，それだけで外形を作出したとまではいえないであろう。もっとも，たとえば，Bの求めに応じて，自らが所有する印鑑や保険証等の身分証明に必要な書類を貸し出したところ，それを用いて契約をしたというような場合は，BがAであるかのような外形を作出したと評価される可能性もあろう。

## 5　相手方の善意・無過失

ところで，民法 109 条 1 項ただし書は，代理権授与の表示を受けた第三者が，代理人と称する者に代理権が与えられていないことを知り（悪意），または過失により知らなかった（有過失）の場合には，本人はそのような表示をしたとしても責任を負わない旨を規定する。逆にいえば，第三者は，上記の点について「善意・無過失」でなければならない（もっとも，第三者が悪意・有過失であることは，代理権授与の表示をした者が主張・立証しなければな

らない）。先に紹介した参考判例①は，同条を直接適用したものではないが，やはり「厚生部」の取引相手である会社が「善意・無過失」であったか否かをさらに審理判断すべきであるとして，原審に差し戻している。

　本問では，Aが，仮にBに対して自己の名の使用を許諾したと考えられる場合であっても，Aは，DがBにはAに代わって陶磁器を購入する権限がないことにつき悪意・有過失であったことを立証すれば，責任を免れることができることになる。問題文からすると，Dは，BがAであると信じており，少なくとも善意である（悪意ではない）ことは容易に読み取れる。もっとも，たとえば，本人であることについて証明書等の呈示を求めて確認をとらなかったような場合には，Dには過失があると判断される可能性もあろう。

・・・・・**関連問題**・・・・・・・・・・・・・・・・・・・・・・・・・・・・・・
:
:　　本問において，Bが，Cの出品した花瓶ではなく，別の陶芸家が
:　出品した大皿（販売価格15万円）を購入する契約をAの名で締結し
:　たとする。Dが代金の支払を請求してきた場合に，Aは，どのよう
:　な反論をすることができるか。
:
・・・・・・・・・・・・・・・・・・・・・・・・・・・・・・・・・・・・・・・・・・・・

●】**参考文献**【●

＊野澤正充・百選Ⅰ58頁／原田昌和ほか『民法1（START UP）』（有斐閣・2017）68頁／中舎寛樹「名義貸しと109条」椿寿夫＝中舎寛樹編著『解説類推適用からみる民法』（日本評論社・2005）57頁

（宮下修一）

# 表見代理：
# 110条＋112条2項

　　2024年9月頃，Xは，X所有の甲土地（更地・時価2000万円）を担保にしてA銀行から500万円を借りる内諾を得ていた。その手続にXの印鑑証明書・実印・所得証明書が必要だったため，同月7日，Xは，勤務先のB社の社長Cに対し，事情を説明して所得証明書の交付を求めたところ，Cから「融資を受けるなら銀行で借りるよりもD公庫から借りたほうが金利が安いし，個人が手続するよりも会社が手続したほうが早く借りられるから，代わって手続してあげよう」といわれたので，これに従うこととし，ただちにCに対し，Xに代わって甲土地を担保にしてD公庫から500万円の融資を受けることを委任し，Xの実印と印鑑証明書をCに交付した。

　　他方，不動産業者であるYは，2024年9月14日，知人Eから，「B社の社長Cから従業員に金を必要とする者がいて，甲土地を担保に1500万円貸してくれないかという話が持ち込まれているが，受けてくれないか」といわれ，「自分は金融業者ではないから金を貸すのは断る。ただし，買うのならよい」と返事したところ，EはYに「売買でよいが，買戻しの特約をつけてもらいたい」というので，同月23日，F司法書士事務所にY，E，Cが集まり，Xが甲土地を買戻特約付きでYに対し代金1500万円で売り渡すという旨の契約書を作成した後，F司法書士に所有権移転と買戻特約の登記手続を依頼することになり，同月24日，その登記がなされ，Yは甲土地の売買代金として1500万円をCに支払い，CはXに500万円を渡した。

　　この場合，XはYに対して，甲土地の所有権移転登記の抹消登記手続を求めることができるか。

## ●】参考判例【●

① 大判昭和 17・5・20 民集 21 巻 571 頁
② 最判昭和 34・7・24 民集 13 巻 8 号 1176 頁
③ 最判昭和 35・12・27 民集 14 巻 14 号 3234 頁
④ 最判昭和 39・4・2 民集 18 巻 4 号 497 頁
⑤ 最判昭和 46・6・3 民集 25 巻 4 号 455 頁

## ●】解説【●

### 1　Xの請求とYの反論

　本問では，XのYに対する所有権に基づく妨害排除請求権としての所有権移転登記抹消登記手続請求権の成否を検討することが求められている。この請求を斥けるために，Yとしては，甲土地の売買契約の効果がXに帰属することを主張する必要があるが，それを基礎づけるために表見代理構成を展開することが考えられる。

⑴　XがYに対し，所有権移転登記抹消登記手続を請求する場合，請求原因として，Xは次の事実を主張・立証する必要がある。

　ⓐ　Xが甲土地を所有していること

　ⓑ　甲土地についてY名義の所有権移転登記が存在すること

⑵　それに対して，Yは，次の事実を主張・立証することにより，所有権喪失の抗弁を提出することができる。

　ⓐ　XがYとの間で甲土地の売買契約を締結したこと

⑶　しかし本問では，X自身は売買契約締結のための意思表示をしておらず，CがXの代理人として行為している。したがって，Yは，⑵ⓐに代えて，次の事実を主張・立証する必要がある。

　ⓐ　CとYとが売買契約締結の意思表示をしたこと（法律行為）

　ⓑ　その際，CがXのためにすることを示したこと（顕名）

　ⓒ　ⓐの契約の効果がXに直接帰属するものとするCX間の法律関係（代理権）の発生原因事実（任意代理人については代理権の授与行為）

(4) しかし本問では，Cは，Xの甲土地売買契約のための代理権を有していない。そこでYとしては，Xの表見代理責任（110条）を追及することにより，Cの代理行為の効果がXに帰属することを主張することが考えられる。この場合，Yは，(3)©に代えて，次の事実を主張・立証する必要がある。

    ⓐ　YがCに当該法律行為について代理権があると信じたこと

    ⓑ　Yがⓐのように信じたことについて「正当な理由」があることを根拠づける具体的事実（評価根拠事実）

    ©　Cの当該法律行為以外のある特定の事項についての代理権（基本代理権）の発生原因事実として，XがCに対し，Xに代わって甲土地を担保にしてD公庫から500万円の融資を受けることを委任したこと

(5) それに対して，Xは，(4)ⓑの「正当な理由」の評価障害事実を主張・立証することにより，「正当な理由」はない，という再抗弁を提出することができる。

## 2　Cの無権代理行為にXが拘束される理由

　問題の焦点は，本問が民法110条の要件（1(4)）をどのように充足するか，あるいは，充足しないかにある。この問題の鍵を握るのは，Cの無権代理行為にXが拘束される理由である。Xが拘束される理由により，同条の表見代理の成立する範囲が異なってくるからである。

　法は，民法110条のように要件・効果の形をとった法ルールのみからなるのではない。法ルールの背後には，それを支える法原理が控えている。法解釈学（法ドグマーティク）は，特定の法制度に属する諸々の法ルール（制定法だけでなく判例を含む）を正当化する法原理（ドグマ）の解明をその目的にもつ。その際，判例はひとまず正しいことを前提として法原理を探求すべきだが，それに失敗したとき，または，見出された法原理が他の法制度を支える法原理と評価矛盾を来す場合には，法全体の一貫性（インテグリティー）を確保するために，判例を批判してもよい。以下の議論は，制定法のルールの適用範囲が，それを支える法原理の違いによって異なりうることをよく示している。

### (1) 取引安全説

　伝統的通説は，民法110条の表見代理責任の根拠を取引安全に求める。その一方で，この説は，本人の静的安全を保障する最小限の要件として「基本代理権」の存在を要求するが，「基本代理権」が代理人の権限外の行為を本人に帰責する原理的根拠を示していない。その結果，この説では，法定代理への同条の適用が肯定されている。

### (2) 表見法理説

　それに対して，近時の有力説は，表見代理を表見法理によって正当化する。表見法理とは，帰責性を前提にして外観に対する信頼を保護するという考え方であり，ⓐ外観の存在，ⓑ外観の存在に対する帰責性，ⓒ外観に対する正当な信頼がその構成要素である。表見代理の本人の帰責性に関しては，次の2点が問題となる。

　まず，本人の帰責性として，何が要求されるかである。基本代理権の授与を要求する説（基本代理権説）と，事実行為の代行権等の基本権限の授与で足りるとする説（基本権限説）とが対立している。

　次に，民法110条のどの要件のもとで，本人の帰責性を顧慮するかである。判例は，抽象的には「正当な理由」を相手方の善意・無過失と解しているので（参考判例③），ⓒを「正当な理由」のもとで，ⓑを基本代理権の下で顧慮していると一応みることができるが（善意無過失説），実質的には「正当な理由」のもとでⓒだけでなくⓑも考慮しているという理解も有力である（総合判断説）。総合判断説による場合には，民法117条2項2号における相手方の過失と表見代理における相手方の過失を同義と解するならば，本人側の事情を考慮して表見代理の成立を否定するために過失を認定された相手方は，同号ただし書が適用される場合を除いて，無権代理人の責任（117条）も追及できなくなるという問題を生じる。

　法定代理については本人の帰責性を考えることができないので，表見法理説によるときは，民法110条は法定代理に適用されないことになる。もっとも，「利益の帰する者に危険が帰する」という報償責任原理を持ち出し，本人が代理人の継続的使用により対外的関係において継続して自己の能力を補充し利益を得ている場合には代理人の行為から生じる不利益も負担すべきで

あるという理由で，法定代理に同条の適用を認める余地はある。

### (3) 表示責任説

近時，民法110条の表見代理責任を，本人が代理人を使者として相手方に代理権授与表示をしたことによる表示責任と解し，同条を民法109条と同趣旨の規定とみる説が有力に主張されている（なお，この説による場合には，1(4)で述べた主張・証明責任の分配が修正を受けうる）。

有権代理において本人への効果帰属を基礎づけるのは代理権だが，代理権の存否を相手方が知ることは困難であり，それを知るように相手方に求めることは代理取引の障害となる。そこで民法は表見代理制度を設け，本人から相手方に対してなされる代理権授与（代理資格証明）の表示によっても，本人への効果帰属が基礎づけられることにした。代理権授与表示は，法律効果の発生を目的とするものではないから意思表示ではなく観念の通知にすぎないが，本人と相手方とが両者間の法律関係形成の基礎にするものであり，果たす機能は意思表示とまったく同一だから，法的には意思表示と同等に扱われるべきなので，代理権授与表示には意思表示に関する諸準則が類推適用される。

類推適用が問題となる準則として，まず，意思表示の成立要件のうち，表意者の表示意識の要否に関する準則を挙げうる。通説は表示意識不要説だが，表示意識が欠ける場合に意思表示の成立を否定することによって，法律行為責任の成立を否定する表示意識必要説も有力に唱えられている。本人が代理人を通じて私法上の法律関係を形成することを意識していなかった場合（例：他人に事実行為の代行権や公法上の行為の代理権のみを授与していた場合）に，表示意識の要否に関する準則を類推するならば，不要説からは代理権授与表示の成立が肯定されうるが，必要説からは代理権授与表示は成立せず，本人の表見代理責任は否定される。

次に，代理権授与表示が成立する場合にも，基本代理権と現実の代理行為との食い違いの程度が大きいときは，錯誤の規定（95条）を類推して代理権授与表示を取り消すことが考えられる。

さらに本問では，代理権授与表示の詐欺による取消し（96条）の類推も問題となる。

なお，代理権授与表示の不成立や無効により本人の表見代理責任が否定される場合にも，過失ある本人は，相手方に対し，契約締結上の過失責任ないし不法行為責任を負う可能性がある。

### 3 民法 112 条 2 項の新設

判例（参考判例③等）は，代理権消滅後の表見代理について定める 2017 年改正前民法 112 条と 110 条の重畳適用を認めていたが，民法 112 条 2 項はその判例法理を明文化した。規定新設の趣旨は，民法 109 条 2 項と同じである［→本巻19解説］。

・・・・・ 関連問題 ・・・・・・・・・・・・・・・・・・・・・・・・・・・・・・・・

(1) 本問において，X が C に登記申請行為のための代理権を授与するに際し，実印と印鑑証明書を交付していた場合はどうか。

(2) 本問において，X が C に印鑑証明書下付申請のための代理権を授与するに際し，実印を交付していた場合はどうか。

(3) 本問において，成年被後見人 X の後見人 C が，後見監督人の同意を得ずに，X を代理して甲土地を Y に売却した場合はどうか。

(4) 本問において，2024 年 9 月 22 日に X が死亡し，Z が単独相続していた場合はどうか。

・・・・・・・・・・・・・・・・・・・・・・・・・・・・・・・・・・・・・・・・・・・

●】参考文献【●

＊川井健・銀行取引判例百選〔新版〕（1972）10 頁〔参考判例②解説〕／篠塚昭次・百選Ⅰ〔初版〕（1974）76 頁

（大久保邦彦）

# 22 無権代理と相続

　A（57歳）は甲土地を所有しており，登記上，その所有名義人となっていた。Aの配偶者はすでに死亡しており，子としては，その配偶者との間にもうけたB（28歳），C（25歳）の2人がいる。Bは1人暮らしをしている。CはAと同居し，A宅から勤務先に通っている。Cには配偶者はなく，子や孫もいない。

　2024年12月1日に，Cは，Xとの間で，甲土地をXが購入し，代金1000万円の支払と引換えに2025年4月1日に所有権移転登記をする旨の契約を結んだ。この売買契約の際に，Cは，甲土地を売却する権限をAがCに与える旨が記された委任状，甲土地の登記識別情報通知の紙，Aの実印および印鑑登録証明書をXに示し，Aの代理人としてふるまった。しかし，上記のうち，委任状はAに無断でCが作成したものであり，また登記識別情報通知の紙および実印は，A宅の金庫に保管されていたものをCがAに無断で持ち出したものであり，印鑑登録証明書も，A宅のタンスに保管されていたAの印鑑登録カードを用いて，Cが市役所でAに無断で交付を受けたものであった。なお，AがCに代理権を与えたことは一度もない。

　(1)　2024年12月10日にCは交通事故に遭い，同月15日に無遺言で死亡した。AはCの死を看取った。現在（2025年4月10日とする）に至るまで，Cの相続について，Aは相続放棄も限定承認もしていない。Xは2025年4月1日に，Aに対して，代金1000万円を提供して，甲土地の所有権移転登記をするよう裁判外で申し入れた。Aはこの時に初めて，上記売買の事実を知ったところ，Xの上記申入れを拒絶した。XがAに対して甲土地の所有権移転登記手続を裁判上請求した場合に，請求は認められるか。

　(2)　小問(1)の設定を変えて，2024年12月10日に交通事故に遭

ったのはＡであったとする。すなわち，Ａは同月15日に無遺言で死亡し，ＢとＣはＡの死を看取った。Ａは，死亡するまで上記売買の事実を知ることはなかった。現在（2025年4月10日とする）に至るまで，Ａの相続について，ＢとＣのいずれも，相続放棄も限定承認もしていない。

　Ｂ・Ｃ間での遺産分割協議の結果，甲土地はＢが取得する旨が合意され，2025年3月25日に甲土地につきＢへの所有権移転登記がされた。Ｘは同年4月1日に，Ｂに対して，代金1000万円を提供して，甲土地の所有権移転登記をするよう裁判外で申し入れた。Ｂはこの時に初めて，上記売買の事実を知ったところ，Ｘの上記申入れを拒絶した。ＸがＢに対して甲土地の所有権移転登記手続を裁判上請求した場合に，請求は認められるか。

## ●】参考判例【●

① 最判昭和37・4・20民集16巻4号955頁
② 最判昭和48・7・3民集27巻7号751頁
③ 最判昭和49・9・4民集28巻6号1169頁
④ 最判昭和40・6・18民集19巻4号986頁
⑤ 最判平成5・1・21民集47巻1号265頁

## ●】解説【●

### 1　相続関係の確認

　小問(1)では，Ｃには配偶者はおらず，子や孫もいないため，Ｃの相続人となるのは親Ａだけであり，兄Ｂは相続人とならない（889条1項）。

　また，小問(2)では，Ａの相続人となるのは，子のＢおよびＣであり（887条1項），法定相続分は各2分の1である（900条4号）。

　小問(1)(2)のいずれにおいても，いわゆる熟慮期間（915条1項）は，被相続人の死亡の事実およびそれに伴い自分に相続人の資格があることを知った2024年12月15日から起算され，その時から3か月以内に，相続放棄も限

定承認もされていないので，相続人は単純承認したものとみなされる（921条2号）。単純承認により，相続人は，被相続人が負っていた権利義務をそのまま承継する（896条・920条）。

## 2　小問(1)について

### ⑴　売買契約に基づく請求

Cは，Aの代理人であることを示して（顕名。99条），Xと売買契約を締結したが，Cは本人Aから事前に「権限」（99条。代理権のこと）を与えられていなかった。このとき，Cが結んだ売買契約は無権代理行為であり，その効力は，原則として本人Aに及ばない（113条1項）。

ⓐ　しかし，本人AがCの無権代理行為を追認すれば，売買契約の効力が本人に及ぶため（113条1項），Xは売買契約の履行請求として，甲土地の所有権移転登記手続をAに請求することができる。

もっとも，小問(1)では，AはXの裁判外での申入れを拒絶している。この行為は，Cの無権代理行為につきAが追認を拒絶した行為として解釈される。

ⓑ　ⓐの追認がなくても，仮に表見代理が成立すれば，本人は，無権代理人がした行為について「責任を負う」（109条1項などの表現），つまりCに代理権があったのと同じように扱われるため，Xは，ⓐと同様にして，甲土地の所有権移転登記手続をAに請求することができる。

もっとも，本問では，本人Aは「第三者に対して他人に代理権を与えた旨を表示した」行為をまったくしていないから，民法109条の表見代理は成り立たない。また，AがCに代理権を与えたことは一度もないというのであるから，民法110条の表見代理も民法112条の表見代理も成り立たない。よって，本問では，表見代理はおよそ成立しない。

ⓒ　ⓐに関連して，次のような主張が考えられる。すなわち，死亡した無権代理人Cの地位を本人Aが相続したことをもって，本人の地位と無権代理人の地位とがAにおいて融合し，その結果，売買契約の効力は当然にAに及ぶことになる，と（人格融合説ないし資格融合説と呼ばれる）。3(1)で後述するように，人格融合説は，無権代理人が本人を単独相続したという事例（無権代理人単独相続型）に関する最高裁判例で採用された。

しかし，人格融合説は，本人が無権代理人を相続したという事例（本人相続型。小問(1)はこれに当たる）において，無権代理人が勝手に結んできた契約に本人を当然に拘束するという妥当でない結果を招くほか，3(1)で後述するように，無権代理人が無権代理人でない者と共同で本人を相続したという事例（無権代理人共同相続型。小問(2)はこれに当たる）において，どのように適用されるのかがはっきりしないという難点を抱えてもいる。そこで近時では，無権代理人相続型（無権代理人共同相続型だけでなく無権代理人単独相続型も含む）においても，本人相続型においても，本人としての資格と無権代理人としての資格は併存すると解する説が支配的である（資格併存説）。そして，資格併存説によれば，小問(1)では，被相続人Ｃのした無権代理行為につき，Ａが@のとおりに本人の資格において追認拒絶しても，何ら信義には反しないとされる（参考判例①）。そうすると，ⓒの主張は成り立たないことになる。

### (2) 民法117条に基づく請求

もし，小問(1)で民法117条の責任の成立要件が満たされるのであれば，Ｘは，同条に基づき無権代理人Ｃが負うべき責任を，それを相続によって承継したＡに対して，追及することができる（参考判例②）。そこで，Ｘとしては，(1)の請求ができない場合でも，同条の責任を追及して履行のほうを選択すれば，Ａは甲土地の所有権の登記をＸに備えさせる義務（560条）を負い，よってＸは甲土地の所有権移転登記手続をＡに請求することができる，と主張することが考えられる。

しかし，仮に小問(1)で民法117条の責任の成立要件が満たされているとして，(1)においては，本人として追認を拒絶し甲土地を自分にとどめておく自由をＡに与えたにもかかわらず，(2)において，Ｘは履行のほうを選択して履行責任をＡに追及することができる，としてよいのかどうかは，争われている。この点について，Ａは，Ｃの相続について単純承認したのだから，Ｃが負うべき責任をそのまま承継することを承知しているはずであり，したがってＸが履行のほうを選択した場合には履行義務を免れることができない，という考え方も，成り立ち得ないわけではない。しかし，ほとんどすべての説は，(1)で追認を拒絶する自由をＡに与えた趣旨からすると，(2)にお

いて，仮に同条の責任の成立要件が満たされていたとしても，XはAに損害賠償責任を追及できるにとどまり，履行責任のほうは追及できない，と考えている（このことの論拠として，他人Pの物をQに売却する契約をした売主Rが死亡し，PがRを相続した，という本人相続型とよく似た事例において，原則としてPはQからの履行請求を拒絶できるとした参考判例③が，しばしば援用される）。

後者の説に従うと，小問(1)で，仮に民法117条の責任の成立要件が満たされていたとしても，Aは，甲土地の所有権移転登記をXに備えさせる義務を負うことはないため，XのAに対する請求は認められない。

### (3) 補足

小問(1)の解答上は必要ないが，2点補足しておく。

第1に，民法117条の責任が成立するためには，売買契約の当時に，Cに代理権がないことについてXが知らなかったことが必要である（117条2項1号。なお，同項2号ただし書との関係で，小問(1)では，Cは自己に代理権がないことを知りつつ行為したので，相手方Xが，Cに代理権がないことにつき善意でありさえすれば，有過失であっても，同条の責任は成立しうることに注意せよ）。

第2に，小問(1)で，Xが甲土地ではなく金銭を請求したいだけであれば，民法117条の責任が成立しない場合であっても，Xは，代理権がないことを知りつつ代理人としてふるまったCが負うべき不法行為責任（709条）を，Cの負う義務を承継した相続人Aに追及することが可能である。

もっとも，民法117条の責任の場合には，履行利益の賠償請求が認められるのに対して，不法行為責任の場合には，履行利益の賠償は請求できないことになろう。また，不法行為責任の場合には，一般論としては，賠償額の算定にあたり，被害者であるXの過失が考慮される（722条2項）。もっとも，小問(1)においては，Cは故意の不法行為を犯しているので，過失相殺の主張は認めがたいと考えられる。

### 3 小問(2)について

### (1) 売買契約に基づく請求

2(1)でみたように，本問では，Cは無権代理人であり，Cが結んできた売買契約の効果は原則として本人Aに及ばない。しかし，仮に追認があって

売買契約の効果が例外的に本人に及ぶと（113条1項），本人Aは，甲土地の所有権の登記をXに備えさせる義務（560条）を，売買契約の当時にさかのぼって負っていたものと扱われる（116条本文）。この義務は性質上不可分であるため，Aが死亡してBとCがAを相続すると，Xは，BとCのいずれに対しても，この義務の全部の履行を請求することができ（430条・436条），よって，XはBに対して，甲土地の所有権移転登記手続を請求することができることになる。

　なお，この帰結は，表見代理が成立してCに代理権があったのと同じように扱われる場合であっても，同じである。もっとも，2(1)ⓑで述べたように，本問では表見代理が成立する余地はないので，これ以上は扱わないことにし，話を追認に戻すことにしよう。

　小問(2)で，本人Aは，Cが無権代理行為をしたことを知らないうちに，したがってそれについて追認するか追認拒絶するかを選択すべき地位にあることを意識しないうちに，死亡した。その場合には，Aの権利義務を包括的に承継したAの相続人が，Aに代わって，追認するか追認拒絶するかを決めるべき地位に立つ。

　仮に小問(2)で，Aの相続人が，無権代理行為をした当人であるCだけであったとしよう。この場合，結論として，売買契約の効果がCに及ぶことについて，異論はみられない。しかし，2(1)ⓒで示唆したように，人格融合説に立つ場合と資格併存説に立つ場合とで，その結論の説明の仕方が異なる。

　すなわち，Cは，もともとの無権代理人としての地位と，相続によりAから承継した本人としての地位の両方をもつところ，人格融合説によれば，両者の地位はCにおいて融合して，当初から本人がXとの間で売買契約を結んだのと同じことになり，だから売買契約の効果はA＝Cに，及ぶのである，と説明される（参考判例④は，無権代理人単独相続型において，このような説明をしている）。これに対して，資格併存説からは，次のように説明される。すなわち，無権代理人としての地位と，相続によりAから承継した本人としての地位とは，Cにおいて併存し，したがって本来ならば，小問(1)と同様に，Cは追認拒絶することも妨げられないはずである。しかるに，無権代理行為をした当人であるCが本人としての地位を使って追認拒絶するこ

とは，信義則上許されるべきでない。したがって，Ｃは追認したものと同視することができ，そうすると売買契約の効果は本人Ａに，ひいてはＡを相続したＣに，及ぶことになる，と。

　以上は，無権代理人単独相続型についての議論であるが，では，無権代理人共同相続型についてはどうか。資格融合説によるとどのような帰結になるのかは，はっきりしない。これに対して，資格併存説からは，次のように説明される。すなわち，追認するか追認拒絶するかを決めるべき本人Ａの地位は，共同相続により，不可分的にＢおよびＣに承継される。そして，無権代理行為の追認は，本人に対して効力を生じていなかった法律行為を本人に対する関係で有効なものにするという効果を生じさせるものであるから，ＢとＣが共同して追認しない限り，その法律行為の効果が本人に及ぶことはない（参考判例⑤）。したがって，一方で，Ｂが追認拒絶すれば，ＢとＣの全体として追認拒絶したことになる。他方で，Ｂが追認している場合に，それにもかかわらず無権代理行為をした当人であるＣだけが追認を拒絶することは，信義則に反し許されず（参考判例⑤の傍論），したがって，Ｂの追認さえ得られれば，ＢとＣの全体として追認したのと同じことになる。

　以上によれば，小問(2)で，Ｘが，追認があったことを理由として，甲土地の所有権移転登記手続をＢに請求できるためには，ＢがＣの無権代理行為を追認する必要がある。しかし，小問(2)では，ＢはＸの裁判外での申入れを拒絶しており，この行為は，Ｃの無権代理行為につきＢが追認を拒絶した行為として解釈されるので，結局，Ｘの請求は認められないことになる。

### (2) 民法117条に基づく請求

　(1)でみたように，ＢがＣの無権代理行為について追認拒絶すると，ＢとＣの全体として追認を拒絶したことになる。この場合に，Ｘは，2(2)と同様にして，民法117条の責任を追及し，その際に履行のほうを選択することによって，甲土地の所有権移転登記手続を請求することが考えられる。

　しかし，小問(2)で，仮に民法117条の責任が成立するとしても（2(3)の第1も参照），その責任を負うのは無権代理人Ｃであって，Ｂではないため，Ｂに対する移転登記手続請求の根拠にはならない。

なお，仮にＣに対して民法117条に基づき履行責任を追及したとしても，甲土地は現在，Ｂ・Ｃ間の遺産分割協議によってＢに分割され，Ｂへの所有権移転登記もなされている。そのため，ＣがＸへの履行義務を果たすためには，その前提として，甲土地をＢから調達する必要がある。それができない場合には，履行は社会観念上，不能である（412条の2）ため，Ｘとしてはせいぜい，Ｃから損害賠償を得ることで満足するしかないことになる。

> **：関連問題：**
>
> 　小問(2)の第2段落を次のように改めたとするとどうなるか。
> 　Ｂは2025年2月1日にＸからの電話で上記売買の事実を知ったが，上記売買について追認を拒絶する旨をただちにＸに伝えた。その後，Ｂ・Ｃ間での遺産分割協議の結果，甲土地はＣが取得する旨が合意され，同年3月25日に甲土地につきＣへの所有権移転登記がされた。Ｘは同年4月1日に，Ｃに対して，代金1000万円を提供して，甲土地の所有権の移転登記手続をするよう裁判外で申し入れたが，Ｃは上記申入れを拒絶した。ＸがＣに対して甲土地の所有権移転登記手続を裁判上請求した場合に，請求は認められるか。

*前田陽一・百選Ｉ72頁／後藤巻則・百選Ｉ74頁／民法（債権法）改正検討委員会編『詳解 債権法改正の基本方針Ｉ』291頁・312頁

（金子敬明）

# 23 賃借権の取得時効

　Xは，2002年当時，甲土地を所有し，X名義の移転登記を具備していた。2002年4月1日，甲土地について何ら権原を有さず，かつXから賃貸のための権限を与えられていないAが賃貸人となり，甲土地につき賃借人Yとの間で賃貸借契約を締結した。その契約に基づき，Yはただちに引渡しを受けて乙建物を建築し，Y名義で乙建物について保存登記をした。その後，Yは賃貸人Aに対し賃料を支払いつつ甲土地を継続的に占有し，2024年4月時点で引き続きYが甲土地を占有している。

　2024年4月頃，Xは，Yが甲土地上に乙建物を所有し，甲土地を占有していることに気づき，Yに対し立退きを求めたが，Yは，甲土地をAから賃借しているとして拒絶した。その後，X・Yは，それぞれAから事情を聞こうとしたが，その直前にAは行方不明となった。Yはやむを得ず，甲土地の賃料を供託しつつ，甲土地の占有を継続した。2024年10月1日，Xは，Yに対し建物収去と土地明渡しを求めて訴えを提起した。これに対し，Yは，どのような反論が可能か。

## ●】参考判例【●

① 最判昭和43・10・8民集22巻10号2145頁
② 最判昭和62・6・5判時1260号7頁
③ 最判平成23・1・21判時2105号9頁

## ●】解説 【●

### 1 賃借権の取得時効

#### (1) 「財産権」としての賃借権と取得時効

　民法 163 条は「所有権以外の財産権を，自己のためにする意思をもって，平穏に，かつ，公然と行使する者は，前条の区別に従い 20 年又は 10 年を経過した後，その権利を取得する」と規定する。また，ここに引用される「前条」である同法 162 条 1 項は 20 年間の占有継続による所有権取得を，同条 2 項は占有の開始の時に「善意であり，かつ，過失がなかったとき」の 10 年間の占有継続による所有権取得を規定する。したがって，所有権以外の財産権は，占有開始時の主観による区別に従い，20 年間または 10 年間，自己のためにする意思をもって，平穏に，かつ公然と行使されることにより，時効取得されうることになる。

　財産権は財産上の私権であり，親族権，人格権，社員権などに対置される。財産権の主要なものは，物権，債権，無体財産権である。民法典に「債権」として規定される賃借権は「財産権」である。そこで，民法 163 条の文言を形式的に適用すれば，賃借権は取得時効の対象となることになる。

#### (2) 「債権」としての賃借権と取得時効

　「債権」は形式的に「財産権」であるけれども，取得時効の目的となるかについては，若干の議論がある。たとえば，他人に金銭を貸したとして継続的にその返還を請求し続ければ，それによって消費貸借契約上の金銭返還請求権を時効によって取得するというのはいかにも妥当性を欠く。このような債権の時効取得は認められない。しかし，賃借権のように占有（継続的な使用・収益）を権利の内容とするような債権は，占有を基礎として時効取得が認められる所有権や，継続的権利行使を基礎として時効取得が認められる地役権（283 条参照）との対比上，さらには物権化した不動産賃借権については特に（ただし，「物権化」は，取得時効の可否とは無関係という反対論がある），取得時効を認めるべきだという結論にほぼ異論がない。ただし，以下にみるように賃借権の取得時効には理論的な問題があり，契約上の地位の取得時効，あるいは債権債務関係の取得といった別の法律構成によろうとするもの

があるほか，事実的契約関係論を背景に賃貸借契約の存在の認定を示唆し，取得時効を論ずるまでもないとする見解も主張されている。

判例は，理由を述べることなく「土地賃借権の時効取得については，土地の継続的な用益という外形的事実が存在し，かつ，それが賃借の意思に基づくことが客観的に表現されているときは，民法163条に従い土地賃借権の時効取得が可能であると解するのが相当である」（参考判例①。ただし，破棄差戻判決）とし，一般論として土地賃借権の時効取得を可能として以来，一貫してこれを肯定する。学説は，不動産賃借権の取得時効を論ずるけれども，実際上，裁判例で問題となるものは，土地賃借権のみである。

ちなみに，判例は，「土地の継続的な使用収益という外形的事実が存在し，かつ，その使用収益が土地の借主としての権利の行使の意思に基づくものであることが客観的に表現されている」場合に，土地の使用借権の時効取得を認める（最判昭和48・4・13集民109号93頁。ただし，事案としては否定）。他方で，学説では，使用借権に物権的色彩がないことを強調して時効取得を否定するものがあるものの，十分な議論はない。

## (3) 類型化とそれぞれの機能

判例が示した要件のうち「賃借の意思に基づくことが客観的に表現されているとき」とはどういう場合かが議論の中心となった。その際，土地賃借権の取得時効にも多様なものが存在することが認識され，類型化して検討することが通常となった。

類型化の基準には論者によって相違がある。論じられている類型を単純並列的に挙げれば，ⓐ賃借権の対第三者対抗型（参考判例③），ⓑ賃貸借契約対象範囲・境界紛争型（参考判例①），ⓒ無断転貸型（最判昭和44・7・8民集23巻8号1374頁，最判昭和62・10・8民集41巻7号1445頁），ⓓ無断譲渡型（最判昭和53・12・14民集32巻9号1658頁），ⓔ賃貸借契約無効（強行規定違反）型（最判昭和45・12・15民集24巻13号2051頁，最判平成16・7・13判時1871号76頁），ⓕ他人物賃貸型（参考判例②），ⓖ代理権欠缺型（最判昭和52・9・29判時866号127頁）の類型がある（それぞれの類型がどのような事実を前提とするものかは，それぞれの引用判決を確認していただきたい）。それぞれの類型では賃借権の時効取得の機能とその有無を観念することができ，ⓐ型：対抗

要件補充機能なし，ⓑ型：契約内容明確化機能あり，ⓒ型：承諾補充機能あり，ⓓ型：承諾補充機能あり，ⓔ型：瑕疵治癒機能あり，ⓕ型：権原補充機能あり，ⓖ型：代理権補充機能あり，とまとめることができる。

### 2 無権原者による土地賃貸（他人物賃貸型）の問題点：土地所有者への義務の帰属

上に示した類型の中で理論的に最も困難な問題が生ずるのは，土地の所有者でない者（無権原者）が自己の所有地として他人に賃貸し，賃借した者が賃借権の取得時効の要件を満たし，その主張をした場合である（他人物賃貸型）。判例は，参考判例①が示した一般論に従い，他人物賃貸型に属する参考判例②において土地賃借権の時効取得を認めた。ところが，参考判例②は，参考判例①等を引用して「土地の所有者に対する関係において」土地の賃借権を時効取得すると述べるのみであり，理由を示さない。判例が実質的かつ説得的な理由を示さないことも相まって，この類型の存在自体がそもそも賃借権の時効取得を否定すべきとする学説を基礎づける大きな理由の1つとなっている。この点については，判例は，民法163条の文理解釈および結論の妥当性（土地賃借権の時効取得を認めることの必要性）を重視しているといえようか。

この類型の要件に関する課題として，「賃借意思の客観的表現」が誰に向けられるべきかという問題がある。大多数の見解は，貸主たる無権原者に対するもので足り，土地所有者に向けられる必要はないとしている。他方，効果に関する課題として，賃借権が最終的には土地所有者に対するものとなることを前提として，いかにして土地所有者が賃貸人としての義務を負うことになるのかという問題がある。この問題については，従来，ほとんど論じられていない。数少ない議論をあえて整理すれば，次のようになる。まず，そもそも誰に対する賃借権が取得されるのかという点から，ⓐ土地所有者に対して取得されるというものと，ⓑいったん無権原者に対し取得された賃借権が土地所有者に対するものに移転するというものに分けられる。ⓐはさらに，ⓐ㋐土地所有者に対する賃借権の取得により土地所有者が当然に義務を負うとするものと，ⓐ㋑土地所有者との契約関係が承認されるとするものがる。また，ⓑはさらに，ⓑ㋑あたかも無権原者から土地所有者に土地所有権

が移転するかのように扱い，その所有権移転に伴って賃貸人の地位が無権原者から土地所有者へ移転するとするものと，ⓑ㋒所有権の移転は問題とせず，無権原者から土地所有者へ賃貸人の地位が移転するとするものがある。

　ⓐ㋐については，賃借人側の要件のみにより認められる賃借権の取得によって，それと無関係な土地所有者がなぜ義務を負うのか，という問題がある。ⓐ㋑については，賃貸意思のない土地所有者との関係で賃貸借契約関係を承認できるか，という問題がある。ⓑ㋒については，そもそも土地所有権のない無権原者からの所有権移転を擬制できるかという問題がある。ⓑ㋓については，なぜ賃貸人の地位が無権原者から土地所有者へ移転するのかを説明しなければならないという問題がある。

　以上の問題点を理論的に解決することは，かなりの難問である。先にみたように，この問題を回避するため，そもそも賃借権の時効取得を否定し，別の法律構成を示唆する見解もある。ただ，賃借権の取得時効を認めることは確定した判例であり，これを踏まえると，判例を理解するうえで，賃借権の時効取得を認めることを前提とした理論構成が必要になろう。他人物賃貸型の土地賃借権の時効取得により土地所有者に義務を負わせるための理論的課題については，ある程度割り切り，民法典の債権編に規定されるもの以外にも債権発生原因を承認することを前提に「賃借権の時効取得により時効取得者と土地所有者の間で賃貸借契約が締結されたとみなす」という法定効果が生ずるとする構成もありうるかもしれない（まったく法状況および立法趣旨が異なり，類推はおろか参考にも値しないという批判もあろうが，仮登記担保法10条の法定借地権〔法定賃借権〕の効果を「借用」できないだろうか。同条の効果は「土地の賃貸借がされたものとみなす」である）。

・・・・・　**関連問題**　・・・・・・・・・・・・・・・・・・・・・・・・・・・・・

　2002年2月1日，Xは，Aとの間で，Xが所有する甲土地について建物所有を目的としてAに対し賃貸する契約を締結した。ところが，直後にAは，子どもの通学の関係で近隣に引っ越すことになった。Aは，甲土地の借地権を失うより，有効に活用したいと考え，Xに秘したまま，2002年4月1日，Yとの間で甲土地について転貸

借契約を締結した。当然，この転貸借について，Xは承諾していなかった。Yは，転貸借契約に基づき甲土地に乙建物を建築し，2002年10月1日，乙建物について保存登記をした。その後，Yは，甲土地を継続的に占有するとともに，Aに対し転借賃料を継続的に支払い，またAは，Xに対し賃料を継続的に支払ってきた。

　2024年4月頃，Xは，Yが甲土地上の乙建物に居住していることに気づき，Yに事情を聞いたところ，Xの承諾なくYがAから無断で甲土地を転借し甲土地上に乙建物を所有していることが判明した。XはYに対し甲土地の明渡しを求めたが，Yが拒絶するので，2024年10月1日，Xは，無断転貸を理由としてX・A間の賃貸借契約を解除したと主張するとともに，Yに対し，建物収去と土地明渡しを求めて訴えを提起した。これに対し，Yはどのような反論が可能か。

●】参考文献【●

＊可部恒雄・最判解民昭和43年度1179頁／奥村長生・最判解民昭和44年度（上）473頁／大久保邦彦・百選Ⅰ96頁

（尾島茂樹）

# 24 時効の完成猶予・更新

Aは友人Bに，2025年1月10日，200万円を年利10パーセント，1年後に元利一括で返済するということで貸し付けた（「甲債権」）。同年3月10日，Aは再びBに頼まれ，300万円を同一条件で貸し付けた（「乙債権」）。さらに，Aは，同年4月10日，当時交際中のCに頼まれ，Cの兄Dに400万円を1年後に返済するということで，無利子で貸し付けた（「丙債権」）。以下の場合において，Aの請求は認められるか。現時点は，2035年7月とする。

(1) Aは，Bから生活が苦しいと聞かされていたこともあり，長らく返済の催促をしてこなかったが，ついに，2030年11月，甲債権と乙債権の元本合計500万円と利息の返済を求め振込先を記した手紙を郵送し，同月15日，Bに配達された。それを読んだBから，2031年4月21日，Aの銀行口座に100万円が振り込まれたが，以後Bからは何の音沙汰もない。そこで，AはBに対して，同年6月10日，残金の支払を求めて訴えを提起したところ，口頭弁論期日（同年7月2日）においてBは消滅時効を援用してAの請求棄却の判決を求めた。

(2) Aは長らくDに返済を求めることはしなかったが，Cと別れたのを機に，強くDに返済を求めた。これに対し，DはAに対し，2030年6月10日，丙債権の不存在確認の訴えを提起し，すでにCがDに代わって全額返済していると主張したが，同年11月12日，D敗訴の判決が確定した。そこで，AがDに対して，2031年5月5日，丙債務の履行を求めて訴えを提起したところ，Dは消滅時効を援用してAの請求棄却の判決を求めた。

## ●】参考判例【●

① 最判昭和 44・11・27 民集 23 巻 11 号 2251 頁
② 最判昭和 38・10・30 民集 17 巻 9 号 1252 頁
③ 最判平成 7・3・10 判時 1525 号 59 頁

## ●】解説【●

### 1 時効の完成猶予と更新事由

　2017 年改正前民法は，権利行使により時効の完成が妨げられるという効力と，それまでに進行した時効がまったく効力を失い，新たな時効が進行を始めるという効力（2017 年改正前民 157 条参照）を，いずれも「中断」という同一の用語で表現していたため（同法 147 条 1 項 2 号・149 条以下参照），このことが時効制度を難解にしている一因であると考えられた。そこで，民法は，両者の概念を区別し，時効の完成が妨げられるという効力を時効の「完成猶予」，新たな時効が進行を始めるという効力を時効の「更新」という言葉を用いて再構成した（ただし，占有の中止等により取得時効の進行が止まることについては，民法改正の前後で変更はなく，「中断」と呼んでいる〔164 条〕）。

　すなわち，民法は，裁判上の請求や強制執行など一定の権利行使があると時効の完成を猶予している（147 条 1 項・148 条 1 項）。そして，それらの猶予事由が終了した時（裁判上の請求などの場合は「確定判決又は確定判決と同一の効力を有するものによって権利が確定」して」）から，新たに（つまり，ゼロから）その進行を始める（147 条 2 項・148 条 2 項本文。なお，権利行使による時効の完成猶予事由でも仮差押え・仮処分については更新についての定めがなく〔149 条参照〕，催告の効力は完成猶予のみである〔150 条参照〕）。また，権利の承認がなされると即時に（完成猶予という時間的経過を経ることなく）更新の効力が生じる（152 条）。なお，これらの効力は，2017 年改正民法の施行日であった 2020 年 4 月 1 日以後に時効の完成猶予事由・更新事由が生じた場合に認められる（附則 10 条 2 項）。

## 2 一部弁済と時効の更新

債権の消滅時効は,「債権者が権利を行使することができることを知った時から 5 年間行使しないとき」,または,「権利を行使することができる時から 10 年間行使しないとき」は完成する(166 条 1 項 1 号・2 号)。そうすると,A は小問(1)(2)において,弁済期を定めて貸し付けているので,弁済期には権利を行使することができることを知っていたといえる。したがって,甲債権・乙債権・丙債権の消滅時効は,完成猶予・更新がなければ弁済期(貸付から 1 年後)の翌日から進行して(140 条により初日は算入されないので〔民法 724 条前段の 3 年の時効期間についてこの旨を判示した最判昭和 57・10・19 民集 36 巻 10 号 2163 頁がある〕)5 年(甲債権は 2031 年 1 月 10 日,乙債権は同年 3 月 10 日,丙債権は同年 4 月 10 日)の経過により完成する。しかし,甲債権・乙債権については,A が手紙で支払の催告(150 条 1 項)をしているので,手紙が B に到達(催告は意思の通知であるが,民法 97 条 1 項が類推適用される)してから 6 か月(2031 年 5 月 15 日)が経過するまでは完成しない。

そうすると,A から甲乙両債権の支払を催告された B は,当初の時効期間満了後ではあるが催告後 6 か月以内である 2031 年 4 月 21 日,いずれか一方の債権の存在を特に否定することなく一部(100 万円)弁済しているので,甲乙両債権を承認したことになり,甲乙両債権の消滅時効は更新されたことになる(152 条 1 項)。新たに 5 年(166 条 1 項 1 号)の消滅時効が進行するが,完成前の 2031 年 6 月 10 日に A は訴えを提起しているので,A の請求は認められる。

なお,B は 100 万円を振り込むに際し甲債権と乙債権のいずれに充当されるものであるか指定しておらず,A も同様であるので,法定充当され,弁済期が先に到来した甲債権の一部(利息)が弁済されたことになる(488 条 4 項 3 号・489 条 1 項・2 項)。

## 3 応訴と時効の完成猶予・更新

民法 147 条 1 項 1 号は裁判上の請求を時効の完成猶予・更新事由としており,訴えの提起(民訴 133 条 1 項・147 条)がこれに当たる。

被告が原告の請求棄却の判決を求めて応訴することは,訴えの提起そのものではないが,判例は,これに時効の中断(完成猶予・更新)の効力を認め

ていた。たとえば，ⓐ債務者から提起された債務不存在確認訴訟の被告として債権者が債権の存在を主張し，原告の請求棄却の判決を求めた場合（大判昭和 14・3・22 民集 18 巻 238 頁），ⓑ抵当権者が債務者でもある抵当権設定者からの債務不存在を理由とする抵当権設定登記抹消登記手続請求訴訟の被告として被担保債権の存在を主張し，原告の請求棄却の判決を求めた場合（参考判例①），ⓒ占有者から提起された移転登記手続請求訴訟の被告として所有者が自己に所有権のあることを主張し，原告の請求棄却の判決を求めた場合（最判昭和 43・11・13 民集 22 巻 12 号 2510 頁）には，裁判上の請求に準じて時効（ⓐⓑでは消滅時効，ⓒでは取得時効）の中断（完成猶予・更新）が認められるとしていた。

　この判例の考え方によれば，小問(2)において，丙債権の消滅時効は 2031 年 4 月 10 日に完成するところ，完成前に提起された D の債務不存在確認の訴えに応訴し D 敗訴の判決が確定したので，丙債権の消滅時効は更新されて 2030 年 11 月 12 日から新たに 10 年（169 条 1 項）の消滅時効が進行している（147 条 2 項）ことになりそうである。したがって，このように解するときは消滅時効は完成していないので A の請求は認められる。

　なお，判例は，裁判上の催告という考え方も認めている。たとえば，所有権に基づく返還請求の訴えにおける被告が留置権を主張した場合には，留置権を主張した時点から判決が確定するまでの間は被担保債権について催告が継続していたものとして，判決確定から 6 か月以内に裁判上の請求等により時効の完成猶予・更新につなげることができる（参考判例②）。

　判例は，上述のように，裁判上の請求を緩やかに解する傾向にあり，学説も一般に判例を支持している。しかし，上記ⓒの場合には登記を確保できたことで所有者は所有権も確保できたと考えるのが通常であろうとして賛成するが，ⓐ・ⓑの場合には，いわゆる裁判上の催告としての効果を与えれば足りるとする説もある。ⓐ・ⓑの場合は被告として勝訴しても債務名義（強制執行により実現されるべき給付請求権の存在と範囲を明らかにし，執行機関に執行権限を与える文書のこと〔民執 22 条参照〕）を取得するわけではなく，したがって，ただちに強制執行することもできず，債権を満足させる権利行使としては実効性に乏しいので，訴えの提起と同じに扱うのは妥当でないとの理

由による。この説をとり小問(2)において A の応訴が裁判上の催告に当たると考えても，A は D 敗訴の判決が確定した 2030 年 11 月 12 日から 6 か月以内に訴えを提起しているので A の請求が認められることに変わりはない。

### 4　時効の完成猶予・更新の効力の及ぶ範囲

　時効の援用権者について，民法は「当事者」としている。そして，消滅時効については，援用権者の具体例として，判例・学説に異論のない，保証人，物上保証人，第三取得者を挙げたうえで，一般的基準として「権利の消滅について正当な利益を有する者」としている（145 条）。

　後述の発展問題では，F は，物上保証人であるから，被担保債権である丁債権の消滅時効が完成していれば，これを援用して抵当権の実行を阻止できる。しかし，債務者 E の一部弁済（民法 152 条 1 項の承認に当たる）により丁債権の消滅時効は更新されている。そうすると，F は丁債権の消滅時効を援用できなくなりそうである。ところが，民法 153 条 3 項は，承認による時効の更新は更新の事由が生じた「当事者」（更新行為をした者とその相手方）と「その承継人」（当事者から更新の効果を受ける権利または義務を承継した者）の間にだけ生ずると規定しているため，丁債権の時効更新の効力を主張できる（あるいは，主張される）のは，A と E，丁債権の譲受人などに限定され，「当事者」にも「その承継人」にも当たらない F は丁債権の消滅時効を援用できるようにもみえる。

　判例は，物上保証人が債務者の承認により被担保債権について生じた消滅時効の更新の効力を否定することは，担保権の付従性に抵触し，民法 396 条の趣旨にも反し許されないとしている（参考判例③）。学説には，民法 153 条は，時効完成の猶予・更新の効力を主張できる者の範囲（人的範囲）を規定したものではなく，時効完成の猶予・更新が生じた当事者間で進行していた時効だけが猶予・更新するということ（猶予・更新の対象に関する物的範囲）と，その更新の効果は承継人に承継されるという当然のことを規定したものであるとするものがある。この説では，丁債権の消滅時効は更新されたため完成していないので，F は援用できないということになる。

　なお，債務者が自己の不動産に設定した抵当権の実行を債権者（抵当権者）が申し立てると被担保債権の消滅時効の完成は猶予され更新される

（148条1項2号・2項）が，物上保証の場合は第三者が自己の不動産に抵当権を設定しているため，民法154条が適用されると解されている。すなわち，物上保証の場合に債権者が抵当権の実行を申し立てたときは，競売開始決定の正本が債務者に送達された時に同条の通知があったものとし（最判昭和50・11・21民集29巻10号1537頁），その時点で猶予・更新の効力が生じるとされている（最判平成8・7・12民集50巻7号1901頁）。

> **発展問題**
>
> 　AのEに対する1000万円の債権（丁債権）を担保するため，FはEに頼まれて自己の不動産に抵当権を設定した。丁債権の弁済期は，2024年8月7日である。Eは2029年7月10日に300万円を返済したのみで，以後支払はない。そこで，Aが2031年3月5日，抵当権の実行の申立てをしたところ，Fは丁債権の消滅時効を援用して抵当権の実行を阻止しようとした。Fは，Eの300万円の返済により丁債権の消滅時効が更新されても，自分との関係では更新されたことにはならないと主張している。Aの抵当権の実行は認められるか。

### ●】参考文献【●

＊講義26頁〔中田裕康〕／野田宏・最判解民昭和44年度（下）862頁／松久三四彦『時効制度の構造と解釈』（有斐閣・2011）1頁・141頁・181頁・244頁

（松久三四彦）

# 25 時効利益の放棄・喪失

貸金業者であるＸ株式会社は，2024年12月14日，Ｙに対し，70万円を利息年9.8パーセント，損害金年14パーセント，弁済期を1年後の約定で貸し付けた。

Ｙは，2026年1月17日，Ｘに対し，本件債務のうち1年間の利息分に相当する6万8600円を支払ったが，その後は2032年3月7日にいたるまで本件債務を弁済していない。

2032年3月上旬，ＸからＹに対し，裁判にかける，差押えをする等の記載のある督促状が届いた。督促状を見て怖くなったＹは，同月6日，Ｘに対し電話をかけたところ，Ｘの男性従業員Ａが対応した。Ａは，Ｙの現在の生活状況を聞いたうえで，Ｙは長期にわたる延滞状況にあるため，一括弁済が必要であり，分割弁済に応じるのは困難であると説明した。Ｙは，年金生活者で経済的に困窮していたが，同月7日，1万円を知人Ｂから借り入れ，Ｘの指定した銀行口座に1万円を振り込んだ。

その後，Ｙが本件債務を一切弁済しないので，2032年10月10日，ＸはＹに対し，残元本およびそれに対する遅延損害金の支払を求め，訴訟を提起した。これに対して，Ｙはどのような反論をすることができるか。

●】参考判例【●

① 最判昭和35・6・23民集14巻8号1498頁
② 最判昭和41・4・20民集20巻4号702頁
③ 最判昭和45・5・21民集24巻5号393頁
④ 浜松簡判平成28・6・6金法2055号91頁
⑤ 大判大正8・5・12民録25輯851頁

## ●】解説【●

### 1 Xの請求とYの反論

XはYに対し，貸金返還請求権と履行遅滞に基づく損害賠償請求権を行使しているが，この請求を斥けるために，Yとしては，請求権の時効消滅を主張することが考えられる。本問では，この消滅時効の援用の可否が問題となる。

⑴　XがYに対し貸金返還および遅延損害金を請求する場合において，返還時期の合意があるときは，Xは，請求原因として，次の要件事実に該当する具体的事実を主張・立証する必要がある（貸金元本と遅延損害金とで訴訟物は異なるが，両請求で区別せずに，両請求を成立させるために必要な事実をすべて挙げている）。

ⓐ　X・Y間の消費貸借契約の成立

（金銭返還の合意，金銭の交付，遅延損害金の利率の合意）

ⓑ　返還時期の合意

ⓒ　返還時期の到来・経過

⑵　それに対して，Yは，次の事実を主張・立証することにより，消滅時効の抗弁を提出することができる。2017年民法改正により，債権は，㋐債権者が権利を行使することができることを知った時（主観的起算点）から5年間行使しないとき，または，㋑権利を行使することができる時（客観的起算点）から10年間行使しないときに，時効によって消滅することになった（166条1項）。㋐が改正により付け加えられた点である。契約に基づく一般的な債権については，その発生時（契約時）に債権者は債権発生の原因および債務者を認識しているのが通常だから，客観的起算点と主観的起算点とは一致する。したがって，貸金返還請求権は5年の消滅時効にかかる。

ⓐ　権利行使可能時の到来

（ただし，Xが⑴ⓒを主張・立証するので，Yによる主張・立証は不要となる）

ⓑ　ⓐから5年の時効期間の経過

ⓒ　YによるXに対する時効の援用（145条）

⑶　⑵の抗弁に対して，Xは，YによるXに対する利息支払の事実を主張・

立証することにより，時効更新の再抗弁を提出することができる。消滅時効完成前の利息支払は，元本債権の承認（152条）となる（大判昭和3・3・24新聞2873号13頁）。

(4)　他方，Yは，利息支払時からの5年の時効期間の経過とYがXに対して時効の援用をした事実を主張・立証することにより，消滅時効の抗弁を提出することができる。この抗弁は，利息支払時を起算点とする貸金返還請求権の消滅を主張するものであり，(2)の抗弁とは別個の抗弁であるから，(3)の再抗弁に対する再々抗弁ではない。また，時効の援用に関する不確定効果説を前提にすると，(2)と(4)の両者の消滅時効が完成したときにいずれを援用するかはYに委ねられるから，(4)の抗弁は，(2)の抗弁に対する予備的抗弁ではなく，選択的抗弁となる。

(5)　(4)の抗弁に対して，Xは，YによってXに対する債務の一部弁済があったという事実を主張・立証することにより，自認行為による時効援用権喪失の再抗弁を提出することができる。

## 2　時効利益の放棄

民法146条は，通常弱い立場にある債務者が時効利益の事前放棄を強いられるおそれがあることを考慮して，「時効の利益は，あらかじめ放棄することができない」と規定している。これに対して，時効完成後は，時効利益を受けるか否かは当事者の意思（援用）に委ねられており，時効利益の放棄を許さない理由はないから，同条の反対解釈により，債務者は時効利益を放棄することができる。ただし，会計法31条1項・地方自治法236条2項には，時効利益を放棄することができないものとする例外規定がある。

時効利益の放棄は，債務者の意思表示だけで効力を生じ，債権者の同意を要しないが（大判大正8・7・4民録25輯1215頁），債務者が時効完成の事実を知らなければ，行うことができない（大判大正3・4・25民録20輯342頁）。

## 3　時効完成後の自認行為

他方，債務者が，時効完成の事実を知らずに，債務の承認や一部弁済等，債務の存在を前提とした行為（自認行為）を行った場合については，民法典に規定がなく（制定法の欠缺），その取扱いが問題となる。

## (1) 旧判例

かつての判例は，時効利益の放棄には，債務者が時効完成の事実を知っていたことを要求しつつ，自認行為をした場合，債務者は時効完成の事実を知っていたものと推定して（しかも判例はこの推定を破る証明をなかなか認めないことによって），時効利益の放棄を認めていた（参考判例①）。いわく，「時効利益の抛棄があったものとするためには，債務者において時効完成の事実を知っていたことを必要とすることは所論のとおりである。しかし，原判示のような場合には，債務者は時効完成の事実を知っていたものと推定すべく，従って債務者たる上告人において判示弁済をするに当り時効完成の事実を知らなかったということを主張且つ立証しない限りは，時効の利益を抛棄したものと認めるを相当とする」。

しかし，学説は，判例の結論を是認しつつも，時効完成を知らないからこそ自認行為をしたとみるのが自然なので，判例による推定は事実の蓋然性に矛盾するという理由で，その理論構成を批判した。

## (2) 新判例

最高裁は，このような学説の批判を容れて，時効完成後の承認が時効完成の事実を知ってなされたものと推定することは経験則に反するとして，参考判例①を変更しながらも，時効完成後の承認は「時効による債務消滅の主張と相容れない行為であり，相手方においても債務者はもはや時効の援用をしない趣旨であると考えるであろうから，その後においては債務者に時効の援用を認めないものと解するのが，信義則に照らし，相当である」という理由により，「時効完成の事実を知らなかったときでも，爾後その債務についてその完成した消滅時効の援用をすることは許されない」として，旧判例の結論を維持した（参考判例②）。

参考判例②の評価については，判決文の「時効の援用をすることは許されない」を，「時効援用権は存続するが信義則上それを行使することはできない」という意味にではなく，「時効援用権は失われる」という意味に解し，「債務者は自認行為をした場合には時効援用権を喪失する」という法ルールを信義則に基づき創造したという理解が一般的である。「自認行為後，再び時効が進行する」ことを認めた参考判例③も，時効援用権の存続を認めつつ

新たな時効の進行を認めるのは背理だから，時効援用権は失われるという理解を前提にしている。この理解の下では，信義則は欠缺補充機能（法創造機能）を果たしており，事案に直接適用されるのは，信義則ではなく，信義則によって創造された上記の法ルールである。「時効利益の喪失」という本テーマの表題や，「時効援用権喪失の再抗弁」という1(5)の記述は，かかる理解を前提にしている。

### (3) 近時の動向

しかし，以前から「時効完成後，承認等がなされても具体的妥当性の観点より債務者の救済方法として，承認後の時効援用が信義則に反せず許される場合もありうる」という指摘があったが，近時は実際に，信義則違反を否定して時効援用を認める裁判例が現れている（東京地判平成7・7・26金判1011号38頁，札幌簡判平成10・12・22判タ1040号211頁，東京簡判平成11・3・19判タ1045号169頁，福岡地判平成13・3・13判タ1129号148頁，宇都宮簡判平成24・10・15金法1968号122頁など）。本問の基になった参考判例④は，参考判例②の引用に続けて，「そうすると，時効が完成した後に，債務者が債権者に対して債務の承認をしたとしても，承認前後の具体的事情を総合考慮して，債権者において，債務の承認が時効の援用をしない趣旨であるとの保護すべき信頼が生じたといえない場合には，消滅時効を援用することは信義則に反せず，許される」と述べ，事案の具体的解決としても，時効の援用を認めた。

また，2017年の民法改正時には，参考判例②の法ルールを明文化することが検討されたが，法制審議会では，実務上，時効が完成したことを知らずに債務の承認をさせられたり，時効が完成した債権のうちごく少額の一部弁済を迫られ，それによって時効援用権を喪失したと主張されたりすることがしばしばあるため，明文化するのであれば，援用権を喪失しないことにすべきである，という意見が，むしろ有力であった。他方で，個別の事情に応じた裁判所の判断に委ねるべきだとして，明文化に反対する意見もあり，結局，規定は見送られた。

従来の一般的理解とは異なり，参考判例④のように，信義則違反の有無は個別の事情に応じた裁判所の判断に委ねられるという趣旨に参考判例②を読

む場合には，信義則は，欠缺補充機能ではなく，個別事案に直接適用されることにより本来的機能を果たすことになる（**4**を参照）。この場合，**1**(5)以下は，次のように書き換える必要がある。

---

(5)　(4)の抗弁に対して，Xは，Yの信義則違反の評価根拠事実を主張・立証することにより，Yによる時効援用は信義則に反し認められない，という再抗弁を提出することができる。評価根拠事実とは，信義則違反などの規範的評価をプラスの方向に根拠づける具体的事実をいう。規範的要件が利用されるのは要件の明確化が困難なことによるので，規範的評価の判断要素を挙げる規定（例：借地借家6条）がない場合は特に，何が評価根拠事実となるかの判断には困難がつきまとうが，本問ではたとえば，次の事実は信義則違反の評価根拠事実となる（ⓑはⓒ～ⓕの評価障害事実の効果を妨げる機能をもつ）。

　　ⓐ　YによるXに対する債務の一部弁済

　　ⓑ　Xは，貸金業法の規定を遵守して取立てに当たっていた。

(6)　(5)の抗弁に対して，Yは，信義則違反の評価障害事実を主張・立証することにより，Yによる時効援用は信義則に反しない，という再々抗弁を提出することができる。評価障害事実とは，評価根拠事実と両立するが，評価根拠事実とは逆に規範的評価の成立を妨げる（規範的評価をマイナスの方向に根拠づける）具体的事実をいう。何が評価障害事実となるかの判断には評価根拠事実と同様の問題があるが，本問ではたとえば，次の事実はYの信義則違反の評価障害事実となる（それに対して，Xは株式会社なので資力があるがYは年金生活者なので資力がないという事実は，評価障害事実とならないだろう）。

　　ⓒ　Xは貸金業者として消滅時効に関する十分な知識経験を有していたので，Yに督促状を送付した時点で，本件債務につき消滅時効が完成していたこと，Yが本件債務の一部を弁済すれば，Yは消滅時効を援用できなくなることを知っていた。

　　ⓓ　Xは，Yとの交渉の過程で，Yが本件債務について消滅時効が完成していることを知らないままに行動していることを認識していた。

　　ⓔ　Xは，消滅時効の援用を阻止する目的で，Yに対して督促をし，長期にわたる延滞状況であるため一括弁済が必要であり，分割弁済に応じるのは困難である旨説明したうえで，本件債務の一部である1万円を弁済

させた。

（f）　X は，Y に恐怖心を抱かせるような言動をした。

（g）　Y は，1 万円を支払った後は一切支払っておらず，Y には本件債務を任意に履行する意思はなかった。

信義則違反の成否は，評価根拠事実と評価障害事実の総合判断によって決まる。総合判断の枠組みとして，ⓐⓑにプラスのポイントを，ⓒ〜ⓖにマイナスのポイントを与え，ⓐ〜ⓖの和が一定のポイント以上であれば信義則違反を認める，というモデルが考えられる。しかし数値化は現実的でないので，実際には類似の先例の判断を基点として，それとの比較により結論が導かれる場合が多いと思われる。また，先例がなければ，最終的には裁判官の自由裁量に委ねるしかない。なお，主張された評価根拠事実だけで信義則違反を根拠づけることができない場合は，主張自体失当であるから，評価根拠事実・評価障害事実の立証や総合判断は不要となる。

### 4　信義則の機能

民法 1 条 2 項は，「権利の行使及び義務の履行は，信義に従い誠実に行わなければならない」と規定する。これを信義誠実の原則（信義則）と呼ぶ。法解釈方法論の観点からは，信義則の機能について，本来的機能と欠缺補充機能とを区別することが重要である。

信義則は，本来，制定法の規定の機械的な適用を回避し，個別事案に妥当な紛争処理をもたらすために用いられる（信義則の本来的機能）。たとえば，母親が家督相続をした長男から老後の生活保障と子女の扶養等の費用負担のため調停により農地の贈与を受けたとして，農地法に基づく所有権移転の許可申請手続を長男に求めた事案において，裁判所は，母親が 20 数年間農地を耕作し子女の扶養・婚姻等の諸費用を負担したこと，母親がその間許可申請手続に協力を求めなかったのも，すでに農地の引渡しを受けて耕作していたこと，母親が老齢であること，贈与が母子間でなされたことなどの事情によることを認め，長男が母親の所有権移転許可申請協力請求権につき消滅時効を援用することは，信義則に反し，権利の濫用として許されないとした（最判昭和 51・5・25 民集 30 巻 4 号 554 頁）。民法の規定によると時効は完成す

ると援用できるが，裁判所は，信義則（1条2項）をこの個別事案に直接適用して，民法の規定とは異なる解決を導いた。

　それに対して，裁判所が信義則に基づき一般的な法ルールを創造する場合は，信義則は欠缺補充機能を果たしている。参考判例②に対する一般的な理解は，その具体例であった（3(2)）。

　もっとも，両機能の区別は流動的である。まず，参考判例②に対する理解が分かれていることが，このことを示唆する。次に，信義則が直接適用された事例と評価上等しい事例が積み重なると，一般的な法ルールの創造に至る。また，信義則が持ち出された場合に，要件が非常に詳細化された法ルールを観念するならば，信義則の適用はすべて法創造に帰着するという理解もありうる（これに対しては，詳細化された法ルールの要件・効果を明確に定め尽くすことはできないから，信義則が本来的機能を果たす場面が残る，という反論もありうる）。

--- 

### ・・・ 関連問題 ・・・

　(1)　本問において，督促状を受け取ったYが，Xに電話をかけることなく，Xが指定した銀行口座に1万円を振り込んだ場合はどうか。

　(2)　本問において，Yが，Xの指定した銀行口座に1万円を振り込む際，本件債務の消滅時効の完成を知っていた場合はどうか。

　(3)　関連問題(1)(2)において，2032年の時点で，Yが被保佐人であった場合はどうか。

--- 

### ●】 参考文献 【●

＊広中俊雄「民法第1条の機能」法教109号（1989）10頁／遠藤厚之助・百選Ⅰ〔第3版〕（1989）96頁〔参考判例②解説〕／石松勉・岡山商大論叢34巻2号（1998）1頁

（大久保邦彦）

2020 年 4 月に，A は，友人 B から，子どもの進学資金のために貸してほしいと頼まれ，B に 100 万円を無利息，1 年後に全額を一括して返済する約定で貸し付けた（「本件貸付金債権」）。B の兄 C は，B からの委託を受け，A との間で，B の本件貸付金債権に係る債務を主たる債務とする連帯保証契約を書面で締結した。以上の事実に続いて下記の事実があったとして，各問いに答えなさい。

(1) 本件貸付金債権の弁済期到来後も B からの弁済がないので，A は，弁済期から 3 年後に，C に対して内容証明郵便を送付して支払を請求したところ，C は 1 か月後に元本全額を支払うので遅延損害金の支払を免除してほしいと回答した。しかし，その後も C からの支払がないままさらに 3 年が経過したので，A は C に対して連帯保証債務の履行を求めて訴えを提起した。C は，本件貸付金債権の消滅時効を援用したうえで保証債務も消滅したと主張して，A の請求棄却の判決を求めた。A の請求は認められるか。

(2) 本件貸付金債権の弁済期到来後も，A は，B の事業がうまくいっていないことを知っていたため B に請求をせずにいたが，本件貸付金債権の弁済期から 7 年後，C に対して連帯保証債務の履行を請求した。C は，時効完成を知らずに元本は 1 か月後に全額支払うので遅延損害金の支払を免除してほしいと回答した。その後も C からの支払がないので，A は C に対して連帯保証債務の履行を求めて訴えを提起した。C は，本件貸付金債権の消滅時効を援用したうえで保証債務も消滅したと主張して，A の請求棄却の判決を求めた。A の請求は認められるか。

(3) (2)において，C は A の請求に応じて全額を支払った。これについて C が B に求償した場合，B はどのように反論しうるか。

① 東京高判平成7・2・14判時1526号102頁（最判平成7・9・8金法
1441号29頁が正当として是認した原判決）

●】解説【●

### 1 保証と消滅時効の基本的考え方

#### (1) 保証債務の別個債務性と付従性

保証債務は主たる債務と別個の債務であるため（保証債務の別個債務性），
保証債務の消滅時効は，主たる債務の消滅時効とは別々に進行して完成する
というのが原則である。他方で，保証債務は主たる債務に付従するため，主
たる債務が消滅すると保証債務も消滅する（消滅における付従性）。保証にお
ける消滅時効の問題は，これら2つの性質に加えて，主たる債務とその履行
の担保を目的とする保証債務の内容が実質的に重なり合っていることをも考
慮に入れて，検討されなければならない。

#### (2) 時効の起算点と時効期間

債権の消滅時効については，「債権者が権利を行使することができること
を知った時」（主観的起算点）から5年間の短期時効と，「権利を行使するこ
とができる時」（客観的起算点）から10年間の長期時効の二重時効構成が採
られている（166条1項）。期限の定めのある契約上の債権については，債権
者が期限を知っているのが通常であるため，これら2つの起算点が事実上一
致する。したがって，主観的起算点から5年の経過によって消滅時効が完成
する（同項1号）。

特定債務の保証の場合において，保証債務の弁済期は，保証契約において
特に主たる債務の弁済期と別の日に定められているのでない限り，主たる債
務の弁済期と同時に到来すると考えられる。主たる債務が期限の定めのある
債務である場合には，保証契約締結時に定められていた主たる債務の弁済期
が保証債務の弁済期となる。

なお，債権者と主たる債務者の二者間での事後的な合意による主たる債務
の弁済期の前倒しは，保証人の負担を事後的に加重させるため保証債務に及

ばない（448条2項）。この場合には，保証債務の弁済期は当初の弁済期のままであり，両債権の消滅時効は別々に進行を開始する。これに対し，主たる債務の弁済期が延期された場合には，保証債務の消滅時効も主たる債務の新しい弁済期まで進行を開始しない（大判明治37・12・13民録10輯1591頁）。

(3) 時効の援用

保証人は，保証債務の時効の援用権を有するのはもちろん，主たる債務の時効が完成すると，主たる債務者の時効に対する態度とは無関係に，主たる債務の時効を援用することもできる。保証人は，主たる債務について「権利の消滅について正当な利益を有する者」として，「当事者」に含まれるからである（145条括弧書）。

保証人が主たる債務の時効を援用すると，債権者と保証人との関係において主たる債務が消滅し，付従性によって保証債務も消滅するが，債権者と主たる債務者との関係においては主たる債務は存続する（援用の相対効）。したがって，債権者には，保証債務のない主たる債務に係る債権のみが残ることになる。これに対し，主たる債務の権利義務の当事者である主たる債務者自身が主たる債務の時効を援用する場合には，主たる債務は債権者と保証人の間でも絶対的に消滅し，保証債務も付従性により消滅するため，保証人による時効の援用は問題とならなくなるというのが，現在の通説的理解である。

## 2 主たる債務の時効完成前における保証人の承認と主たる債務の時効の更新

(1) 保証債務の承認

保証人が時効期間満了前に「保証債務」を承認した場合，保証債務の時効は更新される（152条1項）。しかし，承認による時効の更新は，更新事由が生じた当事者およびその承継人の間でしかその効力を生じないので（153条3項），保証債務の時効が更新されても，これによって主たる債務の時効が更新されることはない。連帯保証債務が承認によって更新された場合も同様である（458条・441条本文参照）。

なお，主たる債務について，履行の請求その他の事由によって時効の完成猶予および更新が生じると（147条〜152条），その完成猶予および更新の効果は保証債務にも及ぶ（457条1項）。これは，判例は付従性の帰結として説

明するが（最判昭和43・10・17判時540号34頁），通説的理解によれば，債権の担保を確保するという政策的・便宜的観点から，主たる債務より前に保証債務が時効消滅しないように時効の完成猶予および更新の範囲を拡張したものである。実質的には，主たる債務について債権者の権利行使等による時効障害事由が生じた以上，その担保である保証債務については同様の措置をとらなくてよいので，債権者の債権管理上の負担が軽減されている。これに対し，「履行の請求その他の事由」（457条1項）によらない権利行使困難型の完成猶予事由（158条〜161条）については，旧法下の解釈を前提にすると，民法457条1項が適用されないので，債務ごとに完成猶予事由の有無を判断することになる。

(2)　**保証人による主たる債務の承認の可否**

　保証人が時効期間満了前に「主たる債務」を承認することによって，主たる債務の時効は更新するだろうか。承認は相手方の権利の存在の事実を認めるにすぎないから，承認をするには，相手方の権利を処分する行為能力や処分権限を要しない（152条2項）。しかし，相手方の権利の承認は自己の権利の保存または利用（管理行為）に当たるため，管理能力・権限が必要である。主たる債務について権利義務の当事者でない保証人は，管理能力・権限を有しないため，主たる債務を承認してもその存在に関する蓋然性は生じず，主たる債務の時効は更新されない（参考判例①）。

　もっとも，保証人が主たる債務を相続した場合において，主たる債務者兼保証人の地位にある者が主たる債務を相続したことを知りながらした弁済は，これが保証債務の弁済であっても，債権者に対して主たる債務の承認を包含しており，特段の事情のない限り，主たる債務者による承認として当該主たる債務の消滅時効を更新する。主たる債務者兼保証人の地位にある個人が，両地位によって異なる行動をすることは，想定しがたいからである（最判平成25・9・13民集67巻6号1356頁）。

　小問(1)では，Cは主たる債務を承認しうる地位にない。しかし，Cのした時効期間満了前の弁済期の猶予と一部免除の懇請は保証債務の存在を前提とした行為であり，保証債務の承認に当たる。

　保証人が保証債務を承認してその時効が更新された（152条1項）後に主

たる債務の時効が完成した場合において，主たる債務者が時効を援用したときは，前述（1(3)）のように，保証債務も主たる債務に付従して消滅する。また，主たる債務者が自ら時効を援用しないときも，保証債務を承認した保証人は主たる債務の時効を援用することもでき，この場合にも，保証債務は付従性によって消滅する（大判昭和7・6・21民集11巻1186頁，参考判例①）。

### 3　主たる債務の時効完成後における保証人の時効利益の放棄・喪失

#### (1)　保証人による「主たる債務」の時効利益の放棄

　時効完成後において，保証人は，「保証債務」の時効に加えて「主たる債務」の時効を援用することもできるし（145条），時効利益を放棄することもできる。他方で，主たる債務者は，自らの負担する主たる債務の時効を援用することも時効利益を放棄することもできる。

　時効利益の放棄の相対効により，主たる債務者が時効利益を放棄した場合であっても，保証人は主たる債務の時効を援用することができる（大判昭和6・6・4民集10巻401頁）。この場合，前述1(3)のように，債権者には，保証債務のない主たる債務に係る債権のみが残される。反対に，保証人が「主たる債務」の時効利益を放棄した後に，主たる債務者が主たる債務の時効を援用することもできる。この場合にも，主たる債務の（絶対的）消滅に伴って保証債務も消滅するというのが付従性からの素直な帰結である。しかし，学説では，付従性の原則を重視して上記の帰結を支持する見解のほか，主たる債務の時効利益を放棄した保証人が主たる債務の消滅を前提に保証債務の消滅を主張することは矛盾行為に当たるとして信義則上許されないとする見解や，保証人のした「主たる債務」の時効利益の放棄の意思表示を解釈して，時効利益の放棄の趣旨が，ⓐいずれ主たる債務者も時効利益を放棄するだろうという予測のもとでされた場合と，ⓑ主たる債務者の態度を問わず債権者に満足を与える趣旨でされた場合とで区別し，ⓐの場合には予想が外れて主たる債務が時効消滅したことによる保証債務の消滅の主張を認め，ⓑの場合にはこれを否定するとの見解も有力に主張されている。最後の見解はさらに，保証人の意思としてⓐとⓑのどちらを原則とするかで分かれている。

#### (2)　「保証債務」の時効利益の放棄・喪失と「主たる債務」の時効利益

　保証人が「保証債務」の時効利益を放棄した後で，自ら「主たる債務」の

時効を援用することができるかについても問題となる。判例はこれを肯定する（前掲・大判昭和7・6・21）。また，主たる債務の時効完成後に保証人が保証債務を承認した後で，主たる債務者が時効を援用した場合，保証人は主たる債務の時効消滅を理由に保証債務の履行を拒絶できるとされている（大阪高決平成5・10・4高民集40巻3号79頁）。もっとも，保証人による保証債務の時効利益の放棄の意思表示の中に主たる債務の時効利益をも放棄する趣旨が含まれることが明白である場合には，その後に保証人が，主たる債務の時効を援用することや，主たる債務者の時効援用に伴って付従性による保証債務の消滅を主張することは，信義則上できないことになろう。

　小問(2)では，CはBの主たる債務の時効に対する態度が決まっていない間に，保証債務の時効完成を知らずにAに対して保証債務の一部免除と弁済期の猶予の懇請（自認行為）をしており，判例の考えによれば，これにより，保証債務の時効の援用権を信義則上喪失しているところ（最判昭和41・4・20民集20巻4号702頁参照），その後に主たる債務の時効を援用し，付従性による保証債務の消滅を主張して保証債務の履行を拒絶できるかが問題となっている。この点，主たる債務者が時効の援用も援用の放棄もしていない間に保証人が保証債務を一部履行した場合について，主たる債務が時効消滅するか否かにかかわらず保証債務を履行するという趣旨に出たものでない限り，保証人は主たる債務の時効を援用する権利を失わないとした裁判例がある（参考判例①）。このような考えを手がかりに考察すると，保証債務についてすら時効利益を放棄していないCの自認行為に，主たる債務の時効利益の放棄の意思を見出すのは困難であるといえそうである。

　もっとも，保証人が，主たる債務の時効完成後に，保証債務ないし主たる債務の時効完成の事実を知らなくても，主たる債務者がその債務を承認したという事実を知りながら保証債務を承認した場合には，判例によっても，保証人がその後に主たる債務の時効を援用することは信義則上許されないとされている（最判昭和44・3・20判時557号237頁）。

### (3) 主たる債務者の時効援用前の保証人の弁済と求償

　小問(3)においては，保証債務と主たる債務の時効完成後，保証人が，主たる債務者が時効を援用しない段階で保証債務を履行した場合において，保証

人の主たる債務者に対する求償が認められるかが問題となっている。主たる債務についても保証債務についても，時効完成後であっても援用がない以上，時効の効果は確定的に生じておらず（最判昭和61・3・17民集40巻2号420頁参照），弁済は有効となる。したがって，保証債務の弁済を通じて主たる債務が満足を受けて消滅することになる。この場合には，保証人の出捐により主たる債務が消滅しているので求償権が発生する。本問のように委託を受けた保証人の求償権の範囲は支出額および損害金等であるが（459条），委託を受けた保証人は主債務者に対して事前通知義務を負っており（463条1項），事前の通知を怠って弁済した場合には，主たる債務者は，「債権者に対抗することができた事由」＝主たる債務の消滅時効をもって，保証人に対抗することができる。

**関連問題**

　本件貸付金債権の弁済期到来から7年後に，AがBに対して本件貸付金債権に基づく履行を請求したところ，Bは本件貸付金債権について時効が完成したと主張して支払を拒んだ。その後，Aから連帯保証債務の履行を請求されたCは，Bに問い合わせたが，Bは自らが時効を援用した事実をCに告げなかったため，全額を支払った。Cは支払った額についてAに返還請求をすることができるか。Cは支払った額および損害金についてBに求償することができるか。

**● 】参考文献【●**

＊山田誠一・金法1428号（1995）21頁〔参考判例①の判批〕／潮見Ⅱ679頁以下／中田・債権総論583頁

（齋藤由起）

# 27

# 物権的請求権と費用負担

　Ａは，田舎で週末を過ごしたいと考え，甲山にある，別荘地用に造成された乙地を購入して，そこに５年前にログハウスを建てた。

　一方，Ｂは，昨年春に，自宅を建設するために，乙地の北に隣接し，乙地より少し小高い場所にある丙地を購入した。Ｂから建物の建設を請け負ったＣ社は，丙地が山の斜面に位置していたことから，大型のブルドーザーでかなりの深さまで丙地を掘り下げ，土砂を乙地との境界線に接する丙地の南側の一画にうず高く積んだ。ＡはＣの現場監督から，基礎工事が完了した後，この土砂の一部を埋め戻す予定であると説明を受けていた。

　週末に，Ａが別荘を訪れたところ，上記の土砂の一部が乙地に崩れ落ちており，Ａは自動車の出入れができなかった。そこで，Ａは，早速Ｃに連絡を入れたが，週末のせいか連絡がつかなかった。ところが翌週，地元の新聞報道で，Ｃが事実上，倒産したことを知った。困ったＡは，Ｂに対して，乙地の土砂を除去すること，梅雨の季節になり，このまま丙地上の土砂の山を放置すると大量の土砂が乙地側に流出するおそれがあることから，早急に土砂を埋め戻すか，乙地に土砂が流入しないような対策を施すよう求めた。しかし，ＢはＣの工事が原因であるとして，まったくＡの請求に応じない。

　また，丙地にある樫木の枝が乙地にせり出してログハウス内が日中でも薄暗いことからＡはあわせて枝を剪定するようにＢに求めたが，これにも応じなかった。Ａはやむなく造園業者に越境している枝を伐採してもらい，その費用の返還をＢに求めた。Ａの請求は認められるか。

① 大判昭和 12・11・19 民集 16 巻 1881 頁
② 最判平成 6・2・8 民集 48 巻 2 号 373 頁

## ●】解説【●

### 1 所有権に基づく請求権とその相手方

　乙地の所有者である A は，丙地の土砂によって乙地の利用が妨げられている。このように所有権が侵害された場合，所有権が円満に実現できるように，所有者には，所有権に基づいて請求権（物権的請求権）が認められている。明文の規定があるわけではないが，所有権は，物の価値を排他的に直接支配することができる権利であるから，それが妨げられた場合には，上記の請求権によって保護される必要があると解されている。

　ⓐ物の占有を喪失している場合には，所有権に基づく返還請求権，ⓑ物の占有が奪われていないが，占有以外の事由によってその支配が妨害されている場合には，所有権に基づく妨害排除請求権，ⓒ物の妨害のおそれが大きい場合には，所有権に基づく妨害予防請求権がそれぞれ認められている。もちろん所有権が侵害ないし侵害されるおそれがある場合には，不法行為に基づく損害賠償請求権や差止請求権が認められる余地があるが，所有権に基づく請求権（物権的請求権）は，所有者であって妨害を受けている者，またはそのおそれがある者であれば，妨害者の主観的態様を問題とすることなく，現実に他人の所有権を妨害している者，またはそのおそれを生じさせている者に対して認められることになるから，きわめて強力な救済手段となる（登記名義人である譲渡人も，請求の相手方となるかについては，末尾の関連問題参照）。

　本問では，乙土地の妨害ないし妨害のおそれは，C が丙地から掘り起こした土砂を放置したことに原因があり，B の行為が介在しているわけではない。このような場合にも，A は，C に対して不法行為に基づく損害賠償請求ないし差止請求権，所有権に基づく妨害排除請求権・妨害予防請求権を行使できるだけでなく，土砂の所有者 B に対しても土砂の除去や今後の予防措置を講じるように請求できるのかが問題となる。

## 2 行為請求権説に対する批判

妨害物ないしそのおそれがある土砂の所有者がBであることから，土砂の除去や今後の予防措置を講じるように請求できるとする考え方は，学説上，行為請求権説と呼ばれている。上記見解に立つと，妨害排除ないし妨害予防のために一定の行為を講じる費用をBの側で負担しなければならないことになる。しかし，侵害行為に直接関与しているわけでもないBに，なぜこのような費用負担を求めることができるのだろうか。また，乙地に流入した土砂に着目すると，土砂の所有権はBにあることから，BはAに対して所有権に基づく返還請求権を根拠に，土砂の引渡しをAに対して求めることができるとも考えられる。行為請求権説に立つと，Bが先にAに返還請求権を行使すると，Aの費用で土砂をBに引き渡すように求めることができることになり，Aが土砂を除去してBに返還する費用を負担しなければならないことになる。このように所有者に物権的請求権が認められているといっても，どのような内容の請求権があるのかは，必ずしも明らかではない。

そこで，所有権に基づく請求権は，所有権の実現が侵害されている者が自らその侵害を除去することを忍容するように相手方に求める権利であると考えるべきであるとし，費用負担については，忍容請求権を行使する者がさしあたりは負担すること，侵害行為が侵害者の故意・過失によって生じている場合には，忍容請求権を行使する者が不法行為責任を追及することによって，費用負担を損害として相手方に請求するべきであるとする見解が登場することになった。このような見解を忍容請求権説と呼んでいる。

## 3 衝突否定説の登場

侵害者が自発的に侵害の除去を行わないとき，実際の除去行為は代替執行の方法によって行われる（414条1項，民執171条）。したがって，侵害行為が侵害者の故意・過失によって生じている場合，忍容請求権を行使してその費用を自分で負担したうえで，相手方にその賠償を請求することと（414条2項），相手方の費用で除去行為の請求を認めることは実質的には大きな違いはないように思われる。問題は，本問のように，第三者の行為によって侵害行為が生じている場合や，自然力が加わったような場合のように，侵害行為が侵害者の故意・過失によって生じているわけではない場合である。

忍容請求権説（および責任説）によれば，誰に対しても不法行為責任を問えない場合には，その費用は忍容請求権を行使した者が負担することになる。そうすると，費用の負担を避けるために，物権的請求権を行使しないということになりかねない。

　そこで，行為請求権説は，忍容請求権説を批判して，事案に即して，誰の誰に対する所有権が妨害されているのかをまずは検討することが必要であるとしている（衝突否定説）。この見解によれば，本問では，Ａには，Ｂが乙地内にある土砂を引き取ることを忍容するべき義務がある。一方，Ｂが所有権に基づいてＡに対する土砂の返還を請求できるのは，Ｂが土砂を除去するために乙地への立入りを求めたにもかかわらず，Ａが正当の理由なくこれを拒絶し，土砂を占有したときに限られることになる。

　上記のように例外的にＢが所有権に基づく返還請求権を主張できる場合を除き，ＡがＢに対して所有権に基づく妨害排除請求権に基づいて「土砂の除去」ないし土砂の流失について「予防措置」を講じるように請求できるとすると，Ｃ社の行為に起因する費用をＢが負担することになる。ただ，Ｂの責任の根拠をどこに求めるのかはなお問題となる。乙地に堆積した土砂が，Ｂ自身の積極的な行為に起因する場合でない場合にも，Ｂが費用を負担する根拠は，自己の所有物によって他人の権利を侵害しないように侵害状態を放置せずにこれを抑止すべきであった点に求めることになろうか。

　このように考えると，台風，集中豪雨，地震などの自然力が加わる場合には，いかなる点で相手方の行為に基づいたといえるのか，相隣関係にある当事者間での紛争である場合に，請求権の相手方のみが費用を負担するという結論が適切なのかどうかについても検討の余地があるように思われる。

### 4　枝の切除権と費用負担

　樹木の枝についても，Ａは，Ｂに対して枝の除去を請求できる（233条1項）が，理論的には土地所有権に基づく妨害排除請求権が根拠となる。Ａは，Ｂに枝の切除を催告し，相当の期間（竹林の所有権者が自ら切除するために必要な期間は2週間程度と考えられている）が経過した場合，Ａに切除権が認められる（同条3項）。Ａが自ら切除する行為は，Ｂの所有権侵害となる可能性があるが，①Ｂの木の枝によってＡの所有権が妨害されている点を

客観的に違法な状態として，Ａに所有権に基づく妨害排除請求権だけを認める（衝突否定説）とともに，②Ａに特別な権限を付与し，自力救済を一定の要件の下で認め，③切除行為が正当行為，つまり違法性がないことを認めたものと解される。Ａは，枝の剪定費用の返還をＢに請求しているが，前述したように，所有権に基づく請求権を行為請求と解する判例・通説の見解に立てば，Ｂが切除すべき行為をＡが肩代わりしたことになるから，ＡからＢに対する費用の返還請求が認められるものと解される。

なお，越境した根については侵害の除去を請求できるとする規定が置かれていない。これは，隣地に越境した根は土地に付着しており，隣地所有権（本問ではＡの所有権）の一部であり（86条），隣地所有者は竹木の根の切り取りができるからである（233条4項）。根の除去を自己物の処分と捉えると，切除費用を竹林の所有者に請求できない可能性があるが，竹林の所有権による越境行為によって隣地所有権者が出捐を余儀されたことにより財産権を侵害されたと考えれば，この場合にも，民法709条に基づいて損害賠償請求権を行使することができるものと解される。

- - - - - **関連問題** - - - - -

本問において，Ａは，Ｂに対して乙地の土砂を除去と乙地に土砂が流入しないように擁壁の設置を求めて訴訟を提起した。Ａとの交渉に嫌気がさしたＢは，丙地をＤに売却し，代金と引替えに丙地を引き渡した。ところが，Ａ・Ｂ間に上記の紛争があることを知ったＤは，ＢがＡとの間の問題を処理するまで丙地の移転登記に協力しないと主張している。ＢはＤへの移転登記手続は完了していないが，丙土地の所有者はＤであると主張して，Ａからの請求を拒むことができるか（参考判例②および参考文献参照）。

●】 **参考文献** 【●

＊奥田昌道・法教198号（1997）7頁／山本和彦・争点89頁／根本尚徳・百選Ⅰ102頁／鎌田薫・平成6年度重判68頁／横山美夏・百選Ⅰ106頁

（千葉恵美子）

# 28

# 物と添付

A は，2024 年 6 月 10 日，レストランを開業する目的で，B 所有の飲食店用の甲建物を期間 5 年，賃料月額 30 万円で B から賃借し，甲建物の引渡しを受けた。甲建物の厨房はあまり十分な設備が備わっていなかったので，A は，B の承諾を得たうえで，厨房に調理台とオーブンを備え付け，より大容量の電気と水道が使えるようにするために電気・水道の引込設備を新たに設置した。

A のレストランは好評で，開業してから半年後には多くの客が訪れるようになった。そこで A は，甲建物の客席部分を増築して客席を 10 席程度増やしたいと考え，B に申し入れたところ，B から承諾を得られたので，そのための工事を建築業者に依頼し，客席部分の増築工事を完了した。

その後，A は有名レストランで修行するため，A・B 間の甲建物の賃貸借契約は更新されず，期間の満了により終了した。A は，この間の設備の設置や増築工事にかかった費用について，B に支払を求めたいと考えている。A の B に対する請求は認められるか。なお，A・B 間には，この点について特に合意はなかったものとする。

●】 参考判例 【●

① 最判昭和 44・7・25 民集 23 巻 8 号 1627 頁

●】 解説 【●

### 1 問題の所在

賃借人が費用を支出して賃借物に物を附属させた場合において，賃貸借契約が終了したとき，その費用ないし附属物をめぐり，賃貸人と賃借人との間の法律関係はどうなるだろうか。

この問題は，賃貸借契約に関するルールのうち，賃借人が賃貸人に対して必要費および有益費の償還を請求しうること（608条）や，賃貸借契約終了時に賃借人は賃借物に附属させた物を収去する義務を負う（および附属物を収去する権利を有する）こと（622条・599条1項・599条2項）などにかかわる。他方で，B所有の甲建物とA所有の各種の物が結合している点では，不動産の付合（242条）の場面でもある。これらのルールの絡み合いをどのように整理するかが，本問のポイントである。

### 2　賃借人の費用によって賃借物に物を附属させた場合の法律関係

#### (1)　附属物が賃借物の構成部分となった場合（ⓐ）

　賃借人が賃借物に物を附属させた場合には，賃貸借終了時に，その附属物を収去する義務を負うのが原則である（622条・599条1項本文）。

　しかし，壁紙や床板の張替えのように，附属物が独立性を失い賃借物（ここでは建物を想定する）の構成部分となっている場合には，賃借物から分離することができない状態あるいは分離するのに過分の費用を要する状態に当たることを理由に，賃借人は，その附属物を収去する義務を免れることができる（622条・599条1項ただし書。この場合には，賃借人は附属物を収去する権利〔622条・599条2項〕も有しないと解される）。

　これを所有権の観点からみると，附属物は賃借物である不動産に「従として付合した」と評価されるので（「従として付合した」かどうかの基準は動産の付合の要件〔243条〕と同様に解するのが通説である），不動産の所有者である賃貸人が，附属物の所有権を取得する（242条本文）。不動産の構成部分となるような付合は「強い付合」と呼ばれ，同条ただし書の適用はない（権原を有する者が物を附属させても附属物の所有権を留保することはできない）と解されている。

　以上の場合には，賃借人は，附属物を収去する義務も権利もない代わりに，賃貸人に対し，支出した費用が必要費か有益費かに応じて費用償還請求権を行使することができる（608条）。付合の観点によれば，賃借人は民法248条に基づいて賃貸人に対し償金請求権を行使することも考えられるが（608条と248条では償還額の内容や行使期間に違いがあり，248条のほうが賃借人に有利である），民法608条は賃貸借における当事者間の利益衡量を踏まえ

て特別に設けられた規定であるから、賃貸借契約の当事者間ではもっぱら同条が適用されると解されている。

（2）附属物を賃借物から分離することが物理的にも経済的にも容易な場合（ⓑ）

賃借人は、原則どおり、賃貸借終了時に附属物を収去する義務を負うとともに、附属物を収去する権利を有する（622条・599条1項本文・599条2項）。所有権の観点からみると、この場合は「従として付合した」（242条本文）の要件を満たさないことから、付合は生じず、附属物の所有者は賃借人のまま変わらない。そして、収去を前提とするため、賃借人の賃貸人に対する費用償還請求権は生じない。

以上の民法のルールを修正するのが、造作買取請求権である。

造作とは、「建物に附加された物件で、賃借人の所有に属し、かつ建物の使用に客観的便益を与えるもの」をいう（最判昭和29・3・11民集8巻3号672頁）。この定義にあるように、造作は建物に附属させることでその効用が十分に発揮されるが、建物とは独立して賃借人の所有権の対象となる（ⓑに含まれる）から、賃貸借終了時には収去の対象となる。しかし、このような造作の収去を強いれば、賃借人は建物のために投下した資本の回収を図ることができず、また、造作や建物の社会経済的価値も減少してしまう。そこで、借地借家法33条1項は、建物の賃貸人の同意を得て建物に付加した造作について、賃借人は、期間満了または解約申入れによって賃貸借が終了するときに、賃貸人に対し、その造作を時価で買い取るべきことを請求することができるとした。賃借人が造作買取請求権を行使すると、当該造作について、当事者間に売買契約が成立したのと同一の効果が生じ（賃貸人が買ったことになるので賃借人は当該造作を収去する必要はない）、賃借人は賃貸人に対して造作代金請求権を取得する。

それでは、どのような物が造作に当たるだろうか。まず、建物の使用価値を客観的に高めている必要がある。そして、建物との分離可能性の点では、家具のように独立性が強く、収去しても価値を減じない物（ⓑに典型的に該当する場合）は造作に当たらない。反対に、張り替えた床板のようなⓐに該当する物は、賃借人の所有に属さないことから、造作ではない。つまり、ⓐとⓑの中間的な状態の物が、造作に当たると解されている。

### (3) 附属物が@と⑥の中間的な状態の場合

　近時の学説は，実際の附属物には@と⑥の中間的な形態が多く，所有権の帰属も必ずしも一義的・明確に決まらないことから，第3の類型も認めている。これによると，収去可能な附属物（従来は⑥に区分されてきた物）であっても，収去すると附属物や賃借物の価値を減少させてしまい，収去が実際上無意味になるに近い場合には，賃借人は，収去義務を負わず，収去権と費用償還請求権とを選択的に行使することができると解されている。すなわち，賃借人は，賃貸借終了時に，（⑥と同様に）収去権を行使して附属物を収去するか，あるいは，（@と同様に）附属物の収去義務を免れつつ，賃貸人に対して費用償還請求をするかを選ぶことができる。これを付合の観点からみれば，附属物は賃借物たる不動産に「従として付合した」が，賃借物の構成部分にまでなっていない状態（「弱い付合」と呼ばれる）であり，賃借人が権原＝賃借権に基づいて附属物の所有権を留保しているといえよう（242条ただし書。そして，賃借人は，賃貸借終了時に，一方で，附属物の所有権を留保しているから⑥と同様の権利を行使することができ，他方で，権原の消滅を主張し附属物の所有権を賃貸人に取得させる〔242条本文〕ことによって，@と同様の効果を生じさせることもできると解される）。

　このように解すると，従来@の場合にのみ認められていた費用償還請求権が，⑥の場合にも広がる結果，⑥の場合（本来は収去の対象となり費用償還請求権の対象とならない物）に認められる造作買取請求権と適用領域が重なってしまう。両者の関係について，判例および従来の通説は，造作買取請求権を認めるためには，造作があくまでも賃借人の所有に属していることが必要だとする。これに対しては，附属物が建物所有権に吸収される場合と賃借人の所有にとどまる場合とを明確に区別するのは難しいことから，所有権の帰属を重視せずに，賃借人は有益費償還請求権（この場合の附属物の設置費用は建物の価値を増加させるための費用＝有益費と解されよう）と造作買取請求権とを選択的に行使できると解する見解も有力である。この見解は，賃借人の投下資本の回収に役立つという両請求権の共通の機能に着目したものである（もっとも，両請求権では，賃貸人の同意の要否，「有益費」と「造作」の概念に相違があるほか，後述の同時履行の抗弁権・留置権に関して顕著な相違がみられることに

注意を要する）。

　⑷　**本問への当てはめ**

　本問の調理台，オーブン，電気・水道の引込設備はそれぞれ，甲建物への附属の程度等に応じて，甲建物に埋め込まれるような形で設置されていれば@に，壁に取り付けるなど収去可能な形で設置されていれば⑤に区分される。@に区分された場合には，AのBに対する費用償還請求が認められるが，必要費と有益費で償還の範囲や時期が異なることから，当該費用がいずれに当たるかを示す必要がある。これに対して，⑤の場合には，Aは，当該設備の収去を拒絶してBに対し費用償還請求をすることはできないが，当該設備が造作に該当するならば，造作買取請求権を行使し，Bに対して造作代金を請求することができる。そこで，造作の定義に照らして，当該設備が造作に当たるかどうかを検討することが求められる。

　もっとも，これらの設備が@⑤いずれに当たるか判断が難しい場合や，⑤に当たるとしても，収去すれば設備自体や甲建物の価値が減少すると評価される場合（電気・水道の引込設備はその典型例に挙げられている）は，上記⑶に従い，AはBに対して収去権と有益費償還請求権を選択的に行使することができると解される（有力説ではさらに，有益費償還請求権と造作買取請求権との選択も容認することになろう）。

## 3　同時履行の抗弁権および留置権の成否

　AのBに対する費用償還請求が認められる場合には，賃貸借契約の終了に基づきBが甲建物の返還を請求しても，Aは，Bから費用の償還があるまで，その返還を拒むことができる。費用償還請求権は甲建物に関して生じた債権に当たり，Aは甲建物について留置権を有するからである（295条1項本文）。ただし，Bの請求により，有益費の償還について裁判所が相当の期限を許与したときは（608条2項ただし書），有益費償還債権の履行期が到来していないことから，Aは留置権を主張することができない（295条1項ただし書）。

　これに対して，Aが造作買取請求権を行使した場合には，Aは，Bから造作代金の支払があるまで，甲建物の返還を拒むことはできない。造作代金債権は（甲建物ではなく）造作に関して生じた債権であるため，甲建物につ

いて留置権の成立が認められず，また，造作代金債務と建物返還債務は発生原因が異なり対価的な牽連関係がないため，同時履行の抗弁権（533条）も認められないからである（最判昭和29・1・14民集8巻1号16頁，最判昭和29・7・22民集8巻7号1425頁等）。したがって，Aは，Bから造作代金の支払があるまで，同時履行の抗弁権または留置権に基づき，当該造作の引渡ししか拒むことができない。しかし，学説では，これでは造作代金の支払が実際上確保されないとして，建物全体の返還について同時履行の抗弁権・留置権を認める見解が有力である。

### 4 賃借人が建物を増築した場合の法律関係

賃借物の附属物のうち，賃借人が建物を増築した部分については，以下の点に注意を要する。

増築部分が建物に付合することを否定し，増築部分を独立の所有権の対象にすると，建物の一部について，建物とは独立の所有権が成立することになる。しかし，これを常に認めれば，排他的支配権である物権の客観的範囲が不明確となり，取引の安全を害する。そこで，判例は，増築部分に構造上・利用上の独立性（区分所有1条参照）が認められない場合には，増築部分は建物に常に付合し，建物の所有者（賃貸人）の所有になると解している。その際に，たとえ賃借人が賃貸人から増築の承諾を受けていたとしても，民法242条ただし書の適用はなく，賃借人は増築部分の所有権を留保することはできない（最判昭和38・10・29民集17巻9号1236頁，最判昭和43・6・13民集22巻6号1183頁，参考判例①等）。この場合は上記2(1)の@に該当し，賃借人は増築部分を収去する義務を負わない反面，増築のために支出した費用について，民法608条2項の要件を満たせば，賃貸人に対し，有益費としてその費用の償還を請求することができる。

本問の増築部分には構造上・利用上の独立性がないと解されるから，以上の処理が妥当する。そして，民法608条2項の要件を満たすならば，AのBに対する有益費の償還請求が認められ，Bから費用の償還があるまで，Aは甲建物の返還を拒むことができる（上記3参照）。

なお，仮に，本問の増築部分に構造上・利用上の独立性が認められる場合には（関連問題(3)），民法242条ただし書の適用があり，付合が権原をもって

されたかを基準として，増築部分にＡの区分所有権が認められるかどうか
が判断される。その際に，Ａの建物賃借権は，民法242条ただし書の権原
には当たらないと解されている。建物賃借権は，建物に増築する権能や増築
部分の所有権を賃借人に留保する権能を賃借人に当然に与えるものではない
からである（606条参照）。また，増築に対するＢの承諾も，ただちに上記の
権原とみることはできない。このような承諾は通常，Ａが増築をしても用
法遵守義務（616条・594条1項）の違反による債務不履行にはならないため
の承諾にすぎず，増築部分の所有権をＡに留保する趣旨までは含んでいな
いからである。そうすると，Ｂの承諾がこのような趣旨まで含んでいる場合
にのみ，民法242条ただし書の権原があることを理由に，増築部分の区分所
有権がＡに留保され，賃貸借終了時，Ａは増築部分の区分所有権を主張す
ることができる（他方で，賃貸借終了後もＡの区分所有権が存続するためには，
Ａが甲建物の敷地の利用権を有している必要がある。しかし，Ａが増築するに当
たり，敷地の所有者〔Ｂが敷地の所有者であることも多いだろう〕が敷地の利用
権までＡに認めることはあまり考えられないだろう。このように，Ａが増築部分
の区分所有権を留保したとしても，それが存続するとは限らない点にも注意する
必要がある）。他方で，この場合は上記2(3)（附属物が@とⓑの中間的な状態の
場合）に当たると解されるから，民法608条2項の要件を満たすならば，Ａ
は，増築部分の区分所有権を主張せずに，Ｂに対する有益費の償還請求を選
択することもできるだろう。

---

**••• 関連問題 •••••••••••••••••••••••••••••••**

　本問において，Ａが甲建物の賃貸借契約期間中に以下の工事をし
た場合，Ａは，賃貸借契約終了の時に，Ｂに対してどのような請求
をすることができるか。

　(1)　レストラン内のトイレの床が傷んでいため，内装業者に依頼
し，トイレの床のタイルを張り替えた場合

　(2)　Ｂの承諾を得て，レストランの客席部分には建物埋込式（取外
しが比較的困難）のエアコンを，厨房には壁に取り付ける形のエアコ
ンを，それぞれ設置した場合

(3) Ｂの承諾を得て，イートインコーナーとして，15名収容のプレハブを甲建物に接続する形で増築したところ，このプレハブに構造上・利用上の独立性が認められると評価された場合

●】参考文献【●

＊水津太郎・百選Ⅰ148頁／中田405頁／鎌田薫「不動産の付合」同『民法ノート物権法①〔第4版〕』（日本評論社・2022）201頁／岡孝「建物賃貸借と留置権」山田卓生ほか『分析と展開・民法Ⅰ〔第3版〕』（弘文堂・2004）275頁

（秋山靖浩）

# 29

# 取消しと登記

　Xは，老後の生活資金を捻出する目的で，所有する一筆の土地甲を売却したいと考え，不動産業者Aに買手の紹介を依頼した。Aの紹介を受けたBは，X宅に電話をかけ，「甲にビルを建設する大型プロジェクトがあり，多額の収益を期待できるので，少々高値でも買い取りたい」と購入に意欲的な姿勢をみせた。そこでXは7月10日にAの事務所でBと商談を進め，同日X・B間に，売買代金を1億円，1カ月後に代金全額の支払と引換えに所有権移転登記をするという内容で売買契約（「本件契約」）が成立した。本件契約の締結に先立ち，Xは，Bの支払能力が心配だったので，質問したところ，Bは，「自分が所有する土地乙の売却により購入資金が入る。心配はご無用である」と答えた。その後Bは，同月25日に現金500万円を携えてX宅を訪れ，「乙の売却に予想以上に手間どっているので，残額の支払を少し遅らせてほしい。8月末には必ず支払う。ただ，プロジェクトを一刻も早く軌道に乗せる都合上，500万円の前金と引換えに登記名義だけはすぐ移してもらえないか」と懇請した。Xは，Bの言葉を信用し，同日甲の所有権移転登記手続に必要な書類をBに交付した。ところが8月下旬に，Xは，偶然Bが本件契約締結直前に事業に失敗したという情報を得たので，調査したところ，乙を売却する話もプロジェクトの話もでまかせであることが判明した。Xは，同月28日にBの詐欺を理由として本件契約を取り消した。Bは，預かった申請書類を用いて，9月5日に甲を自己の名義としたうえ，Yに6000万円で転売し，Yへの所有権移転登記手続をした。なお甲は現在もXが占有している。

　XはYに対してどのような請求ができるか。またYはどのような反論が可能か。

## ●】参考判例【●

① 大判昭和 17・9・30 民集 21 巻 911 頁
② 最判昭和 49・9・26 民集 28 巻 6 号 1213 頁
③ 最判昭和 35・11・29 民集 14 巻 13 号 2869 頁

## ●】解説【●

### 1　法律行為の取消しと物権変動

　Xは，Bの欺罔行為により，Bの支払能力につき錯誤に陥り，本件契約の意思表示を行った。したがって，本件契約の効力に関するXからの主張としては，ⓐ詐欺（96条1項），またはⓑ錯誤（95条）に基づく意思表示の取消しが一応考えられるが，相手方の支払能力に対する誤信は法律行為の基礎とした事情についての錯誤（同条1項2号）であり，錯誤に基づく取消しの可否については慎重な検討を要する［→本巻⑬］。そこで，本問ではⓐの主張に焦点を絞る［詐欺取消しの要件の詳細は→本巻⑭］。意思表示は取り消されると，当初から無効であったものとみなされる（121条）。そして，売買契約の遡及的無効と連動して，売買契約に基づく所有権移転の効果も生じなかったことになる（有因性）。この点，もし物権行為の債権行為に対する独自性が肯定されるならば，売買契約が無効でも物権変動の効力は維持されるとも考えられる（無因性）。しかし，判例・通説は物権行為の独自性を認めていない。したがって，Xは，取消しの意思表示を行ったうえで，甲の所有権は一度もBに移ったことはなく，自分がなお甲の所有者であると主張して，所有権の保全に必要な措置をとるべきことになる。

### 2　所有権に基づく妨害排除請求としての登記請求

　甲の占有を保持するXの関心は，Y名義の登記を自己名義に「戻す」ことにある。甲の名義をYが保有することは，Xの所有権をYが占有以外の方法で侵害するものとみられるから，ここではXの所有権に基づく妨害排除請求権が問題となる。では名義を「戻す」ために，Xはどのような請求をすればよいか。物権変動の過程を忠実に反映するという登記制度の理想を重視すれば，実体法上は存在しない物権変動の登記を抹消するのが正攻法であ

る。たとえ登記記録上は，X→B→Yと権利が移転しているようにみえて
も，取消しにより，X→Bの物権変動は最初から無効となり，その結果
B→Yの物権変動も無効と扱われる。したがって，Xは，B→Yの移転登
記の抹消に加え，Bも被告としてX→Bの移転登記も併せて抹消すべきこ
とになりそうである。

しかし，登記実務は，Y→Xの移転登記による名義の回復を認めている。
その背景には，現在の権利の帰属状態を正しく公示できる限り，上に述べた
登記制度の理想が多少犠牲になってもやむを得ないとする考え方がある。こ
の場合，Xは登記原因を「真正な登記名義の回復」として，Yのみを訴えて
登記名義を回復できるので，抹消登記を重ねるよりも簡便である。したがっ
て，本問の訴訟物は所有権に基づく妨害排除請求権としての所有権移転登記
抹消登記請求権または所有権移転登記請求権となる。

## 3　詐欺取消しと第三者

取消原因が制限行為能力または強迫である場合には，1でみた遡及的無効
の効果がすべての第三者との関係で貫徹され，2における主張が無制限に認
められる。ところが取消原因が詐欺の場合は，取消権を行使した者は取消し
の効果を善意・無過失の第三者に対抗できない（96条3項）。同趣旨の規定
は誤認惹起表示および困惑惹起表示についても存在する（消費契約4条5
項）。まずこれらの第三者保護規定の意義を確認しておく必要がある。

本問において，仮にXによる取消しの意思表示が9月7日になされたと
しよう。Yは，甲の権利者であるBと契約を締結したのに，その後Xが取
消権を行使した結果，遡及的に無権利者Bと取引したものと擬制され，権
利を承継できなくなる。これが取消しの遡及効から導かれるべき帰結であ
る。しかし，それでは取引の安全が害されるので，Yの信頼を保護するた
めに設けられたのが民法96条3項である。すなわち，同条は，取消しの遡
及効により不利益を受ける善意無過失の第三者を保護する規定であり，「第
三者」として，取消前に出現した者のみを想定している。そうすると，本問
のように，取消後に出現したYとXとの関係に同条は適用されないことに
なる。また，第三者は取消権を行使した者と対抗関係に立つわけではないか
ら（X→B→Yと転々譲渡された場合のX・Yは互いに民法177条の「第三者」

の関係になく，Ｙは遡及的に無権利者Ｂと取引したことになる），第三者が同条による信頼保護の効果を享受するために登記を備えている必要はない（参考判例②）。以上のように解するのが現在の判例・通説である（異論もある）。

### 4　取消しによる物権変動の遡及的消滅と民法 177 条

それでは取消後の第三者との関係はどうなるのか。判例は，Ｘ・Ｙの関係に民法 177 条を適用し，取消権を行使したＸは，取消しによる物権変動の遡及的消滅を登記しないと，取消しの効果を第三者Ｙに対抗することができないとする。3 の「取消前の第三者」の場面では，Ｙの出現前にＸがＢ→Ｘの所有権「復帰」を登記するのは理論的に不可能であり，そもそも同条適用の基礎を欠いている。これに対して，本問では，Ｘは，取消しの意思表示後，ただちに抹消登記または移転登記の申請を行うことができたのに，これを怠った不注意があり，二重譲渡で登記を怠った第 1 譲受人が登記を備えた第 2 譲受人に劣後して失権すべき関係と同視できるというのである。こうしてＸ・Ｙ間では，原則として登記を先に備えたほうが優先する（参考判例①）。例外的にＹが「登記欠缺を主張する正当の利益を有しない」（背信的悪意者あるいは登記欠缺の主張が信義則違反に当たる）場合に限り，Ｘは未登記でも取消しの効果を貫徹できる。よって，Ｘの取消しに基づく所有権「復帰」の主張に対し，Ｙは反論として，Ｘの登記欠缺を主張して，取消しの効果を否認することができる。

上に述べた論理は取消原因の種類を問わず当てはまり，制限行為能力または強迫による取消しの場合も民法 177 条が適用される。このようにＸ・Ｙ間に同条が適用されるかどうかは，Ｙの出現時とＸの取消権行使時の前後関係次第ということになる（さらにＸがＢの債務不履行を理由に契約を解除する場合にも同様の論理が妥当する（参考判例③））。しかし，取消前の第三者との関係で取消しの遡及効を認める一方，取消後の第三者との関係では一転して遡及効を制限するのは，理論的一貫性がないとの批判がある。また，詐欺の場合はともかく，第三者保護規定がない（制限行為能力または強迫の）場合，第三者の法的地位は，取消時との先後関係という偶然の事情に左右され，相当異なる処遇を受けることの当否も問題となる（一方で〔取消前〕はまったく保護されず，他方で〔取消後〕は登記先取得をめぐる競争関係となる）。

## 5 学説による代替提案

そこで，第1に，取消後の第三者との関係でも，取消しの遡及効を貫徹したうえで，端的にその外観（不実登記）から無権利者Bを権利者と信じたYを保護するために，民法94条2項を類推適用する説が有力である。この場合第三者が保護を受けるのに対抗要件を備える必要はないと解されており（異論もある），仮に登記がB名義のままでも，事態に影響を及ぼさない。他方で，同項類推適用に必要な真の権利者（X）側の帰責根拠として，外観に対する意思的関与（承認または「知りながらあえて放置」）が必要とされる（同法94条2項・110条類推適用事例では，さらに緩和される［→本巻⑪・⑫］）。取消しの意思表示後に登記を怠ったというXの不作為は，通常は単なる「放置」としか評価できず，当然に類推の基礎があるとはいえない。Yが保護されるかどうかはケース・バイ・ケースというほかない。本問のように，Xによる取消後，間髪をいれずBが転売した場合，そもそも「放置」とすら評価できず，Xは自己の所有権をYに主張できると考えられる。

第2に，4の末尾で指摘した問題点に対処するため，取消前の第三者との関係にも対抗要件主義の趣旨を拡大しようとする学説が存在する。すなわち，取消可能な状態が到来した時点以降，取消権者は速やかに取消しの意思表示をして物権を回復すべきであったのに，これを怠った不注意がある。そうした不注意を登記の懈怠と同等に評価し，取消しの遡及効を取消前の第三者との関係においても制限して，対抗問題として扱うべき場合があるという。しかし，この説に対しては，そもそも取消権行使の前においてはいかなる意味でも物権変動を観念することができず，同条の本来の適用領域を逸脱しているうえ，意思表示を取り消すかどうかは取消権者の自由であり，取消後における登記放置と取消権行使の緩慢さとを帰責の観点から同列に論じるべきではない，さらには取消可能時という基準時は曖昧すぎて実用に堪えない，等の問題点が指摘されている。

●●● 関連問題 ●●●●●●●●●●●●●●●●●●●●●●●●●●●●●●●●●●●●

　　本問において，8月31日の到来後も，Bが残代金を支払わないた
め，Xは，9月1日に，1週間以内の支払を催告し，同月8日まで
に支払がないときは契約を解除する旨を内容証明郵便でBに通知し
た。それでもBが残代金を支払わなかったので，Xは，同月10日に
売買契約を解除する旨の通知を内容証明郵便で発送し，通知は翌日
にBの事務所に到達した。

　　(1)　XはYに対して，甲につきどのような請求をすることができ
るか。またYはどのような反論が可能か。

　　(2)　本問における設定とやや異なり，BからYへの転売が8月30
日ではなく，9月15日に行われた場合はどうか（参考判例③参照）。

●】参考文献【●

＊金子敬明・百選Ⅰ112頁／竹中悟人・百選Ⅰ48頁／鶴藤倫道・百選Ⅰ114
　頁／一問一答24頁／Before/After22頁〔泉原智史〕

　　　　　　　　　　　　　　　　　　　　　　　　　　（石田　剛）

　2002 年 1 月 27 日，A は所有する土地 α を B に売却し，代金の一部の支払を受けて引き渡した。同年 2 月 28 日，B は残代金を支払ったが，土地 α については移転登記がされないままであった。その後，B は土地 α 上に建物 β を建築した。2006 年 6 月 3 日，A が死亡して C が相続し，土地 α について相続登記をした。2021 年 12 月 20 日，C はその債権者 D に対する代物弁済として土地 α の所有権移転登記を済ませた。他方，B は 2022 年 1 月頃，土地 α・建物 β を E に遺贈するために調べた際，土地 α が D 名義になっていることが判明した。そこで，同年 2 月 15 日，B は 2002 年 1 月 27 日から 20 年間の経過によって土地 α の所有権を時効取得したと主張し，D に対して土地 α が B に帰属することの確認と所有権移転登記手続を求めて訴えを提起した。他方，D も同年 2 月 20 日，土地 α は D の所有であると主張し，B に対して建物 β の収去・土地 α の明渡しおよび賃料相当損害金の支払を求めて反訴を提起した。

　いずれの請求が認められるか。

●】**参考判例**【●

① 大判大正 7・3・2 民録 24 輯 423 頁

② 最判昭和 41・11・22 民集 20 巻 9 号 1901 頁

③ 最判昭和 42・7・21 民集 21 巻 6 号 1653 頁

④ 最判昭和 33・8・28 民集 12 巻 12 号 1936 頁

⑤ 最判平成 18・1・17 民集 60 巻 1 号 27 頁

⑥ 最判昭和 35・7・27 民集 14 巻 10 号 1871 頁

⑦ 最判昭和 36・7・20 民集 15 巻 7 号 1903 頁

⑧ 最判昭和 46・11・5 民集 25 巻 8 号 1087 頁

●】解説【●

## 1　取得時効と登記に関する判例法理の展開

### ⑴　判例法理の基本原則

　時効による所有権取得（162条）に，不動産に関する物権の取得の対抗要件の規定（177条）が適用されるかどうかについては，以下のような判例法理が形成されている（松久・後掲88-89頁，村田・後掲116-117頁参照）。以下，土地所有権の時効取得を題材にして確認する。

　(A)　原則Ⅰ（当事者の関係）　　A所有地についてBが占有を開始し，取得時効が完成した場合，Bは第三者ではないから，民法177条は適用されず，Bは登記がなくとも時効取得をAに主張できる（参考判例①）。

　(B)　原則Ⅱ（時効完成前の第三者との関係）　　A所有地についてBが占有を開始し，取得時効が完成する前に，Aがこの土地をCに譲渡して移転登記した場合，民法177条は適用されず，Bは登記がなくともCに対して時効取得を対抗できる（参考判例②）。Bの取得時効完成前にAがこの土地をCに譲渡し，Bの取得時効完成後にCへの移転登記がされた場合も同様である（Cは時効完成前の第三者として取り扱われる。参考判例③）。

　(C)　原則Ⅲ（時効完成後の第三者との関係）　　A所有地についてBが占有を開始し，取得時効が完成した後に，Aがこの土地をCに譲渡して移転登記した場合，時効完成後に登記できたBには民法177条が適用され，Bは登記がなければCに対して時効取得を対抗できない（参考判例④）。ただし，CがAから譲渡を受けた時点で，Bが多年にわたって当該目的物を占有している事実を認識しており，Bの対抗要件の欠缺を主張することが信義に反するものと認められる特段の事情があるときは，Cは背信的悪意者に当たり，BはCに対して登記なしに時効取得を主張できる（参考判例⑤）。

　(D)　原則Ⅳ（時効の起算点）　　BによるA所有地の取得時効の完成後にAから譲渡を受けたCに対し，Bが時効期間を満たす限度で時効の起算点を任意に後ろにずらし，Bの時効完成前にCが登場し，その後に時効が完成したと主張することはできない（参考判例⑥）。これは原則Ⅲ（民法177条の適用による問題解決）を骨抜きにしないためといえる。

（E）　原則Ⅴ（時効完成後の第三者の登記後，再度の時効完成に必要な期間占有
が継続した場合）　　　A所有地についてBが占有を開始し，取得時効が完成
した後に，AがこのÀ土地をCに譲渡して移転登記した時点から，再度の時
効取得に必要な期間，Bの占有が継続が経過した場合，民法177条は適用さ
れず，Bは登記がなくともCに対して時効取得（当初の自主占有開始時を起
算点とするもの）を対抗できる（参考判例⑦）。

　⑵　判例法理の問題点

　判例法理によれば，㋐第三者の登場時期が取得時効完成の前か後かとい
う，第三者にとって偶然の事情により，対抗要件の規定の適用が左右され
る。また，㋑A所有地をBが善意・無過失で占有を開始し，10年間経過し
て短期取得時効（162条2項）が完成した後に，第三者Cが登場してAから
移転登記を受けたが，その後もBが占有を続けて長期取得時効（同条1項）
が完成した場合（本問の場合はこれに当たる），Bが短期取得時効を援用して
も原則Ⅲによって敗訴する一方で，Bが長期時効取得を援用すれば原則Ⅱに
よって勝訴することになり，それが均衡を失しないかどうかも問題となる。
さらに，㋒原則Ⅱは取得時効完成前に登場していたCとBは当事者の関係
に立つ（それゆえに登記不要）と解するが，それは時効の効果が起算日に遡
ること（144条）と整合的ではない。

　2　取得時効と登記に関する学説の展開

　⑴　対抗要件規定の適用を否定する見解

　学説には，時効による所有権取得には対抗要件の規定が適用されない，す
なわち，時効取得者Bと第三者Cとの関係は対抗問題にならないとみる見
解がある。これは，ⓐ時効取得者Bは，たとえ二重譲渡事例における未登
記譲受人であっても，占有継続という独自の要件を満たしているのであるか
ら，それを独立した所有権取得原因の中心的要素とみて，対抗要件（177条
による登記）なしに，時効完成後に登場した第三者に対しても，所有権取得
を主張しうる（判例法理の原則Ⅲを否定）とみる（占有尊重説）。また，ⓑ一定
期間の占有継続を所有権証明の法定証拠とすることに時効制度の趣旨を見出
し，時効の起算点の逆算を認める見解（逆算説。判例法理の原則Ⅳを否定）
も，対抗要件規定の適用を否定する。これらⓐ ⓑに対しては，自己の所有物

の時効取得は認められないことを前提に（162条参照），二重譲渡事例の場合は，所有者Aからの第1譲受人Bの占有は，第2譲受人Cが移転登記を具備した時点ではじめて「他人の物」となり，その時点から取得時効が起算されるとの批判がある（参考判例⑧の原審判決）。しかし，この批判に対しては，民法162条は「自己の物について取得時効の援用を許さない趣旨ではない」（最判昭和42・7・21民集21巻6号1643頁）ともいえる。また，未登記の第1譲受人は，対抗要件を具備するまでは完全に所有権を取得したとはいえず，第2譲受人が先に登記すればこの者は譲渡人から「完全に所有権を取得する」ことになる以上（177条），未登記第1譲受人の占有には潜在的に「他人の物」性が残されている（参考判例⑧参照）ともいえる。したがって，これらの批判は，すでに判例上もクリアされていると反論されうる。その結果，これら@ⓑの立場によれば，すべての場合が判例の原則Ⅰ・原則Ⅱによって処理されることになる（原則Ⅴも不要になる）。もっとも，時効取得者Bが登記できることを明白に認識しながら，A名義の登記を長期間放置していたような事情がある場合には，民法94条2項の類推適用によって善意のCが保護される余地は否定されないと解される。

### (2) 対抗要件規定の適用を肯定する見解

　これに対し，時効による所有権取得も対抗問題を生じるとみる見解もある。もっとも，どの時点から対抗問題になるかをめぐり，さらに見解の対立がある。ⓒ時効取得者Bは，時効完成前に登場した第三者Cに対しても，時効の遡及効（144条）によって対抗関係に立つとみて（判例法理の原則Ⅱを否定），かかる第三者Cが登記を具備した場合は対抗できない（時効は中断される）との見解がある（登記尊重説）。登記を物権変動の先後関係に関する法定証拠とみる見解もこの立場に属するといえる。もっとも，この立場も，第三者の登記具備時を起算点とする時効取得の余地は排除していないと解する余地がある（判例法理の原則Ⅰは肯定）。これに対し，ⓓ対抗問題となる場面を限定し，判例と同様に，時効完成後に登場した第三者Cに対し，時効取得者Bは登記がなければ対抗できないとの見解（判例法理の原則Ⅰ～Ⅴを肯定），ⓔさらにそれを限定し，時効取得者Bが時効を援用し，または時効取得を認める判決が確定したときは，その後に登場した第三者Cに対しては，

登記がなければ対抗できないとみる見解もある。

　これらと異なる観点から，①二重譲渡事例のように，本来対抗要件の具備によって決着をつけるべき事例類型では，たとえ取得時効の要件が満たされていても，対抗要件規定の適用が排除されないが（前記ⓒ説と同様。なお，ⓓ説・ⓔ説に立っても，この立場をとりうる），対抗要件の具備が期待できない事例類型（たとえば，境界紛争事例。関連問題(2)）には，対抗要件規定は適用されず，登記なしに時効取得が認められる（その限りで，ⓐ占有尊重説またはⓑ逆算説と同様）と解する見解（類型論）もある。

　これら諸説の実質的対立点は，㋐占有継続を要件とする時効取得をどこまで独自の所有権取得原因とみるべきか，㋑対抗要件を具備しうるのに具備しなかった時効取得者にどのようなサンクションを与えるべきかにある。判例法理を支持するⓓ説およびこれを一部制限したⓔ説・①説は，これら㋐㋑の考慮の調和を図ったものと解しうる（判例法理の問題点〔前述1(2)㋐〕に対する回答。なお，前述1(2)㋑の問題点については，善意・無過失の占有者も含め，長期時効取得の要件を具備した者が，〔短期取得時効完成後〕長期取得時効完成前に登場した第三者に対し，登記なしに時効取得を対抗できても，自己に不利になる短期取得時効の主張を強いられる理由はないから，均衡を失するとはいえない。前述1(2)㋒の問題点については，たしかに時効完成によるＢの時効取得の効果は占有開始時に遡及するから〔144条〕，判例法理の原則Ⅱは，ＢがＡからの所有権取得〔その効果は援用によって確定する〕を登記なしにＣに対抗できることを認めたものと解することになるから，登記がなくとも保護されてよいことの理由を説明すべきことになろう。例えば，時効完成前は時効による所有権取得を登記して対抗要件を具備できないという説明など）。

╭┄┄┄ 関連問題 ┄┄┄┄┄┄┄┄┄┄┄┄┄┄┄┄┄┄┄┄┄┄┄┄┄┄

　(1)　本問において，ＤがＣから土地αの代物弁済を受け，所有権移転登記を取得した時期が，2022年2月1日だった場合，結論はどうなるか。その際，Ｄが土地αはＢが占有していることを知っていた場合はどうか。

　(2)　2002年1月27日，Ａ所有地αの一部について隣地所有者

Bが自己の宅地の一部と信じて囲障および庭石を設置し，占有を開始した。2021年12月20日，Aが土地αをCに売却して移転登記した。Cが建物を建設するために土地αを測量し直したところ，その一部をBが不法に占有していたことが判明した。そこで，Cは2022年2月15日，Bに対し，前記庭石・囲障の撤去および当該土地部分の明渡しを請求した。Cの請求は認められるか。また，Bはどのような反論（反訴の提起を含む）が可能か。

●】参考文献【●

＊松久三四彦・不動産百選88頁・90頁／山田卓生・百選Ⅰ〔第5版〕(2001) 116頁／村田健介・百選Ⅰ116頁／児玉寛＝小泉博嗣・民事法Ⅰ281頁

（松尾　弘）

　Ａはその所有する土地α上で製材所を経営していた。土地αの隣にはＡの伯父Ｂが所有する土地β（地目は山林。500平方メートル）があり、ＡはＢの許可を得てこれを製材所に出入りする車両の駐車場として無償で利用していた。2001年3月17日、ＢがＡの製材所に立ち寄った際、Ａが土地βを売ってもらえないかとＢに話したところ、資産家であったＢはこれを承諾した。そこで、Ａは手付けとして手許にあった50万円を支払い、残代金の支払方法や登記手続の詳細は後に相談することにした。しかし、土地βについては残代金の支払も登記もされないままであった。2010年5月25日、Ｂが死亡し、Ｂの子のＣが相続して、Ｃは土地βについて、相続登記を経た。ＣはＢの生前に土地βのＡへの売却については何ら聞いていなかった。Ｃは自分が役員を勤めているＤ会社がＥ銀行から融資を受けるために、2011年8月7日、土地βにつき、Ｅを抵当権者とする極度額3000万円の根抵当権の設定契約を締結し、同日登記を完了した。その後、Ｄは経営に行き詰まり、Ｅに対する債務も返済不能となった。そこで、Ｅは2021年10月23日、土地βについて抵当権の実行を申し立て、それに基づく競売手続開始決定が行われ、土地βの差押えが行われた。土地βの差押えについて知ったＡは、Ｃに問い合わせたところ、上記の事実が判明した。この場合において、ＡはＥに対してどのような主張をすることができるか。

## ●】 参考判例 【●

① 大判大正9・7・16民録26輯1108頁
② 最判昭和43・12・24民集22巻13号3366頁
③ 最判平成24・3・16民集66巻5号2321頁

④　最判平成 15・10・31 判時 1846 号 7 頁

⑤　最判平成 23・1・21 判時 2105 号 9 頁

## ●】解説【●

### 1　取得時効の対象不動産に対する所有権取得と抵当権取得の異同

取得時効と登記に関する判例法理［→本巻30解説 1 における原則 I ～ V］は，取得時効の対象となる不動産につき，第三者が所有権を取得・登記した場合だけでなく，第三者が抵当権の設定登記を受けた場合にも当てはまると解される。すなわち，第三者の所有権取得に関する原則 I ～ V は，第三者の抵当権取得に関しては，以下のように言い換えられる（松岡・後掲 118-119 頁参照）。ここでも，土地所有権の時効取得を題材にして確認する。

（A）　原則 I （当事者の関係）　　A 所有地に C のための抵当権が設定されていた場合において，同土地について B（C の抵当権の被担保債権の債務者または抵当権設定者 A 以外の者）が占有を開始し，取得時効が完成した場合，B は抵当権の負担を前提にしていない限り（抵当権の存在について悪意であっても），抵当権の負担のない土地所有権の時効取得を登記しに C に主張できる（参考判例①，397 条参照。なお，最判昭和 42・7・21 民集 21 巻 6 号 1643 頁は，土地所有権の取得時効完成前に，抵当権が設定登記され，かつ実行されて所有権を取得し，移転登記をした競落人に対しても，時効取得者は登記なしに対抗できるとした）。

（B）　原則 II （時効完成前の第三者との関係）　　A 所有地について B が占有を開始し，取得時効が完成する前に，当該土地に第三者 C が抵当権の設定を受けた場合，占有者 B は当該第三者 C に対し，抵当権の存在を容認していた等，抵当権の消滅を妨げる特段の事情がない限り，抵当権の負担のない土地所有権の時効取得を登記なしに主張できる（参考判例②）。

（C）　原則 III （時効完成後の第三者との関係）　　A 所有地について B が占有を開始し，取得時効が完成した後に，当該土地に第三者 C が抵当権の設定を受けた場合，占有者 B は当該第三者 C に対し，時効取得を登記なしに対抗できない。

（D）　原則 IV （時効の起算点）　　A 所有地について B が占有を開始し，取

得時効が完成した後に，当該土地に第三者Ｃが抵当権の設定を受けた場合，占有者Ｂが時効期間を満たす限度で時効の起算点を任意に後ろにずらし，当該第三者Ｃが時効完成前に登場し，その後に時効が完成したと主張することはできない。

(E) 原則Ⅴ（時効完成後の第三者の登記後，再度の時効完成に必要な期間占有が継続した場合）　Ａ所有地についてＢが占有を開始し，取得時効が完成した後に，当該土地に第三者Ｃが抵当権の設定および登記を受けた場合において，占有者Ｂが，当該抵当権の設定登記の時点から，時効取得に必要な期間引き続き占有を継続したときは，抵当権の存在を容認していた等，抵当権の消滅を妨げる特段の事情がない限り，占有者Ｂは当該第三者Ｃに対し，時効取得を登記なしに対抗できる（参考判例③）。

このうち，原則Ⅴに関し，参考判例③は次のように述べる。「不動産の取得時効の完成後，所有権移転登記がされることのないまま，第三者が原所有者から抵当権の設定を受けて抵当権設定登記を了した場合において，上記不動産の時効取得者である占有者が，その後引き続き時効取得に必要な期間占有を継続したときは，上記占有者が上記抵当権の存在を容認していたなど抵当権の消滅を妨げる特段の事情がない限り，上記占有者は，上記不動産を時効取得し，その結果，上記抵当権は消滅すると解するのが相当である」。

最高裁は，理由として，次の点を挙げる。⑦取得時効の完成後，所有権移転登記がされないうちに，第三者が原所有者から抵当権の設定を受けて抵当権設定登記を了したならば，占有者がその後にいかに長期間占有を継続しても抵当権の負担のない所有権を取得することができないと解することは，長期間にわたる継続的な占有を占有の態様に応じて保護すべきものとする時効制度の趣旨に鑑みれば，是認しがたい。⑦不動産の取得時効の完成後所有権移転登記を了する前に，第三者に上記不動産が譲渡され，その旨の登記がされた場合において，占有者が，上記登記後に，なお引き続き時効取得に要する期間占有を継続したときは，占有者は，上記第三者に対し，登記なくして時効取得を対抗しうるものと解されるところ［→本巻30参考判例⑦を引用］，不動産の取得時効の完成後所有権移転登記を了する前に，第三者が上記不動産につき抵当権の設定を受け，その登記がされた場合において，占有者が引

き続き時効取得に要する期間占有を継続したとしても，取得時効の完成後に抵当権の設定を受けた第三者が保護されることとなるのは，不均衡である。

このように判例は，時効取得の対象不動産につき，第三者が所有権を取得した場合と抵当権を取得した場合とのバランスに配慮し，できる限りパラレルに扱おうとしている。もっとも，第三者が抵当権を取得した場合については，第三者が所有権を取得した場合と異なる特別の考慮も必要になることに注意する必要がある。というのは，抵当権者は，抵当不動産の利用権原をもたず，債務者の債務不履行前はその占有権原ももたないから（371条），抵当不動産を占有する第三者がいても，その者が抵当不動産を損傷したり，抵当不動産の実行を妨げたりするのでない限り［→本巻49解説］，抵当権に基づいて占有を排除し，取得時効を阻止することができないからである。抵当権設定登記後に土地の占有を始めた者に対し，抵当権者が抵当権の承認請求をすることができる等の制度改革を検討する余地がある（参考判例③に対する古田佑紀裁判官の補足意見は，「抵当権の実行以外に，占有者に抵当権を容認させる手段など」が必要であるとする）。

## 2 抵当権の設定登記後の時効取得期間の再経過と時効取得の時期

不動産の占有者が，取得時効完成後，かつ抵当権の設定登記後も，抵当権の設定登記を知らずに占有を継続し，あらためて時効取得に必要な期間が経過した場合について，参考判例③の法廷意見は，占有者は「抵当権の設定登記の日を起算点として，……時効取得し，その結果，……抵当権は消滅した」とする。この場合，占有者は，ⓐ抵当権設定登記日を起算点として不動産を再度時効取得すると解すべきか（参考判例③法廷意見），あるいはⓑ当初の占有開始日を起算点とする取得時効を，抵当権設定登記時から取得時効に必要な期間占有を継続した後は，登記なしに主張できると解すべきか，解釈の余地がある。ⓐでは，抵当権設定登記日における占有者の占有態様をどのように判断すべきかも問題になる。たとえば，悪意占有者による長期取得時効（20年。162条1項）の完成後に，抵当権が設定・登記された場合，占有者が再度の時効取得を主張するためには，占有態様はそれ以前と変わらないものとみて，20年の経過が必要とみるべきであろうか。また，善意・無過失の占有者による短期取得時効（10年。同条2項）の完成後に，抵当権が設

定登記された場合，占有者が抵当権設定の事実を知らなければ，再度の取得時効を主張するためには，10年の経過で足りるが，抵当権者が，抵当権設定登記前に占有者に抵当権設定について知らせていれば，占有者の占有態様が悪意または過失ありとなり，再度の時効取得に必要な期間も20年になるのかが問題になる。ちなみに，参考判例③の古田補足意見は，ⓐに対し，第三者の抵当権が設定登記されても，占有者の「取得時効が完成している状態が変わるものではないにもかかわらず，……再び取得時効の完成を認めることは技巧的で不自然な感を免れない」とする。また，抵当権の場合は，抵当不動産について取得時効の要件が満たされることによって抵当権が消滅することを認める民法397条との関係を明らかにする必要もある。

### 3 抵当権の消滅を妨げる「特段の事情」

参考判例③がいう，占有者が「抵当権の存在を容認していたなど抵当権の消滅を妨げる特段の事情」としては，どのような場合が考えられるであろうか。これに当たると解される例として，参考判例④がある。これは，土地の占有者による取得時効完成後に，第三者の抵当権が設定登記され，その後に土地の占有者が，対抗できない抵当権の存在を前提に，取得時効を援用して所有権移転登記をした後に，抵当権の設定登記時から10年の占有継続による再度の取得時効を主張して抵当権の抹消登記手続を請求した事案に関するものである。最高裁は，この請求を棄却した。この帰結は，最初の時効取得の主張が抵当権の存在を前提としたものでありながら（前述1(C)判例法理の原則Ⅲの適用による），後になって抵当権設定登記時から10年の占有継続による何らの負担のない時効取得を主張することが，取得時効の起算点の任意選択を認めたのと同じことになってしまい，これを否定する原則Ⅳ（前述1(D)）を根拠づける判例［→本巻30参考判例⑥］に抵触するともいえる。

### 4 賃借権の時効取得と抵当権の取得との関係

所有権の時効取得に関する以上のような判例法理は，賃借権の時効取得の場合にも同じように妥当するであろうか。すなわち，賃借権の時効取得が完成した後，抵当権が設定登記され，占有者がそれを知らずに時効取得に必要な期間の占有を継続した場合，占有者は賃借権を抵当権者に対抗することができるであろうか。参考判例⑤はこれを否定した。事案は，土地賃借権の時

効援用時までに土地をその所有者から55年余り賃借してきたが対抗要件を備えていなかった借地人が，当該土地への抵当権の設定登記時から，さらに10年の占有継続による土地賃借権の時効取得を主張したものである（借地人は，抵当権の設定登記時から5年8か月近く経ってから，借地上建物の所有権保存登記＝借地借家法10条による借地権の対抗要件の具備をしている）。これは，判例法理（特に参考判例③）に反するものであろうか。考え方は分かれるであろう。ⓐ参考判例⑤の第1審は，参考判例③の法理を適用し，借地人は抵当権の設定登記時から10年の経過によって借地権を時効取得し（163条・162条2項），借地人はこれを抵当権の実行によって土地所有権を取得した者に借地権の登記なしに対抗できるとした。これに対し，ⓑ参考判例⑤の第2審は，抵当権の設定登記後に賃借人が賃借権の時効取得に必要な期間占有を継続しても，抵当権の実行によって所有権を取得した者に対抗できないとした。理由は，㋐すでに土地所有者との契約によって土地賃借権をもつ賃借人に，賃貸人である土地所有者との関係で賃借権の時効取得を認める余地はない，㋑抵当権は非占有担保であり，土地利用権としての賃借権に何ら影響を及ぼさないから，抵当権設定登記時を起算点とする賃借権の時効取得を認めるべきではない，㋒民法397条は，抵当不動産について取得時効に必要な要件を具備する占有者があれば抵当権は消滅すると規定するが，賃借権の時効取得に必要な要件を具備する占有者があれば買受人が賃借権の負担の付いた不動産所有権を取得するとは規定していない，㋓抵当権者は抵当権実行手続または抵当権確認請求の訴えを提起する以外には賃借人の時効取得を中断する方法がないが，それは抵当不動産管理のコストを上昇させ，不動産担保金融を妨げる，㋔民事執行法上，最優先順位の担保権に先立つ賃借権で，対抗要件を具備したものだけが担保権実行手続において引受けとなる（同法59条2項）実務に支障を生じさせるなどである。そして，最高裁（参考判例⑤）はⓑ説を支持し，加えて，参考判例③は抵当権と所有権という「相容れない権利の得喪」に関わるものであり，抵当権と賃借権との関係が問題になった本問とは事案を異にするとした。しかし，長期間にわたる継続的な占有を占有の態様に応じて保護すべきものとする時効制度の趣旨（参考判例③）は，所有権（物権）と賃借権（債権）とで決定的な相違があることについての説

明はされておらず，抵当権の設定登記を得た者およびその実行による競落人に対し，所有権の時効取得と同様に一定の要件の下で賃借権の時効取得を優先させることが法理上の欠陥をもつ理由も明確に示されていない。したがって，参考判例⑤は，実質的には，土地賃借権の取得時効の完成後，土地賃借権が対抗要件を具備する前に現れた抵当権者およびその実行による競落人を保護し，抵当不動産担保金融の効用を確保することを重視したものとみられる。そうであるとすれば，参考判例⑤の射程が，土地賃借権の取得時効の完成前に現れた抵当権者との関係や，地上権や地役権といった用益物権の取得時効との関係にも及ぶか否か，どの範囲で及ぶかについて，参考判例③の射程とも連動して，解釈の余地がある。実質的には，抵当権者の保護および抵当不動産担保金融の効用を重視したものと考えられる。

### ・・・ 関連問題 ・・・

　　本問において，2001年3月17日，BがAの製材所に立ち寄った際，これまで無償使用を認めてきた土地βの返還を求めたのに対し，Aがあらためて土地βを賃借できないかとBに頼んだところ，Bはこれを承諾し，以後は土地βをBがAに賃貸する（賃料は月額2万円とする）旨の合意が成立したとする。AはEのための抵当権の設定登記について知らないまま，賃料をBの口座（B死亡後はCの口座）に振り込み続けてきた場合，AはEに対してどのような主張をすることができるか。これに対し，Eはどのような反論が可能か。

### ●】 参考文献 【●

＊松岡久和・百選Ⅰ118頁／石田剛・リマークス46号（2013）18頁／香川崇・月報司法書士486号（2012）12頁／金子敬明・千葉大学法学論集27巻3号（2013）1頁／田中淳子・法時1057号（2013）128頁／松尾弘・法学セミナー694号（2012）130頁／吉田邦彦・判評649号（判時2172号）（2013）2頁／阿部裕介・百選Ⅰ98頁

（松尾　弘）

# 32 共同相続と登記

　Ａは，その所有する居宅に，妻Ｂと一人娘ＣならびにＣの夫Ｅと一緒に暮らしていたが，2022年2月1日に死亡し，居宅とその敷地（以下，「本件不動産」という）を含むＡの財産は，妻Ｂと娘Ｃが法定相続分に従い共同相続した。

　ところが，Ｃの夫Ｅは，本件不動産を担保にＤから借財することを企て，妻Ｃに対し相続登記の申請の代理を申し出て必要書類一式を用意させる一方，義母Ｂの相続放棄申述書を勝手に作成して家庭裁判所に提出し，Ｂ宛に送付されてきた相続放棄申述受理証明書を用いて，本件不動産につきＡからＣへの単独相続を原因とするＣ単独名義の所有権移転登記を経由したうえ，Ｃの単独名義となった本件不動産につき，Ｄとの間で，ＥのＤに対する借財の担保として，Ｃを物上保証人とする抵当権の設定契約を締結し，本件不動産に，ＤのＥに対する貸金債権を被担保債権とするＤ名義の抵当権設定登記を経由した。

　その後，以上の経緯をＥから打ち明けられたＣは，Ｅの行為を追認したが，Ｂは，Ｃの単独名義の相続登記ならびにＤの抵当権登記につき，Ｂの持分を除外する更正登記手続を求めた。

　これに対して，Ｄは，民法177条に関する判例・通説の立場によれば，すべての物権変動は，登記をしなければ，第三者に対抗することができないとされているのだから，相続による物権変動についても，Ｂが取得した持分の登記をしていない以上，民法177条の第三者であるＤに持分を対抗することはできないと主張した。

　Ｂ，Ｄのどちらの主張が認められるか。

●】解説【●

### 1　民法 177 条の「物権変動」の範囲・「第三者」の範囲

まず，本問 D の主張する判例・学説の立場から確認しておこう。

### (1)　制限説・無制限説

わが国の対抗要件主義の母法であるフランス法は，ⓐ登記をしなければ対抗することができない「物権変動」要件，ⓑ登記をしなければ対抗することができない「第三者」要件のいずれに関しても，条文上その範囲を限定している（ⓐ「物権変動」要件に関しては，法律行為〔意思表示〕ならびに判決による物権変動に限定する制限説，ⓑ「第三者」要件に関しては，登記を備えた第三者に限定する──したがって第三者もまた登記能力のある物権変動〔法律行為または判決〕による権利取得者に限定される──制限説）。

そして，この立場は，ボワソナード旧民法においても同様であった。

だが，これに対して，現行民法 177 条は，ⓐ「物権変動」要件・ⓑ「第三者」要件のいずれに関しても，文言上制限を設けていない。これは，フランス法・旧民法からの意図的な変更であり，現行民法起草者は，ⓐすべての物権変動は，ⓑすべての第三者に対して，登記をしなければ対抗できないとすることによって（ⓐ・ⓑ要件とも無制限説），登記中心の取引社会を確立しようとしたのである。

しかし，このような成立要件主義に等しい過激な立法に，当時の社会はついていけなかった。現行民法の施行される前は，旧民法を参考にして判決が下されていたので，現行民法が施行された直後より，ⓐ「物権変動」要件・ⓑ「第三者」要件のいずれに関しても，旧民法の制限説に立つ判例と，現行民法の無制限説に立つ判例が現れて，民法 177 条の適用範囲の解釈に混乱が生じたのである。

(2) 明治41年12月15日大審院民事連合部判決

　そこで，大審院は，明治41年，同日付の２つの民事連合部判決により，ⓐ「物権変動」要件については現行民法起草者の見解に従い無制限説をとる一方，ⓑ「第三者」要件については，第三者（当事者およびその包括承継人以外の者）の中でも，特に「正当ノ利益」（今日の表現では「正当な利益」）を有する第三者に限る旨の制限説を採用することで，判例統一を図った（ⓐ「物権変動」要件につき大判明治41・12・15民録14輯1301頁，ⓑ「第三者」要件につき大判明治41・12・15民録14輯1276頁）。

## ２　「相続と登記」をめぐる判例の変遷

### (1) 明治41年相続登記要求民事連合部判決

　だが，上記のうち，ⓐ「物権変動」要件に関する民事連合部判決の事案は，生前相続が認められていた戦前の家族法下において，Ａの隠居により家督相続人Ｂが相続した不動産を，隠居者ＡがＣに贈与したものであった。そのため，争点は，家督相続（＝隠居・入夫婚姻の意思表示を機縁として発生する相続）については，通常の売買等の意思表示による物権変動と同様，民法177条の適用を肯定するのが適切ではないか，という点を中心に展開し，結局，判旨は，家督相続による権利取得者も「意思表示ニ因リ物権ヲ取得シタル者ト均シク登記法ノ定ムル所ニ従ヒ登記ヲ為シ以テ自ラ其権利ヲ自衛シ第三者ヲモ害セサル手続ヲ為シ得ヘキ」と結論づけた。この説示は，死亡相続と異なり，家督相続による物権変動に関しては，通常の意思表示による物権変動の場合と同様，相続人には登記をしないことの帰責性が認められるので，同条の対抗不能の制裁が課されるとしているようにも読める。

### (2) 死亡相続に関する登記不要説と登記必要説

　これに対して，死亡相続については，その後の判例は，ⓐＡの死亡による共同相続人Ｂ・Ｃのうち，ＣがＡの遺産に属する不動産につき単独名義の相続登記を経由したうえＤに売却し，Ｄが登記を経由した事案につき，ＢのＤに対する登記の抹消請求を肯定するものと（大判大正8・11・3民録25輯1944頁），ⓑ生前相続に関する明治41年民事連合部判決を引用しつつ，死亡相続に関しても同様に民法177条が適用される旨を明言するものに分かれた（大判大正9・5・11民録26輯640頁）。

(3) 昭和38年2月22日最高裁判決（参考判例①）

　戦後の家族法改正により，生前相続の制度は廃止された。

　一方，死亡相続に関しては，昭和38年になって，上記ⓐの大審院判決を引用しつつ，「相続財産に属する不動産につき単独所有権移転の登記をした共同相続人中の乙ならびに乙から単独所有権移転の登記をうけた第三取得者丙に対し，他の共同相続人甲は自己の持分を登記なくして対抗しうるものと解すべきである。けだし乙の登記は甲の持分に関する限り無権利の登記であり，登記に公信力なき結果丙も甲の持分に関する限りその権利を取得するに由ないからである」とする最高裁判例が現れた（参考判例①）。

## 3　「対抗の法理」と「無権利の法理」

　昭和38年最高裁判決（参考判例①）は，結論だけをみれば，民法177条の「物権変動」要件につき，フランス法・旧民法と同様，意思表示による物権変動に限定する制限説を採用した場合と変わらない。しかしながら，その法律構成は，明治41年民事連合部判決の定立したⓐ「物権変動」無制限説，ⓑ「第三者」制限説の判断枠組みを基本的に維持しており，もっぱらⓑ「第三者」要件の不充足を理由に，民法177条不適用の結論を導くものである。

　ここで用いられているのは，「対抗の法理」と「無権利の法理」ないし「公示の原則」と「公信の原則」の振り分け論である。

　明治41年民事連合部判決のうち，ⓑ「第三者」制限民事連合部判決は，「正当ノ権原ニ因ラスシテ権利ヲ主張シ或ハ不法行為ニ因リテ損害ヲ加ヘタル者ノ類ハ皆第三者ト称スルコトヲ得ス」と述べ，戦後の判例も，不法占拠者は民法177条の「第三者」には該当しないとしている（最判昭和25・12・19民集4巻12号660頁）。したがって，ⓐA→Bの相続による権利取得もまた登記をしなければ対抗することができない物権変動であるとしても，ⓑCないしDが無権利者ないし無権利者からの取得者であったならば，Bは，登記がなくてもCないしDに対抗することができる。

　他方，「正当な利益」を有する第三者については，権利者からの取得者であるとするのが，今日の判例・通説の立場である。その背景には，「二重譲渡の法的構成」に関する，次のような理解が控えている。すなわち，民法176条の意思主義にもかかわらず，A→Bの第1譲渡の後も，Bが登記を経

由するまでは，Bの取得した権利は，相対的効力しか有さない物権（相対的効力説・関係的所有権説），不完全な物権（不完全物権変動説）あるいは優先的効力のない物権（優先的効力説）にすぎず，民法177条は，登記の経由によって，物権に絶対性・完全性ないし優先的効力を付与・補完する規定であるとみるのである。このような理解に立った場合，譲渡人Aは，Bへ第1譲渡の後においても，いまだ完全な無権利者になっていないと評価されるので，第2譲受人Cの権利取得は，権利者からの取得ということになる。

(1) 共同相続と登記

その結果，「共同相続と登記」の問題は，A→B・Cの共同相続において，Bの取得した持分に関して，Cを無権利者と評価できるかという点に帰着するが，昭和38年最高裁判決（参考判例①）は，先の引用にあるように，CはBの取得した持分につき無権利者であり，したがって，Cからの権利取得者Dも，Bの持分の限りで無権利者からの取得者であると評価した（「無権利の法理」を適用）。

しかし，学説の中には，「共有持分（持分権）の弾力性」を根拠に，判例に反対する見解もある。B・Cの共有不動産につき，Cの単独名義の登記がされている状態は，Cの不動産上に存在するBの制限物権について登記がないのと同じ事柄であるから，「対抗の法理」が適用されるというのである。

(2) 被相続人の生前処分と登記

これに対して，「被相続人の生前譲渡と登記」（被相続人Aが生前に不動産をBに譲渡したが，Bが登記を経由しない間にAが死亡し，Aの相続人Cが相続登記を経由したうえDに譲渡した事案）においては，「時効取得と登記」[→本巻30・31]と同じく「当事者の法理」と「第三者の法理」の振り分け論が用いられる。すなわち，Aの相続人Cはそもそも「第三者」（当事者およびその包括承継人以外の者）ではないので，Bは登記なくしてCに対抗できる（「当事者の法理」の適用）。しかし，Cからの譲受人Dは，Bにとって「第三者」に当たるので，Bは登記なくしてDに対抗できない（「第三者の法理」の適用。最判昭和33・10・14民集12巻14号3111頁）。

(3) 表見相続人の処分と登記

では，Aの相続人と思われたCが相続財産である不動産について登記を

経由し，Ｄにこれを譲渡したが，その後，Ｃが相続欠格者（891条）であり，Ｂが相続人であることが判明した場合，Ｂは，Ｄに対して，登記がなくても対抗することができるか。Ａが，遺言により，推定相続人Ｃを廃除（892条）していた場合はどうか。

　これら「表見相続人の処分と登記」の事案で用いられるのは，「共同相続と登記」と同じ「無権利の法理」「対抗の法理」の振り分け論であって，Ｃは無権利者であり，Ｃからの譲受人Ｄは無権利者からの取得者であるから，Ｂは登記なくしてＤに対抗できる（「無権利の法理」の適用）。

### (4)　遺産分割と登記・相続放棄と登記

　Ａの共同相続人Ｂ・Ｃによる遺産分割の結果Ｂが不動産を取得するものとされたが，Ｂが単独名義の相続登記を経由する前に，Ｃの債権者ＤがＣの法定相続分を差し押えた場合（遺産分割と登記），ＢはＣに対抗することはできない（899条の2第1項）［→本巻33］。

　これに対して，Ａの共同相続人Ｂ・ＣのうちＣが相続を放棄したが，Ｂが単独名義の相続登記を経由する前に，Ｃの債権者ＤがＣの法定相続分を差し押えた場合（相続放棄と登記），ＢはＣに対抗することができる（参考判例②）。

　遺産分割・相続放棄は，いずれも効果が相続開始時に遡及する点で（909条・939条），「取消しと登記」［→本巻29］や「解除と登記」と同じ「復帰的物権変動と登記」の一類型と位置づけることもできるが，このうち「相続放棄と登記」の論点に関しては，相続放棄後の第三者に対しても遡及効徹底構成をとり，「無権利の法理」を適用して，遡及的に単独相続人となったＢを第三者Ｄに優越させるのである。

### (5)　遺贈と登記・「相続させる」旨の遺言と登記

　「死因贈与と登記」の論点に関しては「対抗の法理」が適用される。

　死因贈与については，その性質に反しない限り，遺贈に関する規定が準用される（554条）。だが，その一方で，包括受遺者は，相続人と同一の権利義務を有するとされている（990条）。そのため，遺贈を死因贈与に近づけて考えた場合には，「遺贈と登記」の論点についても，「死因贈与と登記」と同様「対抗の法理」を適用する方向に傾くが，これに対して，少なくとも包括遺贈

については相続と同様と捉えた場合には,「包括遺贈と登記」の論点について
は,「相続と登記」と同様に「無権利の法理」を適用すべきようにも見える。
「特定遺贈と登記」に関して,判例は「対抗の法理」を適用し[→本巻29],
学説の多くは,「包括遺贈と登記」についても「対抗の法理」適用説に立つ。

　このように,遺贈に関しては,ⓐ対抗要件主義に服する点のほか,かつて
は,ⓑ登録免許税が相続登記より高額であったこと,また,ⓒ相続登記が相
続人の単独申請であるのに対して,遺贈の登記は遺言執行者(または共同相
続人全員)を登記義務者とし受遺者を登記権利者とする共同申請であること
から,共同相続人の1人に法定相続分より多い財産を取得させる手段とし
て,遺贈ではなく,「相続させる」との文言を用いる便法が案出された。こ
れは,⑦相続分の指定(902条)あるいは④遺産分割方法の指定(908条)に
よって,相続財産を共同相続人の1人に帰属させる手法である。

　しかし,その後,ⓑ相続人への遺贈の登録免許税額が相続と同額になった
後,ⓐ2018年民法改正で,「相続させる」旨の遺言についても対抗要件主義
を適用する旨の規定が新設され(899条の2),ⓒ2021年不動産登記法改正
で,相続人に対する遺贈の登記につき受遺者の単独申請が認められて(不登
63条3項〔未施行〕新設),共同相続人の1人に対する遺贈と「相続させる」
旨の遺言の間の落差は平準化されるに至った。

- - - ● **発展問題** ● - - -

　本問において,Bが,自己の持分に関する更正登記ではなく,C
の単独名義の相続登記ならびにDの抵当権登記の抹消登記を請求し
た場合に,裁判所は,Bの持分の限りでの更正登記手続を命じる判
決をすることはできるか。

●】**参考文献**【●

＊占部洋之・百選Ⅰ120頁／山野目章夫・百選Ⅲ150頁／水野謙・百選Ⅲ152
　頁

（七戸克彦）

# 33 遺産分割と登記

　Aは，2015年7月7日に，従前から所有していた土地甲に建物乙を新築し，それ以来，妻Bと子Cとともにそこに居住していた。A・BにはCの他に子Dもおり，Dはすでに独立していた。2018年3月3日，AはDのために分譲マンションの1室丙を購入し，自らを所有者として所有権保存登記をしたうえで，同年4月1日に丙をDに無償で貸し与え，それ以来Dはそこに居住していた。なお，Dは，Aとの折り合いは良かったが，B・Cとの仲はかねてより悪かった。

　2020年5月5日，Aが死亡し，B・C・Dが相続人となった。そして，B・C・D間において遺産分割協議がなされ，甲と乙をB・Cの共有とし，丙をDの単独所有とする旨の合意が，同年12月1日になされた。

　そこで，2021年1月15日に，BとCが甲と乙の登記を確認したところ，Dが法定相続分に基づいて甲乙の所有権の持分を4分の1の割合で共有している旨の相続登記が2020年6月1日付けでなされていたことが判明した。しかも，Dは，その甲乙に関する持分をEに対して同月10日に売却していた。

　これに対して，Cは，2021年2月1日に，丙の所有権の持分を法定相続分に基づいて4分の1の割合で共有している旨の相続登記をし，同月15日にその持分をFに売却した。

　現在は，甲乙丙ともに，B・C・Dの法定相続分を共有持分割合とする共同相続登記がなされている。E・Fはいずれも，それぞれが取得した共有持分について移転登記を経由していない。

　以上の事実関係に基づき，B・CがEに対して甲乙の所有権が自らにあることの確認を，DがFに対して丙の所有権が自らにあることの確認を，それぞれ求めた。これら請求は認められるか。

●】参考判例【●

① 最判昭和46・1・26民集25巻1号90頁
② 最判昭和42・1・20民集21巻1号16頁

●】解説【●

### 1 相続における遺産分割の意義

　被相続人が死亡し，相続人が複数人存在する場合には，遺産は共同相続人全員によって共有されている状態となる。しかし，この共有状態がいつまでも継続していると，各相続人が遺産を管理したり利用したりするに当たって不都合が生じうることは，明らかである。そこで，この遺産共有状態を解消し，遺産に含まれているそれぞれの財産が具体的にどの相続人に帰属することになるのかを決める必要がある。遺産分割はそのための手続であり，共同相続人間の協議によってなされる。

　遺産分割は，遺産に属する物や権利の種類や性質，共同相続人の年齢や職業や生活状況など，一切の事情を考慮して行われる（906条）。したがって，遺産分割の内容は，共同相続人間の合意によって原則として自由に決めることができる。相続開始後いつまでに遺産分割をしなければならないかについては，特に定めがない。むしろ，遺言で禁じられていなければ，共同相続人はいつでも遺産分割協議を行うことができる（907条1項）。もっとも，相続開始から10年以内に遺産分割をしないと，その後は特別受益（903条・904条）や寄与分（904条の2）を遺産分割において主張することができなくなる（904条の3）ことには，注意を要する。なお，共有物が遺産に属する場合には，裁判による共有物分割（258条）をすることができず，遺産分割手続によらねばならない（258条の2第1項）。ただし，相続開始時から10年が経過すると，遺産に属する共有持分についても裁判による共有物分割を行うことができるようになる（同条2項）。

　そして，遺産分割の効果は，相続開始時に遡及する（909条本文）。遺産分割に遡及効があることから，民法は，原則としては，共同相続人は相続により相続人から遺産に属する個別財産を直接取得した，と理解していると考え

225

られる。遺産の共有状態がなかったと宣言していることから，これを宣言主義という。

　ただし，遺産分割の遡及効は，第三者の権利を妨げることができない（909条ただし書）。また，判例は，遺産分割後の第三者との関係においては，共同相続人による遺産共有状態を経たうえで遺産分割によって新たな物権変動が生じた，と解している（参考判例①）。これらの点に鑑みると，状況に応じて，宣言主義ではなく移転主義の考え方が採用されているとみることもできる。

　また，相続の放棄をすると，その相続人ははじめから相続人ではなかったものとみなされる（939条）。つまり，相続の放棄にも遺産分割と同じく遡及効がある。しかし，遡及効から第三者を保護する規定は存在しない。この理由として，相続の放棄を申述するためには，相続人が自己のために相続が発生したことを知った時から3か月の期間制限がある（915条1項）ことが挙げられる。このことから，相続の放棄の絶対効は，遺産分割よりも徹底されているとみることができる。

　とはいえ，実務においては，共同相続人の一部の者が相続を放棄することによって，共同相続人間で遺産分割をするのと同様の結論を得ようとすることもある。そうだとすると，遺産分割と相続の放棄とで遡及効の内容が異なるのは，立法論としては一考の価値がある。また，第三者が遺産分割後に登場した場合（参考判例①）と，相続の放棄後に登場した場合（参考判例②。関連問題）とで違いがあるとすれば，それもまた解釈論として検討されるべき課題であろう。

## 2　遺産分割前に登場した第三者

　さて，事例における甲乙は，B・C・Dによる遺産分割の合意がなされる前にDからEに対して売却されてしまっている。ここでのEは，遺産分割前に登場した第三者といわれる。果たしてEは保護されるだろうか。

　遺産分割前に登場した第三者の保護について正面から論じた判例はまだないとされているものの，このような第三者を保護するためにこそ遺産分割の遡及効が制限されているとみて，民法909条ただし書を適用して問題解決を図るのが通説である。Eに譲渡されたのはDの法定相続分の範囲内の持分

であり，この点においても，Eは保護される余地があることとなろう（法定相続分を超過した譲渡がなされた場合について，最判昭和38・2・22民集17巻1号235頁）[→本巻[32]]。

　もっとも，Eが遺産分割前に登場していさえすればそれだけで保護されると解してよいかも問題となる。民法909条ただし書には，第三者保護要件として特段の要求を明示してはいない。しかし，通説は，同条ただし書の第三者として保護されるためには，その第三者が登記を経由していることを求めている。権利を失う可能性のある相続人の不利益を考慮すると，それでもなお第三者が保護されるためには，第三者として自らができる限りの行動をとるべき，と考えられるからである。甲乙のケースについて通説に従うと，Eは，登記をしなければそもそも同条ただし書の適用を受けることができないため，原則としての同条本文が適用されることになる。すなわち，遺産分割の遡及効が貫徹され，Eは保護されず，B・Cの確認請求が認められることになる。この観点からみると，同条ただし書の適用を受けるために第三者が備えなければならない登記は，権利資格保護要件の登記として位置づけることができる。

### 3　遺産分割後に登場した第三者

　これに対して，事例における丙は，B・C・Dによる遺産分割の合意がなされた後に，CからFに対して売却されている。したがって，Fは遺産分割後に登場した第三者ということができる。民法909条ただし書は遺産分割の遡及効を制限する規定であるから，そこで定められている第三者としては，遺産分割前に登場していることが前提とされている。このため，遺産分割後に登場した第三者を同条ただし書を適用して保護することはできない。

　しかし，判例は，遺産分割後に登場した第三者に関して，遺産分割の性質について，「相続人が相続によりいったん取得した権利につき分割時に新たな変更を生ずるのと実質上異ならないもの」と解し，民法177条を適用して，「分割により相続分と異なる権利を取得した相続人は，その旨の登記を経なければ，分割後に当該不動産につき権利を取得した第三者に対し，自己の権利の取得を対抗することはできない」と述べた（参考判例①）。すなわち，遺産分割によって，丙について法定相続分以上の権利を取得したDと，

遺産分割後に登場した第三者であるＦは，対抗関係に立ち，登記を先に備えた者が他方に優先することになる。この登記は対抗要件としての登記であるから，双方未登記である場合には双方ともに敗訴する。また，判例によれば，同条の第三者に該当するために善意であることは求められておらず，背信的悪意者でなければ第三者は保護される（背信的悪意者排除論を確立した判例として，最判昭和43・8・2民集22巻8号1571頁）。

その後，2018年に民法が改正（2019年7月1日施行）され，相続による権利の承継については，それが遺産分割によるものであれよらないものであれ，法定相続分を超過する分については，対抗要件としての登記をしなければ，第三者に対抗することができないものとされた（899条の2第1項）。その立法趣旨は，相続による権利の承継についての登記を促進することにある。

この規定は，上述した判例の見解を維持したものと理解されている。したがって，民法177条は物権変動一般に関する一般法としての規律であり，民法899条の2は相続による権利の承継に限定された特別法としての規律であることから，判例の立場に従うのであれば，今後は同条1項を適用して，遺産分割後に登場した第三者を保護することになる［相続させる旨の遺言や遺贈についても同条が適用されるかどうかについて，→本巻34］。また，背信的悪意者排除論がここでも適用されることになる。

もっとも，学説においては，遺産分割の遡及効（909条本文）を重視して，遺産分割によって当該権利を取得しなかった相続人を無権利者と解して，その無権利者である相続人から当該権利に関する取引を行った第三者を，権利外観法理を用いて保護するという見解も有力である。具体的には，民法94条2項を類推適用して第三者を保護する。この場合には，同項に明示されているように第三者には善意が求められる。さらに，学説では，善意に加えて無過失まで要求する見解も有力に主張されている。

とはいえ，民法899条の2が新設されたことに鑑みると，遺産分割後に登場した第三者に関して対抗要件としての登記を要求しない，との見解は採用しづらいところであろう。なぜならば，同条は，相続による権利の承継に限定したうえで，法定相続分に応じた部分については対抗要件としての登記を

要さず，法定相続分を超える部分についてはそれを要する，と明確に定めているからである。これにより，相続が関連する事案の中で，同条が適用されるケースについては対抗の法理が用いられることが明確になった。

### 4　対抗の法理と無権利の法理

　以上のように，通説は，遺産分割前に登場した第三者については民法909条ただし書を適用し，さらにその解釈論として第三者に登記を要求している。また，従前の判例は，遺産分割後に登場した第三者については対抗問題であると解して民法177条を適用しており，この問題は，現在においては民法899条の2第1項の適用により解決されることになる。

　遺産分割の前後どちらのタイミングで第三者が現れるかは偶然の事象にも左右されることを念頭に置くならば，それぞれで解釈論やそれに基づく要件と効果が異なるのは，望ましくないといえる。そうだとすると，判例や通説のように，保護要件と対抗要件の違いはあるものの，いずれの場面においても登記を用いて問題の解決を図る方策は，納得しうるものであろう。

　この点において，遺産分割後に登場した第三者については民法94条2項を類推適用して保護しようとする有力説の見解は，その場合には第三者の主観的要件が求められることと，第三者が遺産分割前に登場した場合には善意（あるいは善意無過失）が要求されないこととの間で，離齬がある。判例の立場によると，遺産分割後に登場した第三者については背信的悪意者排除論の適用があり，その限りで第三者の主観的要件が検討されることにはなるが，まずもって善意（あるいは善意無過失）でなければ保護されないと解する有力説の見解と，背信的悪意者でさえなければ保護されると解する判例の見解との違いは，かなり大きいと思われる。

　また，遺産分割と登記に関するテーマを，相続と登記に関する問題全般およびそれぞれのテーマとの関係を意識したうえで検討することも重要である。

　民法899条の2の立法趣旨を踏まえると，たとえば，相続させる旨の遺言がなされた場合に第三者が登場するケースに対しては，遺産分割後に登場した第三者のケースと同じく，同条が適用されるものと解される。民法改正前の判例（最判平成14・6・10家月55巻1号77頁）［→本巻34］は，相続させる

旨の遺言に基づく権利取得の場合には登記がなくても第三者に対抗できると解していたが，この判例には批判があった。

　もっとも，遺贈がなされた場合に第三者が現れたケースに対しては，民法899条の2ではなく民法177条が適用されると解するのが有力である（民法改正前の判例ではあるが，最判昭和39・3・6民集18巻3号437頁）[→本巻34]。とはいえ，民法899条の2を適用するにせよ，民法177条を適用するにせよ，これらはいずれも問題を対抗関係とみて登記をもって優劣を決するという点においては変わらない。すなわち，対抗の法理の採用である。

　しかし，共同相続人の1人が，遺産分割前に，遺産に属する不動産を単独で相続したとして相続に基づく移転登記を経由して，その不動産を第三者に譲渡したケースについて，判例は，当該第三者は他の共同相続人の持分に関しては無権利者であるから，他の共同相続人は登記がなくても自己の持分に関して当該第三者に対抗できる，と解している（前掲・最判昭和38・2・22）[→本巻32]。また，相続の放棄がなされた後に第三者が現れた場合には，相続の放棄の絶対効が重視され，やはりこのケースも対抗関係とはならないとされている（参考判例②。関連問題）。この結果，民法899条の2も民法177条も適用されないことから，それでもなお第三者を保護するとすれば，民法94条2項の類推適用が考えられる。すなわち，無権利の法理あるいは権利外観法理の適用である。

　このように，判例の見解によれば，相続と登記に関連する各テーマによって法理の使い分けがなされている。民法899条の2が新設されたことにより，ひとまずは解決が図られた問題ではあるが，果たしてこのような区別がなお説得的であるか。関連条文の立法趣旨やその要件と効果といった理論的観点のみならず，被相続人や相続人によってなされたそれぞれの行為が実務においてどのような意義を有するかについても視野を広げながら，引き続き検討を要する問題である。

　なお，2021年の不動産登記法改正（2024年4月1日施行）により，所有権の登記名義人について相続が生じた場合には，相続登記を申請することが義務化された（不登76条の2第1項〔未施行〕）。具体的には，相続により所有権を取得した者は，自己について相続が生じたことを知り，かつ，当該所有

権を取得したことを知った日から3年以内に，所有権移転登記の申請をしなければならない。この相続登記申請の義務化は，所有者不明の土地が発生してしまうことを事前に防止するために新設された方策の1つである。

**●】参考文献【●**

＊作内良平・百選Ⅲ 146 頁（参考判例①）／山本敬三・百選Ⅲ 148 頁（参考判例②）

（大場浩之）

# 34 遺言・遺贈と登記

Ａは，先立たれた妻との間に長男Ｙ₁と次男Ｂがおり，所有する不動産甲（建物と敷地を一括して称する）でＢと同居していた。Ｙ₁は妻Ｙ₂との婚姻を機にＡと別居し，子Ｃと３人で暮らしていた。Ａが80歳を超えて身体が不自由になった後は，Ｙ₂が通いでＡの介護をした。他方で，Ｂは働かず，Ａに生活費や遊興費を無心して浪費を重ねた。Ｂは遊興費が不足し，金融業者Ｘに対して貸付けを申し込んだが，信用がないと断られたので，「甲をいずれ自分がもらうことになるから，これを弁済に充てる」と力説し，Ａにも懇願して，渋々ながら，そうなる旨一筆もらい，これを差し入れて貸付けを受けた。その後，ＢはたびたびＸから貸付けを受け，累計1000万円となった。

2024年４月15日，Ａが死亡した。同年12月15日，Ｙ₁がＡの遺言書を預かっていると主張し，自筆証書遺言の検認手続を行い，Ｂに遺産分割協議を申し入れた。遺言書には「Ｙ一家に甲を与える。Ｂには何も与えない」とあり，Ｙ₁とＢの間で効力に争いが生じた。１年に渡り収拾がつかなかったので，2026年４月15日，ひとまず相続登記を行うこととした。同月20日，Ｂはこの状況を見たＸに促され，代物弁済として甲の２分の１の持分権を譲渡し，移転登記手続をした。これに気付いたＹ₁がＸに抗議したので，ＸはＹらに対して持分権確認を求めて提訴した。Ｘの請求はどうなるか。

## ●】参考判例【●

① 最判昭和39・3・6民集18巻3号437頁
② 最判昭和46・11・16民集25巻8号1182頁
③ 最判平成5・7・19家月46巻5号23頁
④ 最判平成3・4・19民集45巻4号477頁

⑤ 最判平成 14・6・10 家月 55 巻 1 号 77 頁

## ●】解説【●

### 1 死亡を契機とした財産承継の基本的な枠組みと法改正

#### (1) 財産承継の分類

被相続人 P が死亡し，相続人 Q, R がいるという場合，P が何ら遺言・処分をしなければ，民法 900 条，901 条の法定相続分に基づく共同相続がされ（898 条。遺産共有），遺産分割手続（907 条）を経て具体的な承継内容が定まる。

P は，意思表示により上記の承継方法を修正することができる。まず，遺言により相続分を変更し（902 条。指定相続分），また，遺産分割の方法を指定することができる（908 条）。さらに，遺言で一定の財産を相続人または第三者に処分することができる（964 条。特定遺贈）。遺産の全部または一定割合の包括的な処分も可能である（同条。包括遺贈）。このほか，一定の財産につき贈与契約をし（549 条），あるいは効力発生を P の死亡にかからしめる死因贈与契約（554 条）をすることも考えられる。遺贈と贈与は，単独の意思表示である遺言か，意思表示の合致を要する契約かで区別される。

以上の承継方法は，次のように分類できる。ⓐ相続かそれ以外の承継方法か，すなわち，法定相続分，指定相続分，遺産分割方法の指定が相続の態様の諸種として，その他の方法と区別される。ⓑ P の包括財産の承継（包括承継）か特定財産の承継（特定承継）か，すなわち，相続と包括遺贈が，包括承継として遺産分割手続を経て承継内容が具体化されるのに対し，特定遺贈，（生前）贈与，死因贈与は特定承継である。ⓒ P の意思表示による承継か否か，すなわち，法定相続のみは意思表示によらないが，それ以外の方法は P の意思表示を要素とする遺言ないし契約に基づく。

#### (2) 無権利法理か対抗問題か──2018 年民法（相続関係）改正

相続財産をめぐる相続人と第三者の争いについて，従来の判例法理は，ⓐの相続か否かの区別を重視していた。上記の R が，遺産に属する不動産乙につき，共同相続人 Q に無断で単独名義の相続登記を経て第三者 S に譲渡した場合，Q の法定相続分の限り R は無権利だったので，Q は自らの持分を登記名義なく S に対抗できる（最判昭和 38・2・22 民集 17 巻 1 号 235 頁。無

権利法理)。これに対し，QがPから乙の遺贈や生前贈与を受けていた場合，QはSと民法177条の対抗関係に立つものとされ，先に登記名義を得ないとSに対抗できないとされた（参考判例①②。対抗問題）。境界事例として，Pが遺言でRの相続分を0と指定していたのに，Rが，暫定的にされた法定相続分の登記を利用してSに相続分を譲渡した場合がある。判例は，事例判断ではあるが，ⓐの分類を重視し，無権利法理に基づいてQは登記なく指定相続分をSに対抗できるとしていた（参考判例③）。

　以上の枠組みに対しては，遺言で相続割合を変更する指定相続分や，下記の「相続させる遺言」を無権利の法理に拠らしめると，遺言の有無・内容を知る手段を有しない第三者Sが権利を取得できず不測の損害を被り，不動産登記制度への信頼と取引の安全を害することが指摘されていた。そこで，2018年の民法（相続関係）改正では，法定相続分を超える権利を取得した相続人Qは，その部分について対抗要件を具備しないとSに対抗できないとされた（899条の2第1項。以下，項数略）。つまり，Qは法定相続分を上回る相続分の指定を受けた場合も，その超過分の取得は登記をしなければSに対抗できない（法定相続分の限りでは登記なく対抗できることに注意）。

⑶　「相続させる遺言」ないし特定財産承継遺言

　ところで，2003年までは登記の登録手数料が相続の場合よりも遺贈のほうが4倍以上高かったことから，Pが特定財産乙を遺言で特定の相続人Qに承継させたい場合，遺贈と書かずに「Qに乙を相続させる」と記すことで，相続として承継を行う実務慣行が生じ，定着していた（「相続させる遺言」）。上記⑴ⓑの分類では相続と特定承継は結び付きがたかったが，判例はこれを，遺贈と解する特段の事情がない限り，遺産分割方法の指定の一態様であるとし，遺産分割手続を経ずにQは相続として特定財産乙を取得できるとした（参考判例④）。この解釈には賛否が分かれたが，実務上の便宜を除けば，遺言者の意思を最大限に尊重する方法として肯定的に見るか，それとも，遺産分割手続を省略し，法定相続分規定の基礎にある均分相続思想からも乖離するとして否定的に見るか，が対立点であった。判例は「相続させる遺言」による承継を相続とする立場を堅持し，受益相続人Qが第三者に対抗するために登記は不要とした（参考判例⑤）。

2018年改正民法は,「相続させる遺言」を,遺贈と解する特段の事情がない限り遺産分割方法の指定であるとしつつ,現物分割などの分割方式の指定でなく,特定の遺産を特定の相続人に承継させるものとして整理し,「特定財産承継遺言」という名称を与えた（1014条2項）。そして,遺産分割手続を経ない相続による当然承継との位置付けは変えなかったが,対抗問題については民法899条の2の射程に含め,Qが,法定相続分を上回る部分の承継を第三者Sに対抗する場合は,登記名義を得る必要があるとした。結果,同改正により上記(1)ⓒの意思表示による承継によって法定相続分を超過する権利取得をした者は,すべてその分に対抗要件を要することとなった。

## 2　Aの行為の意思解釈の必要性

本問ではまず,Aが意図した承継の内容を明らかにする必要がある。

遺言が有効である場合,その解釈に当たっては,遺言書作成当時の事情や遺言者の置かれていた状況など遺言者の真意を探求することが求められる（最判昭和58・3・18家月36巻3号143頁）。本問では遺言書に「Y一家に甲を与える」と書かれていたが,これが血縁関係の最も近いY1のみに対する特定財産承継遺言の趣旨か,介護のお礼としてY2に対しても共同で遺贈する趣旨か,さらにはCも含むか,はAの真意の探求にかかる（なお,遺贈とされる場合には,899条の2は相続のみを対象とするので,177条が適用される）。類例として参考判例④を読んで考えてみてほしい。

他方で,Bへの承継があるかも問題となる。Aは終始Bには何も遺すつもりがなかった可能性もあるが,B・Xに一筆差し入れた行為を,Bに生前のどの段階かで権利を移転する旨の贈与の意思表示,あるいは死因贈与の意思表示と見る余地もある（ただし,Aの意思能力や心裡留保も問題となろう）。本問で遺言書の作成時期（968条1項参照）は明らかでないが,贈与が遺言書作成の後にされていた場合,遺言が抵触行為により撤回されたものとみなされ（1023条2項）,Bへの承継が優先される。これに対し,遺言書作成以前のことだった場合,生前贈与ならAを起点とするBへの贈与とYらへの特定財産承継遺言ないし遺贈の二重譲渡の問題となるが（なお,書面があり贈与は解除できない。550条）,死因贈与の場合,遺贈の規定が準用され,Aの最終意思の尊重の趣旨から方式の点を除いて遺言撤回の規律が準用される

ため（最判昭和 47・5・25 民集 26 巻 4 号 805 頁），死因贈与のほうが撤回され
たことになる。参考判例②とその評釈を読んで考えてみてほしい。

　以上に見た方法による権利移転の時期は，別段の意思表示がない限り，特
定財産承継遺言は遺言の効力発生時（985 条 1 項）に，遺贈も効力発生時に
別段の行為を要せず当然に（大判大正 5・11・8 民録 22 輯 2078 頁），死因贈与
も A の死亡時に生じる。生前贈与では，契約締結時に権利が移転するのが
原則だが（176 条），特約が認定できればそれによる。

### 3　主張整理の困難——B の指定相続分 0 の問題

　さしあたり A から B への意思表示による承継はなかったとして当事者の
主張を整理すると，X は，自らの持分権を基礎付けるため，ⓐ A のもと所
有（X・Y 間に争いなし），ⓑ A 死亡と Y₁・B 共同相続，ⓒ B からの持分権
譲受け，の各事実を主張立証する。これに対し，Y らは，ⓓ遺言により当
該部分を自らが承継したこと，およびⓔ自らの法定相続分を超過した当該部
分の対抗要件具備（899 条の 2。本問ではない）を主張立証する。この整理は，
原則形態である法定相続の事情はそれにより利益を受ける X が，他方で遺
言相続の事情は同様に Y が主張立証するというものであり，一定の合理性
があるだろう（なお，ⓔが民法 177 条の主張整理と異なることに注意）。

　しかし，以上の整理は異論の余地のないものではない。民法 899 条の 2 に
かかわらず，特定財産承継遺言や指定相続分による承継は相続として被相続
人の死亡により当然に生じるものと扱われる。したがって，本問で遺言が有
効であれば，B は指定相続分 0 として甲の権利につき一度も承継せず，X も
無権利者から譲渡を受けたことになる。しかし，同条は，Y₁ の法定相続分
の超過部分でありかつ B の法定相続分に相当する部分をめぐっては，X と
Y らの間に二重譲渡のような対抗関係を観念する。不動産の二重譲渡を規
律する民法 177 条では，B が Y に譲渡した後でも，B が過去に 1 度は甲の
処分権を有したことによって X への二重譲渡が可能であるとの説明が考え
られるが，ここでは B は 1 度も所有者になっていないので，上記と同一の
状況とはいいがたい。それにもかかわらず，民法 899 条の 2 はあえて対抗問
題と構成している。そのため，本問の状況では，上記ⓐ〜ⓒの事実により持
分権の取得原因は基礎付けられると解さざるを得ない。

この説明として，民法899条の2が創設的にBの第三者Xへの処分を可能としたとの解釈も考えられるが，Yらに法定相続分の超過分の対抗要件具備を求めるだけの同条の文言からBの処分権まで導くのは困難と思われる。そこで，法定相続分を定める民法900条，901条が，法定相続人Bに法定相続分の限りで相続財産の抽象的な処分権を基礎付けるとの解釈が考えられるが，そう解するためには，法定相続を遺言相続に対して原則と解し，あるいは，法定相続分には戸籍簿を通じて第三者にも判明しやすいことを通じて規範的意義があると解するなど，相続法の体系を再考する必要がある。

　なお，本問では明示的にBの指定相続分が0とされているが，この記載がなくても，めぼしい遺産が甲のみの場合にはY₁への甲の承継をもって実質的に相続分0指定の趣旨とも見うる。しかし，そう解すると債務承継の割合まで指定されたことになるため，そこまでの趣旨を含むかは争いがある。

## 4　本問の個別事情

### ⑴　Xの事情と信義則

　以上の考察からは，XとYらは対抗関係にあり，登記名義を得られなかったYらが敗北することになる（裏表の帰結として，先に登記名義を得たXが勝利する）。しかし，この結論には違和感をもたれるかもしれない。

　Xは，Bが放蕩生活を送っており返済の可能性が乏しいにもかかわらず，貸付けを繰り返している。その際，あてにしているのは，BがAから相続する財産のみである。相続を期待する地位は遺言や遺産分割に依存する不確定のものにすぎず，Xの貸付けは無謀だったともいえる。さらに，AがYらに甲を与えるとしたのは，Y₂の介護のお礼や，家族の重要な財産の外部への逸出を防ぐことがねらいと見られる。これらは，遺言者の最終意思として尊重に値するともいえそうである。

　そこで法律構成を見直すと，民法899条の2はXとYらの関係を対抗問題と構成したが，不動産の対抗問題を規律する民法177条では，先に登記を備えた第三者であっても，保護に値しない背信的悪意者を例外的に排除する判例法理が確立している。これを民法899条の2にも及ぼし，Xに背信的悪意者に相当する事情があれば例外的にYらの対抗要件欠缺の主張（上記3ⓔへの反駁）を排斥することが考えられる。この考え方を採用するなら，譲渡

が行われるまでの諸般の事情を考慮してＸの信義則違反の評価（1条2項）を行うこととなる。ＸがＢの状況や遺言の内容を知っていたのであれば、Ｙの登記の欠缺を主張する正当な利益を欠く、との見方も成り立つだろう。

### (2) 法律の利益衡量

他方で、Ａの意思が尊重に値し、Ｘが保護に値しないとの評価には反論も可能である。Ａが介護の対価として甲を遺言で与えるのは、反面、介護者を不安定な対価で拘束するものとも見うる。高齢者福祉は福祉政策の問題であり、遺言者が相続人から介護を受ける意思の当否は、私法解釈の枠内では中立的に評価される必要がある。また、Ａは、Ｂに財産を承継させないことでＢの債権者からの執行免脱を意図しているようにも見える。従来の判例は、法定相続分の限りでは相続人は登記名義なく第三者に対抗できるとすることで、相続人の債権者にも、戸籍簿から判明する法定相続分の限りで期待してもよい地位を確保し、取引安全を図ってきたともいえる。Ａの遺言を過度に尊重することは、この傾向には反するだろう。

実際、民法899条の2は第三者の認識を不問とするが、これは、第三者が遺言の存在・内容に対して悪意であるとしても、遺言の効力をめぐって争いが生じれば相続分が不詳となり、第三者が害されるため、あえてそう規定したと説明されている。したがって、仮に上記(1)のように背信的悪意者排除論を採用するとしても、このような条文の基礎にある考慮を踏まえる必要があり、ＡやＹらの家族内の事情に対するＸの認識を考慮する範囲は限定的であるべきだろう。本問の状況で見ても、Ａからの一筆の意義など、Ｘがどこまでの事情を信頼してよかったのかを評価することは難しい。

### (3) 暫定的な相続登記の意義

ＢとＹ₁がひとまず法定相続分で相続登記を行ったことは何か意味をもつだろうか。特定財産承継遺言の受益相続人は遺言書を添付して単独で登記申請をできる（不登63条2項）。遺贈の場合、従来は遺贈義務者と遺贈権利者の共同申請とされたが、所有者不明土地問題解消を目的とする2021年民法・不動産登記法改正で登記促進のため遺贈も単独で申請できるようになる（同条3項〔未施行〕）。他方で、同改正では相続登記の促進のため権利取得者は承継の事実を知った時から3年以内の相続登記（法定相続分による持分が明示

される）ないし相続人申告登記（ひとまず相続が開始した旨のみ示す）を義務付けられる（同法76条の2・76条の3〔同〕）。遺言の効力に争いのあった状況では，ひとまず相続登記をすることは法律の要請であり，法定相続の外観が作出されたことは，XとYらの両者に有利にも不利にも働かないだろう。

## 5 分割手続，訴訟法の問題

XはBから甲の共有持分権の譲渡を受けたと見られる（相続分の包括譲渡と解するとさらに考慮事項が増える。905条参照）。この場合，Xは遺産分割手続でなく物権法上の共有物分割請求（256条1項）を通じて分割を求めることができる（最判昭和50・11・7民集29巻10号1525頁）。Xの持分権確認請求は，自らに帰属する持分権の確認を求める限りでは単独の請求としてできると解されるが，共有物分割請求の前提としてする意図とも見られる。後者の場合，Xの請求は分割の当事者となる他の共有者との共有関係の確認を求めるものとも解され，そのような請求については合一確定の必要性が問題となるが（最判昭和46・10・7民集25巻7号885頁参照），共有関係の確認請求を固有必要的共同訴訟とする解釈には学説の批判が多い。

### 関連問題

本問において，Aの遺言書には，「Y一家に甲を与える。Bの生計の資については遺言執行者にD（Aの弟）を指名し，遺産の管理を委ねる」とあった。Xの請求はどうなるか。

### 参考文献

＊潮見佳男『詳解相続法〔第2版〕』（弘文堂・2022）174頁・354頁・536頁・562頁・621頁／山野目章夫・家族法判例百選〔第6版〕（2002）152頁／水野謙・百選Ⅲ 152頁／池田恒男・判タ1114号（2003）80頁／田髙寛貴「遺言と登記をめぐる相続法改正の課題」法時89巻11号（2017）39頁／山野目章夫『初歩からはじめる物権法』（日本評論社・2022）159頁／Ⅲ巻32

（吉原知志）

**民法177条の第三者の範囲**

　多数の貸家を所有するＡは，Y₁に甲・乙２軒の家を貸していた
が，家族構成の変化で１軒がY₁には不要になっていることを知り，
そのうちの乙を自分の愛人Y₂に手切金代わりに贈与して住まわせる
ことを思いついた。そこで，ＡはY₁と交渉し，乙から立ち退いてく
れるなら，甲をY₁に贈与し敷地は使用貸借とすることを提案した。
Y₁はこの提案を承諾して乙から立ち退き，乙にはY₂が入居した（敷
地は同様に使用貸借）。しかし，Yらは移転登記の費用を用意できなか
ったので，登記名義はＡのままとなっていた。

　その後数年の間，甲・乙両建物の固定資産税を課税され続けたＡ
は，Yらにその償還と移転登記への協力を繰り返し求めたが，Yらは
応じなかった。「移転登記をするまでは贈与は不完全で所有権はまだ
Ａにある」という誤った教示を信じたＡがX₁に相談したところ，X₁
はＡに同情して，優良な賃借人Y₁が長年住んでいる甲なら買っても
よいといった。

　そこで，Ａは，甲とその敷地をX₁に売り，他方，乙を妻X₂に贈
与し，それぞれ移転登記をした。X₁がY₁に賃料を請求したところ，
Y₁は甲は自分の物だと主張して支払を拒んだ。他方，X₂は，財産管
理に興味がなく，そもそも乙の所在地すら正確に知らず，乙の所有権
移転登記手続もいわれるままに夫Ａに任せていたが，Y₂が夫の元愛
人と知って怒りを爆発させた。

　XらがYらに対してそれぞれ甲・乙からの退去を請求した場合，
認められるか。

## ●】 参考判例 【●

① 最判昭和 40・12・21 民集 19 巻 9 号 2221 頁
② 神戸地判昭和 48・12・19 判時 749 号 94 頁
③ 最判平成 8・10・29 民集 50 巻 9 号 2506 頁

## ●】 解説 【●

### 1 第三者無制限説 vs. 第三者制限説

　民法 177 条の立法趣旨は，当事者およびその包括承継人以外のすべての第三者に対し登記がなければ物権変動を対抗できないとする第三者無制限説を採用し，登記を画一的な紛争解決基準にしようとした。これによれば，本問では，X らが Y らに勝つとの結論に至る。

　しかし，たとえば本問で A・X₂ 間の贈与契約が，X₂ を第三者と装うための通謀虚偽表示（94 条）であれば，どうだろうか。X₂ は無権利者であるから，そもそも Y₂ への物権変動との競合が生じず，民法 177 条の出る幕はない。大判明治 41・12・15（民録 14 輯 1276 頁）は，本条の第三者を「登記欠缺を主張する正当の利益を有する者」に限るとする第三者制限説を採用し，無権利者や不法行為者は第三者に当たらないとした。

　第三者無制限説は，登記による物権関係の画一的な処理によって取引を促進するべきだとして，この判決に反対し，具体的に，不法行為者も誰に対して損害賠償金を支払うべきかという点で所有権の帰属に利害関係を有するから民法 177 条の第三者に含めるべきであると主張した。

　しかし，第三者制限説を支持する学説は，ⓐ登記名義人を損害賠償債権の受領権者としての外観を有する者（改正前は準占有者）とみて，民法 478 条によって善意・無過失での賠償金支払を有効とすれば，不法行為者が負う損害賠償の二重払の危険は回避できる，ⓑ当事者以外の者に対して物権変動を主張するのに常に登記を要するという無制限説によれば，登記を物権変動の成立要件としなかった民法 176 条・177 条の趣旨が損なわれると反論した。こうした論争を経て，第三者制限説が通説化した。

## 2　第三者の客観的要件と主観的態様

　判例の「登記欠缺を主張する正当の利益を有する者」という基準は柔軟だが曖昧である。そこで，学説では，たとえば「当該不動産に関して有効な取引関係に立つ者」などこれに代わる基準が提案されたが，見解は一致していない。また，具体的に，不法占拠者や不法行為者が第三者に当たらないとする点では意見の一致がみられるが，賃貸不動産の譲受人が賃借人に賃料請求をする場合の賃借人が第三者に当たるかについては，見解が分かれていた［→Ⅱ巻⒄］。

　さらに，登記を要する物権変動の範囲という問題［→本巻㉙〜㉞］と第三者の問題を総合し，両立し得ない物権変動相互の優先争いが生じている場合にのみ民法 177 条を適用するべきだとする対抗問題限定説では，そのような物権変動を主張する者のみが第三者となるから，第三者をことさら制限する必要はないことになる。しかし，対抗問題限定説は論理的に明快である反面，その演繹的手法には強い批判がある。

　いずれにせよ，本問の $X_1$・$X_2$ が A との有効な売買契約または贈与契約によって所有権を取得できる地位にあるとすれば，X らは第三者に該当する。しかし，学説の多くは，第三者が物権変動の効果を争える地位にあるかという第三者の客観的要件の問題と，そのような要件を備えている者は物権変動がすでに生じている事実を知っていてもよいかという第三者の主観的態様の問題を区別している。本問でも主観的態様がさらに問題になる。

## 3　背信的悪意者排除説の確立

　民法 177 条は，第三者を善意者に限定した旧民法（財産編 350 条）を承継せず，意識的に第三者の善意悪意を不問とした。善意悪意の区別が困難なこと，悪意者排除を認めると登記で決着がついたはずの紛争が蒸し返され訴訟が頻発すること，悪意者の登記が無効となって転得者の取引の安全を害することなどが理由であった。そのため，長い間，善意悪意不問説（悪意者包含説ともいう）が，判例・通説であった。

　しかし，学説には立法前後から，登記は物権変動を知らない者を不測の損害から保護する制度であるから悪意者は保護に値しないと説く悪意者排除説が存在しており，前掲・大判明治 41・12・15 と結び付いて，悪意者は登記

欠缺を主張する正当の利益を欠くとする見解が次第に有力化した。これに対して，善意悪意不問説は，自由競争論を持ち出して反論した。すなわち，資本主義的自由競争の原理が認められる限り，たとえ他人がすでに所有権を取得したことを知っていても，それが未登記であれば，原権利者に対していっそう有利な条件を提供して争うことは許される，というのである。

昭和30年代前後から，下級審裁判例を中心に，不動産登記法旧4条・5条（現在は合体して5条）の類推適用，信義則違反，権利濫用，第2契約の公序良俗違反による無効などさまざまな構成で，善意悪意不問説では導きにくい結論（登記した第2譲受人敗訴）をとるものが増えた。この流れを受け，舟橋諄一『物権法』（有斐閣・1960）が，信義則に反する背信的悪意者は社会生活上正当な自由競争の枠をはみ出す者として保護されないとする背信的悪意者排除説を主張した。悪意プラス背信性を満たす者のみが例外的に第三者に当たらないとされる。これが判例・通説となった。もっとも，参考判例①は，最高裁として初めて背信的悪意者排除説を採用したものであるが，第三者を背信的悪意者でないとした判断には，議論の余地がある。また，背信的悪意者排除を導く法的構成にはさまざまな考え方があり，とりわけ背信的悪意者からの転得者の問題（関連問題）に影響する。

### 4 背信的悪意者の認定基準

典型的な対抗問題である二重譲渡を例に考えると，背信的悪意者排除説では，第2譲受人の悪意は1つの要素にすぎず，その行為態様をどう評価するかが鍵となる。この評価は，当該事案の具体的事実に左右される。多くの判例分析によれば，ⓐ第2譲受人が譲渡人の家族など近接した関係にあって譲渡人と実質上同一の地位にあるとみられる場合，ⓑ第2譲受人が未登記の権利取得を承認し，これを前提とする行動をとりながら後に矛盾する主張をする場合，ⓒ第2譲受人が加害目的や不当な利益取得目的で積極的に二重譲渡を教唆する場合などの類型がある。さらに，第1譲受人の占有の有無，第1契約の代金支払の有無，未登記の理由，第2譲渡の無償性や対価の著しい低さなどが背信性認定の要素とされる。これによると，本問のXらはYらの権利取得を知らないかそれが完全なものではないと信じてAと契約を結んでいるので，背信性の有無の判断に入る以前に，背信的「悪意」者とはいい

にくい。

これに対して，⑦第２譲受人が二重処分者と特殊な関係にあっていわば第１契約の当事者に準じる者であれば悪意か否かを問わず，そもそも第三者ではないとし（参考判例②はその例），④それ以外の類型でも判例の実質は悪意者排除とみることができるとして異なる判例評価を行う分析もある（詳しくは松岡・後掲を参照）。これによれば，判例に沿っても X2 は⑦類型によって第三者ではないとされる可能性が高い。一方，X1 は前述のように善意者とみられるので，X1 を第三者から除外するには背信的悪意者概念そのものを変更する必要がある。

### 5 背信的悪意者排除説への批判と同説のゆらぎ

登記制度を善意者保護の観点から位置づける公信力説はもとより，近時の学説には，公信力説とは距離を置きつつも第三者を善意者（または善意無過失者）に限定する見解が増えており，いずれも背信的悪意者の基準の限界が明確でないと批判している。また，自由競争という背信的悪意者排除説の理論的基礎にも，契約侵害に対する第１買主の契約上の債権の保護の観点から強い批判が向けられている。

判例も，場合によって，背信的悪意者という言葉を使わず，登記欠缺の主張が信義則違反や権利濫用に当たるとする（たとえば，最判昭和 52・3・31 金法 824 号 43 頁や最判平成 10・2・13 民集 52 巻 1 号 65 頁）。さらに，最判平成 18・1・17（民集 60 巻 1 号 27 頁）は，悪意プラス背信性という基本枠組みを維持するものの，時効完成後に登記名義人からその土地を取得した者が多年にわたる占有継続の事実を認識していれば悪意であると認めた。こうした判例によると，安全な取引を望む慎重な者は，占有者の権原の調査を必要と感じるだろうから，悪意でもよいという出発点が揺らぐ。背信的悪意者排除説を維持する学説でも，信義則違反で統合的に理解しようとするもの（その結果，悪意の要素は重要視されない）が増えている。

このように，確立したといわれる背信的悪意者排除説も，まだまだ不確定な要素を抱え，今後さらに展開する可能性が残っている。

### 6 背信的悪意者排除の主張の位置づけ

対抗要件としての登記に関する立証責任については，二重譲渡の法的構成

に対応してさまざまな見解が主張されている（詳しくは舟橋諄一＝徳本鎭編『新版注釈民法(6)〔補訂版〕』〔有斐閣・2009〕512頁以下〔原島重義＝児玉寬〕）。最近の多数説によれば次のように構成される。X₁とY₁の関係を例に説明する。

ⓐ　X₁が所有権に基づいてY₁に明渡しを求めるには，X₁への所有権の帰属とY₁の占有を請求原因として挙げれば足り，Y₁が占有正権原を抗弁として主張・立証する必要がある。

ⓑ　Y₁がX₁と共通の同一前主であるAとの間で売買契約を結び，それに基づいて引渡しを受けたことを主張・立証すると，Y₁がX₁への物権変動の効果を争える客観的な地位にある第三者であることが示される。学説の多数はY₁がこのような事実を主張・立証するだけで足りると解しているが（第三者抗弁説），司法研修所は，上記の主張・立証に加えて，「X₁が対抗要件を備えないかぎりX₁の権利取得を認めない」旨の主張をする必要があるとしている（権利抗弁説）。

ⓒ　いずれにしてもY₁が第三者に当たるという抗弁が出された場合に初めてX₁は自らが登記を備えていることを再抗弁として主張・立証しなければならない。X₁がY₁に先立つ物権取得者であれば，登記具備に代えて，Y₁の背信性という評価を根拠づける事実を再抗弁として主張・立証することができる。しかし，本問では，Y₁の権利取得が先なので，X₁は登記具備を再抗弁として主張・立証することができるだけである。

ⓓ　X₁が登記具備を主張・立証した場合にも，Y₁はX₁の悪意および背信性という評価を基礎づける事実を再々抗弁として主張・立証することができる。これを登記欠缺についての背信的悪意者の主張ではなく，登記具備によるY₁の権利喪失の主張を権利濫用として反駁するものと位置づける見解もあるが（松岡久和ほか『民法総合・事例演習〔第2版〕』〔有斐閣・2014〕217-218頁〔潮見佳男〕），Y₁が主張・立証するべき事実はほぼ同じである。

## 7　Y₁の賃借権の帰趨

甲についてのY₁の賃借権は，甲の所有権取得によりいったん混同によって消滅するが（520条），その所有権取得がX₁に対抗できない場合には，X₁

に対する関係では，消滅しなかったものと扱われる。$X_1$ は賃貸借契約の解除を主張して争うことになる（この点も含めて参考判例①を参照）。

**関連問題**

(1) 本問において，$X_1$ が背信的悪意者ではないと評価されるとして，$X_1$ が $Y_1$ に対する訴訟を起こすことなく，この紛争の経緯を良く知っている $Z_1$ に甲とその敷地を転売して，$Z_1$ がそれらの所有権移転登記を備えたとする。この場合，$Z_1$ は $Y_1$ に甲からの退去を請求することができるか。

(2) 本問において，$X_2$ が背信的悪意者であると評価されるとして，$X_2$ が $Y_2$ に対する訴訟を起こすことなく，この紛争の事情をまったく知らない $Z_2$ に乙を転売して，$Z_2$ が乙の所有権移転登記を備えたとする。この場合，$Z_2$ は $Y_2$ に乙からの退去を請求することができるか。

(3) 上記(1)と(2)の問題処理は，共通する理論構成で行えるか。参考判例③や七戸・後掲参考文献を読んで，判例の採用する理論構成とその問題点を示しなさい。

**参考文献**

＊松岡久和・法教 324 号（2007）71 頁・325 号 136 頁／七戸克彦・民商法雑誌 117 巻 1 号（1997）104 頁〔参考判例③判批〕

（松岡久和）

# 36 即時取得：192条

　Aは，演奏会用の有名ブランドのグランドピアノを賃貸していた。ピアニストSのツアーを企画していたBは，Sが希望するグランドピアノ1台（以下，「本件ピアノ」という）をAから賃借し，演奏会のツアー中，本件ピアノの保管をM倉庫業者に委託した。

　本件ピアノの保管を始めてから1か月を経過したころ，MはBから「ピアノをCに売却した。ついては，Cのために保管願いたい」とする連絡を受けた。Mは，受託中に荷物の所有者が変わる場合には，目的物を買受人に引き渡すことを依頼する旨を記載した文書を売主からM宛に発行してもらい，この文書の正本をMに，その副本を買受人に交付し，正本の交付を受けたMが，寄託者たる売主の意思を確認するなどして，その寄託者台帳上の寄託者名義を変更していた。そこで，本件の場合にも，同様の手続を踏み，BからM宛に上記文書を作成してもらい，その正本をM，その副本をCに交付して，寄託者名義をBからCに変更した。

　ところが，実際には，運転資金に逼迫したBが賃借していた本件ピアノを売却したものであった。Cの話によれば，Bから「ピアニストSの来日のために資金を必要としており，Sが演奏会で使用するピアノを900万円で売却したい」と説明を受けたとのことである。Cは，Sの来日に協力したかったこと，本件ピアノの中古価格が1000万円から1200万円ほどであったことから，本件ピアノを購入した。

　賃貸期間を経過したことから，AはBに本件ピアノの返還を求めたところ，Bは事実上倒産しており，所在不明であった。調査の結果，AはCがMに本件ピアノを保管させていることを知った。

　AはCおよびMに対して本件ピアノの返還を求められるか。

●】参考判例【●

①　最判昭和 35・2・11 民集 14 巻 2 号 168 頁

②　最判昭和 57・9・7 民集 36 巻 8 号 1527 頁

●】解説【●

### 1　即時取得制度の意義

今日の通説的な理解によれば，民法 192 条は公信の原則に基づく制度であ
ると理解されている。所有権侵害があれば，所有者には物権的請求権がある
のが原則であるが，同条は前主の占有を信頼して取引行為を行い占有を取得
するに至った者が保護に値する場合に，所有権の原始取得を認めている。

原権利者からの所有権に基づく動産の返還請求に対して，即時取得に基づ
く主張が有効な防御手段となるのは，無権利者と取引行為を行った者が所有
権を原始取得する結果，原権利者の所有権はもはや喪失していると主張する
ことができるからである。

本問では，M および M を介して本件ピアノを占有する C に対して，A が
ピアノの引渡しを請求するのに対して，C が民法 192 条に基づいてピアノの
所有権を取得したことを原因として，A からの請求を拒めるかどうかが問
題となる。

### 2　占有取得の形態と即時取得の成否

即時取得制度を公信の原則に基づく善意取得者保護のための制度であると
理解すると，占有取得者＝第三者が前主の占有を信頼したことが重要であ
り，第三者の占有取得の方法がどのような方法かを問題とする余地はないよ
うにも思われる。この点をめぐっては，取得者の占有形態が占有改定による
場合に，民法 192 条の要件を充足するかどうかとして，古くから争われてき
た（後述発展問題参照）。

本問では，第三者 C は指図による占有移転によって動産の引渡しを受け
ており，判例は占有改定の場合と同様に，古くは民法 192 条の「動産の占有
を始めた者」に該当しないと解していた（否定説。占有改定について最判昭和
32・12・27 民集 11 巻 14 号 2485 頁，参考判例①。指図による占有の移転について

大判昭和8・2・13新聞3520号11頁，大阪地判昭和34・12・17下民集10巻12号2621頁など）。しかし，参考判例②は，指図による占有移転による占有の取得をもって民法192条の即時取得を肯定した原審（東京高判昭和54・11・27判時948号104頁）を支持し，指図による占有移転によって動産の引渡しを受けた取得者は，同法192条の「動産の占有を始めた者」に該当すると解している（肯定説）。学説も肯定説が多い。

　占有改定の場合にも，指図による占有移転の場合にも，取得者の占有が物に対する直接の物理的な支配を離れた観念的な状態であるという点では違いはないはずである。それにもかかわらず，判例が，占有改定と指図による占有移転で，異なる結論を採用している理由はどこにあるのだろうか。

　従来，占有改定の場合に，善意取得者が外部から認識しうる現実占有を取得する場合に限って即時取得の成立を認めるべきであるとする見解が主張されてきたのは，観念的な占有の取得によって即時取得が容易に肯定されると，取得者が占有していたとする事実が後に捏造される危険があり，真の所有者の権利が害されるからである。また，真の所有者が動産を所持している者に返還を請求したところ，第三者が即時取得していることを理由に所持者が返還を拒むこと，あるいは，真の所有者が動産の返還を受け所持しているにもかかわらず，第三者から即時取得を原因として当該動産の引渡しを請求されるなど，不都合な結果が生じるからである。

　即時取得制度が，真の権利者を犠牲にして本来的には無権利者である者を保護しようとする制度であることからすると，権利を喪失する原所有者の利益と善意取得者の利益を較量することが必要であり，このような観点からは，取得者の占有移転の形態が，所有権を原権利者から奪うのにふさわしいものであることが必要となる。

　この点，指図による占有移転の場合には，占有移転の前後で，原所有者の占有に変化がある点に注目する必要がある。本問では，指図による占有移転前は，占有代理人Mを介して，賃借人であるBが占有していることになり，原所有者Aの間接占有はBを介してなお存続していることになる。しかし，指図による占有移転後は，占有代理人MはBではなく，Cのためにだけ占有していることになる。たしかに，指図による占有移転の前も後も，現実に

占有しているのはMであるが，B・C間の売買を原因として寄託者がBからCへ変更した時点でBの占有は喪失し，この結果，賃借人Bを介した原所有者Aの間接占有も喪失していることになる。この点で占有改定による場合とは異なることになる。

このような評価が許されるのは，占有の観念化が進行して物の直接移転を伴わない占有の移転形態であっても動産取引の公示手段となることが常態化し，占有があれば占有を正当化する権利（本権）があると推定される背景にも変化が生じていると考えられるからである。

以上の分析からすると，即時取得権利者は，取引の安全のために原権利者の権利の喪失を伴うものであるから，指図による占有移転によって，取得者が占有を始めた場合に，即時取得が肯定されるか否かは，取得者が前主の占有を信頼したことと同時に，取引行為によって動産の占有を始めたと評価しうる程度の占有を獲得しているかどうかによることになる。

本問に即して考えてみると，ⓐ前主Bの占有が，Mを介した観念化した占有であっても，Bに所有権があると推定できるような占有であるかどうか，また，ⓑ取得者Cが自己の要保護性を主張できる程度の占有を取引行為に伴って取得していたのかが重要となる。すなわち，MがB・C間の売買によってCのためだけに保管していると評価できるかどうかが重要である。

一方，原所有者の権利を犠牲にしてもやむを得ないと解される理由は，取得者が信頼をよせる（観念的ではあるが，本権を推定させる）占有を原所有者が惹起させた点に求められることになる。本件事案ではAが任意にBに占有を委託したというだけで権利の喪失が正当化されているわけではなく，AがBに対してMを介した占有を容認していた点から，Aの所有権が喪失してもやむを得ないと解することになる。

　町工場を営むＡは，運転資金を調達するために，Ｂから貸付けを受けた。Ａ所有の不動産にはすでに抵当権が設定されていたことから，Ａは担保として自分が所有する工作機械をＢに譲渡し，占有改定の方法で対抗要件を具備した。しかし，ＡはＢからこの機械を無料で借りて引続き使用していた。その後，さらに資金に困ったＡは，Ｂの場合と同じ方法で，同じ工作機械を担保のためにＣに譲渡し，Ｃからも貸付けを受けた。

　Ａが返済期限がきても借入金を弁済しないので，業を煮やしたＢおよびＣは，それぞれ工作機械の引渡しをＡに求めた。ＡがＢからも貸付けを受けていることを知ったＣは，ただちにＡの工場に赴いて，Ａから工作機械を引渡しを受けた。

　ＢはＣに対して工作機械の返還を求められるか。

---

**●】参考文献【●**

＊井口牧郎・最判解民昭和 35 年度 28 頁／塩崎勤・最判解民昭和 57 年度 652 頁／大塚直・百選Ⅰ 138 頁

（千葉恵美子）

# 37 即時取得：193条・194条

地形調査業を営むＸは，空撮による地形調査のため，2022年7月20日，高性能のドローン（無線遠隔操縦可能な無人航空機）甲をＡ店から定価350万円で購入し，事務所で甲を適切に保管していた。しかし，同年9月5日にＢによって甲を未使用の状態で盗取されたため，Ｘはただちに警察に盗難届を出した。その後の経緯は不明であるが，数回の転売を経て，無店舗で中古機器の販売業を営むＣが甲を入手した。なお，Ｃは甲盗難の事実をまったく知らなかった。

ところで，カメラマンＹは，空撮での写真集を企画し，2022年11月10日，Ｃから未使用の甲を代金300万円で購入し，代金全額を支払って，甲の引渡しを受けた。なお，Ｙは甲盗難の事実について善意・無過失であったとする。その後，Ｙは甲を使用して各地で空撮を重ねた。

以上の状況において，警察による事件捜査の過程で，Ｙの有する甲が盗品であることが判明した。そこでＸは，2024年2月10日，Ｙに対して甲の引渡しを請求するとともに，甲の使用利益相当額の返還を求めて訴えを提起した。Ｘの請求は認められるか。これに対してＹは，Ｃに支払った代価の弁償がない限り甲の返還には応じられないし，また甲の使用利益の返還にも応じられないと主張している。Ｙの反論は認められるか。なお，甲と同種のドローンの一般的な賃料は月額25万円であり，また，甲と同種同程度の中古ドローンの適正取引価格は現在時点で100万円とする。

●】参考判例【●

① 大判大正10・7・8民録27輯1373頁
② 最判平成12・6・27民集54巻5号1737頁

## ●】解説【●

### 1 即時取得と盗品等の特則に係る制度枠組み

民法では無権利者から物を譲り受けた者は原則として保護されない。もっとも，動産取引では，前主の占有を信頼して取引をした者は，例外としてその前主の権利の有無とは関係なく保護される［→本巻36解説］。すなわち，民法192条の要件を満たせば，取引によって動産の占有を取得した者（以下，「占有者」とする）は，その動産の権利を取得する。これは動産取引の安全を考慮して動産の占有に公信力を認める制度とされる。ただし，即時取得が認められる場合であっても，対象となる動産が盗品や遺失物（以下，「盗品等」とする）であれば，真実の権利者（以下，「被害者等」または「原所有者」とする）を保護すべき要請がある。そのため，さらなる例外として，同法193条によって被害者等は盗難または遺失（以下，「盗難等」とする）の時より2年間は占有者に対して無償で盗品等の回復を請求しうる（関連問題(2)）。これに加えて，占有者が盗品等を競売・公の市場または同種の物を販売する商人から善意で買い受けた場合には，同法194条が適用され，被害者等は占有者が支払った代価を弁償しなければ，その物を回復することができない。本問では，占有者Yが即時取得の要件を満たすとしても，盗難時から2年を経過していないため，被害者Xは盗品甲の回復を請求できる。ただし，Yが同種の物を販売する商人Cから甲を善意で購入しているため，XはYに代価300万円を弁償しなければ甲の回復を請求できないことになる。

以上の基本的な制度枠組みを踏まえつつ，本問を具体的に検討するに当たって，いくつかの理論的かつ実践的な問題がある。まず，原所有者が盗品等の回復を請求できる2年間は，原所有者Xと占有者Yのどちらに所有権が帰属するか。また，民法194条による代価弁償権が原所有者Xの回復請求に対する占有者Yの抗弁なのか，またはXによる回復後もYは代価を請求できるのか。さらに，盗品等の所有権帰属の問題ともあいまって，その物を回復するまでXとYのいずれが使用収益できるのかが争われてきた。

### 2 所有権の帰属

それでは，原所有者が民法193条・194条に応じて2年の間に盗品等の回

復を請求しうる場合に，目的物の所有権は原所有者と占有者のどちらに帰属するだろうか。まず，回復請求しうる 2 年間は，盗品等の所有権は原所有者に帰属するとの見解がある（原所有者帰属説）。これが判例（参考判例①）・有力説である。その理由として，即時取得はあくまで占有者の「占有」の効果であるとの制度の沿革に適合的とされる。また，次の占有者帰属説に向けて，賃借人や受寄者等が被害者等であった場合には，最初からもたない所有権を回復することになり妥当ではないと批判する。これに対して，同法 192 条の即時取得によって占有者に所有権がいったん移転し，例外的に 2 年間に限って原所有者に回復請求権が認められるとの見解がある（占有者帰属説）。これが多数説である。その主な理由として，取引の安全保護という同条の趣旨を重視するなら，同条の要件を満たした場合には原則として占有者が所有権を取得すべきだからとされる。なお，上記の批判に対しては，原所有者の回復請求は所有権の復活と占有の回復であるが，賃貸人等の回復請求は賃貸借等に基づく本権関係の復活と占有の回復とみれば足りると反論されている。以上の見解について，同法 193 条の場面では占有者は無償で回復に応じなければならないため原所有者帰属説になじむ一方で，同法 194 条の場面では占有者は代価を請求できるため占有者帰属説になじむとの指摘がある。他方で，所有権の帰属関係を問うことは無意味で，2 年間は所有権限は浮動的な形で存在し，期間内に原所有者が回復を請求しなければ所有権は終局的に占有者に帰属し，原所有者が回復を請求すれば所有権は終局的に原所有者に復帰するとの見解も一部に主張されている。このように原所有者帰属説と占有者帰属説が拮抗する中で，所有権の帰属問題にはなお争いがある。

## 3　代価弁償権の法的性質

　次に，民法 194 条に基づく代価弁償権の法的性質が問題とされている。まず，占有者は，原所有者からの盗品等の回復請求に対して代価を弁償せよとの抗弁権を有するにすぎず，いったん原所有者に盗品等を交付すれば代価の弁償は請求できないとみる見解がある（抗弁権説）。これがかつての判例（大判昭和 4・12・11 民集 8 巻 923 頁）であった。これに対して，占有者は，いったん任意に盗品等を原所有者に交付した後でも，原所有者に対して代価を弁償するか，またはこれを欲しないならば目的物を占有者に再度返還するか，

いずれかを選択せよと請求する権利を失わないとみる見解がある（請求権説）。これが現在の判例（参考判例②）・通説である。その理由として，同条が取引の安全を考慮し占有者の利益保護を図る趣旨で規定された点を重視すべきだからとされる。また，抗弁権説に向けて，被害者等のことを考えて素直に盗品等を返還した者が，返還を拒む者よりも不利に扱われるのは不当だと批判する。

　以上から請求権説が基本的に妥当であり，参考判例②の事案のように盗品等を任意に返還した場面を想定すれば，その後に占有者が代価弁償を請求しうると考えるべきである（関連問題(1)）。なお，代価弁償債務は期限の定めのない債務であるから，X は Y から履行の請求を受けた時から遅滞の責任を負う（412条3項）。もっとも，本問のように盗品等をまだ返還していない場合には，占有者 Y が原所有者 X からの回復請求に対抗して代価が弁償されるまで回復に応じないと主張できるかが問題となる。これについては，民法194条の文言から請求権と抗弁権の性質を併せもつ権利と考えるか，または同条の趣旨から引換給付の主張をなすことが考えられる。このように考えれば，本問の Y は，X の回復請求に対して，C に支払った代価の弁償がない限り，甲の返還には応じられないと主張できる。

　なお，原所有者が盗品等の返還を求めていないのに，占有者が盗品等を原所有者に返還して代価の弁償を迫ることは認められない。なぜなら，民法194条によって代価を弁償して物を回復するかまたは回復を放棄するかという選択権は，原所有者のみに認められるからである。

### 4　使用利益の帰属・返還

#### ⑴　所有権の帰属と占有者の使用権限

　先の原所有者帰属説によれば，返還までの目的物の所有権は原所有者に帰属すると捉えるため，使用収益権も所有者である原所有者に帰属すると説明しやすく，そのため本問の X による使用利益返還請求を肯定しやすいといえる。これに対して占有者帰属説によれば，返還までは目的物の所有者である占有者に使用収益権が帰属すると説明しやすく，そのため本問の Y による使用利益の返還拒絶を肯定しやすいといえる。

　もっとも，上述2のとおり，民法193条の無償回復の場面は原所有者帰

属説になじむ一方で，同法194条の代価弁償の場面は占有者帰属説になじむとの指摘もあり，盗品等の特則の場面では一概に所有権帰属関係を確定しがたい側面がある。また，そもそも所有権の帰属関係を問う意味自体に疑問を呈する見解もある。このように，所有権の帰属関係は論理必然ともいえないうえ，本問で問題とされる使用収益権に関しても，所有権の帰属いかんにかかわらず，同法189条の果実収取権の問題に位置づけるか，または同法194条によって創設された権利関係と捉えることも可能とされる（参考判例②も所有権の帰属関係を問題としていない）。そこで，次に使用利益と果実収取権について具体的に検討する。

### (2) 使用利益と果実収取権の判断枠組み

そもそも占有者の使用利益を民法189条1項の問題に位置づけたうえ，訴訟提起時点までは法定果実である使用利益は善意占有者に帰属するが，本権の訴えで敗訴した場合は訴訟提起時点から悪意の占有者とみなされ，同条2項・190条によって占有者は果実の返還義務を負うとみる見解がある（参考判例②の原審が採用する見解）。その際，同法189条の「果実」に「使用利益」が含まれると考えることが通説とされる。そして，賃料相当額を基準にして「使用利益」を算定する見方が一般的である。そこで，本問では同条2項・190条によって訴訟提起から現在時までの期間につき月額25万円で計算した額をYがXに返還することになる（たとえば10か月であれば250万円となる）。しかしながら，適法占有者または所有者が自己の占有物を使用した事実をもって「果実」というるかは問題である。また，仮に自己の占有物の使用利益を果実に含めうるとしても，これを賃料相当額（収益）を基準に計算してよいか疑問も生じる。実際に参考判例②の事案で問題となったように，原所有者による訴訟提起後に占有者が悪意とみなされ，同法189条2項・190条によって賃料相当額を基準とした使用利益を原所有者に返還する必要が生じるならば，訴訟が長期化するほど返還額が高騰するおそれがある。それを避けるために，占有者Yは目的物の返還を事実上余儀なくされるともいえる（関連問題(1)）。このような考え方は，そもそも善意占有者に適法な占有権限を与えた同法194条の趣旨に反する結果ともなりかねない。そのため参考判例②は，原審のような同法189条2項・190条を単純に適用す

る判断枠組みを採用しなかったとみうる。このように考えると，同法 194 条の場面では占有者の使用利益を単に果実収取権の枠組みだけで判断することに判例・学説は否定的といえよう。

なお，次に検討するように，民法 194 条の場面での使用収益権の根拠を同条の趣旨に求めるならば，そのような趣旨の当てはまらない同法 193 条の無償返還の場面では，訴訟提起後の使用利益の返還は同法 189 条 2 項・190 条を根拠として Y に義務づけられることになる（関連問題(2)）。

### (3) 民法 194 条と使用利益

それでは，民法 194 条の場面で占有者の使用利益をどのように判断すべきであろうか。そもそも同条の文言からすると，占有者に代価弁償を得るまで盗品等の占有権限が認められることに異論はない。この占有権限を前提としつつ，さらに占有者に占有物の使用権限が認められるかが問題となる。参考判例②は「弁償の提供があるまで盗品等の使用収益を行う権限を有する」と述べた。この判例について，占有者に代価弁償があるまで盗品等の占有を継続できる地位があることを明確に認める趣旨にすぎないとみる見解もある。しかし，仮に占有者に使用権限がなく使用利益を原所有者に返還しなければならないとすると，上記のように，その使用利益の増加を避けるために占有者は目的動産を原所有者に返還せざるを得ないこととなる。これでは同条が代価の弁償があるまで占有者に占有権限を認めた趣旨が没却されかねない。したがって，同条は占有者の占有権限のみならず，使用権限まで認める趣旨と解すべきである（同条によって政策的に創設された権利関係と評される）。

参考判例②は，このように民法 194 条を根拠に使用収益権を認めるものとして，学説からの支持を集めている。その判旨は，同条は占有者と被害者等との保護の均衡を図った趣旨の規定であるところ，ⓐ占有者は，被害者等が盗品等の回復をあきらめた場合には所有者として使用利益を享受しうるのに，被害者等が代価弁償を選択した場合には代価弁償以前の使用利益を喪失するのでは，占有者の地位が過度に不安定になり，両者の保護の均衡を図った同条の趣旨に反すること，また，ⓑ弁償される代価に利息が含まれないこととの均衡上占有者に使用収益を認めることが両者の公平に適うという点を挙げる。この判例に従えば，本問の X は，訴訟提起の前後を問わず，甲の

使用利益相当額の返還を Y に請求することはできない。

　以上の判例を支持する見解が有力であるが，実質面からの異論もある。本問の X は，自己の甲に係る法的権限を 2 年間は回復できるが，実際には回復までに減価償却された物しか戻ってこない（甲の現在の価値は 100 万円）。その一方で，占有者 Y が同種の物を販売する商人 C から甲を購入した場合には，X は Y に代価 300 万円を支払わなければならない。このように X は 100 万円の価値しかない自己物を 300 万円支払わなければ取り戻せない。そのうえ，X は甲の使用利益も Y から一切取り戻せないことになる。そのため，参考判例②に対しては，被害者 X の静的安全を度外視し，Y の取引の安全を過度に保護しているとの懸念が指摘されている。そこで，X が甲の減価償却相当分 200 万円を不当利得（703 条）に基づき Y に請求することを認める見解もみられる。しかし，民法 194 条から導かれる使用権限の存在をもって「法律上の原因がある」として，不当利得は成立しないとの見方が一般的である。このような実質面での不均衡の調整は，立法的な解決を含め，今後に残された課題といえよう。

・・・・**関連問題**・・・・

　(1)　本問において，Y が甲の使用利益の高額化を懸念して，2024 年 12 月 10 日に甲を X に引き渡したと仮定する。この場合に，Y の X に対する代価弁償の請求は認められるか（参考判例②）。

　(2)　本問において，C が甲と同種の物を販売する商人ではなく，また Y が競売もしくは公の市場で甲を入手したのでもない場合であれば，X および Y の主張はどうなるか。

●】**参考文献**【●

＊笠井修・NBL710 号（2001）75 頁／同・百選 I 140 頁／鳥谷部茂・判評 505 号（判時 1734 号）（2001）7 頁／好美清光・民商法雑誌 124 巻 4・5 号（2001）723 頁

（渡邊　力）

# 38 共有物の管理・処分

A・B・C・Dは，等しい持分の割合で甲土地を共有している。なお，次の(1)～(3)について，A・B・C・D間に特に合意はないものとする。

(1) 甲土地は，A・B・C・Dが通路として使用している。①甲土地の一部が陥没して通行に支障が生じている場合に，Aは，陥没部分を補修して，その費用の負担をB・C・Dに求めることができるか。②甲土地は砂利道であるため，A・B・Cは舗装したいと考えているが，Dはこれに反対している。A・B・Cは，A・B・C・D間で甲土地を舗装する旨の決定をしたうえで，甲土地を舗装し，その費用の負担をDに求めることができるか。

(2) A・B・C・D間では，以前に，A・B・Cの賛成により，Bが甲土地を農地として使用する旨の決定をしていた。ところが，最近，甲土地を駐車場として借りたいと希望するEが登場したことから，A・C・Dの賛成により，存続期間を5年と定めて甲土地をEに賃貸することに変更する旨の決定をした。A・C・Dは，この決定に基づいて，Bに対し，甲土地の使用の停止を求めることができるか。

(3) Bは甲土地を売却したいと考えており，C・Dもこれに同意しているが，Aは行方不明である。甲土地の売却を実現するために，Bはどのような法的手段をとればよいか。

●】 解説 【●

1 共有物の管理

(1) 共有物の変更・管理・保存行為に関するルール

共有物の管理（ここでいう管理とは後述の⓵～⓷を含む最も広い意味の管理を

意味する）について，共有者間に合意があれば，その合意によって処理される。例えば，共有者の1人が共有物を独占使用してよい旨の共有者間の合意があれば，当該共有者による独占使用が適法に認められ，他の共有者は当該共有者に対して共有物の返還請求等をすることはできない。

　共有者間にそのような合意がない場合には，民法のルールが適用される。民法は，共有物の管理について，ⅰ変更，ⅱ（広義の）管理，ⅲ保存行為のルールを定めている。

　ⅰ　各共有者が共有物に変更を加えるには，他の共有者の同意を得なければならない（251条1項）。つまり，共有者全員の同意が必要である。変更とは，共有物の形状または効用を変えることをいう。ただし，変更のうち，共有物の形状または効用の著しい変更を伴わないもの（以下，「軽微変更」という）は，ⅱに従い，各共有者の持分価格の過半数によって決定することができる（同項括弧書・252条1項）。したがって，共有者全員の同意を必要とする変更とは，共有物の形状または効用の著しい変更を意味する。

　ⅱ　共有物の管理に関する事項は，各共有者の持分価格に従い，その過半数で決定することができる（252条1項前段）。管理には，軽微変更と（狭義の）管理が含まれる。軽微変更とは，ⅰで述べたように，変更のうち，共有物の形状または効用の著しい変更を伴わないものである。（狭義の）管理とは，共有物の性質を変えることなくその物を利用・改良する行為であり（103条2号参照），共有物の利用方法を決めることや共有物を改良すること等が典型例である。

　ⅲ　共有物の保存行為は，各共有者が単独ですることができる（252条5項）。共有物の修繕等，物の現状を維持するための行為がこれに当たる。

　小問(1)①は，甲土地（通路）の現状を維持するための行為であるから共有物の保存行為に当たり，Aが単独ですることができる（252条5項）。そして，補修にかかった費用について，Aは，B・C・Dに対し，それぞれ4分の1ずつの負担を求めることが可能である（253条1項）。

(2)　**軽微変更に当たる場合**

　小問(1)②は，甲土地を砂利道から舗装道に変えることになるから，共有物の変更に当たると考えられる。共有物の変更には共有者全員の同意が必要で

あるが，これが軽微変更に当たるならば，共有者の持分価格の過半数で決定
することが可能である。

　それでは，軽微変更に当たるか否かはどのようにして決まるか。

　共有物の変更が軽微変更に当たる場合に，共有者の持分価格の過半数で決
定できるとしたのは，形状または効用の著しい変更がなければ共有者への影
響は軽微であるから，共有者全員の同意までは必要ないと考えられたからで
ある。この考えを踏まえると，ある変更行為が軽微変更に当たるか否かは，
共有物の種類・性質，形状（外観・構造等）や効用（機能・用途等）を変更す
る範囲・程度，費用の多寡などの事情を考慮し，共有者への影響が軽微かそ
うでないかを基準にして判断される。

　以上の基準に照らすと，砂利道を舗装することは，一般的には，形状の変
更を伴う（砂利を除去してアスファルトを敷くなど）ものの，道路としての形
状は保たれており著しい変更とまではいえない。また，効用に関しても，舗
装によって通路としての機能を向上させるにとどまり，道路としての効用を
著しく変更するものでもない。したがって，共有者への影響は軽微にとどま
るから，小問(1)②は軽微変更（251条1項括弧書）に当たると解される。そこ
で，A・B・Cが賛成すると持分価格の過半数に達するから，A・B・Cは，
小問(1)②の決定（252条1項）をしたうえで甲土地を舗装し，Dに対し，そ
の費用の4分の1の負担を求めることができる（253条1項）。

⑶　**所在等不明共有者がいる場合における共有物の管理・変更**

　共有が発生する代表例は，相続によって権利の承継が生じた場合である
[→問題39]。ところが，相続による権利の承継が何度も生じたりすると，例
えば，現在はP・Q・R・Sが共有物を共有する関係になっているにもかか
わらず，P・Q・RにはSという共有者の存在を知ることができない場合（S
の氏名・名称などが不明であってSを特定することができない場合）や，Sとい
う共有者の存在は知っていても，Sの所在を知ることができない場合（Sの
住所等を知ることができない場合）が起こる。この例のSのように，知ること
ができない共有者および所在の不明な共有者を，「所在等不明共有者」とい
う（262条の2第1項参照）。

　共有者の中に所在等不明共有者がいると，次のような事態が生じる。

小問(1)②において，A・Bは賛成しているが，Dは反対し，Cは所在等不明共有者であるとする（関連問題(1)）。砂利道を舗装することは軽微変更に当たるから持分価格の過半数による決定が必要であるが（(2)），A・Bの賛成では過半数に達しない。これでは，所在等不明共有者がいるために，共有物の管理が滞ってしまい，共有物の使用等が妨げられる結果となる。

　そこで，民法は次の制度を設けている。すなわち，共有者（例えばA）の請求によって，裁判所は，所在等不明共有者（C）以外の他の共有者（A・B・D）の持分価格の過半数で甲土地の管理に関する事項を決定することができる旨の裁判をすることができる（252条2項1号。裁判をするための手続については非訟事件手続法85条参照）。共有物の管理に関する共有者間の意思決定から，所在等不明共有者を除外し，残りの共有者で意思決定することを認めるわけである。この裁判を使うと，（Cを除外した）A・B・Dの持分価格の過半数で甲土地の管理に関する決定をすることができるから，A・Bの賛成でもって，砂利道を舗装する旨の管理に関する決定をすることが可能となる。

　なお，共有物の変更についても，同様の制度が用意されている。共有者の請求によって，裁判所は，所在等不明共有者以外の他の共有者全員の同意を得て共有物に変更を加えることができる旨の裁判をすることができる（251条2項）。所在等不明共有者を除外し，他の共有者全員の同意のみで共有物に変更を加えることができるわけである。

⑷　**共有者間の決定に基づいて共有物を使用している共有者に特別の影響を及ぼすべきとき**

　小問(2)では，甲土地をどのように利用するかが問題になっているが，(1)で見たように，共有物の利用方法を決定することは共有物の管理に関する事項に当たる（なお，存続期間を5年と定めて駐車場を目的とする土地の賃借権を設定することは，共有物の管理に関する事項に当たる。252条4項2号）。したがって，A・C・Dの賛成による過半数で決定することができる（同条1項前段）。その際，Bが甲土地を使用しているとしても，以上のルールが適用され，Bはこれに従わなければならない（同項後段）。

　しかし，本問のように，Bの使用が「共有者間の決定」（Bが甲土地を農地

として使用する旨のA・B・C・D間の決定）に基づいている場合には，その決定を変更する旨の決定がされると，Bが大きな不利益を被るおそれがある。そこで，そのような変更の決定がBに「特別の影響を及ぼすべきとき」には，Bの承諾を得なければならない（252条3項）。Bの承諾を得ないまま，A・C・Dの賛成による過半数でそのような変更の決定がされても，Bはこれに従う必要はない。

それでは，Bに「特別の影響を及ぼすべきとき」とは，どのような場合か。

「特別の影響を及ぼすべきとき」とは，共有物の種類・性質に応じて，ⓐ管理に関する決定を変更する必要性・合理性とⓑ決定を変更すると共有物を使用している共有者にどのような不利益が生じるかを比較して，その不利益が当該共有者の受忍すべき限度を超える場合をいう。これに照らすと，小問(2)で，例えば，Bが農業で生計を立てている場合には，変更の決定によってBが被る不利益（ⓑ）は極めて大きい。変更の必要性・合理性（ⓐ）がよほど高い場合でない限り，Bの不利益は受忍限度を超えており，Bに「特別の影響を及ぼすべきとき」に当たるだろう。この場合にはBの承諾が必要であるから，Bは，承諾せずに変更の決定の効力を否定することができ，使用の停止に応じる必要はない。これに対して，Bが趣味で農業をしている場合や多少の収入を得ているにとどまる（主な収入は別にある）場合には，変更の決定によってBが被る不利益（ⓑ）は大きくない。変更の必要性・合理性（ⓐ）がそれなりにあるならば，Bの不利益は受忍限度を超えておらず，Bに「特別の影響を及ぼすべきとき」には当たらないだろう。この場合にはBの承諾は不要であり，Bは変更の決定に従わなければならない。

### 2 共有物の処分

#### (1) 共有者全員の同意が必要

共有物について売却その他の法律上の処分（抵当権の設定等）をするには，共有者全員の同意が必要である。このような処分は各共有者の持分権を処分することに当たる以上，各共有者の同意が当然に必要だからである（共有物の処分が共有物の変更〔251条1項〕に当たるから，という理由ではない）。

そうすると，小問(3)では，所在不明のAの同意を得られないから，B・

C・Dは甲土地を売却することができないことになる。

　他方で，B・C・Dは，所在等不明共有者がいる場合の変更の裁判（251条2項。1(4)参照）によって，B・C・Dの同意のみで甲土地を売却することもできない。上述のように，甲土地の売却は共有物の変更に当たらず，変更の裁判の対象外だからである（実質的に見ても，甲土地を売却すればAが共有持分を失うにもかかわらず，これを変更の裁判によって容易に実現できてしまうのは妥当でない。むしろ，厳格な手続が用意された，所在等不明共有者の持分の取得・譲渡〔(2)〕によるべきである）。

### (2) 所在等不明共有者の持分の取得・譲渡

　小問(3)では，Aのような所在等不明共有者がいると，甲土地の処分が妨げられる結果となる。B・C・Dとしては，共有物分割によってAとの共有関係の解消を図ることも考えられるが［→問題39］，そのためには手続上の負担がかかる（すべての共有者を当事者として訴えを提起しなければならないなど。仮にAという共有者を特定できない場合には，そもそも共有物分割の訴えを提起することもできない）。このような事態は，社会経済上重要な財産である不動産の利用や管理を阻害することとなり，望ましいことではない。

　そこで，裁判所の関与の下で，所在等不明共有者の持分を他の共有者が取得することができる制度が設けられている。すなわち，裁判所は，共有者（例えばB）の請求により，その共有者（B）に，所在等不明共有者（A）の持分を取得させる旨の裁判をすることができる（262条の2第1項前段。以下，「持分取得の裁判」という。裁判をするための具体的な手続は非訟事件手続法87条参照）。そして，持分取得の裁判によってBがAの持分を取得した場合には，Aは，Bに対し，Aの持分の時価相当額の支払を請求することができる（262条の2第4項。そこで，裁判所は，持分取得の裁判をするには，Bに対し，一定の期間内に，Aのために，裁判所が定める額の金銭を供託所に供託することなどを命じなければならない。非訟事件手続法87条5項）。

　以上によると，小問(3)のBは，持分取得の裁判によってAの持分を取得したうえで，（C・Dの同意を得ているので）甲土地を売却することが可能となる。

　なお，Bが甲土地の売却先を既に見つけている場合（関連問題(2)）には，

次の制度も活用できる。裁判所は，Bの請求により，A以外の共有者全員（B・C・D）が特定の者（Bが見つけた売却先）に対してB・C・Dの持分全部を譲渡することを停止条件として，Aの持分を売却先に譲渡する権限をBに付与する旨の裁判をすることができる（262条の3第1項。裁判をするための具体的な手続は非訟事件手続法88条参照）。以上の裁判により付与された権限に基づいてBがAの持分を売却先に譲渡した場合には，Aは，Bに対し，甲土地の時価相当額をAの持分に応じて按分して得た額（例えば甲土地の時価相当額が800万円であれば200万円）の支払を請求することができる（262条の3第3項。裁判所がBに対して供託などを命じることは，持分取得の裁判の場合と同様である。非訟事件手続法88条2項・87条5項）。

### 関連問題

(1) 小問(1)②において，A・Bは賛成しているが，Dは反対し，Cは所在等不明共有者であるとする。A・Bは，甲土地の舗装を実現するために，どのような法的手段をとればよいか。

(2) 小問(3)において，Bが甲土地の売却先をすでに見つけている場合には，どのような法的手段をとればよいか。

### ●】参考文献【●

＊山野目章夫『民法概論2 物権法』（有斐閣・2022）212頁／村松秀樹＝大谷太編著『Q&A 令和3年改正民法・改正不登法・相続土地国庫帰属法』（金融財政事情研究会・2022）59頁・124頁，共有私道の保存・管理等に関する事例研究会「複数の者が所有する私道の工事において必要な所有者の同意に関する研究報告書〜所有者不明私道への対応ガイドライン〜〔第2版〕」（2022年6月）

(秋山靖浩)

# 39 相続財産の管理・処分

　　大都市近郊の旧街道沿いにある，江戸時代から300年余り続く和菓子店の13代目であるＡは，80歳という高齢になっていたにもかかわらず，跡継ぎを決められていなかった。Ａの主な財産は，店舗兼住宅である本件土地建物であった（いずれもＡ名義の登記がなされている）。Ａの配偶者はすでに亡くなっており，Ａには子Ｂ・Ｃ・Ｄがいたが，いずれも独立して別の場所で暮らしていた。Ａとしては，子の誰かに和菓子屋を継いでほしいと考えていた。

　　2023年5月，Ａが危篤状態となり近所の病院に入院したため，Ｂは勤務する会社を休み，本件土地建物に泊まり込み，Ａの身の回りの必要なもの等を病院に持参するなど熱心にＡの世話をした。しかし，Ａは入院から5日後に亡くなった。

　　その後，Ａの葬儀を行うため，Ｂは本件土地建物に泊まり込みを続けていた。Ａの葬儀後，ＢはＡの遺品の整理等をし，また，和菓子屋を再開するという名目で，本件土地建物に引っ越しをして居住を始めた。なお，Ｂは和菓子を作った経験はなく，勉強や修行をしようとしているわけでもなく，それまでと変わらず会社勤めをしている。

　　Ａの四十九日法要が終わり，Ｂ・Ｃ・Ｄは，Ａの遺産分割を行うこととしたが，本件土地建物を売却して代金の3等分を主張するＣ・Ｄと，和菓子屋をいつか再開したいとして売却に強く反対するＢとが対立し，遺産分割は遅々として進まない。Ｃ・Ｄは，本件土地建物を売却するためには，まずＢを立ち退かせるべきと考え，Ｂに対して，本件建物の明渡しを求める訴えを提起した。Ｃ・Ｄの請求は認められるか。

● 参考判例 【●

① 最判昭和 41・5・19 民集 20 巻 5 号 947 頁
② 最判平成 8・12・17 民集 50 巻 10 号 2778 頁
③ 最判平成 10・2・26 民集 52 巻 1 号 255 頁
④ 最判平成 12・4・7 判時 1713 号 50 頁

● 解説 【●

### 1 共同相続財産の管理

　相続人が複数存在する場合，被相続人が有していた財産（遺産）は，共同相続人の共有となる（898 条 1 項）。この共有について，かつては合有と解すべきという見解もあったが，現在は，民法 249 条以下の共有（狭義の共有）と理解するのが判例・通説である。

　共同相続財産の管理について，相続法に特別な規定は存在しないことから，物権法の共有物管理規定に従ってなされる。したがって，本問は，基本的に共有関係として検討を行う必要がある。なお，遺産共有における各相続人の共有持分は，法定相続分または指定相続分が基準となる（898 条 2 項）。

### 2 共有者間の明渡請求

　共有者は，共有持分権という物権を有していることから，物権的請求権を行使することができる。したがって，共有持分権に基づく不動産の明渡請求も基本的には可能である。ところで，共有者間における不動産の明渡請求については，参考判例①が存在する。その事案は，本問と同じく共同相続人間の紛争であり，多数持分権者から少数持分権者への建物明渡請求が問題となったところ，次のように判示されている。

　共同相続に基づく共有者の 1 人である少数持分権者は，他の共有者の協議を経ないで当然に共有物を単独で占有する権限を有するものでない。しかし，多数持分権者は，共有物を現に占有する少数持分権者に対し，当然にその明渡しを請求することができるものではない。なぜなら，ⓐ少数持分権者は自己の持分によって，共有物を使用収益する権限を有し，これに基づいて共有物を占有するものと認められるからである。ⓑこの場合，多数持分権者

が少数持分権者に対して共有物の明渡しを求めることができるためには，その明渡しを求める理由を主張立証しなければならない。

参考判例①は，結論として，多数持分権者から少数持分権者に対する不動産の明渡請求を認めなかった。学説上，その理由をどのように理解するかについて，争われてきた。第1の考え方は，少数持分権者であっても共有物の全部について使用収益権限を有していること（249条1項）を示す④の判示内容を重視し，共有者間の明渡請求には，共有者全員の同意が必要であるため，多数持分権者といえども少数持分権者に対して明渡請求はできないと理解する。第2の考え方は，明渡しを求める理由を主張立証しなければならないとの⑤の判示内容を重視し，共有者間において管理（252条1項）としての利用方法の定めがない以上，共有持分権者は持分に応じて共有物の全部を使用することができるから占有権原があるとして，明渡請求が認められなかったと理解する。第3の考え方は，本問のような遺産共有においては，遺産分割のための財産保全という目的に適う限り，共同相続人間での明渡請求は認められないと解すべきとする。

令和3年に改正された民法252条1項後段は，共有物を使用する共有者がいる場合でも，持分価格の過半数により共有物の管理に関する事項を決定すること，すなわち，使用する共有者を別の共有者に変更することもできると定めている。

この民法252条1項後段と参考判例①の関係が問題となる。立案担当者は，参考判例①を変更する意図はなく，同項後段に基づいて，現在使用している共有者とは別の共有者が使用者として決定された場合，「明渡しを求める理由」があることになる，と説明している。この説明によれば，上記の第2の考え方が採用されたものと理解されることになる。しかし，従来，持分価格の過半数決定によっても，共有物を使用する共有者に対して明渡請求ができないと考える見解（第1の考え方）も有力であり，弁護士などの実務家はこの見解を前提に動いていたという指摘もある。この立場からすれば，同項後段は判例変更を行ったものと理解することになろう。

上記の点について，立案担当者の見解に従うと，本問において，C・Dの持分を合計すると過半数を超える。そのため，C・DのBに対する明渡請求

が認められるようにも思える。しかし，民法252条1項の管理として，過半数による決定があったといえるために，共有者全員での協議を必要と考えるかによって，結論は分かれる。

　管理事項を過半数により決定するに当たって，協議を必要とする見解は，多数決という団体的な意思決定手続において，少数持分権者の意見表明の機会，また，情報提供を受ける機会を保障することが必要であるとする。この考え方に立てば，B・C・D間での協議が行われていない本問においては，C・DのBに対する明渡請求は認められないことになる。

　これに対して，協議を不要とする見解は，民法上，共有物分割の場合（258条1項）には「協議」が予定されているが，管理に「協議」の規定はなく予定されていないと考えられること，協議を必要とした場合の効果を無効とすると多数持分権者の権利を過度に制約してしまうことなどの点を指摘し，協議必要説を批判する。この考え方に立てば，C・Dは，少数持分権者Bに何も知らせることなく，C・Dが利用するとの管理方法を決定することができ，C・DのBに対する明渡請求は認められることになる。

### 3　明渡請求が認められない場合

#### (1)　特別の影響（252条3項）

　本問のように，共有者間において共有物の利用方法に関する特段の定めがないにもかかわらず，共有物を利用する共有者がいる場合，他の共有者が持分価格の過半数を有していれば，（協議を必要とするかについては争いがあるものの）その決定により，明渡請求をすることが原則として可能である（252条1項前段）。その理由は，共有物の利用方法の硬直化を防ぐ必要があるということに求められている。

　他方，共有物の利用方法に定めがある場合はどうか。もし共有物を利用する共有者がいたとしても，他の共有者が持分の過半数を有していれば，その決定により，明渡請求をすることが可能である（252条1項後段）。利用方法を定めることも変更することも過半数でできるのが合理的であるといった説明がなされている。

　しかし，例外的に，民法252条3項は，共有者間の決定に基づいて共有物を使用する共有者に特別の影響を及ぼすべきときは，その承諾を得なければ

ならない，としている。たとえば，本問において，B・C・D間において，Bが和菓子屋を引き継ぐということで，本件土地建物を使用する共有者をBとする定めがあり，かつ，Bが本件土地建物の使用により生計を立てているというときに，C・Dの賛成によって使用者をCと変更することは，「特別の影響」に当たり許されず，C・DによるBへの明渡請求は認められないと考えられる。しかし，本問においては，そもそも共有者間の決定が存在しないため，この規定が適用されることはない。

## (2) 無償で使用する旨の合意の推認

不動産が共同相続され共有となった場合，被相続人と同居をしていた相続人がいるときは，特段の事情のない限り，当該不動産について無償での使用合意（使用貸借）が推認されるため，他の共同相続人は，他の共同相続人を使用者とすることを過半数により決定したとしても，同居相続人に対して明渡請求することはできない。

参考判例②は，共同相続人の1人が，相続開始前から被相続人の許諾を得て遺産である建物に同居してきたとき，特段の事情のない限り，被相続人が死亡し相続が開始した後も，遺産分割により建物の所有関係が最終的に確定するまでの間，引き続き同居の相続人にこれを無償で使用させる旨の合意が被相続人と同居の相続人の間にあったものと推認される，とする。その期間は，死亡時から少なくとも遺産分割終了までとされる。被相続人と同居の相続人の通常の意思に合致することに基づく。

もし本問において，BがAの跡継ぎとして，Aとともに本件土地建物に同居していたならば，遺産分割により本件土地建物の所有関係が最終的に確定するまでの間，A・B間で無償での使用合意が推認される。C・Dは，相続により，被相続人Aの一切の権利義務を承継するため（896条），A・Bの使用合意に拘束される。そのため，C・DのBに対する明渡請求は認められない。

被相続人と同居していたのが，共同相続人ではなく，内縁配偶者であることもある。内縁の夫婦が共有不動産を居住または共同事業のために共同で使用してきたとき，特段の事情のない限り，両者間で，一方が死亡した後は他方が共有不動産を単独使用する旨の合意が成立していたと推認される。この

合意が変更され，または，共有関係が解消されるまでの間，残された内縁配偶者は，共有物を単独で使用することができ，使用による利益について他の共有者に対して不当利得返還義務を負わない。他の共有者（共同相続人）は，他の共有者を使用者とすることを過半数により決定したとしても，残された内縁配偶者（共有者）に対して明渡請求することはできない。

　この点を示すのが参考判例③であり，その理由は，内縁配偶者の関係および共有不動産の使用状況からすると，一方が死亡した場合に残された内縁の配偶者に共有不動産の全面的な使用権を与えて従前と同一の目的，態様の不動産の無償使用を継続させることが両者の通常の意思に合致するといえることに求められている。

### (3) 配偶者居住権等

　上記の判例理論に加えて，被相続人の配偶者は，被相続人が所有していた建物に相続開始時に居住していた場合，遺産分割または遺贈により，配偶者居住権を取得する（1028条1項）。夫婦の一方が死亡後，残された配偶者が長期間にわたり生活を継続することも少なくないところ，遺言や遺産分割の選択肢として，残された配偶者が，無償で，住み慣れた住居に居住する権利を取得することが必要である。

　また，被相続人の配偶者は，被相続人が所有していた建物に相続開始時に「無償で」居住していた場合，居住建物の所有権を相続または遺贈により取得した者に対して，居住建物に一定期間無償で使用する権利（配偶者短期居住権）を有する（1037条1項）。一定期間は，配偶者を含む共同相続人間で居住建物の遺産分割をすべき場合，遺産分割により居住建物の帰属が確定した日または相続開始の時から6か月を経過する日のいずれか遅い日であり（同項1号），それ以外の場合は，居住建物取得者が配偶者短期居住権の消滅の申入れをした日から6か月を経過する日である（同項2号・3項）。夫婦の一方が死亡したとき，残された配偶者が直ちに住み慣れた住居を退去しなければならないとすると，残された配偶者には大きな負担となるため，この制度が用意されている。

　相続により共同相続人間で共有されている建物について，相続人の1人である被相続人の配偶者が，配偶者居住権や配偶者短期居住権を取得した場

合，他の共有者（共同相続人）は，民法252条1項により，持分価格の過半数により配偶者以外の相続人を使用者とする旨の決定をしたとしても，配偶者居住権等を消滅させることはできないため，建物の明渡請求をすることはできない。明渡請求をするためには，別途，配偶者居住権等の消滅の要件（1032条4項・1038条3項参照）を満たす必要がある。

### 4 不当利得返還請求等

本問では問われていないが，C・DのBに対する明渡請求が認められない場合，また，明渡請求が認められる場合であっても使用開始から明渡時までの期間について，C・Dは，Bに対して賃料相当額の金銭の支払を求めることができるか。

参考判例④は，不動産の共有者が，当該不動産を単独で占有する他の共有者に対して，明渡請求が認められない場合であっても，占有者が単独で占有することができる権原を主張立証しない限り，自己の持分割合に応じて占有部分にかかる賃料相当額についての不当利得返還請求ないし不法行為に基づく損害賠償請求ができるとしている。

民法249条2項は，共有物を使用する共有者は，別段の合意がある場合を除き，他の共有者に対し，自己の持分を超える使用の対価を償還する義務を負うとしており，参考判例④のルールは明文化されている。

なお，前述した，無償で使用する旨の合意が推認される場合，配偶者居住権等の成立が認められる場合，さらに，共有者間での無償使用の合意が存在する場合には，使用対価の償還請求は認められない。他方，C・Dが，本件土地建物をC・Dのみが利用するとの決定を行った場合，BはC・Dに対して自己の持分部分についての使用対価の償還を請求できる。

> **発展問題**
>
> Aは配偶者Bと居住する甲建物のほか，乙建物を所有し，いずれについても登記を備えていた。Aには子C・D・Eがいたが，特にEをかわいがっており，Eの結婚を機に，E家族を乙建物に無償で住まわせていた。
>
> Aが死亡し，Aの財産はB・C・D・Eが共同相続し，甲建物およ

び乙建物について，法定相続分に従った登記がなされた（不登76条の2参照）。遺産分割協議はなされていなかったが，その理由は，C・D・Eの間で，Bが元気である間は，Bに配慮し，遺産分割協議はしないでおくという暗黙の了解があったためであった。

　Aの死亡から8年後，Bが死亡し，C・D・Eの間で遺産分割をすることになり，紛争が生じた。その理由は，A・Bの主な財産は甲建物および乙建物のみであるところ，甲建物に比べると，Eの居住する乙建物の財産的価値が圧倒的に高いため，C・Dは甲建物および乙建物を売却し，その代金を3等分することを主張したのに対し，Eは乙建物に住み続けることを主張したからである。

　C・Dは，遺産分割を円滑に行うためには，乙建物を売却することが必要であり，まずEを立ち退かせるべきであると考えた。C・D・Eは話し合いをし，C・DはCを乙建物の占有者とすることを提案した。Eは反対したが，C・DはCを乙建物の占有者とすることを持分価格の過半数により決定した。CはEに対して，乙建物の明渡しを求める訴えを提起した。Cの請求は認められるか。

### ●】参考文献【●

＊片山直也・百選Ⅰ150頁

（伊藤栄寿）

# 40 共有物の登記

　Ａは地方都市の資産家である。Ａに配偶者はおらず，子Ｘ・Ｂ・Ｃ・Ｄがいる。

　Ａの子Ｂは，運送業をするなどして生計を立てていたが，賭博等により生活が乱れ，困ったあげく，2018年10月，中学校の先輩であり，かつ，暴力団の副会長であるＹから3500万円を借り入れた。

　Ａは2021年9月9日に殺害され，居宅が放火された。Ａの死亡により，Ａの唯一の相続財産であった本件土地は，Ａの子Ｘ・Ｂ・Ｃ・Ｄが共同相続した。

　Ｂは，2021年9月18日付けで，本件土地につき，同月9日相続を原因として，Ｘ・Ｂ・Ｃ・Ｄの持分を各4分の1とする所有権移転登記を行った。さらに，ＢからＹに対して，同月9日代物弁済を原因とするＢ持分移転登記が行われた。なお，本件土地のＹ持分の時価は約9億円であった。

　2022年9月24日，ＢがＡに対する殺人および現住建造物等放火罪の容疑で逮捕された。Ｂの自供によれば，本件土地についての登記は，返済に行き詰まったＢが，Ｙから強要されたものであり，2020年10月頃，父Ａ死亡によって法定相続された場合にＢが取得する本件土地の持分を借入金債務の弁済に代えて弁済する旨の契約書類をあらかじめ準備をしていたことが明らかになった。Ｂの刑事裁判は現在確定していない。なお，Ｂには子Ｅがいる。

　Ｘは本件土地の共有持分権に基づいて，Ｙに対して，ＢからＹに対する持分移転登記の抹消登記手続を請求できるか。

●】 参考判例 【●

① 最判昭和31・5・10民集10巻5号487頁

② 最判昭和 59・4・24 判時 1120 号 38 頁
③ 最判平成 15・7・11 民集 57 巻 7 号 787 頁
④ 最判平成 22・4・20 判時 2078 号 22 頁

**●】解説【●**

### 1 共有者の 1 人による抹消登記手続請求

　共有者は，共有物に対して共有持分権を有している。共有持分権は所有権
の一種であることから，共有者は共有持分権に基づいて物権的請求権を行使
することが認められる。

　しかしながら，共有持分権に基づいて抹消登記請求が認められるかという
問題は，次の 2 点に留意して検討する必要がある。第 1 に，相手方が第三者
であるか，それとも当該目的物の他の共有者であるか，という点である。共
有者の内部関係（共有者同士）における紛争では，相互に共有持分権という
実体法上の権利を有していることから，権利相互の調整という問題を考えな
ければならないからである。共有者の内部関係と外部関係とでは，異なる考
慮が必要となる。そのため，本問のような物権的請求権の行使が認められる
かという問題も，第三者に対する請求と共有者に対する請求とでは，一般的
に区別して検討される。第 2 に，請求をしている共有者の持分権が侵害され
ていないようにみえる場合についてどのように考えるか，という点である。
本問においては，請求をしている共有者 X の持分権そのものが侵害されて
いるとはいえないようにもみえる。それにもかかわらず，X の抹消登記手続
請求を肯定する場合には，どのように法的に根拠づけるのかが問われること
となる。

　ところで，本問に関連する判例は，複数存在する。そこでまず，従来の判
例を確認していこう。

　参考判例①の事案は，X・B が A から不動産を買い受けたにもかかわら
ず，Y が A から所有権移転登記をしていたため，X が Y に全部抹消登記手
続を請求したというものであった。共有物全体について虚偽の登記が存在し
ていたため，共有者の 1 人が全部抹消登記手続を請求したわけである。この
事案において，判例は次のように判断した。不動産の共有者の 1 人は，その

持分に基づいて当該不動産につき登記簿上所有名義者を有している者に対して，全部抹消登記手続請求をすることができる。すなわち，不動産の共有者は1人で，第三者に対して，物権的請求権（妨害排除請求権）の行使として，自己の持分を超える部分についての抹消登記手続請求をもすることができるわけである。この判例は，当該請求が物権的妨害排除請求権の行使であり，いわゆる保存行為（252条5項）に属するものである，ということに請求の理論的根拠を求めている。

参考判例②の事案は，遺産に属する不動産について一部相続人が，勝手に被相続人から自己に対する所有権移転登記を経由していたというものである。この場合について，判例は次のように判断した。一部の共有者が勝手に自己名義で所有権移転登記を経由した場合に，共有者の1人が名義人に対し請求することができるのは，自己の持分についてのみの一部抹消（更正）登記手続である。すなわち，不動産の共有者は1人で，他の共有者に対しては，物権的請求権（妨害排除請求権）の行使として，自己の持分を超える部分についての抹消登記手続請求をすることができないとされた。あくまで，自己の持分についての一部抹消（更正）登記手続のみができるとされる。なぜなら，自己の持分についてのみ，侵害がなされているからである。

## 2 本問における抹消登記手続請求

参考判例①からすると，本問におけるYは共有者の1人ではないため，共有者の1人であるXは，Yに対して抹消登記手続を請求できる，とも考えられる。ただ，従来の判例の事案では，抹消登記手続を請求した共有者は，他人名義の登記によって自己の持分権を侵害されていたという事情がある。これに対し，本問で抹消登記手続を請求している共有者Xは，自己の持分権を侵害されていないようにみえる。なぜなら，共有者X自身は，自己の持分部分について登記を備えているからである。そのため，XはYに対して，持分全部の抹消登記手続を請求することはできないとも考えられる。

しかし，参考判例③は，本問におけるXからの請求を認めた。その理由は，BからYへの不実の持分移転登記の存在が，「共有不動産」に対する妨害状態を生じさせているといえるから，とされている。「共有不動産」に対する妨害状態が生じている以上，共有者の1人は，持分権に基づき，物権的妨

害排除請求権を行使できることとなる。すなわち，共有者の1人の「持分権」が侵害されているかどうかということに着目するのではなく，「共有物そのもの」が侵害されているかどうかということに着目していると考えられる。

判例は，共有持分権者が，民法249条1項に基づき，自己の持分に基づいて単独で妨害排除請求権を行使することができる，との理解を前提にしていると考えられる。共有物について，共有者以外の第三者の持分移転登記がなされていることが，共有物である本件土地の所有権を侵害していると評価していることになる。

本問のように，共同相続人による共有で，遺産分割が行われていないような場合には，遺産分割手続や相続税の物納申請などに支障が出るため，実質的に，判例の結論を支持することができる。ただ，その他の場合であってもこのような結論が正当といえるのかは，検討の余地があるようにも思われる。

本問において，XからYに対して持分移転登記抹消登記手続請求がなされている。この場合のYの反論としては，Bから代物弁済を原因として持分権を譲り受けたとして，Y名義の持分移転登記が実体上の権利に基づく登記であることを主張することになる。これに対して，Xからは，B・Y間の代物弁済契約が改正民法90条違反で無効であると主張することになる。

Bについての刑事裁判が確定していないが，このことは基本的に結論に影響を及ぼさない。仮に，Bが有罪と確定し，相続欠格（891条1号）となっても，Bの子Eが代襲相続する（887条2項）にすぎず，いずれにせよ，Yが有効に持分の譲渡を受けられるわけではないからである。

## 3　抹消登記手続請求の根拠

参考判例①は，共有持分権に基づいて抹消登記請求権が認められる根拠を，抹消登記を求めること自体が保存行為に当たることに求めていた。他方，本問のベースとした参考判例③においては，保存行為への言及がない。

保存行為とは，財産の価値を維持するための行為であるとされる。共有者が1人で保存行為を行うことができる理由は，共有者間の協議を必要とすると時間がかかってしまい目的物が毀損滅失してしまうおそれがあると考えられたからであった。一般的には，共有者の利害関係が大きく対立することがなく，共有者全員の利益になるからと説明される。

従来の判例が，共有者の1人による抹消登記手続請求に際して，保存行為を援用していたのは，次のような共有の構造理解が背景にあったためであると考えられる。共有物全体には，1個の所有権（共有権）が存在する。共有持分権は，この所有権の一部にすぎない。そのため，共有者は単独で，他の共有者の権利まで行使する資格はない。すなわち，共有物に関して権利行使を行うためには，共有者の全員が合意をするか，特別な権限に基づくことが必要となる。後者の特別の権限を定めたのが，民法252条5項であり，保存行為はこの特別な権限に当たる。このような理解から，共有者の1人が，自己の持分を超えて権利行使する場合には，保存行為が援用されてきた。

　ところが，この考え方には批判がなされてきた。共有持分権は，民法249条1項の規定から明らかなように，「共有物の全部」に及ぶものである。共有物の円満な状態を回復するためには，共有物について妨害排除を請求できるのは当然のことであり，わざわざ保存行為という概念を持ち出す必要はないと考えられるからである。このように考えれば，保存行為を援用しなくとも，共有持分権に基づいて，妨害排除請求権が行使できるのは当然であるということになる。

　なお，参考判例③が，保存行為という根拠を用いなかった理由の1つとして，共有者の1人による抹消登記手続請求の理論的根拠を，第三者に対する場合と，当該共有物の他の共有者に対する場合とを区別せずに，統一的に考えていた可能性がある。保存行為は他の共有者の利害関係が対立しないことを前提として認められるものであり，共有者間の紛争解決手段として用意されているわけではない。共有者間の利害対立が想定される場合には，保存行為概念を用いて共有者の1人が単独で他の共有者に対する抹消登記手続を求めることを正当化することはできない。

## 4　関連事案についての検討

　さらに検討されなければならないのは，第三者に対する抹消登記手続請求であれば，常に共有者の1人だけで請求が可能といえるのか，という点である。

　共有者の1人が，第三者に対する抹消登記手続を請求することが常にできるわけではない。参考判例④は，X・A共有の不動産について，X・A・Y

を共有者とする所有権保存登記がされていたので，Xが単独でYに対して，Y持分の抹消登記手続を求めたという事案である。判例は，XはYに対し自己の持分についての更正登記手続を求めることはできるが，本件訴訟の当事者ではないAの持分についての更正登記手続までをも求めることはできないとした。この事案において，Xの請求どおりY持分の抹消登記を認めるとすると，X・Aの持分割合をどうするかが問題となる。まず，X・Aの持分を各3分の1とすることはできない。残りの3分の1について権利者が存在しなくなってしまうからである。また，X・Aの持分を各2分の1とすることもできない。XがAの権利を勝手に処分したことになってしまうからである。参考判例③とは事案が異なる。

### 発展問題

Aは，長崎で財をなした先代の後を継ぎ，いろいろな社会事業を行っていた。Aは2022年10月27日に死亡した。Aの相続人は，妻のY，子のX・B・Cであった。長男のXのみは東京で生活していた。YはAの死亡後まもなく，本件不動産（土地・建物）について，相続を原因として，Y単独名義での所有権移転登記手続を行った。

ところが，Aは，2019年12月23日，X・Y・Bに平等の割合（各3分の1ずつ）で，本件不動産を遺贈するとの公正証書遺言を残していた。

Yが遺産分割協議書を偽造し，相続を原因とする上記所有権移転登記手続を行ったとして，Xは，単独で，Yに対して，本件不動産につき，Yへの所有権移転登記の全部抹消登記手続を請求できるか。

### ●】参考文献【●

＊七戸克彦・百選Ⅰ152頁／鎌田薫・リマークス29号（2004）14頁

（伊藤栄寿）

# 41 共有物の分割

　甲土地と乙土地は，もと A が所有していた一筆の土地を分筆したもので，甲土地の東端と乙土地の西端とは隣接している。甲土地および乙土地は，各北端において幹線道路に面し，駅に近い交通至便な場所にあることから，周辺では収益物件の開発が活発に行われている。甲土地および乙土地以外にも多数の財産を有していた A は，長男 B に甲土地を贈与してその旨の所有権移転登記手続を経由し，B は甲土地を駐車場として使用収益している。乙土地は A 所有名義のままで，その西側は遊休地となっており，東側 3 分の 1 部分には丙建物（1970 年に新築された木造瓦葺 2 階建）が存在している。丙建物の所有名義人も A であり，次男 C が自宅として居住していた。

　A は，先立たれた配偶者との間に B，C および長女 D の 3 人の子（いずれも成年に達している）をもうけたが，2023 年 5 月 1 日，遺言をすることなく死亡した。

　B は，老朽化した丙建物を取り壊して乙土地全体を更地にし，甲土地および乙土地上に賃貸マンション 1 棟を新築すれば一定の賃貸料収入を得ることができるうえ，C を上記賃貸マンションの 1 室に実質無償で住まわせて経済的に援助することもできると考え，乙土地全体の時価相当額の各 3 分の 1 を C と D に支払って B が乙土地を単独で取得する方法により乙土地を分割することを希望した。しかし，C は丙建物の取壊しを拒絶して乙土地を均等に 3 等分する方法により丙建物の敷地部分を現物で取得する分割を希望した。B，C および D は，乙土地・丙建物を含む A 所有名義の不動産につき，2023 年 5 月 1 日相続を原因として持分各 3 分の 1 とする各所有権一部移転登記を経た。その後，C は遺産分割審判の申立てをすることなく所在不明となり，遺産分割協議が調う見通しは立たなくなった。

このような事情の下で，長男Bは，2024年5月1日，甲土地の所有権のほか，乙土地・丙建物の持分各3分の1を不動産開発業者であるE社に代金合計2億円で譲り渡し，同日売買を原因として，E社を権利者とする甲土地の所有権移転登記および乙土地・丙建物の各B持分全部移転登記を経由した。

　E社は，乙土地および丙建物を分割により単独取得するために，どの裁判所に，誰を相手方として，どのような内容の申立てをすればよいか。また，E社が乙土地および丙建物の所有権を単独で取得するような分割を内容とする裁判は可能か。

## ●】参考判例【●

① 最判平成25・11・29民集67巻8号1736頁
② 最判昭和62・4・22民集41巻3号408頁
③ 最判平成8・10・31民集50巻9号2563頁

## ●】解説【●

### 1　共同所有と共有物分割請求

　E社は，乙土地および丙建物につき，C，Dとの共有関係の解消を求めていることとなる。乙土地および丙建物はAの相続財産（遺産）を構成しており，共同相続人B，CおよびDは，その相続分に応じてAの権利義務を承継した結果，乙土地および丙建物は，B，CおよびDの共有（持分各3分の1）となった（898条1項）。遺産共有は民法249条以下の「共有」とその性質を異にするものではないと解されているものの（最判昭和30・5・31民集9巻6号793頁），遺産分割協議が調わないときは，各共同相続人は，遺産の全部または一部の分割を家庭裁判所に申し立てることとされている（907条2項，家事39条・別表第2第12項）。本問は，Aの相続開始後遺産分割前にBが乙土地および丙建物の自らの共有持分をE社に譲渡したことにより，その共有持分が遺産から逸出した事案である。

最判昭和50・11・7（民集29巻10号1525頁）は，本問同様の場合におい
て遺産を構成する特定不動産の共有持分権を譲り受けた第三者が共同所有関
係の解消のためにとるべき手続は，遺産分割審判ではなく，共有物分割訴訟
であるとし，遺産共有持分を譲り受けた者であっても遺産分割以前に遺産を
構成する個々の財産につき民法258条に基づく共有物分割訴訟を提起するこ
とは許されないとした原判決を違法とした。

　最高裁が，第三者からの共同所有関係解消のためにとるべき裁判手続を共
有物分割訴訟と解したのは，遺産の共同相続人でない第三者を遺産分割に取
り込むことの不都合を避けつつ，共有物分割が遺産分割に先行することによ
って共同相続人の有する遺産分割上の利益が害される結果を避けるためであ
ったと理解されてきた（後記4であらためてふれる）。通常の共有持分を有す
る共有者の1人が死亡したため，通常の共有持分と遺産共有持分とが併存す
ることとなった事案に関する参考判例①でも，前掲最判昭和50・11・7を引
用して共有物分割訴訟によるべきものと判示した（進んで，共有物分割の判決
によって遺産共有持分を有していた者に分与された財産は遺産分割の対象となり，
この財産の共有関係の解消については民法907条に基づく遺産分割によるべきこ
とを判示した）。この判例法理は，2021年改正民法の施行日（2023年4月1
日）後においても維持されることが見込まれる。なお，共有物分割訴訟は共
有者の全員が当事者とならなければならない固有必要的共同訴訟であるとい
うのが大審院の判例であり（大判明治41・9・25民録14輯931頁，大判大正
5・12・27民録22輯2524頁，大判大正12・12・17民集2巻684頁，大判大正
13・11・20民集3巻516頁など），実務もこれに沿った運用が確立している。

　本問では，E社は，遺産共有持分を有するCおよびDを被告として，地
方裁判所に対し，乙土地および丙建物につき共有物の分割を求める訴えを提
起するということになる（Cは所在不明であるから，訴状の送達，口頭弁論期
日の指定や呼出し等は公示送達の方法によるものと予想される）。なお，Bは，
各遺産共有持分を喪失して乙建物および丙建物に関する共有関係から離脱し
ているから，共有物分割訴訟の当事者にはならない。

## 2　協議分割と裁判分割

　共有物の分割は共有者間の協議によることが原則であるが，本問のよう

に，共有者間で協議ができないとき（Ｃが行方不明になっていることはこれに当たる）は，裁判所に対して分割の実施を求める訴えを提起することになる（258条1項）。前者を協議分割，後者を裁判分割と称する。裁判分割では，判決手続により，共有関係が廃止され各共有者に一定のものが帰属するという形成的効果を生ずるが（形成判決），例えば裁判離婚（770条1項各号）のような形成要件や，具体的な分割方法に関する実体規定がないことに特徴があり，裁判所において，その裁量により一定の分割結果を形成しなければならないとされる（形式的形成訴訟）。

　2021年改正民法は，民法258条2項を改め，共有物の分割の方法として，「共有物の現物を分割する方法」（同項1号。現物分割）と「共有者に債務を負担させて，他の共有者の持分の全部又は一部を取得させる方法」（同項2号。いわゆる賠償分割）とを，並列的に，両者に優劣を設けない形で規定した。同条3項は，現物分割もしくは賠償分割により共有物を分割することができないとき，または分割によってその価格を著しく減少させるおそれがあるときに競売分割ができることを規定した。

　かつては，民法上，現物分割と競売分割のみを明示したうえで，現物分割を基本的方法，競売分割を補充的方法と位置付けていたが，後述するように，判例上承認されることとなった全面的な価額賠償に関する明文がなく，現物分割や競売分割との関係でどのように位置付けられるかが明らかでなかったため，分割方法の検討順序に関する当事者の予測可能性が確保されないという指摘がされていた。そこで，2021年改正民法において，現物分割と賠償分割とを上記のように優劣をつけずに列挙し，一定の場合に競売分割を認めることとして，裁判所の判断の枠組みを明確化した。なお，参考判例②は，共有物を物理的に分割したうえで，持分の価格以上の現物を取得する共有者に当該超過分の対価を支払わせて過不足を調整するいわゆる部分的価額賠償は現物分割に含まれると位置付けていた。この考え方は，2021年改正民法の施行日（2023年4月1日）後においても維持されることが見込まれる。

### 3　共有関係からの離脱と共有物分割実施の態様

　本問では，Ｅ社は，乙土地および丙建物を自己の単独所有とし，各不動産の価格中の持分相当額をＣ・Ｄに賠償する賠償分割の方法による分割を求め

ている。Cは所在不明で現時点でどのような分割方法を求めているか明らか
でない。Dは，乙土地および丙建物自体に直接の利害を感じないのであれ
ば，これらの価格の法定相続分の割合に沿った額の金銭を遺産分割において
手元に収めることができることが確実である限り，現物の取得自体にはこだ
わらない意向を示すことも実際には少なくないであろう。

　ところで，遺産分割については，遺産全体を一括して分割する必要上，
「遺産に属する物又は権利の種類及び性質，各相続人の年齢，職業，心身の
状態及び生活の状況その他一切の事情を考慮」してすることと規定している
（906条）。判例は，共有物分割についても，すでにふれたものを含め，次の
ような柔軟な分割方法を認めてきた。

　第1に，分割の対象となる共有物が複数の不動産である場合には，これら
が外形上一団とみなされるときはもとより，数箇所に分かれて存在するとき
でも，一括して分割の対象とし，分割後のそれぞれの部分を各共有者の単独
所有とすることもできるとしている（最判昭和45・11・6民集24巻12号1803
頁など。共有者の取得する現物の価格に過不足を生じるときの部分的価格賠償の
扱いは，参考判例②）。

　第2に，判例は，共有物の分割を共有関係の全面的な解消手段とする理解
を否定しつつあり，分割を請求している者についてのみの現物分割も認めて
いる（参考判例②，最判平成4・1・24判時1424号54頁など）。

　第3に，いわゆる賠償分割については，参考判例③において，共有物を1
人または複数の共有者に取得させるのが相当であり（共有物の性質・形状，
共有関係の発生原因，共有者の数・持分割合，共有物の利用状況・分割された場
合の経済的価値，分割方法についての共有者の希望と合理性の有無などの事情を
総合して評価する），かつ，その者に取得させることとしても共有者間の実質
的公平が害されない（賠償額の評価が適正，賠償を命じられる者に十分な支払能
力がある）場合に限っているが，全面的価格賠償の方法による分割も認めて
いる（参考判例③のほか，最判平成9・4・25判時1608号91頁，最判平成10・
2・27判時1641号84頁など）。

　「民法・不動産登記法（所有者不明土地関係）等の改正に関する中間試案」
第1部第1・2(1)③においては，賠償分割の要件として参考判例③の判例法

理に相当する規定を置くことが提案されていたが，2021年改正民法では賠償分割の要件は明文化されていない。もっとも，同法258条2項2号〔未施行〕は分割方法の検討順序について疑義のないように示すことに着眼した規定であり，賠償分割の要件について確立した判例・実務を変更しようとしたものではないと思われるから，参考判例③の法理は，同法の施行後に裁判所が賠償分割により分割をする場合にも妥当することが見込まれる。

上記第1から第3いずれの場合においても，2021年改正民法で新設された258条4項〔未施行〕により，「裁判所は，共有物の分割の裁判において，当事者に対して，金銭の支払，物の引渡し，登記義務の履行その他の給付を命ずることができる」という解釈運用に明文の根拠が付与されることが予定されている。

例えば，賠償分割の方法により，E社の求めるように遺産共有持分権者に賠償金支払債務を負わせて乙土地および丙建物をいずれもE社に単独で取得させることとする旨の終局判決をするに際しては，遺産共有持分を有していた者への一定額の金銭給付を命じ（後記4も参照），遺産共有持分を有していた者に対する持分全部移転登記手続を命ずる給付条項を判決主文に掲げることが考えられる。ただし，参考判例①の判示に沿って給付条項を言い渡す場合には，「各自において遺産分割がされるまで保管すべき賠償金の範囲の定め」をすることが求められることに注意が必要である。なお，立案担当者は，裁判所の裁量で引換給付を命ずることも可能との解釈論を示しており（村松秀樹＝大谷太編著『Q&A令和3年改正民法・改正不登法・相続土地国庫帰属法』〔金融財政事情研究会・2022〕110頁参照），賠償金支払と持分移転登記とを同時履行とする実務の運用に一定の根拠が付与されることとなると見込まれる。

### 4 補論──共有物分割判決確定後のB・CおよびD間における遺産分割

これまで説明してきた共有物分割訴訟において，遺産共有持分を有する共有者への賠償金支払債務を負わせて乙土地および丙建物をいずれもE社に単独で取得させる旨の終局判決が確定したとしよう。この場合には，確定した終局判決の形成力により，遺産分割の対象財産から乙土地および丙建物が逸出し，その代替として，上記の賠償金支払を求める債権が遺産分割の対象

財産に加わることとなる。

　遺産分割の手続には，相続人にとって，特別受益（903条・904条）や寄与分（904条の2，家事39条・別表第2第14項）を踏まえて増減された具体的相続分の割合による分割を求めることができたり，遺産を一括して分割することができたりするなど，共有物分割の手続とは異なる利点がある。そこで，このような相続人の遺産分割の利益を受ける機会を確保する必要があるため，共同相続人間の遺産共有状態の解消は遺産分割によるのが原則である。

　遺産分割は，共同相続人間の協議によることが原則であるが，本問のように共同相続人間で協議ができないときは，家庭裁判所に対して遺産の分割の審判の申立てをすることになる（907条2項本文，家事39条，別表第2第12項等。なお258条1項参照）。遺産分割に当たっては，遺産の全体を一括して分割する必要上，「遺産に属する物又は権利の種類及び性質，各相続人の年齢，職業，心身の状態及び生活の状況その他一切の事情を考慮」することとなる（前記3）。

　もっとも，Cが所在不明となった後に2033年4月30日が経過したような場合には，例外的に，法定相続分（指定相続分がある場合には，指定相続分）を前提として，遺産に属する財産につき，個別的に共有物の分割を求めることが可能となることが予定されている（258条の2第2項本文・898条2項〔未施行〕）。ただし，その共有物の持分について遺産の分割の請求があった場合において，一定期間内に相続人が当該共有物の持分について民法258条の規定による共有物分割をすることに異議の申出をしたときは，遺産分割によることになる（258条の2第2項ただし書・3項〔未施行〕。同条1項と同趣旨の規定である）。

━━━━━━━━━━━━━━━━━━━━━━━━━━━

**関連問題**

　本問の事実関係の下で，参考判例③の示した要件，特に，共有者間の実質的公平が害されないとの要件を満たすという判断を基礎付けるために，E社としては，どのような事情を裁判所に主張立証していく必要があるか。

●】参考文献【●

＊本文中に掲げたもののほか，鎌野邦樹・百選Ⅰ154頁／谷口園恵・最判解平成
　25年度547頁

（髙原知明）

# 42 占有と相続

　Aは所有する甲地をB会社（以下，「B」という）に賃貸し，Bは甲地上に工場を建設して太陽光パネルの部品を製造していた。AはBの代表取締役であり，BはAの個人会社に近い状況であった。

　Bの経営が軌道に乗った1992年9月頃，工場を増築したため工場の敷地が手狭となった。そこでAは兄CにBの営業者の駐車場を探していると相談したところ，甲地に隣接するC所有の乙地について「大きなため池があって，ただ同然の土地だからお前の好きにすればよい」といわれた。Aは，ため池を埋めて駐車場として整備し，同年10月から乙地の大半をBに月極めで賃貸した（30区画）。乙地からの駐車場収入は，月平均30万円程度であった。

　2000年10月1日に，Aが心筋梗塞で急死したことから，Aの1人息子で東京でサラリーマンをしていたDがBの代表取締役に就任し，Aの財産をすべて相続した。Aが死亡後，C・Dはめったに顔を合わせなくなり，2020年6月1日にCは病死した。

　2020年7月末になって，Dは，長年Cの世話をしていたEから乙地の明渡しを求められた。Eは，2014年10月1日にCとの間で乙地につき贈与契約を締結したこと，同年10月15日付で贈与を原因としてCからEへ移転登記がなされていること，CがAに遊休地であった乙地を無料でAに貸していたと主張している。しかし，Dは，CがAに乙土地を贈与してくれたと聞いていたことや，1989年度以降，乙地の固定資産税はAが，Aが死亡後はDが負担していたことから，2020年11月，Eに対して乙地の所有権移転登記手続を求めて訴訟を提起した。Dの請求は認められるか。現時点は2021年10月とする。

① 最判昭和 46・11・30 民集 25 巻 8 号 1437 頁
② 最判昭和 58・3・24 民集 37 巻 2 号 131 頁
③ 最判平成 8・11・12 民集 50 巻 10 号 2591 頁

●】解説【●

### 1 所有権に基づく妨害排除請求権としての所有権移転登記請求権

Ｄは，乙地の登記名義人Ｅに対して，乙地の所有権が自己に帰属していることを根拠に，所有権に基づく妨害排除請求権を主張して，Ｄへの移転登記手続を求めたことになる。これに対して，Ｅも，乙地の所有者は自分であると主張していることから，Ｄ・Ｅ間の争点は，乙地の所有権が自分に帰属していることを相手方に主張できるかどうかという点にある。

本問では，Ｃが乙地の所有権をＡとＥに二重に譲渡したと解する余地がある。しかし，Ｅは贈与を原因として移転登記を経由しているから，Ｄとしては，ＡがＣから贈与を受けたことを主張しても，乙地の所有者であることをＥに対して対抗できない可能性は高い［→本巻35解説］。そこで，Ｄとしては，乙地を時効取得したことを原因として，乙地の所有権が自分に帰属することを主張できないかどうかを検討することが必要となる（162条）。

### 2 取得時効と登記

Ｄは相続を原因としてＡの財産を包括承継しており，Ａが乙地について占有を開始したのは，遅くとも 1992 年の 10 月頃である。被相続人Ａの占有期間を通算する主張をすると（187条），20 年の長期取得時効が完成するのは 2012 年 10 月頃となり，Ｅは，時効完成後にＣから贈与を受け，登記を具備した第三者であるとの主張が成り立つものと考えられる。一方，Ｄが乙地の占有を承継した 2000 年 10 月 1 日を起算日として，短期取得時効と構成しても，2010 年 10 月 1 日が時効の完成時点となり，Ｅは，時効完成後にＣから贈与を受け，対抗要件を具備した第三者であることになる。

Ｅが時効完成前の第三者であるとすることが主張できれば，登記を経由していなくとも，乙地の所有権を取得したことを主張できることから，Ｄとし

ては，相続開始時である 2000 年 10 月 1 日を起算日とし，20 年の長期取得
時効を E に主張することになる［→本巻30解説］。

### 3　長期取得時効をめぐる主張・立証責任の構造

　長期取得時効が成立するためには，ⓐ 20 年間，ⓑ所有の意思をもって，
ⓒ平穏，かつ，ⓓ公然に，ⓔ他人の物を占有していることが必要である（162
条）。この要件のうち，今日では取得時効の対象物は他人の物であることを
要しないと判例・通説は解しており，ⓑⓒⓓについては，民法 186 条 1 項に
よって，占有者は所有の意思をもって，善意（自分が本権者であると信じたこ
と），平穏かつ公然に占有をなすものと推定されている。また，同条 2 項によ
って，占有の開始時と時効期間の満了時の占有を主張すれば，占有がその間
継続しているものと推定されている。したがって，相続人 D が自己の占有す
る不動産について取得時効の成立を主張する場合には，被相続人 A の占有
期間を通算して主張する場合にも，自己の占有期間のみを主張する場合にも
（187 条 1 項），占有開始時と 20 年経過時の占有を主張・立証すれば足りる。

　これに対して，乙地について取得時効の成立を争う E が，D の占有が「所
有の意思に基づかない」占有（他主占有）であると主張をすることになる。

　民法 186 条 1 項の所有の意思の推定は，性質上，所有の意思のないものと
される権原に基づき，占有者が占有を取得した事実（他主占有権原）が証明
されるか，または，占有者が占有中真の所有者であれば通常はとらない態度
を示し，もしくは，所有者であれば当然とるべき行動に出なかったなど，外
形的客観的にみて他人の所有権を排斥して占有する意思を有していなかった
ものと解される事情（他主占有事情）が証明されるときに覆る（参考判例②，
最判平成 7・12・15 民集 49 巻 10 号 3088 頁参照）。

　本問では，C が A に乙地の使用貸借を認めたのにすぎないと主張して，被
相続人 A の占有が他主占有であることを E が主張・立証したときには，相続
人 D は，被相続人の占有期間と通算して取得時効を主張することはできないこ
とになり，自己の占有期間のみを主張するしかないことになる。

### 4　相続人の占有の二面性：相続は新権原となるか

　もっとも，A の占有が他主占有であると解される事情があることが立証
されると，D が相続により承継した占有も他主占有であることになる（187

条2項参照）。相続を原因とする被相続人の占有は相続人に当然承継される
が（最判昭和44・10・30民集23巻10号1881頁），占有は事実的な支配を基礎
として認められることから，相続人自らが占有を開始している場合には，相
続によって被相続人の占有を承継すると同時に，独自に開始した固有の現実
的占有が認められる場合がありうることになる。

　もちろん，相続人の占有に，常に被相続人から承継した観念的占有と相続
人固有の現実的占有の二面性が認められるわけではない。被相続人の死亡前
後，占有状態について外形的な支配状態には変化がないのに，相続があった
というだけで他主占有から自主占有への転換を認めると，所有者が相続人に
引き続き貸していると思っていたため何ら異議を述べなかったというような
場合でも，所有権を失ってしまうおそれがあるからである。

　そこで，参考判例①は，相続人が，被相続人の死亡により，相続財産の占
有を承継しただけでなく，新たに相続財産を事実上支配することによって占
有を開始し，その占有に所有の意思があるとみられる場合においては，被相
続人の占有が所有の意思のないものであったときでも，相続人が所有の意思
をもって占有を始めたものというべきであると解している。相続によって占
有を承継した相続人が被相続人の占有とは異なる性質の占有を始めたと認め
るべき場合には，相続も新たな占有取得の原因たる事実，すなわち新権原に
当たることになる（185条）。

### 5　自主占有事情と主張・立証責任

　相続人が自己固有の占有に基づく取得時効の成立を主張する場合には，相
続人が相続を契機として新たな事実的支配を開始したことによって従来の占
有の性質が変更されたものであるから，相続人において，ⓐ所有者らしい振
舞いや外部への表示等，その事実的支配が外形的客観的にみて独自の所有の
意思に基づくものと解される事情（自主占有事情）があることを必要として
おり，かつ，ⓑ上記事情についての主張・立証責任は相続人が負うものと解
されている。相続人の固有の占有について，所有の意思は推定されないこと
から，相続人が自己の自主占有権限ないしは自主占有事情を積極的に主張・
立証しなければならない（参考判例③）。

　本問では，乙地の固定資産税は，Aが継続して納付し，Aの死亡後は，D

が納付してきたこと等の事情が認められるが，他方で，AもDも，Cに対して，長期間，移転登記を求めていない。また，A・Dは乙地をBに賃貸し，賃料を取り立てて費消しており，Cは，A・Dが上記のような方法で乙地を事実的支配をしていることを認識しながら長年異議を述べていない。これらの事情をどのように評価するかを検討する必要がある。

**・・・ 関連問題 ・・・・・・・・・・・・・・・・・・・・・・・・・・・・**

Eが，DおよびBに対して乙地の明渡しを求めて訴訟を提起した。本問と以下の点で異なる場合に，Eの請求は認められるか。現時点を2021年12月とする。

(1) Eは，2019年10月1日にCから乙地の贈与を受け，同年10月15日付けでCからEに移転登記がなされた。

(2) Eは2020年12月に，乙地の明渡請求訴訟を提起した。Eが訴訟を提起するまでに，AからもDからも乙地について移転登記を求められたことはなかった。

(3) CがAに乙地を贈与した事実も，AがCに乙地の利用について相談した事実も立証されなかった。しかし，2002年10月頃からAが乙地を利用していることをCは知りながら異議を述べなかったこと，乙地の固定資産税については2010年度までCが負担しており，Aが2010年10月1日に死亡後，2011年度からはDが負担していた。

**●】 参考文献 【●**

＊児玉寛＝小泉博嗣・民事法Ⅰ281頁／柳川俊一・最判解民昭和46年度394頁／三村量一・最判解民平成8年度911頁／中田裕康・百選Ⅰ〔第7版〕(2015) 130頁／大場浩之・百選Ⅰ136頁

(千葉恵美子)

# 留置権の成立および効力

2024年4月1日，Xは，X所有の甲建物を，Yに賃貸した。XとYの間の賃貸借契約では，賃料月額25万円，賃料の支払方法は，翌月分を前月末日までに支払うこと，賃貸期間2年間であることが合意されていた。Yは，Xとの契約締結後，ただちに甲建物の引渡しを受け，居住を開始した。

その後，Yは，2025年2月分以降の賃料を支払わないので，Xが請求したところ，Yが賃料を減額してほしいというので，Xは，同月以降の賃料を月額20万円とした。しかし，Xは，同月以降の賃料を支払わないので，Xは，Yに対し，同年7月3日付けの書面で，同年7月15日までに，未払賃料6か月分を支払うように催告した。この書面は，内容証明郵便で，同年7月4日に，Yに到達した。

Yからの賃料の支払がないため，Xは，Yに対し，2025年7月31日付け書面で，賃料不払を理由に，Yとの賃貸借契約を解除する意思表示をし，この書面は，同年8月1日，Yに到達した。

Yは，Xからの書面を受け取った後も，甲建物に居住し続けていた。同年8月末，台風に伴う豪雨のため，甲建物の屋根が損傷したので，Yは，A工務店に修理を依頼し，修理費用として，20万円を支払った。また，その頃，Yは，A工務店に依頼して，Xに無断で，システムキッチンの交換工事を行い，2025年9月20日，Yは，Aに工事費用50万円を支払った。

2025年10月，Xは，Yに対し，甲建物の明渡しを求めて訴えを提起した。

この場合に，Yは，Xの明渡請求に対して，どのような反論をすることが考えられるか。そして，そのYの反論は，認められるか。

●】**参考判例**【●

① 最判昭和 46・7・16 民集 25 巻 5 号 749 頁
② 最判昭和 51・6・17 民集 30 巻 6 号 616 頁
③ 最判昭和 43・11・21 民集 22 巻 12 号 2765 頁
④ 最判平成 9・4・11 集民 183 号 241 頁
⑤ 最判平成 11・2・26 判時 1671 号 67 頁

●】**解説**【●

### 1 賃料不払による解除と明渡請求

　賃貸借契約において当事者の一方が債務不履行をしたときには，相手方は，債務不履行を理由に，賃貸借契約を解除することができる。賃料の支払は，賃借人の義務であり，賃貸人は，賃借人が賃料支払義務を履行しない場合には，賃貸借契約を解除することができる。2017 年民法改正前の判例・学説においては，不動産賃貸借について，賃借人に賃貸借契約上の債務不履行がある場合でも，賃借人の行為が当事者間の信頼関係を破壊するに至らないときには，賃貸人による賃貸借契約の解除は認められないと考えられていた（信頼関係破壊の法理）[→Ⅱ巻⑲解説]。2017 年民法改正後も信頼関係破壊の法理は否定されていないと考えられている。この法理の民法における位置づけについてはいくつかの考え方が示されているが，本問のような賃料不払の場合における信頼関係の破壊の有無については，債務の不履行の軽微性（541 条ただし書）の解釈において判断されると考えることができよう。そこで，賃料不払の場合には，賃貸人は，賃借人に対して，相当の期間を定めて履行の催告をし，その期間内に履行がないときは，賃貸人は賃貸借契約を解除することができる（同条本文）が，その期間経過時に賃借人の債務不履行により信頼関係が破壊されているとはいえないときには，債務不履行が軽微であることを理由とする契約の解除は認められないことになる（同条ただし書）。本問では，賃貸人 X は，賃借人 Y に対して相当の期間を定めて催告を行っているが，期間内に Y は履行をしていないから，X は賃貸借契約を解除することができる。そして，Y は，X に賃料の減額を申し入れ，減額が

認められても，6か月分の賃料を支払っておらず，賃料不払が継続するおそれがあることを考慮すると，Yの債務不履行は軽微であるとはいえないであろうから，契約の解除は否定されない。そうすると，Xによる契約の解除は認められることになる。賃貸借契約が解除により終了すると，賃貸人は，賃借人に対し賃貸借契約の目的物の返還を請求することができるから，本問のXはYに対し，甲建物の明渡しを請求することができることになろう。

## 2　留置権の成否

### (1)　留置権の意義

たとえば，建物の賃借人が賃貸借契約期間中に賃貸人が負担すべき修理費用を支出して，賃貸人に対する必要費償還請求権（608条1項）を有する場合に，賃借人は，賃借建物につき支出した必要費の償還を受けるまでは賃借建物を返還しない（留置する）と主張することができる。この例のように，留置権は，他人の物の占有者（賃借人）が，その物に関して生じた債権の弁済を受けるまでその物を留置することができるとすることにより，その物の引渡しを望む債務者（賃貸人）に心理的な圧力を与えて，債務の弁済を間接的に強制する担保物権である。留置権は，民法の定める要件を満たせば成立が認められる法定担保物権である。法定担保物権として留置権が認められているのは，その被担保債権が「物に関して生じた債権」であることから，その物を留置する権利を債権者（物の占有者）に認め，債権者がその債権の弁済を確実に受けられるようにすることが，債権者と債務者との間では公平であると考えられるからである。留置権は，被担保債権の弁済を受けるまで，物を「留置することができる」権利であり，民法に規定のある先取特権，質権および抵当権とは異なり，優先弁済的効力は認められていない。「留置」というのは，目的物の引渡請求を拒絶して占有を継続することである。

本問では，Yは，屋根の修理費用やリフォーム工事の費用を支出しているので，Yとしては，Xに対し，これらの費用の償還請求権を被担保債権とする留置権を主張することが考えられる。そこで，Yの留置権の主張が認められるかが問題となる。

## (2)　留置権の成立要件

民法 295 条によれば，留置権が成立するためには，ⓐ他人の物を占有していること，ⓑ「その物に関して生じた債権」を有すること（物と債権との牽連性），ⓒ「その債権が弁済期にないとき」ではないこと（被担保債権の弁済期の到来），ⓓ「占有が不法行為によって始まった場合」ではないことが必要である。

本問では，Y の費用償還請求権は，屋根の修理費用とシステムキッチンの交換費用の償還請求権である。必要費とは，物を保存・管理するために必要な費用であり，本問の屋根の修理費用は必要費である。有益費とは，物の改良その他物の価格の増加に要した費用をいい，システムキッチンの交換費用は，有益費ということになろう〔賃借人が賃借物に物を付加した場合の問題については，→本巻28解説〕。

## (3)　被担保債権と物との牽連関係

留置権の被担保債権は，債権者が占有している「物に関して生じた」債権であることが必要である。留置権が認められると，債権者は，被担保債権が弁済されるまで，その物を留置することができるのであるから，被担保債権と占有物の間に牽連関係があることは，重要な要件である。どのような場合に，牽連関係があるとされるかが問題となるが，通説は，牽連関係の判断基準として，債権が物自体から発生したものであること（第 1 基準），または，債権が物の返還請求権と同一の法律関係または同一の事実関係から発生したものであること（第 2 基準）という 2 つを挙げる。本問のような費用償還請求権は，債権がその物自体から発生したものであるとされ（第 1 基準），これに基づいて留置権が認められることにつき，判例，学説ともに異論はない。第 2 基準の例としては，売買代金債権や修理代金債権がある。

しかし，これらの 2 つの基準では，留置権の成否の判断が難しい事例もみられる。不動産の二重譲渡の場合に，買主が履行不能を理由として，売主に対し取得する損害賠償請求権については，目的不動産の引渡請求権と同一の法律関係から発生した債権であるといえそうであるが，判例は留置権の成立を認めていない（参考判例③）。この場合には，被担保債権の債務者と目的物の引渡請求者が当初から一致せず，債務者は目的物の引渡しを受ける権利

を有していない。つまり，債務者が損害賠償債務を弁済して目的物を取り戻したいと考える関係にないため，目的物を留置して間接的に債務の弁済を強制するという関係が存在しない。このため，留置権の成立が否定されると考えられる（発展問題(1)参照）。

　他方，不動産譲渡担保権の実行として，譲渡担保権者が目的不動産を第三者に譲渡し，その所有権移転登記を経由した第三者が目的不動産を占有している譲渡担保権設定者に対して，その不動産の引渡しを求めた場合に，譲渡担保権設定者が譲渡担保権者に対して有する清算金請求権を被担保債権とする留置権が成立することが認められている（参考判例④⑤）。この場合には，第三者への不動産の譲渡により清算金支払請求権が発生するため，上記の不動産の二重譲渡の事例と同様に，清算金支払請求権の債務者（譲渡担保権者）には，目的不動産の引渡しを求める権利がないことから，留置権の成立が否定されるようにも思われる。しかし，学説では，譲渡担保の被担保債権の弁済期が到来した後は，譲渡担保権者が譲渡担保権設定者に対して不動産の引渡請求をすれば，これに対し，譲渡担保権設定者は譲渡担保権者に対して清算金支払請求権を主張できる関係にあったので，譲渡担保権者と譲渡担保権設定者との間には，潜在的に留置権の関係が存在していたといえると考え，その関係が譲渡により顕在化したとして，このような場合には留置権が認められると説き，判例を支持する見解が多い（発展問題(2)参照）。また，譲渡担保権者が譲渡担保権設定者の占有する不動産を弁済期前に第三者に譲渡し，その後，転々譲渡され，転得者が登記を備えた場合に，譲渡担保権設定者が譲渡担保権者に対する債務不履行による損害賠償請求権を被担保債権とする留置権を主張して，転得者からの引渡請求を拒むことができるかが問題とされた事例につき，判例（最判昭和 34・9・3 民集 13 巻 11 号 1357 頁）は，債務不履行と不動産の間に牽連性がないとして留置権の成立を否定した。このような場合における損害賠償請求権は第三者が不動産の所有権を取得したことによって発生しており，留置権の成立を否定する参考判例③に類似しているともいえる。しかし，参考判例④⑤では，弁済期に弁済できなかった譲渡担保権設定者が留置権の主張をすることが認められているにもかかわらず，譲渡担保権者が弁済期前に約定に反して不動産を処分した場合には譲渡担保設

定者に留置権が認められないとするのはバランスを欠いている。そこで，学説では，このような場合には，清算金請求権を被担保債権とする留置権の成立を認めるべきであることが主張されている。

### (4) 不法行為によって占有が始まった場合

「占有が不法行為によって始まった場合」には，留置権は成立しない（295条2項）。

たとえば，A所有の建物であると知りつつ，Aに無断で，勝手にその建物を占有し，建物の修理費用を支出していた場合に，所有者であるAからの建物の返還請求に対して，その修理費用の償還請求権（必要費償還請求権。196条1項）を有するとして，それを被担保債権とする留置権を主張することは認められない。留置権が認められるのは，物の占有者（債権者）に物の留置を認めることが，債務者との関係では公平であると考えられることを理由とする。公平の観点からは，占有の始まりが不法行為である場合には，そのような占有者に留置権を認めることはできないということである。

本問において，Yが必要費および有益費を支出したのは，Xの解除により，X・Y間の賃貸借契約が終了した後であり，賃借人が「賃借物について」支出した費用ではないため，民法608条は適用されない。しかし，民法196条は，占有者について，必要費償還請求権（1項）および有益費償還請求権（2項）を認めているので，Yは，Xに対して，甲建物に関して生じた債権を取得することになる。そこで，Yとしては，これらの費用償還請求権を被担保債権とする留置権を主張して，Xの明渡請求を拒絶することが考えられる。

民法295条2項は，「占有が不法行為によって始まった場合」に留置権の成立を否定するが，本問のYは，占有の開始時には賃借人であり，権原のある占有であったから，占有が不法行為によって始まった場合には当たらないようにみえる。そうすると，本問のYについては，上記の成立要件ⓐ〜ⓓのすべてが満たされており，Yは留置権を主張して，Xによる費用償還までXの明渡しを拒絶できるといえそうである。

しかし，YがXに対する債権（費用償還請求権）を取得したのは，Yが甲建物の占有権原を喪失した後である。Yは，本来であれば，賃貸借契約が

終了したのであるから，甲建物を明け渡すべきであったところ，Xに明け渡すことなく，占有を継続し，その間に，「その物に関して生じた債権」を取得している。このような場合に，留置権の成立を認めるのは，甲建物の明渡債務の履行を遅滞している者に利益を与えるものであると思われ，留置権の趣旨である公平の観念に反するように思われる。そこで，このような事案において，判例は，民法295条2項を類推適用して，留置権の成立を否定している（参考判例①）。解除により占有権原を失ったことを知りつつ，必要費，有益費を支出した場合には，同項の類推適用により留置権を主張することができないとするのである。また，参考判例②は，国が農地として買収し，売り渡した土地を，売渡しを受けた者から買い受けた者が，その土地に有益費を支出したとしても，その買主が，有益費を支出した当時，買収・売渡処分が無効に帰するかもしれないことを疑わなかったことに過失がある場合には，同項の類推適用により有益費償還請求権に基づき留置権の主張をすることができないとした。そこで，これらの判例によれば，債権取得時に，占有者（債権者）が占有権原の喪失について善意・無過失でない限り，留置権の成立は否定されることになる。

　学説では，民法196条との関係で判例に批判的な見解も有力である。同条は，自らの権原のないことについて悪意の占有者にも費用償還請求権を認める（したがって，留置権を認める）ことを前提としており，有益費については，裁判所の期限の許与によりはじめて留置権の成立が否定される（成立要件ⓒを満たさなくなる）ことになる。しかし，判例によると，占有者が悪意の場合には，必要費にも有益費にも同法295条2項が類推適用されて留置権の成立が否定されることになる。そこで，本問のように，占有権原の喪失後に，有益費に関する債権を取得した場合には，同法196条2項ただし書によって処理し，留置権の成否は裁判所の期限の許与により判断すべきであるとの見解等が主張されている。これに対して，判例を支持する学説は，同条は，占有者と所有者の間で費用償還請求権が発生することを規定しているだけで，物の占有者に留置権が成立することは同法295条の定めるところであるから，留置権の成否は，同条2項の趣旨により判断すればよいと主張する。そして，賃貸借契約が終了し，明渡債務を負う者が，明け渡すべき不動

産について費用を投下すると，その費用償還請求権でもって，所有者からの明渡請求に対抗でき，不動産を適法に占有することができる結果となるのは妥当ではないとして，判例を支持する。

　したがって，判例および判例を支持する学説によれば，本問のYは，Xによる賃貸借契約の解除後，自らに占有権原がないことを知りつつ，必要費および有益費を支出していると考えられるので，民法295条2項の類推適用により，留置権を主張することはできないということになろう。

> ・・・　**発展問題**　・・・・・・・・・・・・・・・・・・・・・・・・
>
> 　(1)　Aは，自己の所有する甲土地をBに譲渡し，Bは甲土地の引渡しを受けた。Bが甲土地の所有権移転登記手続を行う前に，Aは甲土地をCにも譲渡し，Cは，Bよりも先に，甲土地の所有権移転登記を完了した。CがBに対して，甲土地の引渡しを請求したところ，Bは，Aの売買契約上の債務不履行によってAに対する損害賠償請求権を取得しており，この損害賠償請求権に基づき留置権を主張しうることを理由に，甲土地の引渡しを拒絶した。Bの主張は認められるか。
>
> 　(2)　Aは，Bに500万円を貸し付けたが，この際に，Bは，この貸金債務の担保として，B所有の甲建物をAに譲渡し，Aは，甲建物の所有権移転登記を経由した。甲建物のAへの譲渡後も，Bは，甲建物に居住している。Bが，弁済期に貸金債務の弁済をしなかったので，Aは，譲渡担保権の実行として，甲建物をCに800万円で売却し，Cは甲建物の所有権移転登記を経由した。CがBに対して，甲建物の明渡しを請求したところ，Bは，Aに対する清算金請求権を有しており，この清算金請求権を被担保債権とする留置権を主張できることを理由に，Cへの甲建物の明渡しを拒絶した。Bの主張は認められるか。

●】 参考文献 【●

＊古積健三郎・百選Ⅰ 162頁／道垣内弘人・リマークス 20号（2000）14頁／
鎌田薫＝高見進＝須藤典明・民事法Ⅱ 1頁／岡孝「建物賃貸借と留置権」山
田卓生ほか『分析と展開・民法Ⅰ〔第 3版〕』（弘文堂・2004）275頁／関武
志・争点 132頁

（下村信江）

# 44 動産質・質権設定と転質

　ブティックを営むＡは，資金繰りに窮したため，2023 年 4 月 20 日，店舗展示用の 2000 万円相当の宝石 α を同業者Ｂに質入れし，返済期日を同年 10 月 20 日，利息月利 1 パーセント，遅延損害金月利 1.5 パーセントとして，500 万円の融資を受けることとした。

　(1)　Ｂは，Ａの承諾を得て宝石 α を自己の店舗に展示していたところ，2023 年 5 月 25 日，Ａから，夏物セールの展示用として宝石 α を使いたいので，6 月 1 日から 2 週間だけ返して欲しいと懇願され，使用させることにした。ところが，2 週間を過ぎても，Ａは宝石 α をＢに返還しようとしない。ＢはＡに対して宝石 α の返還を請求することができるか。

　(2)　Ｂが宝石 α をＡの承諾を得て自己の店舗に展示していたところ，2023 年 5 月 25 日，Ａの元夫Ｃから，Ａが夏物セールの展示用として宝石 α を使いたがっているので，6 月 1 日から 2 週間だけ貸してあげてほしいと懇願され，Ｂは，使わせることとし，同年 5 月 30 日，宝石 α をＣに託した。ところがそのような事情はまったくなく，騙されたと知ったＢが，同年 6 月 5 日，Ｃに宝石 α の返還を求めたところ，Ｃは，同月 3 日に同宝石を，事情を知悉した友人Ｄに 500 万円で売却し，同日Ｄに引渡しがなされていた。ＢはＤに対して宝石 α の返還を請求することができるか。

　(3)　2023 年 6 月 20 日，ＢはＡの承諾なしに，宝石 α をさらに金融業者Ｅに質入れし，返済期日を 9 月 20 日，利息年利 15 パーセント，遅延損害金年利 20 パーセントとして，700 万円の融資を受けた。Ｅは，同年 9 月 20 日，Ｂが返済を怠った場合，宝石 α につき動産競売を申し立て，700 万円および利息・損害金につき，弁済を受けることができるか。また，2023 年 9 月 20 日，Ａから 500 万円の

返済の免除を懇請された B が，A の債務を免除した場合はどうか。

●】参考判例【●

① 大判大正 5・12・25 民録 22 輯 2509 頁
② 大決大正 14・7・14 刑集 4 巻 484 頁

●】解説【●

### 1　動産質権の設定：「引渡し」および「占有の継続」

　動産質権の設定については，民法が，一方では，質権の総則において，質権は目的物の「引渡し」によって効力を生じるとの規定（344 条）および質権設定者による「代理占有」を禁止する規定（345 条）を置き，他方では，動産質の各則において，「占有の継続」がなければ，質権を第三者に対抗できないとの規定（352 条）を置くので，各規定の意義および相互の関係をどのように説明するかが，民法解釈上の難問の 1 つとされている。というのは，占有担保としての質権が有する特徴的な効力である「留置的効力」をどのように評価するかという質権像の理解にかかわっているからである。伝統的な通説は，「占有」要件を留置的効力に結びつけて説明する。すなわち，留置的効力を占有担保である質権の本質的効力として重視し，非占有担保である抵当権との差別化を強調するのである（伊藤・後掲 165 頁）。これに対して有力説は，「占有」要件を担保物権の公示と結びつけて説明する。すなわち，質権においても，優先弁済的効力が中核であり，留置的効力はそれを促進する補助策にすぎないとし，「占有」要件は，公示機能を補完するものとして対抗要件の枠組みで理解されている。この点ではむしろ抵当権との均質化および権利体系全体の整合性が意識されている（林・後掲 136 頁）。

### (1)　「引渡し」（344 条）

　目的物の引渡しが，物権としての質権の効力発生要件であることには争いがない。ただその根拠として，留置的効力を本体とする質権の本質的要件と解するか（通説），公示機能を補完するためと説明するか（有力説）に違いが

出てくる。ところで，質権設定者による代理占有が禁止されているので（345条），民法344条の「引渡し」は，占有改定によることができない（大判昭和9・6・2民集13巻931頁は，指図による占有移転は認められるとする）。代理占有禁止の根拠については，留置的効力の確保（通説）か，公示を補完し二重質入れによる混乱を回避するため（有力説）か，説明が分かれる。

(2)　「占有の継続」（352条）

民法352条は，動産質権について，「継続して質物を占有しなければ，その質権をもって第三者に対抗することができない」と規定する。有力説は，同条の「占有の継続」は対抗要件であると解するので，目的物の設定者への返還によって対抗力が消滅するだけであり（対抗力喪失説），質権がただちに消滅するわけではないので，小問(1)では，質権者Bは，質権に基づき，質権設定者Aに対して，目的物の引渡し（再返還）を請求できることになる（不動産質権につき参考判例①）。そこでは，留置的効力や代理占有禁止という質権固有の特徴が軽視されている。これに対して，通説は，質権者が目的物をいったん，質権設定者に返還すると，質権がこれによって消滅すると解する（質権消滅説）。質権設定者への目的物の任意返還は，質権の本質である留置的効力を質権者が自ら放棄するものであり，いったん質権が有効に成立すれば質権設定者に返還してよいとなれば，代理占有を禁止した民法345条の趣旨が没却されることになるからである。小問(1)では，質権は任意返還によって消滅しており，質権者Bは，もはや質権設定者Aに対して，目的物の引渡し（再返還）を請求できない。「占有の継続」は，第三者との関係では対抗要件であるが，質権設定者との関係では「効力（存続）要件」と考えてよい。

2　動産質権に基づく返還請求

質権も，優先弁済的効力を有する価値支配権である点は抵当権と変わりはない。したがって，質権の担保価値の実現を妨げる価格減少行為に対して妨害排除・予防請求をなすことができる。さらに動産については実際には想定しにくいが，質権は占有権限を含む物権ゆえ占有の妨害に対して妨害排除・予防請求が可能である。ただし質権者の占有権限は，不動産質権は別として（356条），あくまでも留置を目的としたものであり（347条），原則として質権設定者の承諾がなければ保存行為を除いて使用収益権限は含まれない点

（350条による298条の準用）に注意を要する。問題は，返還請求の可否である。なぜならば，通説によれば，「占有の継続」（352条）の要件を欠き，動産質権自体が効力を失うことになるからである。

### (1) 第三者に対する請求

民法353条は，占有侵奪の場合には，質権者は占有回収の訴え（200条）によってのみ質物の回復を図ることができると規定されている。よって質権に基づいて物権的返還請求権を行使することはできず，占有侵奪時から1年を経過した後（201条3項），あるいは占有侵奪者からの善意の特定承継人（200条2項）に対しては返還を請求することができなくなる。質権者が目的物を第三者に詐取されたり遺失して占有を喪失した場合については，占有侵奪ではないので占有訴権を行使できないが，質権に基づく物権的返還請求権についてはどうか。民法353条の文言からは，行使できそうにも読めるが，通説は，占有喪失により質権が効力を失っているのであるから，質権の主張はできないと考える。立法者が，占有（公示）を伴わない動産質権の効力を強大にすることは，他の債権者を害することになるおそれがあると判断したことによるとされるが，立法論としては批判が存する。なお，質権者が，目的動産を，第三者に対して，修繕など保存のために任意に引き渡したときには，質権者は間接占有を有しているので，質権が消滅することはない。

### (2) 質権設定者に対する請求

目的動産が，第三者ではなく，質権設定者の占有に帰した場合はどうか。質権者が任意に返還した場合には，質権が消滅するが（先述），それ以外の場合には，占有を喪失しても，質権者と質権設定者（債務者も含む）の間において，質権が消滅するわけではないので，質権設定者が何らかの経緯で目的物を占有するに至った場合には，質権（または質権設定契約）に基づいて引渡しを請求することができる（通説）。第三者が占有するに至った場合には，質権者は質権設定者に対する引渡請求権を被保全権利として，設定者の所有権に基づく返還請求権を代位行使することができる（道垣内弘人『担保物権法〔第4版〕』〔有斐閣・2017〕94頁）。

小問(2)は詐取のケースであるから，質権者Bは，第三者Dに対して，Dの善意悪意を問わず，占有訴権を行使できず，通説によれば，物権的返還請

求権も行使できない。ただ，質権者Ｂは質権設定者Ａに任意に返還したわけではないので，有力説によれば，Ｄが即時取得の要件を満たしていない限り，Ａに対する質権または質権設定契約に基づく引渡請求権を被保全権利として，Ａの占有者Ｄに対する所有権に基づく返還請求権を代位行使する余地は残されている。

### 3　転質の法律関係

　質権も財産権（物権）であるから，仮に何らかの制約を伴うものであるとしても，原則として，質権者はそれを処分することができ，その処分の一環として，質権（またはその目的物）を他の債権の担保に供することができなければならない。ただ，質権については，自己の責任において転質を行うことができるとの規定（348条）とともに，質権設定者の承諾がなければ質物を担保に供することができないとの規定（350条が準用する298条2項）が存するために，解釈論上の疑義が存した。しかし，大審院連合部決定は，それまでの判例を変更し，質権者が質権設定者の承諾を得ないでなした転質も刑法上の横領罪とはならないとするに至った（参考判例②）。民事上も，「承諾転質」すなわち質権設定者の承諾を得てなす転質（350条が準用する298条2項）と別に，「責任転質」すなわち質権者が質権設定者の承諾を得ずに自己の責任においてなす転質（348条）が有効である点について今日争いは存しない。

　責任転質は，転抵当（376条1項参照）に対応し，その法的性質をめぐっては種々の学説の対立が知られているが，大別すると，原質権とともに被担保債権も共同で質入れすると構成する「共同質入説」と，原質権の被担保債権と切断して，原質権または質物のみを再度質入れすると構成する「単独質入説」とに分けることができ，後者が多数である。責任転質にせよ，転抵当にせよ，「原担保権」の把握する担保価値を基礎とした「転担保権」の設定という点で親亀・子亀の関係にあるのと対比すると，承諾転質は，原質権の把握する担保価値とは無関係に，質権の目的たる動産・不動産・権利についての新たな質権設定であり，原質権の被担保債権額を超過しても有効に転質の設定が認められ，承諾をなした所有者（原質権設定者）は，物上保証人的地位に立つことになる（関連問題(2)参照）。

　責任転質の法律関係を整理しておこう。まず要件として，ⓐ転質権の被担

保償権額は，原質権の被担保債権額を超えることはできず（解釈），ⓑ転質権の存続期間は原質権の存続期間内でなければならない（348条）。小問(3)の転質は責任転質と考えられるので，Eの転質権は500万円＋利息・損害金の範囲でのみ成立することになる。次いで，効果として，原質権者・原質権設定者に対する拘束が生じる（解釈）。具体的には，原質権者Bは，免除・相殺などにより原質権を消滅させてはならない。小問(3)後段のBの免除については，それをEに対抗できないとすべきである（398条類推適用）。さらに，原質権設定者Aは，転質権の設定につき通知・承諾がなされた後には，原質権者Bに弁済することができない（364条・377条2項類推）。最後に，転質権の実行についてであるが，転質権の被担保債権の弁済期および原質権の被担保債権の弁済期の両方の到来が必要である（解釈）。実行の結果，転質権者Eが優先弁済を受け，余剰があれば原質権者Bが弁済を受けることになる（解釈）。小問(3)前段は，原質権の被担保債権の弁済期が到来していないので，その到来までEは実行をなすことはできない。

### 関連問題

(1)　本問（柱書き）において，宝石αがAの所有物ではなく，Aが同業者Fから預かって展示していたという場合，Aが返済期日の10月20日にBへの返済を怠ったときに，Bは宝石αの競売を申し立てて，優先弁済を主張することができるか。

(2)　本問の小問(3)において，Aが，Bの質権設定につき承諾をなしていた場合はどうか。

### ●】参考文献【●

＊林良平「質権設定と代理占有」『林良平著作選集Ⅱ金融法論集』（有信堂・1989）130頁／伊藤進「質権」谷口知平＝加藤一郎編『新版民法演習2物権』（有斐閣・1979）161頁

（片山直也）

# 45 債権質・担保価値維持義務

A株式会社は，2021年11月1日，B社から，建物の事務所部分を期間2年，賃料月額600万円（支払期限は各前月末日）で賃借し，その引渡しを受け，Bに対して敷金として合計6000万円を差し入れた。2022年11月1日，Aは，AがC銀行に負担する一切の債務の担保（極度額5000万円，元本確定期日2023年10月31日）として，AがBに対して有する敷金返還請求権に質権を設定し，Bは，確定日付のある証書により本件質権の設定を承諾した。なお，2023年2月20日の時点で，Aには1億余円の銀行預金が存在していた。

⑴　Aは，2023年2月20日，Bとの間で，賃貸借契約を更新せずに同年10月末日で終了させることとし，同時に敷金を1200万円に変更して，3月分以降の賃料を支払わず，敷金の差額（4800万円）の返還債権で相殺する旨の合意（本件合意ⓐ）をなした。同年6月20日，本件合意ⓐに気づいたCは，A・Bに対していかなる請求をなすことができるか。

⑵　Aが，2023年2月20日，Bとの間で，同年10月末日で賃貸借契約を更新せずに終了させることとし，それまでは賃料を支払わず，敷金を未払賃料に充当する旨の合意（本件合意ⓑ）をなした。同年10月31日，本件賃貸借が終了し，本件敷金6000万円のうち5000万円が本件賃貸借に関して生じた未払賃料等Bの債権（うち200万円が事務所の修復費用）に充当された。A・B間の賃貸借契約の終了および敷金充当を知ったC（確定した被担保債権は4000万円）は，A・Bに対していかなる請求をなすことができるか。

## ●】参考判例【●

① 大判大正 15・3・18 民集 5 巻 185 頁
② 最判平成 18・12・21 民集 60 巻 10 号 3964 頁

## ●】解説【●

### 1 はじめに

　債権質は，物ではなく債権（権利）を担保目的とするゆえに，設定者は，債権を放棄するなどによって容易に担保目的である権利を消滅・変更させることができる。そこで，判例は，質権設定者は，質権者に対して，当該債権の担保価値を維持すべき義務（担保価値維持義務）を負うとし，債権の放棄・免除・相殺・更改等当該債権を消滅・変更させるなど担保価値を害する行為を行うことは，同義務違反として許されないとする。それでは，本問のように，敷金返還請求権が質権の目的とされた場合に，質権設定者が，敷金契約を一部解除して賃料債権と相殺する合意（本件合意ⓐ），未払賃料を発生させて敷金を充当する合意（本件合意ⓑ）などは，質権者に対する担保価値維持義務の違反に当たるのか否か，当たる場合の同義務違反の効果いかんが問われている。なお，本件合意ⓐの相殺（予約）と本件合意ⓑの敷金充当との違いについては，抵当権に基づく目的不動産の賃料への物上代位と相殺・敷金充当に関する最判平成 13・3・13（民集 55 巻 2 号 363 頁）と最判平成 14・3・28（民集 56 巻 3 号 689 頁）との対比が参考になる ［→本巻46・47］。

### 2 担保価値維持義務

　設定者が，自己の所有する有体物（不動産・動産）ではなく，自己の権利を債権担保の目的にする場合がある。民法は，「権利質」について，「質権は，財産権をその目的とすることができる」（362 条 1 項）との定めを置く。具体的には，債権質，特許権質，信託受益権質などであるが，その他，権利を担保の目的とする例としては，地上権・永小作権への抵当権の設定，転質・転抵当などが挙げられる。

　これらを仮に「権利の担保」と総称するならば，「権利の担保」においては，設定者が担保目的である権利を放棄するなど，設定者の意思によって，

容易に担保目的である権利を消滅・変更することが想定される。

　そこで，放棄については，権利の放棄を自由になしうることを前提としたうえで，担保権者に放棄を対抗できないとか，第三者の権利を害することができないなどの規定（地上権・永小作権を目的とする抵当権につき民398条，信託受益権を目的とする質権につき信託99条2項ただし書など）や，担保権者の承諾を得た場合のみ権利を放棄できるとする規定（特許権を目的とする質権につき特許97条など）が置かれている。さらに，債権質や転質・転抵当については，条文は存しないが，解釈論として，設定者は，放棄・免除・相殺は許されず，それらを行っても質権者に対抗できないとか（相殺を無効とした参考判例①がある），原抵当権者は，原抵当権を消滅させてはならないなどとされてきた。これらは一般に「設定者の拘束」と呼ばれる（新田敏「民法における権利拘束の原則」法学研究38巻1号〔1965〕221頁参照）。

　以上を踏まえて，参考判例②は，債権質につき，「質権設定者は，質権者に対し，当該債権の担保価値を維持すべき義務を負い，債権の放棄，免除，相殺，更改等当該債権を消滅，変更させる一切の行為その他当該債権の担保価値を害するような行為を行うことは，同義務に違反するものとして許されないと解すべきである」として，「担保価値維持義務」という概念を用いて一般的な説示をなしたのである。

　債権質（権利の担保）以外の約定担保，さらには先取特権等の法定担保も含めた「担保関係」についても広く「担保価値維持義務」を観念することが有用か否か（肯定説として，近江幸治『民法講義Ⅲ担保物権〔第3版〕』〔成文堂・2020〕7頁・179-181頁・352-354頁），およびその法的性質（物的義務か人的義務かその両方を含むか）については，今後の課題である。

　たとえば，借地上建物に抵当権が設定された場合，地代不払や無断転貸などにより賃貸借契約が解除されると，借地権が消滅し，建物収去によって抵当権が消滅するおそれがある。そこで銀行実務においては，抵当権設定者（借地権者）および土地所有者に，銀行への事前の通知をし借地権を保全する義務を負わせる念書を差し入れさせる。この念書（事前通知条項）に反して通知がなされなかったため，銀行（抵当権者）が地代の第三者弁済をする機会を失したまま，解除により借地権が消滅した事案につき，最高裁は，土

地所有者が事前通知条項に違反したとして銀行（抵当権者）に対する損害賠償責任を認めた（最判平成22・9・9判時2096号66頁）。このケースについても，担保価値維持義務という視角から論じることができよう（発展問題参照）。

### 3　敷金質と担保価値維持義務違反の基準

　建物賃貸借における敷金返還請求権は，賃貸借終了後，建物の明渡しがされたときにおいて，敷金からそれまでに生じた賃料債権その他賃貸借契約により賃貸人が賃借人に対して取得する一切の債権を控除し，なお残額があることを条件として，その残額につき発生する「条件付債権」であり（民法622条の2によって，従前の判例・通説がリステイトされた），債権の発生およびその数額は，賃貸借当事者間の充当（「当然充当」および「充当合意」を含む）に左右される。よって，敷金返還請求権に質権の設定を受けた質権者は，原則として，賃貸借当事者間の充当の結果残った部分にのみ権利を行使できるにすぎない。

　まずは，小問(1)のように，敷金契約を一部合意解除して，敷金の一部につき返還債権を発生させ，翌月分以降の賃料債権と相殺する合意（相殺予約）をなすこと（本件合意ⓐ）は，担保価値維持義務違反に該当するであろうか。敷金契約の一部解除によって発生する返還債権（原状回復債権）の性質が不当利得返還債権であるとするならば，質権の効力が不当利得返還債権に及ぶか否かが問題となる。及ばないとするならば，一部解除の合意自体が担保価値維持義務違反となろう。返還債権の実質は敷金返還債権に変わりなく，質権の効力が当然に及ぶとするならば，一部解除合意がただちに担保価値維持義務違反となるわけではないが，相殺合意（予約）について担保価値維持義務違反が問われよう。

　次いで，小問(2)のように，敷金契約を一部解除せずに，未払賃料を生じさせて賃貸借終了後明渡時に敷金充当を行う場合はどうか。設定者のなす充当がただちに担保価値維持義務違反となるわけではないが，参考判例②は，設定者が，「正当な理由に基づくことなく」，賃貸人に対し未払債務を生じさせて敷金返還請求権の発生を阻害することは，同義務に違反に当たるとした。小問(2)についても，設定者Aが，他の預金等の弁済原資が十分に存するにもかかわらず，未払債務を発生させて，敷金充当を行うことは，質権者Cの承

諾や賃貸人Ｂの信用不安などの特段の事情がない限り，「正当な理由」に基づくものとはいえず，担保価値維持義務違反に該当すると考えるべきである。

### 4　担保価値維持義務違反の効果

担保価値維持義務違反については，以下の効果が想定される。

ⓐ　設定者は，被担保債権の期限の利益を喪失する（137条参照）。

ⓑ　担保権者は，設定者に対して，増担保請求および損害賠償請求をなすことができる。増担保請求については，債権者の意思表示により特定の対象物件についてただちに担保権が設定される（形成権説）わけではなく，債権者が債務者に対して特定の対象物件につき増担保の設定を請求したならば，債務者は承諾するかまたは協議に応じる義務を負うにとどまる（請求権説）と解されている（東京高判平成19・1・30判タ1252号252頁）。なお，損害賠償債権は一般債権にとどまり，物上保証人の場合を別として，これを認めても実効性に乏しい。

ⓒ　設定者による債権の放棄・免除・相殺等は，質権者に対抗できない（398条参照）。

小問(1)においては，質権の効力が不当利得返還債権に及ばない場合，Ｃは，不当利得返還債権を特定してＡに対して増担保請求をなすであろう。及ぶ場合，Ｃは，確定した被担保債権につき，Ｂに対して，質権の実行として，すでに発生している返還債権（4800万円）の取立てを主張したいところだが，可能であろうか。その際，2023年3月分から6月分の賃料についてはすでに相殺の効力が生じている点に注意すべきである。Ｂの相殺の抗弁（6月分までにつき相殺による消滅，7月分以降につき相殺予約）に対して，Ｃは，かかる相殺（予約）は担保価値維持義務違反に該当するゆえに質権者Ｃに対抗できないと主張することは可能か否か考えてみよう。

小問(2)に関しては，敷金返還債権が条件付債権であり，明渡時に充当の結果残った部分についてのみ債権が発生する点，換言すれば，敷金がそもそも賃貸人Ｂにとっての担保（それゆえ条件付き）であるという点（Ｂは実質的な先順位担保権者である点）を考慮すべきではないか。賃貸人Ｂは敷金充当による敷金返還請求権の不発生を質権者Ｃに対抗できないと解してよいか否かを，Ｂが質権設定につき異議を留めない承諾をなした場合，ＢがＡの担

保価値義務違反を認識していた場合なども想定して，検討してみよう。

発展問題

甲土地の所有者Aは，2013年9月1日，Bに対し，スーパーマーケット事業の用に供する建物の所有を目的として甲土地を賃貸し（以下，この契約を「本件賃貸借契約」という）。Bは，2014年3月1日，甲土地に乙建物を新築し，同日，建物保存登記を了した。

C銀行は，2019年7月31日，CのBに対する銀行取引等に係る債権を担保するため，乙建物に極度額を5000万円とする第1順位の根抵当権（以下，「本件根抵当権」という）の設定をBから受けたが，本件根抵当権の設定に先立つ2019年6月25日，Aに対し，「借地に関する念書」と題する書面（以下，「本件念書」という）を交付し，翌7月8日，Aは，本件念書に署名押印してCに返却した。本件念書には，「Bの地代不払，無断転貸など借地権の消滅もしくは変更を来たすようなおそれのある事実の生じた場合またはこのような事実が生じるおそれのある場合は，AおよびBはC銀行に通知するとともに，借地権の保全に努めます」と記載された条項（以下，「本件事前通知条項」という）が含まれていた。

Bが，2022年12月27日，民事再生手続開始の決定を受け，2023年1月分以降の地代を支払わなかったため，Aは，2023年6月16日，Bに対し，地代不払等を理由に本件賃貸借契約を解除する旨の意思表示（以下，この解除を「本件解除」という）をした。

(1) AはBを被告として，甲土地の所有権に基づいて，乙建物の収去・甲土地の明渡しを訴求することができるか。これに対して，Cは，補助参加して，本件解除の効力を争うことはできるか。

(2) Aの乙建物収去・甲土地明渡請求に応じて，Bが乙建物を収去し，本件根抵当権が消滅した場合，Cは，AおよびBを相手として，本件根抵当権の消滅によって被った損害の賠償を請求することができるか。

●】**参考文献**【●

＊片山直也・平成 19 年度重判 70 頁／藤澤治奈・百選 I 168 頁

（片山直也）

# 46 抵当権に基づく賃料債権への物上代位

　Xは，2017年9月4日，Aに対し2億円を貸し付け，同債権を担保するために，A所有の賃貸用建物甲につき抵当権の設定を受け，抵当権設定登記を備えた。甲には，賃借人Yらが存在していたところ，Yらから得られる月額の賃料合計は500万円で，賃料は前月末日までに支払うものとされていた。2018年9月4日，Aは約定利息の支払を怠ったため，Xに対する債務について期限の利益を喪失した。

　Bは，Aに対して5300万円の債権を有していたが，債権の回収に不安を感じた。そこで，2018年9月5日，BはAと交渉し，前記5300万円の債権に対する代物弁済として，同年10月分から2019年8月分までの甲の賃料債権の譲渡を受けた。Aは，Yらに対し，内容証明郵便で債権譲渡を通知し，これらの通知は2018年9月11日までにYらに到達した。

　Xは，貸金の返済につきAと協議をしたが調わなかった。そこで，Xは，2018年9月12日，抵当権に基づく物上代位権の行使として，AがYらに対して有する甲の賃料債権（ただし，管理費および共益費相当分を除く）にして，本命令送達日以降支払期の到来する分からXの貸金債権残額に満つるまでの部分を対象に，債権差押命令を申し立てた。差押命令は，9月18日までにYらに送達され，9月20日にAにも送達された。

　Xが，2018年9月28日，取立権（民執193条2項・155条）に基づきYらに対し10月分の賃料の支払を求めたところ，YらはBへの債権譲渡の存在を理由に支払を拒否した。Xは，取立訴訟（同法193条2項・157条）を提起し，Yらに10月分および（弁済期の到来する）それ以降の賃料の支払を求めることができるか。

## ●】参考判例【●

① 最判平成元・10・27民集43巻9号1070頁
② 最判平成10・1・30民集52巻1号1頁
③ 最決平成12・4・14民集54巻4号1552頁

## ●】解説【●

### 1 抵当権に基づく賃料債権への物上代位

　民法372条は，先取特権に基づく物上代位の規定である民法304条を，抵当権について準用する。それゆえ，民法304条1項本文を素直に読み替えると，「抵当権は，その目的物の売却，賃貸，滅失又は損傷によって抵当不動産所有者が受けるべき金銭その他の物に対しても，行使することができる」（物上保証人や第三取得者の存在を考慮し，「債務者」は「抵当不動産所有者」と読み替えられる）。しかし，抵当権と先取特権とは性質を異にする権利であるため（たとえば追及効の有無。333条参照），特に売買代金債権・賃料債権に対し，抵当権に基づく物上代位を文字どおりに認めてよいかは議論があった。

#### (1) 賃料債権への物上代位の可否

　抵当権は，目的物の使用・収益を抵当権設定者に委ねる非占有担保権であり（目的物の交換価値のみを把握），設定者の収益権限に介入することはできないとも考えられるため，抵当権に基づく賃料債権への物上代位を原則として否定する説も少なくなかった。また，2003年改正前の民法371条1項によれば，目的不動産の差押前は（天然）果実に抵当権の効力が及ばないとされていたため，それとの均衡から抵当権の実行としての目的不動産の差押後に限って，賃料債権（法定果実）への物上代位を認める見解などもあった。

　しかし，参考判例①は，民法372条，304条に基づき，賃料債権への物上代位を無条件に肯定し，目的不動産自体に対する抵当権の実行との併存も認めた。その理由として，非占有担保権としての性質は先取特権と抵当権とで異ならないこと，賃料債権への物上代位を認めたとしても設定者の目的物に対する使用は妨げられないことを挙げる。後者の理由につき，賃料債権への物上代位を認めると，たしかに設定者の収益権限は制約を受ける。しかし，

目的物の使用・収益を原則として設定者に委ねる抵当権の性質上，賃料債権への物上代位は被担保債務の不履行を要件とすると解されており，債務不履行を前提とするのであれば設定者の収益権限が制約されてもやむを得ないと考えられる。というのも，設定者は，そもそも抵当権に基づく目的物の売却すら甘受しなければならないからである。さらに，賃料収入が多額に上る貸ビル等を考えれば，その収益価値を基礎に目的物を担保評価することも，抵当権者にとって合理的な行動である。それゆえ，現在では，被担保債務の不履行を要件として，無条件に賃料債権への物上代位を認める立場が多い（下記の民法371条の改正も影響している）。

　参考判例①が出された後，バブル経済崩壊による不動産不況の下で（競売における売却価格の低下・買受人の不出現），賃料債権への物上代位も多く用いられるようになった。もっとも，これに対しては，本来目的物の管理費等に充てられるべき部分まで抵当権者が把握する結果，抵当不動産が適切に管理されなくなるおそれがあるなどと指摘された（ただし，設問でも示したように，今日では物上代位の場合も管理費・共益費相当分を差押えの対象から除く取扱いが一般的である）。そこで，この問題に対処するため，2003年の担保執行法制の改正では，不動産の収益を対象とする担保権実行手続である担保不動産収益執行制度が創設された（民執180条2号）。また，同年改正後の民法371条は，「抵当権は，その担保する債権について不履行があったときは，その後に生じた抵当不動産の果実に及ぶ」と定め，収益執行に対し実体法上の基礎を与えた（よって，同条の「果実」は法定果実を当然に含む）。このことから，収益執行との対比では，賃料債権に対する物上代位は，簡易な抵当権実行手続と位置づけられる。

### (2)　賃料債権を把握するその他の法的手段

　担保不動産収益執行と物上代位は併存し，抵当権者は，賃料債権から優先弁済を受けるためいずれの制度を利用してもよい（手続が競合した場合の調整につき，民事執行法188条・93条の4参照）。収益執行では，目的不動産の管理人が選任され，不動産の管理費用や管理人の報酬等を賃料から差し引いた残りの部分が，抵当権者に配当される（民事執行法188条は同法93条以下の強制管理に関する規定を準用する）。したがって，収益執行のほうが手続費用

は高く，費用を差し引いても十分な収益を見込める大規模な不動産の場合等に，その利用が検討に値する（収益執行には，管理人により目的物が適正に管理されるほか，管理人が新規の賃貸借契約を締結できる等のメリットもある）。他方，2003年改正後も物上代位の可能性が残されたのは，小規模な不動産の場合には，簡易・迅速な手続で賃料債権の把握を認めることが妥当と考えられたからである。

　抵当権者が賃料債権を把握する手段としては，担保のために，将来の賃料債権の譲渡を受ける可能性もある（将来債権譲渡担保）。かつては，将来債権譲渡担保の有効性に対する疑義や，対抗要件具備のため第三債務者（賃借人）を巻き込まなければならない（賃貸人の信用不安を引き起こすおそれがある）という問題が指摘された。しかし，有効性の問題は一連の判例法理により解決され［→Ⅱ巻38解説］，対抗要件については譲渡人が法人であれば債権譲渡登記制度を利用できる（動産債権譲渡特4条参照）。譲渡担保の方法によれば，一方で，後述する差押えの手続をとる必要はなく（第三債務者への通知で足りる），物上代位よりも強力な地位を主張できる（劣後譲受人等が弁済を受ければ不当利得返還請求も可能）。他方で，抵当不動産が第三者に譲渡され，かつ，新たな賃貸借契約が結ばれると，債権譲渡担保の効力が及ばなくなるおそれがある（効力の及ぶ範囲について議論がある）。この場合には，抵当権に基づく追及効を基礎とする物上代位のほうが有利となりうる。

### 2　抵当権に基づく物上代位と目的債権の譲渡等の競合

　賃料債権への物上代位が許されるとしても，「抵当権者は，その払渡し又は引渡しの前に差押えをしなければならない」（372条・304条1項ただし書）。対象となる賃料債権が「差押え」前に第三者に対して譲渡され，第三者対抗要件も具備された場合には，当該債権は「抵当不動産の所有者が受けるべき金銭その他の物」とはいえず，または当該債権譲渡が「払渡し又は引渡し」に当たり，もはや物上代位権を行使できないのではないかが問題となる。

### ⑴　物上代位権行使としての「差押え」の意義と物上代位権の公示

　債権に対する物上代位権行使の手続は，民事執行法193条1項後段・2項の規定に従い，対象債権を差し押さえる方法（民執143条以下）により行われる。この差押えが，民法304条ただし書の「差押え」に当たる。執行裁判所

の発令する差押命令は第三債務者（賃借人）に対しても送達され，送達時に差押えの効力が生じる（民執145条3項・4項）。対象が継続的に弁済される賃料債権であれば，差押えの効力は将来生じる賃料債権にも及ぶ（民執151条）。なお，優先弁済を受けようとする抵当権者は，自らこの差押えの手続をとらなければならない。

　以上の「差押え」の意義については，2つの側面から考察する必要がある。ⓐ第1に，設定者および第三債務者との関係である。抵当権者は，法定果実に抵当権の効力が及ぶ場合であっても（371条），賃料債権から優先弁済を受けるためには，差押えという物上代位権行使の手続をとらなければならない。すなわち，差押前にされた第三債務者の弁済は「払渡し」に当たるため有効であり，かつ，設定者は差押前に受領した弁済を保持することができる（抵当権者との関係で不当利得とはならない）。したがって，「差押え」要件は，差押前にされた弁済を確定的に有効なものとし，かつ，差押命令の送達という確実な手段により弁済先を確知させることで第三債務者を二重弁済の危険から保護する機能を有し，さらに，差押えの効力発生後は第三債務者を拘束して，抵当権に基づく優先弁済権を確保するという意義をもつ。ⓑ第2に，物上代位の対象債権に利害関係をもつその他の第三者（譲受人，差押債権者など）との関係である。これらの第三者の権利行使と抵当権者の物上代位権行使とが競合した場合には，当該第三者を保護するため，「差押え」による物上代位権の公示を要求すべきという考え方が成り立ちうる。この考え方によると，物上代位権の行使としての「差押え」と，債権譲渡の対抗要件具備または一般債権者の差押えの先後により，優劣が決定される（差押時基準説）。他方で，賃料債権に抵当権の効力が及ぶことは抵当権設定登記によりすでに公示されていると考えれば，「差押え」に第三者を保護する機能を担わせる必要はなく，抵当権設定登記と債権譲渡の対抗要件具備等の先後で優劣が決定される（登記時基準説）。登記時基準説による場合でも，「差押え」はⓐの意義を有しているから，差押前に譲受人等が受けた弁済は有効であると考えられる（第三債務者は免責され，譲受人等は抵当権者に不当利得返還義務を負わない）。

## (2) 判例の立場

参考判例②は，抵当権に基づく賃料債権への物上代位と債権譲渡が競合した事案で，物上代位権の行使としての「差押え」は主として@の第三債務者を保護する機能を有するとし，他方，債権譲受人との関係では，「抵当権の効力が物上代位の目的債権についても及ぶことは抵当権設定登記により公示されている」として登記時基準説を採用した（最判平成10・3・26民集52巻2号483頁は，一般債権者の差押えとの競合についても登記時基準説を採用）。判例を支持する根拠としては，特に現在では抵当権の効力が果実にも及ぶと法定されている以上（371条），それが抵当権設定登記により公示されているとみることは可能であること，実質的にみても賃料債権を譲り受けようとする者は登記簿を確認して物上代位の可能性を予期できるのに対し，抵当権者が濫用的な債権譲渡を防止するのは難しいことが挙げられる（異論もある）。この見解によると，抵当権の追及効を賃料債権にも及ぼすことが可能であるため，譲渡された賃料債権が「抵当不動産の所有者が受けるべき金銭その他の物」に当たらないのではないかという点は問題にならない。また，「差押え」の趣旨が第三者の保護（⑥）を含まない以上（第三者の保護は登記による公示で図られている），債権譲渡を「払渡し又は引渡し」に当たるとみて物上代位権行使を遮断する必要もない。なぜなら，債権譲渡後に物上代位権の行使を認めても第三債務者は害されず（差押前にした譲受人に対する弁済は有効で，差押後は抵当権者に弁済すればよいだけである），抵当権者の物上代位権行使を否定する理由がないからである。

以上のとおり，債権譲渡や差押えにより競合する第三者が現れても，債務者が弁済をして対象債権が消滅する前であれば，抵当権者は，物上代位権に基づき対象債権を自ら差し押え，第三者との関係では抵当権設定登記時を基準とする優先権を主張することができる。ただし，たとえば一般債権者が対象債権を差し押え，転付命令（民執159条）を申し立てた場合において，物上代位権行使としての差押前に転付命令が第三債務者に送達されたときは，抵当権者はもはや優先権を主張できない（最判平成14・3・12民集56巻3号555頁〔用地買収契約に基づく補償金債権等への物上代位の事例〕）。ただし，将来の賃料債権は転付命令の対象とならないと解されているので，本問との関係でこ

の制約はそれほど重要でない）。このように物上代位権行使の可能性に対し執行手続上の制約が課せられることについては，転付命令と債権譲渡の取扱いの差異を疑問視する見解もある。さらに，最判平成17・2・22（民集59巻2号314頁〔転売代金債権への物上代位の事例〕）は，動産売買先取特権に基づく物上代位（304条）の場合には，「差押え」に第三者（債権譲受人）を保護する機能を認めている点に注意を要する。なぜなら，動産売買先取特権には公示手段が存在せず，「差押え」を介さなければ譲渡された債権につき追及効を及ぼすことができないからである（333条も参照。なお，最判昭和60・7・19民集39巻5号1326頁〔転売代金債権への物上代位の事例〕によると，対象債権を差し押えた一般債権者との関係では，当該差押後も，なお動産売買先取特権者は物上代位権を行使できる。対象債権が差し押えられても債権の帰属自体が変更するわけではなく，追及効の有無は問題にならないからである〔むしろ，先取特権者は担保権者としての優先権を主張できる〕）。

### (3) 物上代位に対するその他の対抗手段

賃料債権への物上代位を免れるための手段としては，賃料債権の譲渡以外にも，元の賃貸借関係に別の賃借人を割り込ませて転貸借関係を作出する（たとえば賃料は低額，転貸料は正常価額）というものがみられた。そこで，抵当権者が転貸料債権に対しても物上代位権を行使できるかが問題となった。参考判例③は，原則として物上代位権行使を否定しつつ（民法372条が準用する同法304条1項の「債務者」は，抵当不動産の賃借人〔転貸人〕を含まないものと解すべきである），「抵当不動産の賃借人を所有者と同視することを相当とする場合」は例外とする。判例の例示する妨害目的での法人格の濫用・賃貸借の仮装事例以外にも，どのような場面で例外を認めうるかが問題になる（たとえ法人格の濫用・仮装の賃貸借とまではいえなくても，一般債権者が転貸賃料から抵当権者に優先して債権を回収することは，参考判例②の考え方と実質的に抵触しないかを検討する必要がある）。

本問に関連して，以下の独立の問いに答えなさい。

(1) 2018 年 9 月 5 日，A・B の交渉の結果，B が月額 100 万円で甲を一括して賃借し，B が Y らに対し従前と同様の条件で甲を転貸するという合意が行われたとする。その後，9 月 11 日までに，B は，この合意に従い Y らとの間で転貸借契約を締結した。B は，賃料と転貸料の差額により，A に対する自己の債権を回収しようと考えていた。X は，同年 10 月分以降の B の Y に対する転貸料債権につき，物上代位権を行使することができるか。

(2) X が甲の賃料債権を把握しようとすれば，物上代位以外にどのような法的手段が考えられるか。物上代位とその他の法的手段の利害得失を検討しなさい。

● ● 参考文献 ● ●

＊中山知己・百選Ⅰ 176 頁／今尾真・百選Ⅰ 178 頁／佐久間毅ほか『事例から民法を考える』（有斐閣・2014）84 頁〔田髙寛貴〕／松岡久和・法教 382 号（2012）15 頁／水野謙＝古積健三郎＝石田剛『〈判旨〉から読み解く民法』（有斐閣・2017）147 頁〔古積健三郎〕

（和田勝行）

# 47 物上代位と相殺

　Ａは，5階建てのオフィスビル（以下，「本件建物」という）の所有者である。2022年11月15日，Ａは，Ｙに対し，本件建物の1階および2階部分を賃貸し（以下，この契約を「本件賃貸借契約①」という），これを引き渡した。賃貸借の期間は15年，賃料は月額500万円で月末払とされ，敷金は1500万円，保証金は5000万円とされた。同日，Ｙは，Ａに対し，Ａとの間で定められた敷金と保証金とを交付した。2024年6月10日，Ｘは，Ａに対する1億5000万円の貸金債権（以下，「本件貸金債権」という）を担保するために，Ａから本件建物について抵当権の設定を受け，その旨の登記を備えた。2027年5月10日，Ａは，Ｚに対し，本件建物の3階部分を賃貸し（以下，この契約を「本件賃貸借契約②」という），これを引き渡した。賃貸借の期間は10年，賃料は月額300万円で月末払とされ，敷金は1000万円，保証金は4000万円とされた。同日，Ｚは，Ａに対し，Ａとの間で定められた敷金と保証金とを交付した。

　2029年1月15日，Ａは，本件貸金債権にかかる債務について，履行遅滞に陥った。そこで，Ｘは，抵当権に基づく物上代位権の行使として，同月25日，ＡのＹに対する本件賃貸借契約①に基づく賃料債権およびＡのＺに対する本件賃貸借契約②に基づく賃料債権について差押命令を取得し，同命令は，同月27日，それぞれＹとＺとに送達され，同月29日，いずれもＡに送達された。差押債権の範囲は，ＡのＹに対する本件賃貸借契約①に基づく賃料債権およびＡのＺに対する本件賃貸借契約②に基づく賃料債権のいずれについても，2029年1月分から同年12月分までである。ＹとＺとは，Ｘから賃料債権の取立てを受けたときに，どのような反論をすることができるか。

① 最判平成 13・3・13 民集 55 巻 2 号 363 頁
② 最判平成 14・3・28 民集 56 巻 3 号 689 頁
③ 最判平成 21・7・3 民集 63 巻 6 号 1047 頁

●】解説【●

### 1 物上代位と相殺との優劣に関する判断枠組み

抵当権者は，抵当権に基づく物上代位権の行使として，抵当不動産の賃料債権を差し押えることができる［→本巻46］。この場合において，差押命令が抵当不動産の所有者に対して送達された日から 1 週間を経過したときは，抵当権者は，その賃料債権を取り立てることができる（民執 193 条 2 項の規定による民執 155 条 1 項本文の規定の準用）。では，抵当不動産の賃借人は，抵当権者から賃料債権の取立てを受けたときに，賃借人の賃貸人に対する債権を自働債権とし，賃貸人の賃借人に対する賃料債権を受働債権とする相殺をもって，抵当権者に対抗することができるか。

#### ⑴ 抵当権設定登記の後に取得した債権を自働債権とする相殺

判例によれば，抵当不動産の賃借人が抵当権設定登記の後に賃貸人に対して債権を取得した場合には，次のように扱われる。すなわち，ⓐ抵当権者が賃料債権について物上代位による差押えをした後は，抵当不動産の賃借人は，上記の債権を自働債権とし，賃料債権を受働債権とする相殺をもって，抵当権者に対抗することができない（参考判例①）。物上代位により抵当権の効力が賃料債権に及ぶことは，抵当権設定登記により公示されているとみられるからである（このことについて，最判平成 10・1・30 民集 52 巻 1 号 1 頁［→本巻46］）。

もっとも，ⓑ抵当権者が賃料債権について物上代位による差押えをする前に，抵当不動産の賃借人が上記の債権を自働債権とし，賃料債権を受働債権とする相殺をしたときは，その相殺をもって抵当権者に対抗することができる（参考判例①）。この場合には，抵当権に基づく物上代位による差押えの前に，「払渡し又は引渡し」（372 条・304 条 1 項ただし書）がされたものと評価

することができるからである。

### (2) 抵当権設定登記の前に取得した債権を自働債権とする相殺

　これに対し，抵当不動産の賃借人が抵当権設定登記の前に賃貸人に対して債権を取得した場合には，次のように扱われる。すなわち，抵当権者が賃料債権について物上代位による差押えをした後も，抵当不動産の賃借人は，上記の債権を自働債権とし，賃料債権を受働債権とする相殺をもって，抵当権者に対抗することができる（このことについて，担保不動産収益執行に関する参考判例③を参照）。

　参考判例①では，相殺の優先を認めるための要件として，抵当権設定登記の前に，㋐自働債権が取得されていたことだけで十分なのか（このように考える見解を，「無制限説」という），それとも，㋑自働債権の弁済期が受働債権の弁済期よりも先に到来することまで必要なのか（このように考える見解を，「弁済期先後基準説」等という）が明らかでなかった。そうした中で，参考判例③は，㋑の考え方によれば結論が異なる可能性のある事案について，参考判例①を引用しつつ，自働債権の取得時期のみを問題として相殺の優先を認めた。そのため，判例法理は，㋐の考え方をとるものであると理解されている。

### 2　自働債権と受働債権の特殊性

### (1) 自働債権の特殊性：敷金・保証金

　自働債権が貸金債権であるときは，物上代位と相殺との優劣に関する一般のルール（前述1）が適用される。これに対し，敷金返還請求権が問題となるときは，敷金に関する特別なルール（後述5）が適用される。では，保証金についてはどうか。

　不動産の賃借人から賃貸人に交付される保証金には，ⓐ敷金としての性質をもつもの，ⓑ権利金としての性質をもつもの，ⓒ約定期間よりも早期に退去したときなどについての制裁金としての性質をもつもの，ⓓ賃貸人に対する融資金としての性質をもつものなどがある。高額の保証金が敷金とは別に交付されたときは，その保証金は，一般に，ⓓの性質をもつものであると考えられる。この意味での保証金には，賃貸不動産を建設するための資金に充てられるもの（いわゆる建設協力金）から，単なる貸金に近いもの（参考判例

①の事案を参照）まで含まれる。ⓓは，賃貸借契約に付随して交付されるものの，敷金とは異なり，賃借人の賃貸人に対する金銭債務を担保するものではなく，賃借人の賃貸人に対する金銭消費貸借としての性質をもつものである。そのため，ⓓの性質をもつ保証金の返還請求権についても，この債権を自働債権とし，賃料債権を受働債権とする相殺と，賃料債権に対する物上代位との優劣が問題となるときは，物上代位と相殺との優劣に関する一般のルール（前述1）が適用されるものとされている（ⓓの性質をもつ保証金の返還請求権が問題となった事案について，その内容に立ち入らずに判断を下したものとして，参考判例①および参考判例③を参照）。

### (2) 受働債権の特殊性：将来賃料債権

受働債権については，将来賃料債権を受働債権とする相殺が認められるかどうかが問題となる。抵当不動産の賃借人は，自働債権の弁済期が到来した場合において，受働債権である賃料債権が発生していないときにも，——すでに発生している弁済期未到来の債権について，期限の利益を放棄して相殺することができるのと同じように——いまだ発生していない賃料債権について，いわば未発生の利益を放棄して相殺することができるか。有力な考え方によれば，このような相殺も認められる。将来賃料債権に対する差押えが認められている以上，将来賃料債権を受働債権とする相殺も認めないと，バランスがとれないからである。

そうであるとすると，抵当不動産の賃借人が抵当権設定登記の前に賃貸人に対して債権を取得した場合（前述1(2)のケース）には，賃借人は，この債権を自働債権とし，将来賃料債権を受働債権とする相殺をもって，抵当権者に対抗することができる。これに対し，抵当不動産の賃借人が抵当権設定登記の後に賃貸人に対して債権を取得した場合（前述1(1)のケース）には，ⓐ抵当権者が物上代位による差押えをした後は，賃借人は，相殺をもって抵当権者に対抗することができない。もっとも，ⓑ抵当権者が物上代位による差押えをする前に，抵当不動産の賃借人が相殺をしたときは，この限りでないとされている。そこで，抵当不動産の賃借人が抵当権設定登記の後に賃貸人に対して取得した債権を自働債権とし，将来賃料債権を受働債権とする相殺をすれば，その相殺をもって抵当権者に対抗することができるかどうかが問

題となる。このことを無制限に認めると，ⓐのルールの目的を達成することができない。そこで，抵当権者が物上代位による差押えをした後に発生する賃料債権については，その債権を受働債権とする相殺をもって抵当権者に対抗することができないものと考えられている。

### 3　相殺合意の効力

#### ⑴　抵当権設定登記の前に取得した債権を一方債権とする相殺合意

抵当不動産の賃借人と賃貸人との間で，賃借人が抵当権設定登記の前に賃貸人に対して取得した債権と，賃貸人の賃借人に対する賃料債権とを，対当額で相殺する旨の合意があらかじめされていた場合には，賃借人は，その相殺合意の効力を抵当権者に対抗することができる。抵当権者は，両債権が法定相殺されたときは，その相殺をもって対抗を受ける立場にある以上，その相殺合意の効力の対抗を受けないとする理由がないからである。

#### ⑵　抵当権設定登記の後に取得した債権を一方債権とする相殺合意

問題となるのは，抵当不動産の賃借人と賃貸人との間で，賃借人が抵当権設定登記の後に賃貸人に対して取得した債権と，賃貸人の賃借人に対する賃料債権とを，対当額で相殺する旨の合意があらかじめされていた場合である（関連問題⑶を参照）。判例によれば，このような相殺合意がされていたとしても，抵当権者が物上代位による差押えをした後に発生する賃料債権については，抵当不動産の賃借人は，その相殺合意の効力を抵当権者に対抗することができない（参考判例①）。この判例は，相殺合意の効力を抵当権者に対抗することができる範囲は，法定相殺をもって抵当権者に対抗することができる範囲を超えてはならないとしたものであると考えられる。

### 4　2017年民法改正の影響

2017年民法改正は，物上代位と相殺との優劣に関する判例法理（前述1）について，次の影響を与えるものと考えられる。

#### ⑴　物上代位と相殺との優劣と差押えと相殺との優劣①：2017年改正前民法

物上代位・差押えと相殺との優劣では，ⓐ相殺を対抗することができるかどうかを判断する基準となる時期と，ⓑ相殺への期待が保護される範囲とが問題となる。

物上代位と相殺との優劣に関する判例法理（前述1）によれば，ⓐは，物

上代位による差押えがされた時ではなく，抵当権設定登記がされた時である。そして，ⓑについては，抵当不動産の賃借人は，抵当権設定登記の前に賃貸人に対して債権を取得していれば，その債権を自働債権とする相殺をもって，抵当権者に対抗することができるものとされる。これに対し，差押えと相殺との優劣については，ⓐは，一般債権者による差押えがされた時である。そして，2017年改正前民法のもとでの判例法理によれば，ⓑについては，第三債務者は，差押前に債権を取得していれば，その債権を自働債権とする相殺をもって，差押債権者に対抗することができるものとされる（最判昭和45・6・24民集24巻6号587頁）。つまり，2つの判例法理を比較すると，ⓐについては，登記時を基準とするか，差押時を基準とするかで異なるものの，ⓑについては，無制限説をとることで一致していた。言い換えると，物上代位と相殺との優劣と差押えと相殺との優劣とを比較して，前者では，後者よりも，相殺への期待が保護される範囲を制限すべきであるという考え方は，とられていなかった（このことについて，前述1⑵を参照）。

### ⑵ 物上代位と相殺との優劣と差押えと相殺との優劣②：2017年改正民法

2017年改正民法は，差押えと相殺との優劣について，相殺への期待が保護される範囲を拡張することとした［→Ⅱ巻[29]］。すなわち，前述⑴のⓑについて，無制限説を明文化する（511条1項〔以下，「第1準則」という〕）のみならず，差押後に取得した債権についても，それが差押前の原因に基づいて生じたものであるときは，第三債務者は，原則として，その債権を自働債権とする相殺をもって，差押債権者に対抗することができるものとした（同条2項本文〔以下，「第2準則」という〕）。

相殺への期待が保護される範囲については，物上代位と相殺との優劣と差押えと相殺との優劣とを区別すべきではないとする評価を首尾一貫させるのであれば，物上代位と相殺との優劣に関する判例法理（前述1）は，2017年民法改正によって，第2準則に対応する準則を組み込むかたちで改められたものと考えられる。つまり，抵当不動産の賃借人が抵当権設定登記の後に賃貸人に対して取得した債権であっても，その債権が抵当権設定登記の前の原因に基づいて生じたものであるときは，賃借人は，原則として，その債権を自働債権とする相殺をもって，抵当権者に対抗することができる，というル

ールが付け加えられる（関連問題(1)を検討せよ）。

　(3)　**物上代位と相殺との優劣と債権譲渡と相殺との優劣①：2017年改正前民法**

　債権譲渡と相殺との優劣については，前述(1)のⓐは，一般に，債務者対抗
要件が備えられた時であるとされていた。そして，2017年改正前民法のも
とでの判例には，前述(1)のⓑについて，無制限説をとったのと同じ解決をし
たものがあった（最判昭和50・12・8民集29巻11号1864頁）。もっとも，こ
の判例は，特殊な事案についての事例判決であった。また，学説では，弁済
期先後基準説等をとるものが有力であった。つまり，債権譲渡と相殺との優
劣のほうが，差押えと相殺との優劣よりも，相殺への期待が保護される範囲
が制限的に理解される傾向にあった。そのため，物上代位と相殺との優劣に
ついて相殺への期待が保護される範囲を，債権譲渡と相殺との優劣について
相殺への期待が保護される範囲にあわせて拡張すべきではないかという問題
は，立てられていなかった。

　(4)　**物上代位と相殺との優劣と債権譲渡と相殺との優劣②：2017年改正民法**

　これに対し，2017年改正民法は，債権譲渡と相殺との優劣について，差
押えと相殺との優劣よりも，相殺への期待が保護される範囲を拡張すること
とした［→Ⅱ巻38］。すなわち，前述(1)のⓑについて，第1準則および第2
準則に対応する各準則を設ける（469条1項・2項1号）のみならず，将来債
権譲渡がされ，債務者対抗要件の具備時より後に「譲受人の取得した債権の
発生原因である契約」がされた場合において，その債務者がこれと同一の契
約に基づいて生じた債権を取得したときは，その債務者は，原則として，そ
の債権による相殺をもって譲受人に対抗することができるものとした（同項
2号〔以下，「第3準則」という〕）。そこで，物上代位と相殺との優劣につい
て相殺への期待が保護される範囲を，債権譲渡と相殺との優劣について相殺
への期待が保護される範囲にあわせて拡張すべきではないかという問題が立
てられることとなった。

　契約に基づいて生ずる債権について，その発生原因である契約がない場合
であっても，その債権を差し押えることができるとしたときに，差押えと相
殺との優劣について，第3準則が類推適用されるか。この問題については，
同準則の類推適用を肯定する見解（以下，「肯定説」という）と，これを否定

する見解（以下，「否定説」という）とに分かれている。⑦肯定説によれば，物上代位と相殺との優劣に関する判例法理（前述1）は，2017年民法改正によって第3準則に対応する準則を組み込むかたちで改められたこととなり（前述(2)に掲げた論理を参照），④否定説をとりつつ，物上代位と相殺との優劣については，第3準則に対応する準則が構成されるとするのであれば，物上代位と相殺との優劣に関する判例法理（前述1）は，2017年民法改正によって第3準則に対応する準則を組み込むかたちで改められたとはいえないものの，解釈論として，そのようなかたちで改められるべきであることとなる。いずれにせよ，⑦または④をとるときは，次のような扱いがされる。すなわち，抵当不動産の賃借人が抵当権設定登記の後に賃貸人に対して取得した債権であり，その債権が抵当権設定登記の後の原因に基づいて生じたものであっても，その債権が抵当権に基づく物上代位の目的債権の発生原因である契約に基づいて生じたものであるときは，賃借人は，原則として，その債権を自働債権とする相殺をもって，抵当権者に対抗することができる，というルールが付け加えられる（関連問題(2)を検討せよ）。これに対し，⑦否定説をとりつつ，物上代位と相殺との優劣についても，第3準則に対応する準則が構成されないとするのであれば，2017年民法改正は，物上代位と相殺との優劣について，何ら影響を与えないこととなる。

　まず，第3準則について，同一の契約に基づいて生じた債権間の牽連性は，一方の債権についてその債権がその契約に基づくものであることを前提としなければならない者が介入したとしても，害されるべきではないという評価のあらわれであるとする考え方がある。この考え方によれば，第3準則は，同一の契約に基づいて生じた債権間の牽連性を維持するためのものであるととらえられる。この意味での牽連性を害することができないことは，債権譲受人であっても，差押債権者であっても，物上代位権の行使としての差押えをした抵当権者であっても，変わりがない。そのため，この考え方によれば，⑦の方向性がとられることとなる。

　次に，第3準則は，将来債権譲渡をした譲渡人が，債務者との間で取引を継続することができるようにするものであるという考え方がある。この考え方によれば，第3準則は，この意味において，将来債権譲渡をした譲渡人の

経済活動の自由を保障するためのものであるととらえられる。この考え方をとったうえで，上記のような意味での経済活動の自由は，将来債権の差押えがされた債務者や，抵当権を設定し，その旨の登記を備えた後，抵当不動産を使用・収益する者についても，同じように保障されるべきであるとすれば，⑦の方向性がとられることとなる。これに対し，上記のような意味での経済活動の自由の保障は，取引がされる局面（将来債権譲渡取引・抵当取引）について与えられるものであり，債権の回収がされる局面（差押え）について与えられるものではないとすれば，④の方向性がとられることとなる。

さらに，第3準則は，将来債権譲渡の円滑・促進を図るための政策的な特則であるととらえるならば，⑦の方向性がとられることとなる。

## 5　敷金の返還を受ける利益の保護

### ⑴　敷金の意義

敷金とは，賃料債務その他の賃貸借に基づいて生ずる賃借人の賃貸人に対する金銭債務を担保する目的で，賃借人が賃貸人に交付する金銭をいう（622条の2第1項柱書）。そして，敷金返還請求権は，賃貸借契約が終了し，賃貸人が賃貸物の返還を受けたときに，敷金の額から未払賃料債権等の額を控除した残額について発生する（同項1号）。この場合には，未払賃料債権等は，敷金の充当により当然に消滅することとなる（参考判例②）。

### ⑵　物上代位と敷金充当との優劣

物上代位と相殺との優劣の判断枠組み（前述1）は，物上代位と敷金充当との優劣には適用されない。敷金の充当による未払賃料債権の消滅は，敷金契約から発生する効果であって，相殺による受働債権の消滅とは異なり，当事者の意思表示を必要とするものではない。したがって，物上代位と相殺との優劣に関する規律を，物上代位と敷金充当との優劣について適用しなければならない理由はない。そして，抵当権者は，原則として，抵当不動産の用益関係に介入することができない。そうである以上，抵当不動産の賃貸人と賃借人との間で敷金契約が締結されたときは，賃借人は，賃料債権が敷金の充当を予定した債権になったことを，抵当権者に主張することができるものと考えられる。そこで，判例は，抵当権者が賃料債権について物上代位による差押えをした後も，賃貸借契約が終了し，賃貸人が賃貸物の返還を受けた

ときは，賃料債権は，敷金の充当によりその限度で消滅するものとしている（参考判例②）。

> **関連問題**
>
> (1) 本問において，2025年7月10日，Yは，Aから賃借している本件建物の2階部分について，Aの負担に属する必要費を支出していたとする。この場合において，Yは，Xから賃料債権の取立てを受けたときに，どのような反論をすることができるか。
>
> (2) 本問において，2028年5月25日，Zは，Aから賃借している本件建物の3階部分について，Aの負担に属する必要費を支出していたとする。この場合において，Zは，Xから賃料債権の取立てを受けたときに，どのような反論をすることができるか。
>
> (3) 本問において，2028年12月15日，ZとAとの間で，ZのAに対する保証金返還請求権と，AのZに対する賃料債権とを対等額で相殺する旨の合意がされていたとする。この場合において，Zは，Xから賃料債権の取立てを受けたときに，どのような反論をすることができるか。

### ●】参考文献【●

＊杉原則彦・最判解民平成13年度（上）257頁／中村也寸志・最判解民平成14年度（上）358頁／田中秀幸・最判解民平成21年度（下）499頁／水津太郎「抵当権に基づく物上代位と相殺」秋山靖浩ほか編著『債権法改正と判例の行方』（日本評論社・2021）218頁

（水津太郎）

# 抵当権の効力の及ぶ範囲

　　Aは，甲土地とその地上にある乙建物を所有する。甲土地には，A
がXに対して負う債務を担保するための抵当権が設定され，その旨
の登記がされている。甲土地の一部は日本庭園となっており，Aは，
その眺望を売りの1つとする料亭を乙建物で営んできた。2，3年ほ
ど前までは経営は順調であった。ところが，近隣に建てられたホテル
に客を奪われるようになったため，Aは，甲土地を庭園としてより見
栄えのよいものに改めることを決意した。そこで，必要な融資の追加
をXに願い出たところ，Xは，改めるべきは料理であるとの考えを
示し，Aからの申出を断った。料理に問題はないと固く信じていたA
は，Xの協力を諦め，父からの資金援助のもとで庭園の手直しにとり
かかった。具体的には，甲土地に大きめの石灯籠と小さめの石灯籠
（以下，それぞれ「石灯籠大」「石灯籠小」という）の2つを設置した。
ところが，このようなAの経営努力は報われず，客足を回復するま
でには至らなかった。やがて資金繰りに窮するようになったAは，
石灯籠を2つとも，やはり料亭を経営する友人Yに売ることにした。
売買契約は乙建物内で交わされ，代金の支払も済まされた。石灯籠大
は，後日，Yが運搬に必要な車を手配して引き取ることが約され，い
まなお甲土地上に置かれたままであるが，石灯籠小は，契約を結んだ
その日にYが自ら軽トラックで持ち帰った。以上の場合において，X
は，Yに対して，石灯籠大につき搬出を禁止し，石灯籠小につき甲土
地に戻すことを請求することができるか。

●】 参考判例 【●

① 　最判昭和 44・3・28 民集 23 巻 3 号 699 頁
② 　最判昭和 57・3・12 民集 36 巻 3 号 349 頁

　本問の抵当権者Ｘによる石灯籠の搬出禁止と原状回復の請求は，物権的請求権の行使による。抵当権の効力が石灯籠に及んでいることと，Ｘがこれを第三者Ｙに対抗できることが前提となる。

## 1　抵当権の効力は石灯籠に及ぶか

　ある物に抵当権の効力が及ぶかどうかは，民法370条により決せられる。すなわち，抵当権は，土地や建物といった不動産に設定することができる（369条1項）が，その効力の及ぶ範囲は土地や建物それ自体に限られない。抵当権の効力は，同法370条本文により，抵当不動産に「付加して一体となっている物」（付加一体物）にまで及ぶ（ただし，やはり同条本文が規定するように，建物は土地の付加一体物とみることができそうであるが，土地に設定された抵当権の効力が建物に及ぶことはない。土地と建物は別個の不動産であり，建物自体が抵当権の目的物となりうる）。そして，付加一体物であれば，抵当権の効力は，その設定後に目的不動産に備え付けられた物にも及ぶ。抵当権は，実行されるまで設定者に抵当不動産の占有を留保し，その利用の継続を可能ならしめるところ，設定者による利用の過程で抵当不動産に物が付け加えられたならば，実行時に（場合によっては多くの費用と労力をかけて）当該物を分離するよりも，それにも抵当権の効力を及ぼすことでその担保力を維持・強化するのが望ましいからである。では，付加一体物とは何をいうのか。

　抵当不動産に付合してその一部（構成部分）となっている物（付合物〔242条〕）を付加一体物とみることへの異論はない。たとえば，抵当権設定後に甲土地に樹木が植えられたならば，抵当権の効力はその樹木にも及ぶ。

　これに対して，本問の石灯籠のような従物はどうか。従物とは，主物と同一の所有者に属し，物としての独立性を保ちながら，主物に付属されて，その経済的効用を高める物をいう（87条1項）。独立性という特徴からすれば，抵当不動産の従物は「付加して一体となっている物」に当たるとはいいがたい。実際に，抵当不動産の従物に抵当権の効力が及ぶ根拠法条を，民法370条本文ではなく，同法87条2項に求める古い判例もある（大判大正8・3・

15 民録 25 輯 473 頁）。従物は付加一体物に当たらないけれども，主物である抵当不動産に抵当権の設定という「処分」があったことから，それとともに抵当不動産の従物にも抵当権の設定という処分があった扱いになるため，従物にもその効力が及ぶというのである。ところが，この立場によると，本問の石灯籠のように抵当権の設定時に存在しなかった従物は処分の対象外となり，それに抵当権の効力は及ばないことになりそうである。かつての通説はそう考えていた。これに対しては，民法 87 条 2 項にいう「処分」は抵当権の設定という一時点における行為に限られないのであって，抵当権実行時までの様態を意味するとの考えから，同項を根拠に，抵当権設定後の従物にその効力が及ぶことを肯定する見解が有力に主張されたことがある。

現在の通説は，従物も民法 370 条本文にいう付加一体物に含まれるため，抵当権設定後の従物にもその効力が及ぶとの立場をとる。すなわち，同条本文の趣旨は抵当不動産とこれに付け加えられた物との経済的な一体性を競売によって破壊しないことにあるとの考えから，主物である抵当不動産と経済的な統一体を構成する従物も付加一体物に含めることができるという。この立場からは，本問の抵当権の効力が石灯籠に及ぶことを肯定することができる。以下の解説は，この立場を前提とする。

なお，主物である抵当不動産よりも高価な物を従物とみて，これに抵当権の効力を及ぼすことの可否が問題となったことがあるが，最高裁は設定時から存在した従物につき，これを肯定したことがある（最判平成 2・4・19 判時 1354 号 80 頁。下級審裁判例ではあるが，東京高判昭和 53・12・26 判タ 383 号 109 頁は，抵当権の効力が抵当権設定後に備えられた高価な従物——キャバレーの建物に備え付けられた舞台照明器具や音響器具等——に及ぶことを肯定する）。

また，最高裁は，借地上の建物に抵当権が設定された事案において，土地賃借権が建物所有権と一体となって 1 つの財産的価値を形成しているとの理由から，前者を後者の従たる権利とみて，前者にも抵当権の効力が及ぶことを認めてもいる（最判昭和 40・5・4 民集 19 巻 4 号 811 頁）。

## 2　石灯籠につき物権的請求権を行使することができるか

抵当権者は，抵当権の登記を目的不動産につき備えていれば，その付加一体物に抵当権の効力が及んでいることを第三者に対抗することができる（参

考判例①）。付加一体物についてのみ対抗要件を具備する方法が基本的に存在しないからには，そう考えるしかない。本問についていえば，抵当権者Ｘが，少なくともＹが登場する前の時点で抵当権の効力が石灯籠に及ぶことを第三者に対抗できたことに問題はない。したがって，たとえば，石灯籠につき一般債権者が強制執行を申し立てていたならば，抵当権者は自己の優先弁済権を根拠に，その排除を求めることができた（参考判例①）。

　では，本問におけるように，石灯籠の売却を受けた第三者Ｙが現れて，抵当権者Ｘがその地位を脅かされた場合はどうか。抵当権も物権である以上，第三者の行為によって侵害され，またはそのおそれがあるときは，抵当権者は物権的請求権を行使することができる。その具体的な内容は，まだ抵当不動産上に残されている石灯籠大については妨害予防請求（搬出の禁止）であり，抵当不動産の外に持ち出された石灯籠小については妨害排除請求（「返還請求」が論じられることもある。しかし，少なくとも所有権に基づくそれとは内容を異にする。抵当権は非占有担保であるから，抵当権者は，本来，自己への返還〔占有の回復〕を求めることができない。元の所在場所に戻すことのみを請求できる〔参考判例②参照〕。抵当不動産の所有者が受領を拒み，または抵当不動産の所有者による物の適切な維持管理を期待することができないとき〔再び，第三者に売り払いかねないといったとき〕は，抵当権者は直接に自己に物を引き渡すよう請求することができると考えてよいであろうが，これは返還請求権の内容として認められるものではない。最判平成 17・3・10 民集 59 巻 2 号 356 頁〔→本巻49解説〕）である。もっとも，物権的請求権の行使は，付加一体物の売却があったからといって常に許されるわけではない。

　付加一体物の売却が抵当不動産の通常の利用の範囲内であるときは，当該物を買い受けた第三者はそれを有効に取得することができる。抵当権者は，第三者の主観（抵当権の効力が及ぶ物であるかどうかに関する善意・悪意）や占有開始の有無に関係なく，これに異論を唱えることができない。こう考えなければ，抵当権が設定者に目的不動産の使用収益権を留保した意義が損なわれるからである（林業経営者が抵当権を設定した山林上の立木を第三者に売却し，代金収入を自らの懐に入れた場合を想起せよ）。

　本問のＡによるＹへの石灯籠の売却は，通常の利用の範囲外の行為とい

える。借金の返済のためであり，庭園の維持や改良のために行われたわけではないからである（Aが古い石灯籠を下取りに出し，代わりに新しい石灯籠を購入し，庭園に据えたといった場合であれば，それは通常の利用の範囲内の行為と評価できよう）。通常の利用の範囲外の行為がされた場合には，抵当権の侵害を観念しうる。残存する物のみの価格が被担保債権額を上回るという事情は，その否定につながらない（不可分性〔372条・296条〕）。他方で，A・Y間には石灯籠という動産の取引がある。この動産取引を保護するために抵当権者を犠牲にする可能性がなおも検討されなければならない。考察に当たっての主要なポイントは，石灯籠という付加一体物それ自体につき対抗要件が具備されているわけではないことをどう評価するかにある。伝統的には，対抗力喪失説と対抗力存続説の対立がある。

　対抗力喪失説によれば，抵当権の効力が及ぶ物の一部が抵当不動産から分離されたとしても，それが抵当不動産上に存在する限り，登記の対抗力は当該物に及ぶ。第三者は抵当権の負担が付いた動産を取得できるにすぎない。分離物という動産の売買につき民法192条に基づく即時取得の要件を満たす場合には，第三者は抵当権の負担のない動産を取得しうる。けれども，占有改定は同条にいう占有の開始に当たらないとの立場（最判昭和35・2・11民集14巻2号168頁［→本巻[36]解説]）による限り，それは認められない。その一方で，物が抵当不動産の外部に搬出されると，抵当権は分離物に関する対抗力を失うから，第三者は背信的悪意者でない限り（単純悪意者であっても），抵当権の負担のない物を取得することができる。第三者の善意無過失というより高いハードルのクリアを求める即時取得の成否は検討するまでもない。以上からの結論を本問に即していえば，Xは，石灯籠大の搬出の禁止を求めることはできるが，石灯籠小については原則として甲土地への回復を請求することができない。

　これに対して，対抗力存続説は，抵当不動産からの分離物が抵当不動産の外に搬出されたとしても，分離物に関する対抗力は存続するとの立場をとる。したがって，第三者が抵当権の負担のない物を取得することの可否は，もっぱら即時取得の成否に左右される。本問の石灯籠大についてはYによる占有の開始がないことからして即時取得が成立しないことは前述のとおり

である。石灯籠小については，現実の引渡しがある。これに加えて，抵当権の効力がこれに及んでいないとYが過失なく信じていたならば，Yの即時取得を認めることができ，反面，Xの原状回復請求は否定される。

　判例には，工場抵当権に関して対抗力存続説と同一の結論をとって，工場から搬出された動産については第三者が即時取得をしない限り，工場抵当権の効力が及ぶとの判断を示したものがある（参考判例②）。この判例が民法の抵当権にも妥当するかをめぐっては見解の対立があるが，現在の多数説は，対抗力喪失説に立つことで悪意の第三者を保護する必要はないとの考えから，対抗力存続説をとる。

　以上に対して，近年は，対抗力喪失説に修正を加えて，本問のXによる石灯籠小の原状回復請求を認めようとする見解も主張されている。すなわち，Yは，石灯籠小が抵当地上にある時点においてAからそれを買い受けている。このように，付加一体物が処分された時点においてそれが抵当不動産上に存在したときは，抵当権者は，処分の相手方である第三者に抵当権の効力を対抗することができていたのだから，その後に当該物が搬出されて，対抗力が失われたとしても，抵当権の効力が当該物に及ぶことを第三者に主張することができる，という。その一方で，分離物が搬出された後に第三者（譲受人）が現れたケースについては，対抗力喪失説に従う。抵当権者は，第三者が背信的悪意者であるときに限り，その原状回復を請求することができるとされる。

### 発展問題

　Aは，Bから賃借している甲土地上において乙建物を所有し，これをコンサート会場としてミュージシャンに利用させ，対価を得ている。乙建物には，Aの運営資金を貸し付けたCのための抵当権が設定・登記されている。乙建物の現在の評価額は1億円であり，甲土地に関する賃借権の評価額は5000万円である。また，AのCに対する残債務額は2億円とする。

　乙建物内には10年以上前から使ってきた舞台装置（ⓐ）があったが，流行の演出をすることができなかったので，Aは，新しい舞台

装置（ⓑ）をＤから４億円で購入した。ⓑの現在の評価額は３億円であり，乙建物から容易に取り外すことができる。

(1) 抵当権に基づく競売がされ，Ｅが乙建物を買い受けた。Ｂが，「自分が土地を貸し与えたのはＡであり，Ｅとは契約関係にない」として，Ｅに対して建物の収去と土地の明渡しを求めた。Ｅは，これを拒むことができるか。

(2) Ｄがⓑの舞台装置の所有権を自己に留保してＡに売却したところ，Ａから売買代金の支払を一切受けられなかったため，ⓑを引き上げた。Ｃは，それを乙建物に戻すよう請求することができるか。

(3) ⓐの舞台装置は，Ｆに対して相場どおりの値段である5000万円で売却され，Ｆ所有の建物内に保管されている。Ｃは，それを乙建物に戻すよう請求することができるか。

(4) Ａは，事業がうまくいかなくなり，生活費にすら困るようになったため，後先のことを考えずに，ⓑの舞台装置をＧに売り渡すことにした。Ｇは，ＡがＣ以外の者からも返済不能な債務を負っている実情を知り，これにつけ込んで，ⓑを2000万円で買い叩いた。Ｇは，乙建物に抵当権が設定されていることも知っていたが，これを過失なく知らなかったＨにⓑを相場どおりの値段である３億円で転売し，Ｈは，ⓑを自己の建物に持ち去った。Ｂは，ＧおよびＨに対して，いかなる請求をすることができるか。

●】 参考文献 【●

＊古積健三郎・百選Ｉ 172頁／青木則幸・百選Ｉ 182頁

（鳥山泰志）

　Ａ銀行はＢ会社に対して１億円融資をし，2020 年 3 月 1 日，Ｂ所有の甲建物に抵当権の設定を受け，設定登記を了した。後にＢが債務不履行に陥ったので，2023 年 6 月 1 日，Ａは甲建物につき抵当権の実行を申し立て，競売手続が開始された。ところが，Ｃが甲建物を占有するために，本件競売手続における買受人が現れず，売却基準価額の見直しがなされたが，その後も競売の見込みが立っていない。Ａは，ＢおよびＣに対していかなる請求をなしうるか。以下の⑴，⑵の場合を分けて考察しなさい。

　⑴　Ｃが甲建物を不法占有している場合

　⑵　Ｂが，2022 年 5 月 1 日，甲建物をＣに，期間 5 年，賃料月額 50 万円（甲不動産の適正賃料は月額 300 万円であった），敷金 1 億円，譲渡・転貸自由の約定で賃貸し，Ｃが引渡しを受け，現在，甲建物に居住している場合

●】**参考判例**【●

① 最判平成 11・11・24 民集 53 巻 8 号 1899 頁
② 最判平成 17・3・10 民集 59 巻 2 号 356 頁

●】**解説**【●

### 1　価値権としての抵当権

　伝統的な考え方によれば，非占有担保である抵当権は，目的物の利用価値を設定者たる所有者に留保して，目的物の交換価値（担保価値）のみを把握する「価値権」であるゆえに，財貨から二重の効用を引き出すことができる理想的な担保形態であるが，反面，「価値権」であるゆえに，抵当権者は，原則として目的不動産の使用・収益には干渉し得ないとされた。ところが，

特に昭和50年代以降，執行実務でいわゆる執行妨害が横行するようになり，抵当権者が，執行妨害を行う占有者を競売（売却）に先立って排除できるかが問題となった。

多くの下級審裁判例が，執行妨害の実態を踏まえてこれを肯定したが，最高裁は，原則論（建前論）に立って，「抵当権者は，抵当不動産の占有関係について干渉し得る余地はないのであって，第三者が抵当不動産を権原により占有し又は不法に占有しているというだけでは，抵当権が侵害されるわけではない」と判示して，抵当権者の明渡請求を否定した（最判平成3・3・22民集45巻3号268頁）。同判決に対しては，実務上の要請を無視するものであるとして批判が集中したが，他方，民事執行法の改正（平成8年・平成10年）によって，引渡命令（民執83条）や各種の保全処分（同法55条・68条の2・77条・187条等）が強化・新設され，執行妨害に対処すべく手続法上の法整備が進められた。だが実体法上，執行妨害に対して，抵当権の効力として占有排除等占有関係への介入をどこまでなすことができるかについては，課題として残されたままであった。

### 2　不法占有者の排除

参考判例①は，判例を変更し，不法占有者（権原を有していない占有者）の排除を認めた。同判決の骨子は以下のとおりである。

ⓐ　まず，抵当権者は，原則として，抵当不動産の所有者が行う抵当不動産の使用または収益について干渉はできないが，「第三者が抵当不動産を不法占有することにより，競売手続の進行が害され適正な価額よりも売却価額が下落するおそれがあるなど，抵当不動産の交換価値の実現が妨げられ抵当権者の優先弁済請求権の行使が困難となるような状態があるときは，これを抵当権に対する侵害と評価することを妨げるものではない」とした。

ⓑ　そのうえで，抵当権者は，抵当権の効力として，抵当不動産の所有者に対して，「右状態を是正し抵当不動産を適切に維持又は保存するよう求める請求権」を有し，同請求権を保全するため，「民法423条の法意」に従って，所有者の不法占有者に対する妨害排除請求権を代位行使し，所有者のために本件建物を管理することを目的として，不法占有者に対して直接抵当権者への明渡しを請求することができると判示した。

ⓒ さらに傍論として,「第三者が抵当不動産を不法占有することにより抵当不動産の交換価値の実現が妨げられ抵当権者の優先弁済請求権の行使が困難となるような状態があるときは,抵当権に基づく妨害排除請求として,抵当権者が右状態の排除を求めることも許される」としている。

小問(1)では,抵当権者Aは,まずは,設定者Bに対して,抵当権に基づく侵害是正請求権あるいは維持保存請求権(これを設定者の「担保価値維持義務」から説明することが可能である[→本巻45])として,不法占有者Cを排除するように請求することができる。同時に直接に不法占有者Cを相手として,抵当権に基づく妨害排除請求権として,あるいはBのCに対する所有権に基づく妨害排除請求権を代位行使して,甲建物のAへの明渡しを請求することが可能となる。

### 3 権原占有者の排除

それでは,小問(2)のような権原(期間5年の長期賃借権)に基づく占有者を排除することは可能か。参考判例②は,一定の要件のもと,占有排除を認める判決を下した。

ⓐ 最高裁は,参考判例①を引用し,不法占有者に対して抵当権に基づく妨害排除請求として侵害状態の排除ができることを確認しつつ,「抵当権設定登記後に抵当不動産の所有者から占有権原の設定を受けてこれを占有する者についても,その占有権原の設定に抵当権の実行としての競売手続を妨害する目的が認められ,その占有により抵当不動産の交換価値の実現が妨げられて抵当権者の優先弁済請求権の行使が困難となるような状態があるときは,抵当権者は,当該占有者に対し,抵当権に基づく妨害排除請求として,上記状態の排除を求めることができる」とした。根拠については,「なぜなら,抵当不動産の所有者は,抵当不動産を使用又は収益するに当たり,抵当不動産を適切に維持管理することが予定されており,抵当権の実行としての競売手続を妨害するような占有権原を設定することは許されないからである」と判示している。

ⓑ さらに「抵当権に基づく妨害排除請求権の行使に当たり,抵当不動産の所有者において抵当権に対する侵害が生じないように抵当不動産を適切に維持管理することが期待できない場合には,抵当権者は,占有者に対し,直

接自己への抵当不動産の明渡しを求めることができるものというべきである」としている。

小問(2)の賃貸借は，抵当権設定登記後に締結された賃貸借（期間5年の長期賃貸借ゆえ2003年の民法395条の改正の前後と問わず抵当権者に対抗できない賃貸借）ゆえ，それに基づく占有によって買受人が現れず，売却基準価額の見直しがなされたが，その後も競売の見込みが立っていないというのであるから，B・C間での占有権原の設定（賃貸借契約の締結）に競売手続を妨害する目的が認められる場合には，Cに対して抵当権に基づいて妨害排除を請求することが可能であり，さらに，設定者Bが抵当不動産を適切に維持管理することが期待できないときには，Aへの明渡しを請求することができる。

これに対して，Cが抵当権者Aに対抗できる賃貸借（抵当権設定登記前に対抗要件を具備したに賃貸借：605条，借地借家31条参照）に基づいて占有をしている場合には，AはCに直ちに明渡しの請求ができるわけではない（関連問題参照）。なぜならば，抵当権者に対抗できない賃貸借は，売却によって消滅するが，抵当権者に対抗できる賃貸借は，売却によっても消滅せずに，買受人に引き受けられるからである（民事執行法59条2項および同項の反対解釈）。参考判例②は，あくまでも抵当権者に対抗できない賃貸借に基づいて占有をしている賃借人を前提として，その排除の可否が争われた事案である点に，改めて注意を喚起しておこう。

### 4　抵当権に基づく妨害排除：価値権と利用権の調整

判例法理を整理しておこう。まずは，最高裁は，抵当権が交換価値を支配する価値権であるとの伝統的理解を基本的には踏襲しており，抵当権が把握する交換価値の実現の阻害，優先弁済請求権の行使の困難性を抵当権侵害ととらえている点を確認しておこう。しかし，抵当権侵害（交換価値支配の侵害）があれば，ただちに妨害排除としての占有排除（明渡し）が認められるとするわけではない。この点が所有権侵害とは異なるところである。

すなわち，抵当権は交換価値の支配権（物権）であるから，第三者が交換価値支配を侵害すれば（交換価値の実現の阻害，優先弁済請求権の行使の困難性が認められれば），妨害排除としてその侵害の排除が認められなければならないが，第三者の占有によって侵害状態がもたらされる場合には，第三者の占

有が所有者の所有権（使用収益権）に基づくものである限り，ただちに妨害排除としての占有排除（明渡し）が認められるわけではなく，両者の調整が必要となってくる。そもそも，所有権の利用価値と交換価値ないしはそれを支配する利用権と価値権は，原則として抵触せずに両立するものとして想定されているが，例外的に抵触し調整を要する局面が生じるということである。

　最高裁は，その調整点として，「抵当不動産の適切な維持・管理」という点を挙げていると分析すべきはないか。参考判例②は，妨害目的を要件としているが，これはあくまで妨害排除請求が認められる一例を提示したにすぎず，実質的には，所有者の使用収益権と抵当権との調整を図るために，抵当不動産の適切な維持管理の範囲を逸脱したか否かを基準として，占有排除の可否を判断していると考えるべきである（いわゆる違法性判断に近い）。

　以上の最高裁判決を踏まえて，抵当権者Ａが主張・立証すべき要件事実をどのように整理すべきかは，今後の課題である。「抵当権侵害」を１つの規範的要件として位置づけて，「不法占有（または設定において競売手続を妨害する目的の存した抵当権者に対抗できない権原に基づく占有）によって，抵当不動産の交換価値の実現が妨げられて抵当権者の優先弁済権の行使が困難となること」を基礎づける具体的な事実を主張・立証すべきと構成する一元説と，「抵当権侵害」（担保価値の下落または抵当不動産の交換価値の実現が妨げられて抵当権者の優先弁済権の行使が困難となること）と「違法性」（不法占有させる等，設定者が抵当不動産の適切な維持管理の範囲を逸脱していることを基礎付ける具体的事実）を主張・立証すべきと構成する二元説の対立が想定される。

　最後に，抵当権には原則として占有権限がないので返還請求は観念し得ない点に注意を喚起しておきたい。あくまでも妨害排除請求が論じられている。なお，妨害排除の方法は，妨害行為の禁止や立て看板の撤去から，占有排除（退去・明渡し）に至るまで多様であるが（民執55条の保全処分参照），判例の事案においては，原告により，その最も強力な方法として，占有排除が選択され，その当否が論じられている。さらに，最高裁は一歩踏み込んで，設定者（所有者）において抵当不動産の適切な維持管理が期待できない

場合には，抵当権者への直接の明渡しを認めるとした。本来，占有権限を有しない抵当権者に対して，例外的に管理のための占有（管理占有）をなす権限を付与したものである。よって，AはCに対して，不法行為に基づいて賃料相当額損害金の支払を請求することはできない（参考判例②）。

━━━━━━━━━━━━━━━━━━━━━━━━━━━━━━━━
**関連問題**

　本問において，Bが，2019年2月25日，甲建物をCに，期間5年，賃料月額50万円，敷金1億円，譲渡・転貸自由の約定で賃貸し，Cが引渡しを受け，現在，甲建物に居住している場合，Aは，BまたはCにどのような請求をなしうるか。
━━━━━━━━━━━━━━━━━━━━━━━━━━━━━━━━

● 】 **参考文献** 【 ●

＊松岡久和・百選Ⅰ〔第5版〕（2001）178頁／田髙寛貴・百選Ⅰ180頁

（片山直也）

# 50 法定地上権①

　Aとその父Bは，親子で町工場を営んでいた。Aは，結婚を機に，Bと相談のうえ，B所有の甲土地に，下層階に工場の倉庫スペース，上層階にAの新居スペースをもつ建物を建てることにした。ほどなく甲土地上に乙建物が完成し，Aを所有者とする保存登記もされ，Aら夫婦が居住を始めた。その翌年，Aは，Bに懇請され，Bが工場の設備拡充のためX銀行から融資を受けるのに当たり，その担保として，Xのために乙建物上に1番抵当権（被担保債権3600万円）を設定した。

　それから2年後，Bが交通事故で急死し，Aが甲土地を相続した。Aは，経営が悪化する一方の工場の資金繰りに窮し，新たにY銀行から融資を受けることになった。そこで，Yのため，まずは甲土地上に1番抵当権（被担保債権5000万円），そしてその翌年には乙建物に2番抵当権（同500万円）が順次設定された。

　その後，工場の経営はますます行き詰まり，ついにXの申立てにより甲土地と乙建物が競売に付された。執行裁判所は，両不動産の売却で得られた配当原資6000万円につき，甲土地価額分の5000万円をYに，乙建物価額分の1000万円をXに配当する配当表を作成した。これに対し，Xが配当異議の訴えを提起した。すなわち，甲土地には乙建物のための法定地上権が成立するため，甲土地の価額の6割に当たる3000万円は法定地上権の価額に相当するものとして，乙建物分の1000万円とともに建物抵当権者に配当されるから，Xは被担保債権の全額3600万円の配当を受けられる，というのである。

　Xの主張は認められるか。

●】**参考判例**【●

① 最判昭和 44・2・14 民集 23 巻 2 号 357 頁
② 最判平成 2・1・22 民集 44 巻 1 号 314 頁
③ 最判平成 19・7・6 民集 61 巻 5 号 1940 頁

●】**解説**【●

　法定地上権の成立要件の 1 つに「抵当権設定時に土地と建物の所有者が同一であること」がある（388 条）。本問では，X の 1 番抵当権の設定時には土地と建物の帰属が異なっていたが，その後 Y の抵当権設定までの間に同一人に帰属するに至っている。こうした場合，果たして法定地上権は成立するのか。建物抵当権の効力は従たる権利である土地利用権にも及ぶため，もし本問で法定地上権の成立が認められるとすれば，X 主張のとおり，土地の価額のうち法定地上権の価値分は建物抵当権者に配当されることになる。

## 1　設定後に同一人に帰属した場合の法定地上権

　本問を考える前に，X の抵当権のみが登場する場合（甲乙とも A 所有となった後，Y の抵当権設定がなかった場合）のことを確認しておこう。

　抵当権設定当初は土地と建物が別人に帰属していたが，抵当権設定後に同一人に帰属した場合，法定地上権は成立しないとするのが判例である（参考判例①）。抵当権設定時に土地と建物とが別人に帰属していたのなら，甲土地上に A の建物所有のための利用権（通常は賃借権）が設定されているはずで，しかも抵当権設定登記より前に対抗要件（605 条，借地借家 10 条）を具備することもできるからである。また，甲土地が A 所有になったときにも，A の土地利用権は混同によって消滅することはなく（179 条ただし書の類推適用），そのため，乙建物の買受人も，A が有していた利用権を甲土地の所有者に主張することができる。

## 2　近親者による所有

　以上のように，土地と建物とが抵当権設定時に別人に帰属していた場合に法定地上権の成立が認められないのは，対抗可能な約定利用権によって建物存続等の目的を達することができるからといえる。ところが，本問のよう

に，土地と建物の所有者の間に親子・夫婦・兄弟等，密接な人的関係がある場合の利用権は，対第三者効のない使用借権であることが多く，そうなると，競売後には建物所有者は敷地の所有者に対して利用権を主張することができなくなる。そのため，学説では，この場合にも所有者同一の場合に準じて法定地上権を認めるべきとの主張も有力である。しかし，判例・通説は，異なる所有者に属する以上は法定地上権は成立しないとする（最判昭和51・10・8判時834号57頁）。考慮されるべき特別の人的関係は一義的に決められるものではない。円滑・迅速な執行手続を実現させるためにも，そうした客観的に明確ではない要素を法定地上権の成否判断に入れ込むのは妥当とはいえないだろう。

### 3　土地と建物が同一人に帰属した後，2番抵当権が設定された場合

　では，1番抵当権が設定された当時は土地と建物の所有者が異なっていたが，2番抵当権が設定された時点では同一人の所有に帰していたという場合には，法定地上権は成立するか。

#### ⑴　土地抵当権が順次設定された場合

　土地に1番と2番の抵当権が順次設定された場合につき，判例は，法定地上権の成立を否定する（参考判例②）。法定地上権の成立を認めると，1番抵当権者が把握していた，法定地上権の負担がない土地としての担保価値が損なわれる，というのがその理由である。約定利用権よりも法定地上権の価額は概して高額となるため（これは地上権のほうが賃借権よりも価額が高いことに起因する），土地抵当権が把握しうる底地の価額は，法定地上権が成立する場合のほうが約定利用権のある場合に比べて低くなってしまうのである。なお，参考判例③は，2番抵当権の実行時，すでに1番抵当権が消滅していた場合には，法定地上権が成立すると判示したものである。

#### ⑵　建物抵当権が順次設定された場合

　一方，建物に1番と2番の抵当権が順次設定された場合について，判例は，法定地上権の成立を肯定する（大判昭和14・7・26民集18巻772頁，最判昭和53・9・29民集32巻6号1210頁，参考判例②〔傍論〕等）。2番抵当権の設定時には成立要件が具備されており，その把握した担保価値の実現を図ることが要請されること，法定地上権の成立を認めても建物の1番抵当権は害

されないこと等が理由とされる。もっとも，1番抵当権の存在により土地建物が同一人に帰属しても，約定利用権は混同により消滅することはなく，その後設定された建物の2番抵当権も，土地の約定利用権付きの建物を目的とすることになる等として，法定地上権の成立を否定する説も有力である。

### (3) 土地と建物のそれぞれに抵当権が設定された場合

　土地への抵当権設定後に土地と建物が同一人に帰属し，次いで建物に抵当権が設定された場合については，建物抵当権が実行された時にいったん法定地上権の成立が肯定されるが，これは土地抵当権者に対抗できないため，結局，土地抵当権の実行時には法定地上権は否定されることになる。

　では，本問のように，建物への抵当権設定後に，土地と建物が同一人に帰属し，さらに土地と建物とに抵当権が設定された場合はどうか。土地への抵当権設定時には土地と建物が同一人に帰属している以上，土地の抵当権者としては法定地上権の成立を覚悟すべきであったとして，法定地上権を認める解釈もできる。しかし他方で，土地への抵当権が設定された時点では約定利用権を伴った建物の抵当権があったのだから，土地の抵当権者は，法定地上権ではなく約定利用権の負担があるものとして土地を評価してよいとの解釈もありうる。どちらの見解をとるかで，土地と建物それぞれの抵当権がどの範囲の価値を把握しているかの理解が変わってくる（判例はない）。

### 4　本問についての結論

　以上に述べた諸点につきいずれの見解をとるか，あるいは事実がどのように認定されるかによって，本問に対する結論はさまざまに分かれうる。

　Yの抵当権の設定時に成立要件が具備されていることを踏まえ，法定地上権の成立を認める見解に立つならば，X主張のとおり，建物の1番抵当権者Xに被担保債権全額の3600万円，同2番抵当権者Yに残余の400万円が配当され，さらにYには，土地の抵当権者として，土地の価額から法定地上権の価額を除いた額（底地価額）の2000万円が配当される。

　他方，法定地上権の成立を認めない立場をとった場合は，A・B間で約定されていた甲土地の利用関係いかんで結論が変わってくる。これが使用貸借であったならば，利用権の価額はほぼないに等しく，そうなると，執行裁判所の判断のとおり，建物の抵当権者Xへの配当は建物の価額1000万円のみと

なる。他方, AB 間で賃貸借契約が結ばれていたとするならば, 建物の抵当権者には建物価額 1000 万円に加えて約定利用権の価額分も配当される。前述のとおり, 約定利用権は, 法定地上権よりも額は概して低く, これを土地の価額の 5 割で計算するとすれば, 本問では 2500 万円となる。その結果, 1 番抵当権者 X には 3500 万円が, 土地の抵当権者 Y には底地価額分の 2500 万円が配当される。

なお, ごくわずかな対価の支払しかされていない場合では, 賃貸借と使用貸借のいずれであるのかを判断するのが非常に難しい（最判昭和 41・10・27 民集 20 巻 8 号 1649 頁, 最判昭和 53・7・17 金法 874 号 24 頁等）。本問では, X が抵当権の設定を受ける際には, 賃借権の存在が前提とされていたのであろうが, 実際にそれが認められるかは, AB 間で賃貸借と認めるに足る対価の授受があったかが鍵となる。本問の解答をする際には, そのことにも留意しつつ適切な形で場合分けをすることが求められる。

---

**発展問題**

Y 所有の甲土地と Y の夫 A が所有する同地上の乙建物とに, B の 1 番共同抵当権（α）が設定された。翌年, A が死亡し, 乙建物を Y が相続したが, その後に甲土地に C の 2 番抵当権（β）が設定された。次の各場合において, X は, Y に対して乙建物の収去および甲土地の明渡しを請求することができるか。

(1) 上記のような状況のまま, C が β 抵当権を実行し, X が甲土地を買い受けた場合

(2) α 抵当権の設定契約が解除され, 抹消登記がなされた後に, C が β 抵当権を実行し, X が甲土地を買い受けた場合

---

● **参考文献** ●

＊伊藤進・金法 1267 号 (1990) 6 頁／松本恒雄・百選 I 184 頁

（田高寛貴）

　Aは，自己所有の甲土地上に5階建ての乙建物を建て，自身が経営する会社の事務所に使用していた。Aは，会社の経営規模を拡大させるべくB銀行から融資を受けることとし，2019年3月，Bとの間で，甲土地および乙建物につき，極度額を2億円，債権の範囲を銀行取引から生ずる債権とし，債務者をA，根抵当権者をBとする共同根抵当権設定契約を締結した。ところが，乙建物は，2020年4月にこの地を襲った大地震によって倒壊，滅失した。Aは，これを機に別の場所に移して会社の新社屋を建てることにして，甲土地上には，2021年1月，比較的簡易な造りの丙建物を建築し，これをCに賃貸した。

　ところが，ほどなくAの会社の経営は危機的状況に陥り，Aは弁済期日にBに対して債務を弁済することができなかった。そこでBは，甲土地につき，上記根抵当権に基づいて裁判所に不動産競売を申し立て，裁判所は2021年12月に不動産競売開始決定をした（なお，BのAに対する被担保債権額は1億4000万円であった）。2022年4月，Yは，甲土地につき売却許可決定を受けて，代金9800万円を納付し，甲土地の所有者となった。そこでYは，甲土地の所有権に基づく返還請求として，Aに対して丙建物収去・甲土地明渡請求を，Cに対して丙建物退去・甲土地明渡請求をした。

　Yの訴えは認められるか。

●】参考判例【●

① 最判平成9・2・14民集51巻2号375頁
② 最判平成9・6・5民集51巻5号2116頁

　法定地上権の成立要件の1つに「抵当権設定時に建物が存在していること」がある（388条）。これに関しては，抵当権設定時に存在していた建物が滅失し，競売までの間に再築された場合に，再築建物のための法定地上権は成立するのかが問題となる。後述するように，最高裁は，土地と旧建物とに共同抵当権が設定されていた場合については，土地のみに抵当権が設定されていた場合とは異なり，法定地上権の成立を否定する判断を示したが，学説上はなお議論が錯綜している。本問を解答するに当たっては，こうした議論の状況を踏まえつつ，同判決の内容や射程を明らかにする必要がある。

## 1　土地のみに抵当権が設定されていた場合

　たとえば，土地とその上の建物を所有するAが，Bから融資を受ける際に土地のみに抵当権を設定したが，その後に建物を取り壊して建物を再築した場合，Aは新建物のための法定地上権の成立を主張できるか。

　通説・判例は，この場合，旧建物を基準とした内容の法定地上権の成立を認める。抵当権者としては，抵当権設定を受け融資をしたときに，法定地上権の成立を予定していたはずであるから，法定地上権を成立させたとしても抵当権者が不当に害されることにはならない，というのが理由である（大判昭和10・8・10民集14巻1549頁）。つまり，この場合に土地に設定された抵当権が担保価値として把握していたのは，底地価格（土地の価格から法定地上権価格を除いた部分）のみということになる。

## 2　土地と建物の双方に抵当権が設定されていた場合

　では，本問のように，土地とその上の建物の双方に共同抵当が設定され，その後に建物の滅失と再築があった場合はどうか。1に掲げた判例からすれば，この場合も旧建物を基準とした法定地上権の成立が認められそうでもある。すなわち，建物に対する抵当権は建物と土地利用権の価格を，土地に対する抵当権は底地価格をそれぞれ把握していたと考えれば，建物滅失後に抵当権者が把握しているのは土地抵当権の対象である底地部分だけと解される（個別価値考慮説）。

　しかし，参考判例①は，土地と建物に共同抵当が設定されていた場合につ

いては，再築建物のための法定地上権は成立しないとした。すなわち，土地と建物に共同抵当の設定を受けた者は，建物抵当権によって建物および土地のうち法定地上権部分の価値を，また土地抵当権によって底地部分の価値をそれぞれ把握することによって，土地と建物の価値全体を把握していたのであるから，建物の滅失に伴い建物抵当権は消失したとしても，残っている土地抵当権によって，土地の価値全体をそのまま把握できるとみることができ，その結果，法定地上権は成立しない，としたのである（全体価値考慮説）。

### 3　全体価値考慮説登場の背景とその妥当範囲

　問題は，この判決の射程をどのように考えるかである。全体価値考慮説が構想され，また最高裁がそれを採用した背景には，抵当権の執行妨害に抗するという要請があった。たとえば，土地と建物に1番抵当権を設定して融資を受けた者が，新建物に再度1番抵当権を設定すると抵当権者に約束して旧建物を取り壊したにもかかわらず，新建物には別の債権者のための1番抵当権を設定するようなケースが多発した。さらに悪質なのは，抵当権実行が間近に迫ったときに，建物を取り壊して建物抵当権を消したうえで，その後に簡易な建物を建て，法定地上権が成立する旨主張したりするのである。従来の判例理論と連続性をもつ個別価値考慮説では，法定地上権の成立が認められる結果，底地部分の価値把握しかできなくなるため，抵当権者は，共同抵当で担保されていた貸付金の回収ができなくなってしまう。こうした事態に対処するという実践的な役割を全体価値考慮説は担っていたのである。

　こうしたことを踏まえ，学説には，執行妨害に抗する必要に迫られているような場合にのみ，全体価値考慮説が妥当すると解するものもみられる。たとえば，住宅ローンのため住宅と敷地とに共同抵当が設定されたが，ローンの返済が進んでいない段階で火災や震災により住宅が失われた場合，全体価値考慮説によると，建物再築のための新たな融資が受けられなくなってしまう。従来融資をしていた銀行は，新規に何らかの担保が提供されない限り新たなローンの申込みを受けないであろうし，かといって，法定地上権の成立しない再築建物では担保価値が僅少であるから，これに抵当権を設定することで融資に応じてくれる別の金融機関があらわれるとも考えがたい。

　下級審裁判例には，こうした場合にも全体価値考慮説が妥当するとしたも

のがあるが（神戸地判平成15・8・7LEX/DB28082845），大地震で建物が滅失
したという本問を解答するに当たっては，全体価値考慮説の射程を限定的に
捉える議論についても検討しておく必要があろう。

### 4　全体価値考慮説の共同抵当事案以外への適用の可能性

参考判例①ないし全体価値考慮説の妥当範囲については，上述のようにこ
れを限定的に解する見方がある一方，これを拡大させる動向もみられる。た
とえば，建物改築資金の融資に当たり，金融機関が取壊し予定の現建物には
抵当権の設定を受けず，再築後の建物への抵当権設定を条件として，敷地の
みに抵当権の設定を受けた場合につき，全体価値考慮説に依拠して，法定地
上権の成立を否定した裁判例がある（東京地判平成15・6・25金法1690号111
頁）。参考判例①が述べるように，法定地上権の制度趣旨を「抵当権設定当
事者の合理的意思」に基礎を置いて理解するならば，共同抵当ではなく土地
のみに抵当権が設定されていた場合であっても，法定地上権を成立させない
ことが前提とされていたのか，当事者間における合理的意思の内容を慎重に
認定したうえで，その成否を決する必要がある。

もっとも，執行手続においては，迅速かつ画一的な処理が要請される。そ
のため，法定地上権の成否の基準となる「合理的意思」の内容は外形上明白
な事実によって決せられると解すべきことにも，留意が必要である。

### 5　「例外」として法定地上権が成立する場合とは

参考判例①は，「新建物の所有者が土地の所有者と同一であり，かつ，新
建物が建築された時点での土地の抵当権者が新建物について土地の抵当権と
同順位の共同抵当権の設定を受けたとき等特段の事情」がある場合には，再
築建物のための法定地上権が成立する余地を認めている。では，ここで例示
されたもの以外に，例外的に法定地上権が認められるのはどのような場合
か。土地所有者以外の第三者が建てた建物に土地抵当権者が同順位の共同抵
当権の設定を受けた場合はどうなるのか等，さまざまな場面を想定しつつ，
さらに検討を進めてもらいたい（この点に関連して，参考判例②参照）。

**関連問題**

(1) 本問において，Aが2021年6月に丙建物にBのための1番抵当権を設定しており，また，同年5月を法定納期限とする国税6000万円を滞納していたとする。そして，甲丙両不動産が競売されてYがこれを買い受け，1億2000万円が配当されることになった場合に，Bと国Gは，ここからどれだけの配当を受けられるか（なお，1億2000万円のうち土地価額分は1億円，建物価額分は2000万円であり，法定地上権が成立した場合の法定地上権の価額は土地の価額の6割であるとする）。

(2) 2019年6月，Aは，自己所有の甲土地上にある乙建物を取り壊し，ここに丙建物を建築することとし，そのための建築資金の融資をXより受けた。その際，Aは，Xのために甲土地に抵当権を設定したほか，完成後に丙建物にも抵当権を設定する旨もXとの間で約した。同年10月に丙建物は完成したが，Aは，Xからの丙建物への抵当権設定の要請に応じないばかりか，丙建物を建築した建築業者Yに対する工事代金の支払もしないままであった。Yは，Aの工事代金未払を理由に丙建物の引渡しを拒み，占有を続けている。2021年3月，Xは，抵当権に基づき甲土地の競売を申し立て，同年11月，自らこれを買い受けて所有権を取得した。そこで，Xは，丙建物を占有するYに対して，丙建物の収去と甲土地の明渡しを求めて訴えを提起した。Xの請求は認められるか。

**参考文献**

＊小林明彦ほか・金法1493号（1997）24頁／佐藤岩昭・法教239号（2000）24頁／道垣内弘人・百選Ⅰ186頁／田髙寛貴・法教418号（2015）69頁

（田髙寛貴）

# 52 抵当権と利用権の関係

　Aは，自身の所有する共同住宅（以下，これを「本件建物」という）を賃貸して，いくらかの収入を得てきた。2024年10月7日，Aは，B銀行から融資を受けるに際し，その担保として本件建物にBのための抵当権を設定し，同日，その旨の登記をした。

　2029年の冬頃からAのBへの返済が滞りがちになり，2030年11月からは返済がされなくなった。そのためBは，2031年3月15日，本件建物について抵当権の実行による担保不動産競売を申し立てた。同月29日に，担保不動産競売開始決定がされ，同月31日に差押登記がされた。同年12月3日，Xを買受人とする本件建物の売却許可決定が確定し，翌2032年1月13日にXからの代金納付がされたことにより，Xが本件建物の所有権を取得した。

　Xは，本件建物に居住する者たちに対して，ただちに部屋の明渡しを求めたい。2032年1月14日現在，本件建物の居住者Y₁～Y₄が次の(1)～(4)の状況にあるとき，Xの請求は認められるか。

　　(1)　Y₁は，2024年9月1日から本件建物の1号室を賃借している。
　　(2)　Y₂は，2026年4月1日から本件建物の2号室を賃借している。
　　(3)　Y₃は，2031年4月1日から本件建物の3号室を賃貸している。
　　(4)　Y₄は，2026年9月1日から本件建物の4号室を賃借している友人Cから，2027年4月1日以降Aに無断でこの部屋を転借し，1人で使用している。

　なお，民事執行法83条の定める引渡命令にはふれなくてよい。

●】 参考判例 【●

①　東京高決平成20・4・25判時2032号50頁

## ●】解説【●

### 1　前提の確認：抵当不動産の利用

抵当権は非占有担保である。抵当権が設定された後も，抵当権者は目的物を占有することができず，抵当不動産の使用収益権は設定者（所有者）に残される（369条1項を参照）。このように設定者が抵当権設定前と変わらずに抵当不動産を利用できることは，設定者にとって有益であるのはもちろんだが，抵当権者にも利点がある。なぜなら，抵当権者にとっては，抵当権の実行により債権回収ができるならば目的物の占有は不要であるし，特に設定者自身が債務者である場合には，設定者が抵当不動産を用いた経済活動を継続できることで債権回収の可能性も高まるからである。

他方で，抵当不動産の使用収益は，抵当権との関係においていくつかの調整を必要とする。たとえば，抵当不動産の利用が抵当権の実行を妨げるものである場合には，その妨害を除去する手段が抵当権者に与えられる［このような場面については→本巻49を参照］。したがって，完全に自由な利用が設定者に許されるわけではない。

逆に，抵当権の存在が抵当不動産の使用収益を事実上制約することもある。抵当権設定後に設定者が抵当不動産を賃貸しようとする場面を考えよう。抵当権設定登記に後れる賃貸借は，抵当権に対抗することができない。そのような賃借権は，抵当権が実行され買受人が現れると消滅する（民執59条2項）。これは，賃借人がいつ買受人から賃借物の明渡しを求められるかわからないことを意味する。このように賃借人が不安定な地位に置かれることは，結局，抵当権設定登記後に賃貸借契約を締結すること自体への障害となる。そこで，設定者の使用収益権が過度に制約されないよう，抵当不動産の利用権を保護する必要が生じる。とはいえ，抵当権設定登記後に生じた利用権について，抵当権に対する完全な対抗力を与えるわけにはいかない。もしそのような制度を採用すれば，買受人は利用権を引き受けなければならなくなるため，抵当不動産の価値が下落することになる。それは，抵当権者にとって予期せぬ不利益となってしまう。

以上のように，一方で利用権を保護しつつ他方で抵当権者を害さないよ

う，抵当権と利用権の調整が求められることになる。

## 2　短期賃貸借の保護から明渡猶予へ

### (1)　2003 年改正前

利用権保護の方法については制度の変遷がある。2003 年に担保執行法の改正がされるまでは，契約期間が比較的短期でかつ対抗要件を具えた賃貸借に限って保護を与える，短期賃貸借と呼ばれる制度が採用されていた（建物賃貸借の場合の期間は 3 年以下）。抵当権に後れる賃貸借に短期間の対抗力を認めることで，2 つの権利のバランスをとろうとしたのである。しかし，現実には，この制度は抵当権の実行を妨害するために濫用され，抵当権者に著しい不利益をもたらした。

### (2)　2003 年改正後

執行妨害を回避するため，短期賃貸借を保護する制度は廃止され，抵当権設定登記後の賃貸借は，原則どおり抵当権者に対抗できないことになった。しかし，突然に明渡しを命じられる賃借人の不利益は最小限に抑える必要がある。そこで現在は，賃借物が建物の場合に限り，所定の要件を満たした者には，競売による買受時から 6 か月間，賃借物の明渡しを猶予することとし（395 条 1 項），建物賃借人の被る不利益を最小限にとどめようとしている。その要件は以下のとおりである。

占有者に明渡猶予が認められるには，ⓐ抵当権設定登記後に抵当建物を賃借し，ⓑ現実に使用収益している必要がある。現に使用収益をしていない者を保護する必要はないからである。また，ⓒ競売手続の開始前から使用または収益をしている必要がある。競売手続開始後の賃貸借まで保護すると，濫用的に用いられるおそれがないとはいえないからである（ただし，競売手続開始後の賃貸借であっても，担保不動産収益執行の管理人との間で締結された賃貸借には濫用のおそれはなく，明渡猶予が認められる）。なお，賃借権が滞納処分による差押後に設定された場合でも，明渡猶予は認められる（最判平成 30・4・17 民集 72 巻 2 号 59 頁。滞納処分手続と競売手続を同視することはできないことがその理由）。

### (3)　本問への当てはめ

以上の制度を前提に本問の Y₁〜Y₃ に対する X の明渡請求の可否を確認す

ると，次のとおりとなろう。

　$Y_1$ は，Bの抵当権設定登記がされた2024年10月7日以前の同年9月1日から，本件建物の1室を賃借している。抵当権設定登記前に賃貸借契約が締結されている場合は，そもそも明渡猶予の問題にはならない。Xからの本件建物の所有権に基づく明渡請求に対する $Y_1$ の抗弁として考えられるのは，占有正権原としての賃貸借契約の存在である。すなわち，$Y_1$ の賃貸借が対抗力を有していれば，それを買受人Xに対しても対抗することができる。本問で $Y_1$ の賃貸借が登記されているかは不明だが（不動産賃貸借が登記により対抗力を付与されることについて民法605条），借地借家法31条により，建物の引渡しを受けていることで，その後に生じた物権に対して対抗力を与えられる。

　$Y_2$ は，2026年4月1日から賃借を始めている。これはBの抵当権設定登記に後れるため，短期賃貸借保護の制度を排した現行法下では対抗力を得ることはできない。したがって，賃貸借の存在をXからの明渡請求に対する抗弁とすることはできない。しかし $Y_2$ は，競売手続が開始された2031年3月31日よりも前から使用を開始し，現在も使用し続けているため，民法395条1項によって買受時から6か月を経過するまでは明渡しの猶予が認められる。Xの買受けが2031年1月13日であるため，同年7月13日が明渡しの期限となる。なお，本問では問われていないが，抵当建物使用者は，明渡猶予期間中は使用料を買受人に支払う必要がある。支払われない場合，買受人は，相当の期間を定めて1か月分以上の支払の催告をし，その期間内に履行がなければ，建物使用者は明渡猶予の権利を失い（395条2項），ただちに明渡しをしなくてはならなくなる。

　$Y_3$ が賃借を始めたのは2031年4月1日である。これは競売手続の開始後であるため，たとえ本件建物の1室を現に使用していても，明渡猶予は認められない。

### 3　転借人の扱い

#### (1)　議論の概観

　以上にみた $Y_2$ および $Y_3$ に対する明渡猶予の認否は，民法395条1項の文言どおりである。それに対して，転借人である $Y_4$ について明渡猶予が認

められるかは，条文の文言からただちには明らかとならない。現在のところ，この点についての最高裁判例はなく，また民法の教科書類で一般的に取り上げられる問題でもないが，明渡猶予制度の意義を考えるうえで1つの素材にはなるだろう。転貸借（賃貸借・使用貸借を含む）への同項の適用の可否については，これまで，以下のような考え方が示されている。

　まず，民法395条1項の「賃貸借」という文言の文理解釈として，そこに転貸借も含まれるとの考えがある。これによれば，明渡猶予が認められるかどうかは，転貸借について要件の充足を判断すればよいこととなる（転貸借基準説。したがって，たとえば転貸借が使用貸借である場合には，明渡猶予は認められない）。

　しかし，原賃貸借と転貸借とを単純に同視することができるかについては疑問も残る。多数説は，転貸借が原賃貸借の上に成立していることを根拠に，原賃借権が明渡猶予を認められる範囲内において転貸借の保護の可否を考える（原賃貸借基準説）。そのうえで，さらに，転貸借がどの範囲で保護されるのかが次の問題となる。この点について1つの判断を示したものとして，参考判例①とその原決定（東京地決平成20・2・28金判1299号55頁）がある。その内容は以下のとおりである。

　⑵　**参考判例①**

　まず，参考判例①も原決定も，明渡猶予制度の趣旨については同一の内容を述べている。すなわち，その制度趣旨は，「短期賃貸借制度を廃止する一方，競売による建物の売却によって突然生活・営業の本拠から退去を求められることにより被る不利益を避けるため，抵当権者に対抗することができない賃貸借に基づき抵当建物を占有する者に対し，一律に一定期間の明渡しの猶予を認めるもの」だとされる。

　原決定は，これに続いて，「このような趣旨に照らすと，賃借人が抵当建物を転貸した場合であっても，賃貸人との関係で債務不履行になるかどうかは別として，この制度による保護を与える必要があることに変わりはない」として，現に抵当建物から収益を行う賃借人の保護を認める。そこからただちに，「買受人が賃借人に対し即時に抵当建物の明渡しを求める利益は制限されるのであるから，賃借権を基礎とする転賃借権，あるいは転使用借権に基

づき占有している者も，買受人に対し，原賃借人と同様の主張をすることができると解するのが相当である」とする。これは，賃貸借が明渡猶予を認められる限りはその上に成立した転貸借にも保護を与える立場ということができる。

　これに対して参考判例①は，前記の制度趣旨に続けて，保護されるべき転借人とそうでない転借人とを区別する。すなわち，一方で，「建物の売却以前に前所有者（抵当権設定者）が建物の明渡しを求めることができない地位にあった転借人は，競売による売却によって突然退去を求められることになるため前所有者からの賃借人と同様に同条項〔筆者注：民法395条1項〕の保護の対象とする必要があり，賃借人の賃借権を基礎とする占有者として同項の保護を受けることができるというべきである」とし，他方で，「前所有者が明渡しを求めることができた転借人については，常に明渡請求を覚悟しておかなければならない立場にあったのであるから，上記の〔筆者注：明渡猶予制度の〕趣旨に照らして同条項の保護の対象とはならないというべきである」とする（なお，参考判例①は，「前所有者が明渡しを求めることができた転借人についてまで同条項の保護の対象とすることは，同条項の改正以前にも保護されていなかった者に新たに明渡猶予の利益を与えることになり，抵当物件の価値を低下させることになるので，同条項の改正の趣旨にも沿わない」とも述べるが，民法395条改正前の制度下において無断転貸借を保護しないとの明示的なルールがあったわけではなく，この点は留保が必要であろう）。

　では，転借人が明渡請求に応じるべき地位にあったか否かはどのように判断されるか。賃貸人から転借人に対する明渡請求は，所有権に基づく。これに対して転借人が明渡しを拒絶するには，自身の占有が適法なものであることを主張しなければならない。そのためには，ⓐ転貸借契約についての賃貸人の承諾か（612条1項），ⓑ転貸借が賃貸人に対する背信的行為と認めるに足りない特段の事情（最判昭和44・2・18民集23巻2号379頁）が必要となる。なお，原賃貸借契約の解除は転借人に対する明渡請求の要件ではない（最判昭和26・5・31民集5巻6号359頁）。

⑶　本問への当てはめ

　本問において，原賃借人Ｃは抵当権設定登記よりも後の2026年9月1日から本件建物の1室を賃借して使用ないし収益しており，明渡猶予の対象と

なりうる状況にあった。転借人の態様を考慮しない原決定に従うならば，Y₄にも明渡猶予が認められることになる。他方，参考判例①に従うならば，転借人の態様を加味する必要がある。CとY₄の間の転貸借は，抵当権設定者Aに無断で行われたものであり，承諾はない。転貸借の背信性については確定的な判断をすることが難しいが，少なくとも問題文から読み取れる事情——転貸借の継続性，転貸部分の範囲，CとY₄の人的関係性等——からは，背信性を排除する特段の事情が存在しているとまではいいにくいと思われる。したがって，仮にAからの明渡請求があった場合にY₄はこれを拒むことができる地位にあったとはいえない。そうであるならば，明渡猶予による保護を与える必要もないと考えられよう。

### 4　抵当権設定後の賃貸借への対抗力付与

　以上に述べたように，明渡猶予制度は抵当権設定後の賃貸借に対抗力を与えるものではなく，猶予期間経過後は賃借人は退去を拒むことができない。しかし，抵当権者の利益の観点からみたとき，優良な賃借人の存在が抵当不動産の価値を上昇させる場合もある。このような場合，逆に，賃貸借に対抗力を付与して優良な賃借人に賃借権の存続を保障できる制度があることが望ましい。そこで，2003年の改正では，抵当権者の同意による，抵当権設定登記後の賃借権への対抗力の付与が可能とされている（387条）。

> **関連問題**
>
> 　本問において，B銀行以外にB₂も本件建物上に抵当権を有しているとする。また，B₃は，B₂の抵当権上に抵当権（転抵当）を有している。Bが本件建物の賃借人らに抵当権への対抗力を付与したいと考えたとき，法律上Bがとるべき手順を答えなさい。

### ●】参考文献【●

＊片山直也・金法1876号（2009）29頁／三上威彦・民事執行・保全判例百選〔第2版〕（2012）82頁

（村田大樹）

# 53 抵当権の消滅

　A社は，現在，とある駅裏の再開発事業を計画している。すでに計画予定地域のほとんどの所有者がAへの土地の売却に賛成の意向を示していた。ところが，B社が資材置場として所有している甲土地に問題があった。Aの再開発担当チームの者がBの代表取締役と懇談した際に受けた説明によると，次のような状況であった。

　BはC銀行から2億円の融資を受けて甲に第1順位の抵当権を設定し，次いで，D社に対する借入金返還債務を担保するため極度額5000万円の第2順位の根抵当権を設定した。BのDに対する現在の債務残高は3000万円である。Bは業務不振が続いていて，債務不履行にならないようにCやDに月々の利息は支払っているが，元本を完済する余裕はない。甲や甲の近くにある社屋を売却して郊外に移転し，資材置場もその近くで借りるという案は検討している。しかし，Aから提示された甲の時価（1億8000万円前後）での売却代金では，CやDに対する債務を完済できない。Cからは，売却代金により2億円近くの債務を弁済すれば抵当権設定登記抹消に同意を得ることが可能かもしれないが，Dに対する債務はほとんど弁済できないから，Dは，根抵当権設定登記の抹消には同意をしてくれないだろう。

　Aの再開発担当チームで議論したところ，Bの債務をAが代わりに弁済する案，甲を譲渡担保として取得してCやDの抵当権消滅請求をする案，甲の何分の一かの持分権を取得して抵当権消滅請求をする案などが出た。法的なアドバイスをAから求められたとき，どう答えればよいか。

## ●】参考判例【●

① 最判昭和 39・2・4 民集 18 巻 2 号 233 頁
② 最判平成 7・11・10 民集 49 巻 9 号 2953 頁
③ 最判平成 9・6・5 民集 51 巻 5 号 2096 頁

## ●】解説【●

### 1 抵当不動産の買主の地位

抵当不動産の買主は，自由に目的物の使用・収益ができるが，抵当権の実行による競売において買受人が代金を納付した時に所有権を失う（民執 79条。競売が開始されてもその時までは原則として通常の用法に従った使用・収益ができる。同法 46 条 2 項）。もちろん，買主は，譲渡契約上の定めや担保責任の規定（570 条・旧 567 条）によって，売主の責任を追及することができる。しかし，被担保債務の弁済ができなかった売主には，費用の償還や損害賠償をする資力が残っていないことが多い。このように抵当不動産の買主の地位は不安定である。

### 2 第三者弁済等による抵当権の消滅

#### (1) 被担保債権の弁済消滅による抵当権の消滅：付従性とその例外

抵当権は，被担保債権の回収を確実にするための権利であるから，被担保債権が弁済されると，担保権の付従性により，当然に消滅する。

もっとも，この付従性は，根抵当権の場合には緩和されている。すなわち，根抵当権は，元本確定の時に存在している一定範囲の被担保債権を極度額の範囲で担保するものであるから（398 条の 2 第 1 項），元本確定前に被担保債権が全部消滅しても消滅しない。また，元本確定前に被担保債権について債権譲渡や債務引受があっても，根抵当権は債権や債務には随伴しない。第三者が被担保債務を弁済しても，代位による移転は生じない。いずれの場合も根抵当権は，元の債権者・債務者間においてその後に発生する被担保債権を担保する（398 条の 7 第 1 項）。

#### (2) 第三者弁済の要件と効果

弁済をするについて「正当な利益」（2017 年改正前は，「利害関係」）を有す

る第三者は，債権者や債務者が反対しても，弁済または弁済供託をして，債務を消滅させることができる（474条1項～3項）。正当な利益を有する者とは，弁済をすることについて法律上の利害関係を有する者をいう（最判昭和39・4・21民集18巻4号565頁）。抵当目的物の第三取得者は，被担保債権の弁済により抵当権の実行を回避して取得した所有権を確保することができるから，弁済につき法律上の利害関係を有する（大判大正9・6・2民録26輯839頁）。開発予定地域の買収予定者であるというだけでは法律上の利害関係が認められるとは限らない。B・C・Dなどが反対しても有効に第三者弁済をするためには，Aは第三取得者になっておく必要があろう。

正当な利益を有する者が第三者弁済をすると，債権者に当然に代位する（499条，旧500条）。すなわち，弁済により消滅したはずの原債権や担保権は，債務者に対する弁済者の求償権を確保するために，消滅せずに弁済者に移転し，弁済者は，求償権と原債権の範囲内で原債権のための担保（抵当権や保証債権）をも行使することができる。これによって，第三者弁済のために出捐した金銭は，原担保権の範囲で回収できる可能性が高まる。

もっとも，上記(1)の後半でふれたように，元本確定前の根抵当権は，被担保債権が弁済されても，弁済者には移転しない。Aが求償権の回収をDの根抵当権によって確実にするためには，第三者弁済をする前に，BまたはDに元本確定請求（398条の19）をさせるか，Dに根抵当権の全部または一部の譲渡（398条の12・398条の13）を約束させておかなければならない。

### (3) 被担保債務の引受けや競売での買受け

被担保債務が弁済期前であれば，抵当不動産の買主が債務を引き受けて自ら弁済をすることも考えられる。

また，抵当権が実行された場合に競売手続で買主自身が買受人となれば（第三取得者も買受人になれる。390条），競売手続において抵当権は消除され（民執59条1項），買主は負担のない所有権を確保できる。もっとも，競売手続においては競争者が現れるため，買主が買受人となれるとは限らない。

### (4) 抵当権の不可分性

抵当権は，原則として，被担保債権全額の弁済を受けるまで消滅しない（不可分性。296条・372条）。それゆえ，抵当目的物の価値が被担保債権の額

を下回るいわゆる担保割れ不動産の場合にも，第三者弁済や債務引受後の弁済により抵当権を消滅させるためには，第三取得者は，被担保債務の全額を弁済しなければならない。債務者が無資力状態である場合には，弁済をした第三取得者は，求償や代位によっても，弁済額と抵当目的物の価値との差額の回収を期待できない。それゆえ，第三者弁済や債務引受の方法では甲を2億3000万円で買うに近い結果となり，経済合理性に乏しい。

　抵当権者の同意があれば，第三取得者は，被担保債権額の一部だけの弁済で抵当権の解除を得ることも可能である。しかし，抵当権者は，時間がかかっても抵当権を実行して約定の高利率の遅延損害金を優先的に回収するか（2年の制限はある。375条），申し出られた第三者弁済額で我慢して債権を早期に回収するか，いずれが有利かを考慮して諾否を決めるため，同意が得られるとは限らない。さらに，Dのように競売では配当を受ける見込みの乏しい後順位担保権者が，ときに，抵当権設定登記の抹消に応じる代価として高額の承諾料などを求めてくることもあり，被担保債務全額の弁済とあまり変わらない費用がかかることも少なくない。

### 3　代価弁済による抵当権の消滅

　抵当不動産を買い受けた第三取得者が抵当権者の請求に応じてその抵当権者にその代価を弁済すれば，抵当権は，その第三者のために消滅する（378条の代価弁済）。しかし，この制度は，抵当権者が請求しなければ適用されない。本問では，AがBに2億3000万円以上の代価を支払う売買契約でないと，CとDが揃って代価弁済の請求をするとは考えられない。

### 4　抵当権消滅請求による抵当権の消滅

#### (1)　抵当権消滅請求の概要

　抵当権消滅請求とは，抵当目的物の第三取得者が，代価または特に指定した金額を抵当権者に支払うか供託して，一方的に抵当権を消滅させる制度である（379条以下）。提示された金額に不満をもつ抵当権者が，不承諾を表明する方法は，抵当権の実行としての競売申立てに限られている。しかも，競売の申立ては，所定の内容の抵当権消滅請求の書面（383条）の送付を受けてから2か月以内にしなければならない。2か月以内に申立てをしないか，申立てをしても申立ての取下げ・却下や競売手続の取消決定（買受人が登場

しない場合を除く）があれば，承諾したものと擬制される（384条）。登記した抵当権者全員が提供された金額を承諾し，第三取得者がその金額を支払うか供託すると，抵当権は消滅する（386条）。なお，根抵当権には元本確定後に独自の消滅請求制度があるが（398条の22），元本確定前には一般的な抵当権消滅請求が可能である。

　抵当権消滅請求制度は，2003年の民法改正により，改正前の滌除(てきじょ)制度の問題点を改善し，とりわけ担保割れ不動産の流通を促進するという性格を純化させたものである。改正の内容と制度の詳細は，教科書や沖野・後掲に譲り，以下では，本問に関連して問題になりそうな点だけを取り上げる。

(2)　**抵当権消滅請求をすることができる者**

　全額の弁済義務を負っている債務者・保証人およびこれらの者の承継人は第三取得者となっても，消滅請求ができない（380条）。判例は，仮登記を備えた者はもちろん，未登記の権利取得者も滌除ができるとする（参考判例①）。これに対して，通説は，第三取得者の本登記を必要とするが，疑問である。民法577条は，抵当権消滅請求の手続が終わるまで買主は代金の支払を拒めるとする。この規定との関係で，登記必要説では，代金未受領の間に売主が移転登記を先履行する旨売買契約中で特約しなければならず，無理を強いることになる。たとえば，前掲・最判昭和39・4・21は，借地人が抵当権の負担のついた自己所有建物について買取請求権を行使して売買契約が成立した事例であり特約をする余地はなく，抵当権消滅請求の効用発揮が期待される場合に，買主に登記がないことで制度が利用できなくなるのは妥当ではなかろう（安部・後掲）。

　次に，清算手続完了前の譲渡担保権者は，所有権移転構成では第三取得者に該当するとも思われるが，まだ確定的に目的不動産の所有権を取得しておらず，滌除をすることはできない（参考判例②）。抵当権消滅請求についても同じ判断が妥当するだろう。

　また，持分権を譲り受けた者からの滌除請求は，不動産全体の交換価値を一体として把握している抵当権者を害するから，抵当権者と第三取得者の利害の調和を図ろうとする滌除制度の趣旨に反し許されない（参考判例③）。抵当権消滅請求でも同じ考え方が当てはまるから，Ａが抵当権消滅請求を行

おうとするのであれば，Bから甲の所有権全部を買い受ける必要がある。

**■関連問題■**

　2020年4月1日，AはBから1年後に5パーセントの利息を付けて弁済するとの約定で3000万円を借り入れ，この返還債務を担保するため，Cが自らが所有し占有している甲土地に抵当権を設定し，同日，抵当権設定登記がされた。弁済期に債務が弁済されず，抵当権の実行の申立てもされないまま，長時間が経過した。

　(1)　Cは，何時の時点で，時効に関するいかなる規定を根拠として，抵当権の消滅を主張して抵当権設定登記の抹消登記をBに求めることができるか。

　(2)　Cが，2020年8月1日に甲をDに譲渡して，Dが移転登記を備えた場合，Dについて(1)の問いの答えは変わるか。

　(3)　(2)に加えて，さらに，次の事実が生じた場合には，(2)の答えは変わるか。Aが2021年6月1日に破産手続開始の決定を受け，同時に，破産手続廃止の決定を受けた。さらにAは，同年9月1日に免責許可の決定を受け，この決定は同年10月1日に確定した。

**●】参考文献【●**

＊沖野眞已・争点159頁／安部正三・最判解民昭和39年度58頁〔参考判例①判解〕以上，本問。関連問題については，最判平成30・2・23民集72巻1号1頁，および，この判決の評釈として，小山泰史・リマークス58号（2019）6頁，占部洋之・金法2109号（2019）34頁

（松岡久和）

# 54 共同抵当

　2024年4月1日，A会社はB銀行から弁済期を2026年3月31日として1億円の貸付を受けた（利息等は省略する）。この貸金債務を担保するため，同日，A会社の代表者Yが，自らの所有する甲不動産（評価額3000万円）および同じくY所有の乙不動産（評価額1億2000万円）に，Bのために第1順位の共同抵当権を設定して，その頃その旨の登記を経た。2024年10月1日，AはXから弁済期を2026年9月30日として2000万円の貸付を受け，この貸金債務を担保するため，Yは甲不動産にXのために第2順位の抵当権を設定して，その頃その旨の登記を経た。

　その後，Aの経営は悪化し，BもXもAから貸金の返済を受けていない。

　(1)　2027年2月1日，Bは甲の担保不動産競売を申し立て，同年10月1日に甲の売却代金3000万円を配当として受領した（Xへの配当額は0であった）。同年10月1日現在，Xは乙不動産の競売を申し立てることができるか。仮にできる場合，Xは配当手続においていくらを受領できるか。

　(2)　2026年12月1日，Bは，Yから7000万円の代位弁済を受けて乙上の抵当権を放棄した。2027年2月1日，Bは甲の担保不動産競売を申し立て，同年10月1日に甲の売却代金3000万円を配当として受領した（Xへの配当額は0であった）。同年10月1日現在，Xは，乙不動産の競売を申し立てることができるか。仮にできない場合，XはBに対して何らかの請求をすることができるか。

## ●】参考判例【●

① 最判平成4・11・6民集46巻8号2625頁
② 最判昭和53・7・4民集32巻5号785頁
③ 最判昭和44・7・3民集23巻8号1297頁

## ●】解説【●

### 1 共同抵当における異時配当と後順位抵当権者の代位（小問(1)）

#### (1) 問題の所在

Xは元来甲不動産上の抵当権者であるので，抵当権の実行として乙不動産の競売を申し立てるためには，Xが乙上の抵当権を取得しているか，乙上の他人の抵当権を行使できる地位にあることが必要である（厳密には，登記面上抵当権を取得していれば執行裁判所は競売開始決定をし〔民執181条1項3号〕，抵当権の実体的存否は開始決定に対する債務者の執行異議〔同法11条〕で争われる〔同法182条〕）。ここでは，民法392条2項後段に基づきXがBに代位してBの乙上の抵当権を取得するかが問題となる（抵当権を代位取得する場合，代位の付記登記〔393条〕を記載した登記事項証明書を提出することで担保不動産競売を申し立てることができる）。

共同抵当不動産が同時に競売される「同時配当」の場合，共同抵当権者は，被担保債権額を各不動産の価額に応じて按分した額について，各不動産の売却代金から配当を受ける（392条1項）。本問では，Bの1億円の被担保債権は甲：乙=3000万：1億2000万（1：4）で甲・乙に割り付けられるので，2000万円が甲に，8000万円が乙に割り付けられることになる。しかし，共同抵当権者は同時配当を強制されるわけではない（同条2項前段）。異時配当の場合，共同抵当権者は第1の担保不動産競売において被担保債権全額に満つるまで順位に従って配当を受けることができる。本問では，Bは甲の担保不動産競売のみを申し立てて，甲の売却代金3000万円全額を配当として受領することができることになる。もっとも，これは同時配当の場合と比べて後順位抵当権者の配当額を減らすことになるので，第2の担保不動産競売において，先順位抵当権者が同時配当の場合に受けるはずの配当額の限度

で，後順位抵当権者の代位が認められている（同項後段）。本問では，Bは甲の売却代金を配当として受領した後の被担保債権残額7000万円について，乙の売却代金から配当を受けることができるが，同時配当であればBは乙の売却代金から8000万円を配当として受領するはずだったので，Xは差額1000万円の限度でBに代位して乙上の抵当権を行使することができることになる。このように，民法392条は共同抵当権者に同時配当・異時配当の選択を許しつつ，そのことが後順位抵当権者の最終的な配当額の予測可能性が害しないようにすることで，共同抵当設定後の後順位抵当権の設定（共同抵当不動産の割付残余価値の有効活用）を容易にする。

　もっとも，本問では甲・乙はともに物上保証人の所有であり，このことが民法392条の適用を妨げないかが問題となる。同条の本来的適用場面は共同抵当不動産の両方が債務者所有の場合であり，参考判例①の第1審および上告理由のように，同条の適用をそのような場合に限定する見解も存在するからである。

### (2) 民法392条の適用範囲の限定

　実際，判例は共同抵当不動産の帰属によって民法392条の適用範囲を限定している。共同抵当不動産の一方のみが物上保証人所有の場合，物上保証人所有の抵当不動産が先に競売されると，物上保証人は民法499条に基づき債権者に代位して債務者所有不動産の売却代金から配当を受ける（弁済による代位の規定は，任意弁済があった場合のみならず，不動産競売・配当による弁済が生じた場合にも適用される）。この場合，物上保証人所有不動産上の後順位抵当権者は，民法392条2項後段の趣旨に鑑み「あたかも，……民法372条，304条1項本文の規定により物上代位をするのと同様に」物上保証人の代位取得した抵当権に代位し，かつ物上保証人に優先して配当を受けるが（参考判例②），これは民法392条2項後段の先順位抵当権者への代位そのものではない。これに対して，債務者所有不動産が先に競売されても，物上保証不動産の競売において自己の債務を弁済した債務者自身が法定代位することはないし，債務者所有不動産上の後順位抵当権者も同項後段に従って物上保証不動産の売却代金から配当を受けない（参考判例③）。つまり，債務者財産と物上保証財産とでは，本来まず前者のほうが全部割り付けられるべきで

あり，いずれの不動産が先に競売されても，共同抵当権者 > 物上保証不動産上の後順位抵当権者 > 物上保証人 > 債務者所有不動産上の後順位抵当権者 > 債務者という優先順位は揺るがない。異時配当の際には，これを実現する必要上代位が認められるとともに，これと抵触する限りで同項が適用排除されているのである。

　共同抵当不動産がそれぞれ異なる物上保証人の所有である場合も，先に競売された不動産を所有する物上保証人は民法501条3項3号に従い他の物上保証不動産の競売において配当を受け，先に競売された不動産上の後順位抵当権者も物上保証人が代位取得した抵当権に物上代位して配当を受ける（大判昭和11・12・9民集15巻2172頁）。ただし，同時配当の場合には民法392条1項の適用は排除されていない（大判昭和10・4・23民集14巻601頁〔傍論〕）。

### (3)　同一物上保証人所有の場合（本問の事例）

　それでは，本問のように共同抵当不動産を同一物上保証人が所有する場合にはどう考えるべきか。参考判例①の上告理由は，参考判例③の法理を「物上保証人の代位の利益は，後順位抵当権者の代位の利益に優先する」という形で一般化することで，後順位抵当権者の代位を否定する。しかし，後順位抵当権が物上保証不動産上に設定されている場合には，後順位抵当権者の利益が物上保証人の利益に優越する，と考える余地もあろう。一般に，抵当不動産の所有者は売却代金の配当において抵当権者（および一般債権者）が全部満足を受けた後の残余のみを得るからである。参考判例②も，物上保証不動産の後順位抵当権者が物上保証人に優先して配当を受けることを認めている。

　むしろ，異時配当を許容しつつ，同時配当における被担保債権の割付けを異時配当の場合にも代位で事後的に実現する，という民法392条の趣旨から考えると，同一物上保証人が所有する共同抵当不動産の間には被担保債務の負担につき相互に主従がないので，同時配当の場合には各不動産の価値に応じて被担保債務が割り付けられるべきであり，そうである以上，異時配当によって割付けが崩れる場合には後順位抵当権者の代位による調整を認めてよさそうである。

では，この場合，後順位抵当権者は，前記(2)の判例法理のように物上保証人が代位取得した抵当権に物上代位しうるか。物上保証人にとって，抵当権は自己所有不動産上のものなので，物上保証人が代位取得した抵当権は通常は混同消滅するが（179条1項），後順位抵当権者による物上代位のために存続を認める余地もある（同項ただし書）。もっとも，参考判例①は物上保証人の法定代位を否定し（物上保証人にとって，自身が所有する不動産上の抵当権を代位取得しても，債務者に対する求償権を担保する意味をもたないためであろう），その結果，民法392条2項後段を直接適用して後順位抵当権者の代位を認めている。

　ところで，物上保証人が後順位抵当権の被担保債権の債務者である場合（本問の第2順位抵当権の被担保債務者がYの場合），代位は物上保証人に自己の債務の弁済という利益をもたらすが，本問のように後順位抵当権も物上保証で設定されている場合にはそうではない（参考判例①もそのような事案であり，上告理由は民法392条2項後段の根拠を債務者の意思に求めることで「債務者の場合」と「物上保証人の場合」との区別を主張するが，これはこの点を指摘するものと解せなくもない）。もっとも，このことは先順位の共同抵当が物上保証であろうとなかろうと同様であり，後順位抵当権が物上保証不動産上に設定されている以上，代位が物上保証人自身の利益にならなくても代位を認めて後順位抵当権を保護する，というのが参考判例①の考え方なのだろう。

## 2　先順位抵当権者による抵当権の放棄と後順位抵当権者の地位（小問(2)）

### (1)　問題の所在

　ところが，小問(2)では，債権者Bが乙上の抵当権を放棄している。Bとしては，甲不動産の売却代金から3000万円の配当を期待できるので，残り7000万円の弁済を受けられれば，乙上の抵当権を放棄しても自己の債権回収上は問題なかったわけである。これによって，甲上の後順位抵当権者Xはに代位して乙上の抵当権を行使できなくなるのか，仮にできなくなるとしてもXは何らかの救済を得られないのかが問題となる。

### (2)　代位の期待を害された後順位抵当権者の救済方法

　第1に，共同抵当権者は後順位抵当権者の同意なしに抵当権を放棄しても

後順位抵当権者に対抗できず，後順位抵当権者は放棄された抵当権の代位行使を妨げられない，という考え方がありうる。

　第2に，後順位抵当権者は共同抵当権者が放棄した抵当権をもはや代位によって行使し得ないが，抵当権放棄は後順位抵当権者の代位に対する期待を侵害する不法行為に当たる，として損害賠償（709条）による解決に委ねる考え方がありうる。

　第3に，やはり抵当権放棄の効力は認め，代位自体は否定しつつも，後順位抵当権者が代位し得た額の限度で，共同抵当権者が放棄していない抵当権の優先権を否定する考え方がありうる。本問では，Bが乙上の抵当権を放棄せずに甲を先に競売していれば，その後乙の売却代金を配当する際にXはBに代位して1000万円の配当を受領し得たので（前記1(1)），甲の売却代金の配当において，1000万円の限度でBの優先権を否定してBに2000万円のみ配当し，1000万円は次順位抵当権者のXに配当することになる。

　参考判例①は，第3の考え方を採用しており，その理由は明示していないが，大判昭和11・7・14（民集15巻1409頁）を引用している。この大審院判決は，不法行為に基づく損害賠償請求（第2の立場）を否定したものであるが，その際に，民法392条および2017年改正前民法504条の法意を類推して，第3の解決を支持していた。民法504条は，代位権者（弁済をするについて正当な利益を有する者）に対する債権者の担保保存義務違反の効果を定めたものであり［→Ⅱ巻[29]解説］，代位の期待を侵害された代位権者を救済する点で，代位の期待を害された後順位抵当権者の救済と共通する問題を扱うものといえる。民法504条の効果は，損害賠償でも放棄の対抗不能（代位の維持）でもなく，代位権者の免責であって，これは，代位権者の代位が責任負担の埋め合わせであり，代位権者の最も直截な救済方法は免責だからであろう（そもそも，担保物が物理的に損傷した場合，代位を維持しても救済にはならない）。翻って，後順位抵当権者の場合，本問に即していえば，もともとXは甲上の抵当権者であり，Bに代位して乙上の抵当権を行使できるのも甲の売却代金からの配当が減少することの埋め合わせなので，その最も直截な救済方法として，甲の売却代金からの配当が認められたものと考えられる。

⑶　救済の具体的な手続

それでは，Ｘはどうすれば甲についてＢの優先権を否定できるのか。

Ｘはまず，甲の売却代金の配当期日に出頭し，Ｂの優先権を前提とした配当表（民執85条5項）記載の配当額に異議（同法89条）を申し出たうえで，配当表の変更等を求めて配当異議訴訟（同法90条）を提起することができる。なお，配当異議の申出資格および配当異議訴訟の原告適格が認められるためには，配当表に債権者として記載されることが必要であるが（最判平成6・7・14民集48巻5号1109頁），Ｘのように配当額0の債権者も，甲上の抵当権設定登記があれば，配当表には債権者として記載されうる。配当異議訴訟が提起されると，配当異議の申出があった部分の配当は実施されず，配当額は供託される（同法91条1項7号）。

しかし，本問では，すでに甲の売却代金の配当が実施されているため，Ｘはもはや配当異議を申し出ることができない。このような場合，配当自体は有効といわざるを得ないが，Ｂは本来Ｘが受領すべき配当を不当に受領しているので，ＸはＢに対して，自己に配当されるべきであった金額（1000万円）を不当利得（703条）として返還請求できる（最判平成3・3・22民集45巻3号322頁）。参考判例①の事案でも，後順位抵当権者は配当を受領した共同抵当権者に対して不当利得返還請求訴訟を提起しており，その請求が認容されている。なお，不当利得の類型論によれば，ここでのＢの利得は，Ｘの優先権を侵害したことによる利得なので，侵害利得といえるだろう。

⑷　問題の本質

なお，仮にＹのＢに対する代位弁済額が8000万円であれば，Ｂの抵当権放棄にもかかわらず，ＸのＢに対する請求は認められないことになる。なぜなら，その場合，甲の売却代金の配当手続において，Ｂは残債務2000万円の限度で配当を受け，Ｘは同時配当の場合と同様，残余1000万円を配当として受領できるので，抵当権放棄がＸに損失を与えたとはいえないからである。

つまり，小問⑵における問題の核心は，Ｂが乙上の抵当権を放棄したことそれ自体にではなく，その際にＢが受けた代位弁済額が，同時配当の場合にＢが乙の売却代金から配当受領できたはずの8000万円に満たなかったこ

とにある，といえよう。

### 3 共同抵当不動産の一部が譲渡された場合（関連問題）

　実は，参考判例①の事案では，先順位の共同抵当権者に被担保債務を代位弁済したのは，物上保証人自身ではなく，物上保証人から共同抵当不動産の一部を買い受けた第三取得者であった。

　このような場合において，共同抵当権者が譲渡された不動産上の抵当権を放棄したとき，後順位抵当権者の代位の期待を侵害するものといえるかが問題となる。その前提として，譲渡された不動産よりも先に物上保証人が所有し続ける不動産が競売されたとき，当該不動産上の後順位抵当権者は，譲渡された不動産上に先順位抵当権者が有する抵当権を代位取得しうるのか，さらにはそもそも物上保証人が当該抵当権を代位取得しうるのかも問題となるだろう。しかし，これらの問題は参考判例①の扱うところとはなっていない。民法501条3項5号は，物上保証人からの第三取得者を物上保証人とみなすことを明文化したが，その結果として第三取得者が前主たる物上保証人とみなされて民法392条が適用されるのか，別の物上保証人とみなされて民法501条3項3号が適用されるのかが問題となるだろう。

　また，放棄ではなく第三取得者の抵当権消滅請求によって（先順位抵当権者が対抗措置としての担保不動産競売を申し立てることなく）先順位抵当権が消滅した場合に，先順位抵当権者が後順位抵当権者の代位の期待を侵害したといえるのかも問題となるだろう。

```
•••• 関連問題 ••••••••••••••••••••••••••
:
:    本問に記載された事実に加え，以下の(1)(2)のいずれか事実が存在
:  したとする。各場合について，2027年10月1日現在，XはBに対
:  して1000万円の不当利得返還を請求できるか。
:    (1)  2026年12月1日，Yは乙を代金7000万円でZに売却し，
:  同日，Zが代金7000万円をBに支払うとともにBが乙上の抵当権
:  を放棄した。2027年2月1日，Bは甲の担保不動産競売を申し立
:  て，同年10月1日に3000万円を配当として受領した。
:    (2)  2026年12月1日，Yは乙を代金7000万円でZに売却し，
```

同月 14 日，Z が申出額 7000 万円で抵当権消滅請求を行い，2027 年 2 月 22 日，B は乙の担保不動産競売を申し立てることなく Z から 7000 万円の支払を受けた。同年 3 月 1 日，B は甲の担保不動産競売を申し立て，同年 10 月 1 日に 3000 万円を配当として受領した。

### ●】参考文献【●

＊清水恵介・百選Ⅰ 192 頁／滝澤孝臣・最判解民平成 4 年度 451 頁

（阿部裕介）

　Ａは，その所有する甲土地およびその上の乙建物において印刷業を営んでいたが，金融会社Ｂから，利息を月々1.2パーセントずつ月末に支払い，元本の返済期限を２年後とする条件で，1000万円を借り受ける契約を結んだ。かかる契約後ただちに，ＡはＢから1000万円の金員を受領した。

　他方でＡは，上記の契約と同時に，Ｂに対して負担する金銭債務を担保するために甲土地および乙建物をＢに譲渡するという契約を結び，ただちにそれぞれに関してＡからＢへの所有権移転登記が経由された。この契約では，ⓐＡからＢへの支払・返済が滞らない限り，Ａはなお甲土地および乙建物を占有・使用することができる旨，ⓑＡがＢに対する金銭債務をすべて弁済すれば，Ｂは上記の所有権移転登記の抹消に協力する旨，およびⓒＡからＢへの支払・返済が滞る場合には，Ｂはただちに甲土地および乙建物の所有権をもってＡに対する全債権の満足に充てることができる旨が約定された。

　その後，ＡはＢとの約定のとおりにその債務をすべて弁済した。ところが，資金繰りに困ったＢは，Ａから返済を受けたにもかかわらず，甲土地および乙建物をＣに1200万円で売却し，それぞれに関してＢからＣへの所有権移転登記が経由されてしまった。そこで，ＡはＣに対してその抹消登記手続を請求した。この請求は認められるか。

●】 **参考判例** 【●

① 最判昭和 62・11・12 判時 1261 号 71 頁
② 最判平成 6・2・22 民集 48 巻 2 号 414 頁
③ 最判平成 18・10・20 民集 60 巻 8 号 3098 頁

## ●】解説 【●

### 1　譲渡担保の意義と法的構成

本問においては，Aがその所有物をBに譲渡しているが，これはあくまでBのAに対する金銭債権を担保するためになされている。このように債権の担保のために財産を譲渡することを譲渡担保という。

譲渡担保では所有権譲渡の形式がとられているものの，その実質的目的が債権の担保にあるために，ここでの契約当事者がそれぞれ目的物に対していかなる権利を有するのかが議論されている。これが譲渡担保の法的構成の問題である。「譲渡」という法形式を重視するならば，この契約では債権者に所有権が移転され，ただ契約上債権者は譲渡担保設定者に対してその権利を担保目的以外に行使することができないという義務を負うにとどまりそうである。しかし，担保目的を重視するならば，設定者はいったん所有権を譲渡しても，なお目的物の所有権を回復しうるという物権的権利を有するとも考えられる。さらにこれを推し進めれば，たとえ契約で譲渡が謳われていても，所有権はなお設定者にとどまり，債権者は単に担保権を取得するという考え方も出てこよう。

このような法的構成の議論は，本問のように目的物に第三者が利害をもつに至ったときに特に大きな意味をもつ。

### 2　債権者による目的物の不当処分の処遇

債権者が契約に反して目的物を不当に処分した場合，これには契約責任が成立しうることには異論がない。しかし，契約違反という点からただちに，第三者に対する関係で不当処分の効力が否定されることにはならない。この問題は，債権者と譲渡担保設定者のおのおのが目的物にいかなる権利を有するかにかかっている。

#### (1)　判例の見解

本問のように，債権者が弁済を受けたにもかかわらず，目的不動産を第三者に譲渡したケースについて，判例は，譲渡担保設定者と第三者との関係を二重譲渡における譲受人同士の関係と同視して，第三者が登記を先に具備した場合には，これが背信的な悪意者でない限り確定的に所有権を取得して，

譲渡担保設定者はもはや所有権を回復することができないとみている（参考判例①）。この結論は，譲渡担保の法的構成に関して，債権者に所有権が移転され設定者には物権的権利が残らないという考え方に相応する。これによれば，本問のAからCに対する抹消登記手続請求は認められない。所有者がAではなくCである以上，かかる請求権の根拠が欠けるからである（ここでは，所有権に基づく妨害排除請求権が問題となっており，その要件は，ⓐAによる甲土地および乙建物の所有，ⓑ相手方C名義の登記，となる）。

　ところが，その後現れた判例は，譲渡担保の目的不動産を譲渡担保権者の債権者が差し押えたケースにおいて，譲渡担保の被担保債権の弁済期到来前であれば，設定者は弁済期到来までにこれを弁済することによって所有権を取り戻し，差押えを排除しうることを，抽象論としてではあるが認めた（参考判例③）。これは，担保目的の譲渡であることを重視したものであり，その趣旨は第三者への不当処分にも当てはまるといえる。2つの判例の間では，不当処分または差押えが弁済の後か前かという点で差異があるものの，いずれのケースも譲渡担保契約では認められていない処分・差押えであることに変わりはなく，後者のケースで設定者が保護されるならば，前者のケースでも設定者を保護すべきではないかという疑問が生じる。このため，前者の判例は後者の判例によって変更されたとみる向きもある。

　しかし，両者の間に整合性がまったくないとは言い切れない。両者の差異の根拠を，設定者による登記の回復の懈怠の程度に求めることも可能だからである。すなわち，被担保債権を弁済したならば，設定者はただちに譲渡担保権者に対し登記の回復を請求しうるから，第三者との関係では登記の懈怠があるともいえる。これに対して，弁済期が到来する以前の段階では，もともと設定者は目的不動産の回復を予定していないから，この段階で現れる第三者に先んじて登記を要求するのは酷である。この点を考慮して，判例は後者についてはなお弁済によって所有権を回復しうる余地を認めたとも考えられる。また，後者の判例の事案では，債権者への所有権移転登記の原因として「譲渡担保」と記載されていた点も見過ごすことができない。このような登記によって第三者が譲渡担保を原因とする所有権移転であるという点を認識すれば，設定者による目的物の取戻しを認めてもその取引の安全が害され

る程度は緩和されるからである。

(2) **学説**

　学説においては，譲渡担保設定者に物権的権利が留保されるという立場が有力である。とりわけ，債権者が担保権しか取得しないという立場によるならば，本問では，もともと所有者はＡであり，Ｂの有した担保権も被担保債権の消滅とともに消滅する以上（付従性），Ｃは原則として所有権を取得し得ないことになる。

　また，一応債権者に所有権が移転されるものの，設定者には弁済によって所有権を回復しうるという物権的権利が留保されるという立場では，そのような物権的権利を第三者に対抗できる限り，なお設定者は所有権を回復しうることとなろう。この対抗要件としては，登記原因に「譲渡担保」と記載することなどが想定される。

　このように所有権が設定者に回復されるとなれば，第三者はたとえ登記を信頼して取引に入っても保護されない（公信力の欠如）。それでもなお第三者を保護しようとするならば，債権者への所有権移転登記を設定者による不実外形の作出とみて，民法94条2項の類推適用を図るしかなくなる。

## 3　当事者の実質的利害と第三者の取引の安全

　譲渡担保の法的構成いかんによって，原則として設定者と第三者のいずれが保護されるかに違いが生じるが，それぞれについてその例外は認められる。設定者に物権的権利が残らないという立場でも，裁判において設定者が第三者の背信的悪意を立証すればなお所有権を主張しうるし，他方で設定者の物権的権利を肯定する立場でも，裁判において第三者が設定者による不実外形の作出および自己の善意を立証すればなお保護される可能性は残る。

　しかし，このような事情を立証すること自体が負担であり，その意味で譲渡担保の法的構成をどう捉えるかは設定者と第三者の地位を大きく左右するものといってよい。そして，法的構成をどのように捉えるかは，結局のところ，登記制度を基礎にした第三者の取引の安全と設定者に留保された実質的利益のいずれにどれだけ重点をおくべきかという，比較衡量の問題にいきつくであろう。

　ただ，譲渡担保権を純粋に担保権と位置づけたうえで，所有権移転登記を

信頼して取引をした第三者を保護するために民法94条2項を類推適用することには、いささか疑問が残ることも否めない。たしかに、本問の場合には、設定者による弁済によってもはや譲渡担保権者には何らの物権的権利も残らないから、それでもなお所有権移転登記を放置することは、譲渡担保設定者が不実の外形を了承しているといえそうであり、登記を信頼した第三者に同項を類推適用することは可能であろう。しかし、問題は、被担保債権の弁済期が到来する前に譲渡担保権者が第三者に目的不動産を譲渡した場合である。この場合でも、担保権を設定したにすぎないのにあえて所有権移転登記をなしたという点では、譲渡担保設定者は不実の外形を自ら作出したといえなくはない。けれども、この局面でただちに同項の類推適用を認めれば、譲渡担保契約が締結されると設定者はただちに善意の第三者との関係で権利を喪失する危険が生じるが、もともと設定者は契約によって所有権移転登記を義務づけられる以上、所有権移転登記をしたことに端的にその帰責性を見出すことにも疑問がある。かといって、設定者による意図的な不実の外形の作出はないとして、ここでの同項の類推適用を否定すれば、今度は第三者が一切保護されないおそれが生ずる。とりわけ、その後、被担保債権の弁済期限に設定者が弁済を怠った場合にまで、第三者の権利取得を否定することは疑問であろう。

　このような困難は、結局、譲渡担保契約では一応債権者に目的物を譲渡するという約定がなされ、それに合致した公示、すなわち所有権移転登記がなされるにもかかわらず、債権者の取得する権利を端的に担保権と位置づける構成に起因する。担保権構成は当事者の行為の目的を強調するけれども、公示の原理が支配する物権のレベルでは、公示に対応しない物権変動を容認すること自体が問題なのである。また、譲渡の契約を結んでいる以上、契約当事者の意思も、一応所有権を移転しつつ、被担保債権を弁済すればこれを回復することができるというものではないのか。したがって、第三者は債権者に移転された所有権を一応取得することができるが、設定者と第三者の置かれた状況を比較衡量し、設定者は弁済によって所有権を回復するのを第三者に対抗しうる場合があるとするのが、穏当な解決方法に思えてならない。

**関連問題**

本問について，次のことを検討せよ。

(1) 仮に，AはBに約定どおりに利息を支払い続けていたが，債務が完済される前にBが目的不動産をCに売却し，その所有権移転登記がなされた場合，Aはなお債務を弁済することによってCに対してかかる登記の抹消登記手続を請求することができるか。

(2) 仮に，AがBに対する支払・返済を怠ったため，Bはただちに目的不動産をCに売却し，その所有権移転登記がなされた場合，Aはなお本来の債務をBに弁済することによってCに対してかかる登記の抹消登記手続を請求することができるか。

**●】参考文献【●**

＊安永正昭＝道垣内弘人『民法解釈ゼミナール(2)物権』（有斐閣・1995）144頁〔道垣内弘人〕／道垣内弘人＝松下淳一＝森宏司・民事法Ⅱ 129頁／古積健三郎・争点 151頁／水野謙＝古積健三郎＝石田剛『〈判旨〉から読み解く民法』（有斐閣・2017）179頁〔古積健三郎〕

（古積健三郎）

# 56 不動産譲渡担保②

　甲市において建具製造業を営むAは，2022年6月1日，老朽化した製造機械の更新のために，貸金業者Bから金7500万円を借り受けることとして，Bとの間で毎月1日払い，最終弁済期2027年6月1日，利息年2.5パーセント，遅延損害金年4.5パーセントという内容の金銭消費貸借契約を締結した。また，同日，Aは，Bから貸付を受けた金銭債務の担保のために，A所有の工場建屋およびその敷地（以下，「本件土地建物」という）の所有権をBに移転し，同年6月2日，譲渡担保を登記原因とする所有権移転登記を了した。その後，3年ほどの間は，順調に被担保債権の弁済がされていたが，2026年10月頃より弁済が滞り，元本については，最終弁済期到来の時点でなお2900万円余が未払であった。そこで，Bは，2028年6月1日，本件土地建物の所有権をCに譲渡し，同月5日に所有権移転登記を了した。

　他方，Aは，2029年6月1日に，Bに対して残債務ならびに同日までの利息および遅延損害金（以下，「本件残債務等」という）を提供したが，Bが受領を拒んだため，同年6月5日，本件残債務等を供託した。

　(1)　以上のような状況において，Cは，本件土地建物をBから取得したことを理由として，Aに対して本件土地建物の明渡しを請求することができるか。

　(2)　上記と異なり，Bの一般債権者DがBに対して有する債権の実行として，2028年6月1日に，本件土地建物に対して不動産競売を申し立て，差押登記を同年6月5日に了した。他方で，Aが，上記と異なり，同年6月9日にBに本件残債務等を弁済したとする。この場合において，AはDの不動産差押えに対して，受戻権の行使を理由として，第三者異議の訴えを提起することはできるか。

## ●】参考判例【●

① 最判平成 6・2・22 民集 48 巻 2 号 414 頁
② 最判平成 18・10・20 民集 60 巻 8 号 3098 頁
③ 最判昭和 62・11・12 判時 1261 号 71 頁
④ 最判昭和 62・2・12 民集 41 巻 1 号 67 頁

## ●】解説【●

### 1 譲渡担保の実行

#### (1) 実行とは

　債権者は，被担保債権の弁済期を経過すれば，「債権担保の目的の範囲内で移転を受けていた」担保目的物からの換価によって，被担保債権の回収を図ることができる。もちろん，非典型担保である譲渡担保の実行方法について，制定法上の規定があるわけではないが，判例および通説は，後述するように，債務不履行を要件として担保目的物の換価処分が可能になると解している。これに対して，学説の中には，仮登記担保契約に関する法律（以下，「仮登記担保法」という）2 条に規定する「実行通知」を行ったうえで，2 か月を経過しないと所有権を確定的に取得しないとする見解もある。これは，譲渡担保をいわゆる担保的に構成し，譲渡担保権者には担保権のみが帰属しているとの理解を前提としている。

#### (2) 実行方法

　判例および学説においては，譲渡担保に基づく被担保債権の回収，すなわち換価処分に当たっては，2 つの方式があるとされる。一方がいわゆる帰属清算方式であり，他方がいわゆる処分清算方式である。従来の判例による理解によれば，いずれの方式であっても，債権者（譲渡担保権者）は，弁済期の経過によって目的物の処分権能を取得し，この処分権能に基づいて目的物の換価を行うことになる。この際，目的物の価値と被担保債権額との間に差額（清算金）が生じるときには，その差額を譲渡担保設定者に返還しなければならない。この清算金の支払もしくはその提供または清算金のない旨の通知によって，帰属清算方式の場合には，所有権が完全に移転する。他方で，

処分清算方式の場合にあっては，第三者への処分によって完全な所有権の移転が生じることになる。このため，これらの時点以降は，もはや債務者（設定者）は所有権の回復を求めることができなくなる。

　では，設定者が被担保債務を弁済し，譲渡担保の実行を阻止できるのは，いつまでか。これは受戻権の行使時期に関する問題として理解されている。

## 2　受戻権

　債務者は，被担保債務の弁済期経過後であっても，目的物の換価処分が完結するまでは，被担保債権額等を弁済ないし弁済提供をすることによって，譲渡担保を消滅させ，目的不動産を受け戻しうる（参考判例③）。この受戻しは，所有権的構成によれば，債権者に移転した目的不動産の所有権を債務者が取り戻すことを意味し，他方で，担保的構成によれば，債権者が有する目的不動産上の担保的権利（利益）を消滅させることを意味する。債務者にとっては，弁済期をわずかに経過したことによって担保不動産をもはや取り戻すことができないとすれば，その不利益がきわめて大きい。他方で，受戻しも無限定に認められるわけではなく，譲渡担保の実行が完結したときにはもはや認められなくなる。

　判例によれば，帰属清算方式の場合に受戻権の行使が許されるのは，目的不動産の評価額が債務の額を上回るときには清算金の支払または提供までの間であり，目的不動産の評価額が債務の額を上回らないときにはその旨の通知を行うまでの間である。他方，処分清算方式の場合にあっては，第三者に対する処分の時までの間である。

　また，譲渡担保の実行が完結しないまま，時間が経過した場合であっても，債務者の受戻権は時効によって消滅しない。判例は，この点に関して，受戻権の性質を被担保債権の弁済により回復した所有権に基づく請求権であって，「受戻権」なる特別な権利ではないと解している。もっとも，学説の中には，「受戻権」が5年で消滅するという仮登記担保法11条ただし書を類推適用して，譲渡担保の場合にも同様に5年で時効消滅すると主張する見解もある。これに対しては，債権者が清算しない場合に，債務者が清算を求めることもできないまま，受戻権だけが消滅することは妥当ではないとの反論がある。

さらに，判例によれば，債務者が受戻権の放棄によって債権者に対して清算金の支払を迫ることも許されない。これは，受戻権と清算金支払請求権とは引換給付の関係になく，仮に受戻権の放棄によって清算金の支払を認めるとすれば，譲渡担保権者が自由に決定できる実行時期を債務者が左右し得ることになり，妥当ではないとの理解に基づいている。これに対しても，たとえば，処分が容易である場合や処分の相手方を債務者が準備できる場合であれば，債務者による清算金の支払請求を認めてもよいのではないかとの指摘がある。もっとも，そのような債務者による支払請求を認めるとすれば，受戻権の放棄ではないとしても，債務者による請求がないままに長期間が経過したときは，もはや清算金の支払を求め得ないと解される余地があろう。

## 3　受戻権と担保目的物処分の第三者との関係

　被担保債権の弁済期の経過以降，債権者（譲渡担保権者）によって担保目的物である不動産が第三者に処分された場合の法律関係はどのように考えられるのだろうか。一方において，譲渡担保権者は，被担保債権の弁済期の経過によって目的不動産に関する処分権能を獲得し，これに基づいて，帰属清算あるいは処分清算のいずれかの方法によって目的不動産の換価を行うことになる。このとき，譲渡担保権者が被担保債務の弁済期の経過によって目的不動産の処分権能を獲得し，確定的に目的不動産の所有権を取得するとすれば，所有権的構成によるにせよ，あるいは担保的構成によるにせよ，譲渡担保権者は，目的不動産の所有者であって，自己の所有権に基づいて第三者に当該不動産を処分することになる。このような経過をたどる場合にあっては，債務者（設定者）は当該不動産の前主でしかない。他方，設定者が，被担保債務等を弁済し，受戻権を行使して，譲渡担保が消滅した場合には，譲渡担保権者から目的不動産の所有権が復帰することになる。このため，処分の相手方である第三者と受戻権を行使した設定者との関係が問題となるのである。

### (1)　判例の立場

　判例によれば，弁済期の経過によって譲渡担保権者が目的不動産の処分権能を獲得し，それに基づいて処分を行う場合には，処分清算方式と帰属清算方式のいずれであっても，原則として譲受人が確定的に所有権を取得し，債

務者は単に，清算金がある場合に，債権者に対して清算金の支払を請求することができるにすぎず，もはや被担保債務等の弁済によって目的不動産を受け戻すことができない（参考判例①）。この前提には，そもそも弁済期を経過した後清算が完了しないまま目的不動産が第三者に処分された場合であっても，受戻権は第三者への処分によって消滅するとの判断がある（参考判例④）。したがって，本問の事実関係においては，債務者からする被担保債務等の弁済提供によっても受戻しは生じ得ないことになり，その意味において債務者と処分の相手方とは二重譲渡類似の関係に立つわけではなく，いわば順次譲渡と同様にみることができる。

　この点を踏まえて，判例は，処分の相手方の主観的態様を問題とせず，背信的悪意者の場合であっても同様であると明言している（参考判例①）。その理由として，裁判所は，債権者には処分の相手方の主観的な態様を把握し得ず，そのため不測の損害を被るおそれがある点と，背信性を問うとなると法律関係が安定しないことを挙げている。

　これに対して，本問の事実関係による場合とは異なり，第三者への処分前に，債務者が被担保債務等の弁済を行って，受戻権を行使した場合にあっては，処分の相手方である第三者が背信的悪意者であれば，設定者は不動産の復帰を当該第三者に対抗することができる（参考判例③）。

(2)　学説の立場

　このような判例の立場に対しては，それを支持する見解も主張されているものの，いくつかの点からの批判も存在する。本問の事実関係による場合において，担保的構成の立場からは，そもそも譲渡担保権者は，担保的な権利（利益）を有するにすぎず，弁済期の経過によって換価処分ができるとしても，換価処分とは関係のない処分はできないと考えるべきであるとされる。そのうえで，弁済期の経過後，第三者に対して処分がされても，当該第三者は，担保的な権利（利益）を取得するにすぎず，担保目的物について何の負担もない所有権を取得するのではないと解する。したがって，この立場に立つ場合には，設定者は，なお受戻権を行使することができる。もっとも，この立場にあっても，処分を受けた第三者が担保目的物の譲受けに当たって善意または善意無過失であれば，民法94条2項の類推適用によって保護され，

設定者は受戻権の行使による担保的権利（利益）の消滅を対抗することができないと解される。

　また，判例と同様に，弁済期の経過によって譲渡担保権者が処分権能を取得するという立場に立つものの，背信的悪意者と評価されるような主観的認識をもつ第三者は設定者の受戻権を消滅させることに主たる関心があるのであって，設定者との関係では保護に値しないとの評価もある。

　さらに，判例の挙げる主観的態様が問題とならないとする理由づけに対しても批判がある。すなわち，清算金を支払わずに第三者に処分した譲渡担保権者こそが問題なのであって，それを前提とするならば，設定者による受戻権の行使によって第三者が所有権を奪われたために，譲渡担保権者が当該第三者から担保責任を追及されたとしても，それはいわば「自業自得」だというのである。また，そもそも譲渡担保権者が清算金を支払えば，設定者との間で生じる不安定な法律関係を自ら解消できるのであるから，特に保護を与える必要もない。さらに，設定者による受戻しが近いことを知って，あえて処分をして，清算金の支払を回避したようなケースでは，信義則違反として，処分の効力を否定できるのではないかとの指摘もある。

## 4　譲渡担保権者の債権者と譲渡担保設定者との関係

　譲渡担保権者が第三者に処分した場合ではなく，譲渡担保権者の債権者が当該不動産に対して強制執行を行った場合において，受戻権を行使した設定者との関係はどのように解されることになるのか。

　判例の立場は，次のとおりである。すなわち，被担保債権の弁済期後に譲渡担保権者の債権者が目的不動産を差し押え，その旨の登記がされたときは，設定者は，差押登記後に被担保債務等の弁済を行っても，第三者異議の訴えによって強制執行の不許を求めることはできない。その理由として裁判所は，設定者の被担保債務の履行遅滞によって譲渡担保権者は当該不動産の処分権能を取得し，設定者は目的不動産が換価処分されるのを受忍すべきであって，譲渡担保権者の債権者による強制競売による換価も譲渡担保権者によるそれと同様に受忍すべきものであるから，当該不動産を差し押えた譲渡担保権者の債権者との関係では，設定者は，差押後の受戻権行使によって所有権の回復を主張できないという点を挙げている（参考判例②）。

そして，この判例は，次のように理解されている。すなわち，弁済期の経過によって譲渡担保権者が処分権能を取得した後，譲渡担保権者の債権者による強制競売が行われ，買受人がその代金を納付して目的不動産の所有権を取得した場合には，設定者はもはや受戻権を行使できなくなる。もっとも，譲渡担保権者の債権者による差押登記によってただちに設定者の受戻権が消滅するのではなく，この段階では清算金の有無や額が未確定であることや差押登記後の競売申立ての取下げまたは無剰余による競売の取消しの可能性を考慮する必要がある。そこで，譲渡担保権者の債権者による目的不動産の差押登記後であっても，買受人による代金納付の前であれば，設定者は，受戻権を行使することができ，それによって，目的不動産の所有権は譲渡担保権者から復帰することになる。しかし，この復帰的な物権変動は，差押登記に後れた受戻権行使であって，目的不動産について弁済期後に利害関係を有するに至った第三者はその後に受戻権を行使した設定者よりも保護されるべきであるから，設定者による受戻権行使による復帰的物権変動は差押債権者に対して主張できないことになる。

　学説には，この判例の立場を支持するものもあるが，他方で，本来，譲渡担保においては，清算金の支払もしくはその提供または清算金のない旨の通知を譲渡担保権者が設定者にするまで，すなわち換価処分の終了までは，目的不動産は譲渡担保権者の責任財産に確定的に帰属していないとの立場から，譲渡担保権者の一般債権者による強制執行が譲渡担保権者の責任財産を対象とする以上は，確定的に責任財産に帰属していない目的不動産を譲渡担保権者の一般債権者が差し押えても，設定者は受戻権を行使して，第三者異議の訴えを提起して強制執行を排除することができるとの見解がある。そして，この立場は，受戻権の行使が被担保債権額相当額の金銭の支払によって目的不動産の所有権を設定者が回復しようとするものであるとの理解を前提に，差押登記後の受戻権行使に関して，設定者が受戻権を行使することができるが，これをもって差押債権者に対抗できないとする判例の考え方は目的不動産の差押後はもはや受戻権を行使し得ないとすることに帰着すると解している。

　なお，差押えを含む目的物処分と被担保債権の弁済期の到来との先後関係

を重視する一連の判例やそれを支持する見解に対して，弁済期到来を外部から認識できるのか，また，不動産登記簿に数代前に「譲渡担保」を原因とする登記がされていた場合にどのような調査をすればよいのか，など実務的観点からの批判がある。

### 関連問題

　本問の事実関係において，Ａによる弁済提供が2028年5月15日に行われたが，Ｂは受領を拒絶し，Ａは残債務等を同年5月31日に供託したとする。他方で，Ｂは，同年6月1日にＣに対して本件不動産を処分し，所有権移転登記を同年6月5日に了したとする。この場合において，ＣからＡに対してされた所有権取得を理由とする当該不動産の明渡請求に対して，Ａはどのような反論が可能か。

### ●】参考文献【●

＊水上敏・最判解民平成6年度208頁／増森珠美・最判解民平成18年度（下）1098頁／生熊長幸・民商法雑誌136巻2号（2007）101頁／道垣内弘人・法学協会雑誌128巻7号（2011）241頁／小林明彦＝道垣内弘人編『実務に効く担保・債権管理判例精選〔ジュリ増刊〕』（有斐閣・2015）128頁〔小林明彦〕／鳥谷部茂・百選Ⅰ198頁

（池田雅則）

# 57 　集合動産譲渡担保

　Aは，ワイン等の酒類を販売する店舗を営業する会社である。

　2023年4月，Aは，新たな店舗を開くための資金1000万円の融資を受ける相談をX銀行にしたところ，新たな担保の提供を求められた。すでにA本社の土地・建物には他の債権者のための抵当権が設定されていたため，Aは，甲・乙の2店舗内にある在庫商品（以下，それぞれの店舗の在庫品を「本件物件1・2」という）を担保に提供することをXに申し入れた。本件物件1は比較的廉価なワインを中心としており，この時点での在庫は5000本であった。また，本件物件2は比較的高額のワインを中心としており，この時点での在庫は2000本であった。

　2023年5月1日付でA・X間で締結された「譲渡担保設定契約」には，「Aは，甲・乙各店舗においてAが現在所有しかつ将来取得する一切の在庫商品（ワイン）をXに担保のために譲渡する。貸金債権は1000万円とし，2024年2月1日までに年利15％に相当する金額を合わせて提供すれば，AはXからこれらの商品を取り戻すことができる」とされた。甲店舗内の商品については同日付けで占有改定がなされ，また乙店舗については動産譲渡登記が5月10日付けで経由された。さらに，「Xは，Aが，自己の名で，通常の営業のために適正な価格で譲渡することを許諾する。Aは，上記譲渡に基づき商品を各店舗から搬出したときは，速やかに新たな商品を補充しなければならず，Aが補充した商品は，当然に本譲渡担保設定契約の目的となる」旨の条項が挿入された。

　甲・乙の2店舗内にある本件物件1・2は，ワイン卸売りを業とするZ社が納品した商品であり，「毎月15日から翌月14日までを1つの期間として，期間ごとに納品されたワインについて売買代金の額

が算定され，14日締めで翌月20日にその期間内に納品されたワイン毎に総額として代金が支払われる」旨が定められていた。その一方で，「Zは，Aが，代金完済の有無を問わず，自己の名で，通常の営業のために転売等の処分を行うことを許諾する」旨が合意されていた。

　一方，Yは，かねてから取引関係のあったAとの間で，新たに以下のような取引を行った。まず，2024年10月1日，甲・乙各店舗内の各半数程度合計2000本（各店舗につき1000本ずつ）のワインを市価でYに売却するという契約を締結した。この取引は，Yが自己顧客に対する贈答品を確保するために行われたものであり，AとYは以前にも同種の取引を行ったことがあった。引渡しの時期は2025年1月10日とされ，代金1500万円の支払と引換えにAがワインを甲および乙店舗でYに引き渡すことが約定されていた。

　他方，最近のAの経営不振を聞いたZは，2025年1月5日，2024年11月15日から同年12月14日までの間にAに納品した甲・乙店舗内の在庫品について競売を申立て，Aに対して，残代金債権の範囲で両店舗内に残っていた在庫品の引渡しを求めた。

　2025年1月10日，Yは1500万円の現金を用意して甲・乙各店舗に出向いたが，Aは，Zとの上記のトラブルを理由に引渡しを拒んだ。その後，YはAに繰返しワインの引渡しを求めた結果，Yが2月5日に即金で1500万円を支払い，これと引換えに半数の1000本のワインを受領し自分の倉庫に搬送した。残り1000本は，まだ甲・乙の各店舗内にそれぞれ500本ずつあった。なお，これらのワインは全て，甲店舗内の商品については2024年11月30日から12月31日までの間にZがAに引き渡したものであり，2025年1月10日までにAからZに対して代金が支払われていた。他方，乙店舗内の商品については，同じ期間内に搬入された全商品について代金は未払であった。

　その後，Xは，Aに対する融資の回収が一向に進まないので，2025年2月21日，「2月1日を徒過しても貸金の返済はなされていない

から，もはやＡはＸから甲・乙店舗内に残っている本件物件１・２を取り戻すことはできず，Ｘはこれらの所有権を確定的に取得した」と主張して，ＡおよびＹに対し，上記本件物件１・２の引渡しを求めて通知を送付した後，訴えを提起し，かつ，Ｚによる競売に対して第三者異議の訴え（民執38条）を提起した。これらの通知は，同年2月23日にＡおよびＹ・Ｚに到達し，訴状は，3月1日に到達した。なお，この時点で，Ｙに引き渡されるべき1000本のワインは，いまだ甲・乙の各店舗内にあり，本件物件１には2500本，物件２には1500本の在庫数があった。

　以上の事実を前提として，ＸおよびＹ，Ｚは，それぞれどのような主張をすることができるか。

## ●】参考判例【●

① 最判昭和62・11・10民集41巻8号1559頁
② 最判平成18・7・20民集60巻6号2499頁
③ 最判平成30・12・7民集72巻6号1044頁

## ●】解説【●

### 1　目的物の特定性と対抗要件の具備

　Ｘが本件各物件に取得した権利は，譲渡担保権である。しかし，個別の動産に譲渡担保を取得する場合と異なり，店舗内の商品全体という物の集合を一括して譲渡担保の目的となしうるかが問題となる。

　最高裁は，「構成部分の変動する集合動産についても，その種類，所在場所及び量的範囲を指定するなどなんらかの方法で目的物の範囲が特定される場合には，1個の集合物として譲渡担保の目的となりうる」（最判昭和54・2・15民集33巻1号51頁）として，集合物論を採用している。本問では，「Ａは，甲・乙各店舗内の一切の在庫商品（ワイン）をＸに譲渡する」とあるので，特定性の要件は充足されていると考えられる。そのうえで，この集

合物を一物として，甲倉庫の本件物件１については，占有改定により１個の集合物として対抗要件が具備される。個々の動産の変動（搬入・搬出）があっても，対抗要件の具備は当初の設定契約時から生じることになる。また，乙店舗内の商品については，Ｘは，自己の譲渡担保につき動産譲渡登記（動産・債権譲渡特７条）を備えることで対抗要件を具備しているといえる。

　もっとも，動産譲渡登記の導入後においては，譲渡担保権の対象が１個の集合物であると構成する必要はもはやなく，端的に，現在または将来取得する動産を含む集合動産について一括して譲渡担保権を設定すると構成すれば足りるという学説（「新しい分析的構成」）も存在する。

## 2　Ｚによる競売申立てとＸとの優劣

　Ａに対して在庫品を提供しているＺが，自己がＡに売却した甲・乙店舗内の在庫品の競売を求めるのは，動産売主としての動産売買先取特権（院311条５号・322条）に基づく権利行使であると考えられる。これに関連して，最高裁は，「動産売買の先取特権の存在する動産が右譲渡担保権の目的である集合物の構成部分となった場合においては，債権者は，右動産についても引渡を受けたものとして譲渡担保権を主張することができ，当該先取特権者が右先取特権に基づいて動産競売の申立をしたときは，特段の事情のない限り，民法333条所定の第三取得者に該当するものとして，訴えをもって，右動産競売の不許を求めることができる」としている（参考判例①）。

　本問では，ＺがＡに対して甲・乙内に商品を搬入してＡがこれらの代金を支払って所有権を取得すれば，本件物件１については，Ｘの譲渡担保権の目的である集合物の構成部分となって，占有改定ないし動産譲渡登記による対抗力が具備されることから，Ｘは，Ｚによる競売を阻止することができると解しうる。また，代金未払である本件物件２については，上記判例法理が妥当する。

　もっとも，判例の採用するこの帰結に対して，譲渡担保を動産質権と同様に捉えて，民法334条を類推適用して，民法330条により動産売買先取特権に対する優先を導くべきとする学説も有力である。この説は，譲渡担保を民法334条により民法330条１項１号の先取特権と同一の順位を与えつつ，同条２項により，動産売買先取特権の存在について譲渡担保権者が悪意である

場合には，例外的に先取特権の優先を導こうとするものである。

### 3　譲渡担保の目的となっている個々の商品の処分の有効性

　判例の立場を前提とすれば，物件2については，Zによる動産売買先取特権の行使が，Xが民法333条の第三取得者に当たることによって阻止される結果，Zが，Yに対して，YがAより受領した在庫品の引渡しを求めることは排斥される。

　次に，以上を前提として，XがYに対して，甲・乙店舗内の在庫品の引渡しを求めることができるかについて考えてみよう。最高裁は，流動動産譲渡担保では，「集合物の内容が譲渡担保設定者の営業活動を通じて当然に変動することが予定されているのであるから，譲渡担保設定者には，その通常の営業の範囲内で，譲渡担保の目的を構成する動産を処分する権限が付与されており，この権限内でされた処分の相手方は，当該動産について，譲渡担保の拘束を受けることなく確定的に所有権を取得することができる」とした（参考判例②）。本問におけるX・A間の契約書では，「Xは，Aが，自己の名で，通常の営業のために適正な価格で譲渡することを許諾する」と定められている。2024年10月1日付けで行われた，AからYに対して，甲・乙各店舗内の半数程度の商品を市価で売却するという売買は，以前にも同様の取引が行われていることにも鑑み，Aの「通常の営業の範囲内の処分」に当たるといえそうである。

　けれども，X・A間の契約は譲渡担保の設定であり，XからAに交付された資金は融資金であるから，Aから貸金の返済の提供がなかったこと（2025年2月1日）は，Aの借入金債務が不履行に陥ったことを意味する。その直後にAからYへ一部の商品が現実に引き渡されたことは，Aの「通常の営業の範囲」内での処分といえるか。また，すでにAからYへ現実の引渡しがなされた1000本のワインを除いた商品は，いまだAの店舗内にある。

　判例によれば，帰属清算型・処分清算型を問わず，譲渡担保権者は，被担保債権の弁済期の到来により担保目的物の処分権を確定的に取得する（最判平成6・2・22民集48巻2号414頁）。Aは，Xの譲渡担保の被担保債権の弁済期（2月1日）後に1000本を引き渡し，その後Xが譲渡担保権を実行す

る通知をした後（つまり，確定的に所有権を帰属させると通知した後）に，Aは残り1000本の引渡しをYに対して行うことになるが，残り1000本の現実の引渡しについては，「通常の営業の範囲」内で処分されたといえるのか。

　どのような処分が設定者の「通常の営業の範囲内」かにつき，学説では，ⓐ譲渡担保設定契約の解釈，ⓑ設定者の営業活動の態様，ⓒ処分行為の反復・継続性・目的物の補充可能性の有無，ⓓ譲渡担保権者の優先権に対する侵害の有無により判断すべきとするものがある。また，参考判例②は，「対抗要件を備えた集合動産譲渡担保の設定者がその目的物である動産につき通常の営業の範囲を超える売却処分をした場合，当該処分は上記権限に基づかないものである以上，譲渡担保契約に定められた保管場所から搬出されるなどして当該譲渡担保の目的である集合物から離脱したと認められる場合でない限り，当該処分の相手方は目的物の所有権を承継取得することはできない」としている。

　本問では，XがYに対して引渡しを求めて通知をして（2025年2月23日）その後提訴し，訴状がA・Yに到達した時点（同年2月25日）までに固定化があったとみることができ，同時に譲渡担保設定者Aの在庫品の処分権が失われたと評価しうる。2月5日のAによる処分は固定化前であるから「通常の営業の範囲内」の処分であり，Xはその処分にかかる在庫品を有効に取得できる。しかし，2月25日以降，Aは処分権を失うため，Yが残り1000本のワインの譲渡を受けたとしても同日以降の処分は無権限の処分である。YがAから甲・乙各店舗内のワインについて現実の引渡しを受けた場合，引渡しの時点でYが善意無過失であれば，即時取得（192条）の成立する余地があるが，Yの債権は制限種類債権であるから，給付対象である商品が特定されなければ即時取得は成立せず，YはXに敗訴してしまう。もっとも，実行通知到達時（2月23日ないし25日）の在庫量では，Yに対する引渡しをしてもなおXの債権が回収可能であれば，Xの所有権の主張が権利濫用となる可能性がある。

　なお，関連問題(1)においては，AからYへの処分が占有改定によってなされているが，この処分は参照判例②との関係で，「通常の営業の範囲」内の処分といえるか。また，Xによる譲渡担保の私的実行による所有権の確

定的移転との関係はどうなるか。さらに，関連問題(2)では，Zが所有権留保特約付でAに売却した物件が引き揚げられている点が本問と異なっており，参考判例③の法理が妥当するかどうかが問題となり得る。

●●●●●● 関連問題 ●●●●●●●●●●●●●●●●●●●●●●●●●●●●●●

　本問について，以下の各問いに答えよ。なお，各問いはそれぞれ独立した設問である。

　(1)　本問と異なり，2025年1月10日を過ぎても，AはYにワインを引き渡そうとしなかったが，その後，AはYに甲・乙各店舗の商品を引き渡す方法として，両店舗内の商品合わせて2000本を，Aの丙倉庫に移動させたうえでYに引き渡すことを提案してきた。Yはこれを承諾し，丙倉庫にワインが搬入された。同年2月5日に，Yは予定した代金全額を支払い丙倉庫内でワインの引渡しを受けたが，保管の手間等を考えてしばらく丙倉庫で保管してもらうことにした。その後，本問と同様，Xは，2025年2月21日，「2月1日を徒過しても貸金債務の返済はなされていないから，もはやAはXから本件物件1・2を受け戻すことはできず，Xはこれらの所有権を確定的に取得した」と主張して，Aに対し，本件物件1・2の引渡しを求めて訴えを提起した。Xのこの主張は認められるか。また，Aはどのような反論をすることが可能か。

　(2)　本問と異なり，ZのAに対する売買契約書には，「ZA間の継続的な売買契約において，目的物の所有権が売買代金の完済までZに留保される」旨が定められ，かつ，「毎月15日から翌月14日までを1つの期間として，期間ごとに納品されたワインについて売買代金の額が算定され，1つの期間に納品されたワインの所有権は，当該期間の売買代金の完済まで売主に留保される」ことが定められていたとする。これに加えて，「Zは，Aが，自己の名で，通常の営業のために転売等の処分を行うことを許諾する」旨が合意されていた。なお，2025年2月5日の時点では，甲店舗内のワインについては11月30日から12月31日までの間にZがAに引き渡したもので

あり，1月10日までにAからZに対して代金が支払われていた。他方，乙店舗内の商品については，同じ期間内に搬入された全商品について代金は未払であった。

　このとき，Zが，Aの代金不払に対して，甲・乙店舗内にあった自己の売却した商品について，それらの所有権が自己にあるとして，甲・乙からの引き揚げをAに対して求めた場合，XおよびYは，これについて異議を唱えることができるか。

● 〕参考文献【 ●

＊森田修・法協124巻11号（2007）2598頁／武川幸嗣・判評582号（判時1968号）（2007）21頁／遠藤元一・金判1575号（2019）8頁

（小山泰史）

# 58 所有権留保

　甲土地を所有するＡは，Ｂに対し，2021年10月6日，期間を3年とし，賃料を月10万円として同土地を貸した。Ｂは，工作機械を販売する事業を営む株式会社であり，仕入れた機械の一時保管場所として甲土地を借りた。工作機械の製造業を営むＣは，2022年1月9日，製造した動産乙を代金300万円で，また動産丙を代金200万円でＢに売り渡す旨の契約をし，いずれもＢが代金を完済するまでＣが所有権を留保することが約された。同月20日，ＣがＢに対し動産乙・丙を引き渡し，Ｂは，これらを甲土地上に置いたが，動産乙は，同年3月20日に代金を450万円としてＤに売り渡す旨の契約が成立し，同月28日に甲土地から搬出されＤに引き渡された。この頃，ＢのＡに対する賃料の支払が滞りがちになったことから，Ａは，Ｂに対し，同年の1月分から3月分までの賃料の支払を催告し，また，同年4月14日に甲土地の賃貸借契約を解除する旨の意思表示をした。

　(1)　この場合について，ⓐＣは，Ｄに対し，動産乙の返還を請求することができるか，ⓑＢに対し破産手続が開始したときに，Ｃは，Ｂの管財人に対し，動産丙の返還を請求することができるか，ⓒＣは，Ｄに対し，Ｂに支払うべき代金のうち300万円までをＣに支払うべきことを請求することができるか，という各点を考察せよ。

　(2)　Ｂ・Ｃ間の売買契約に，代金完済まで所有権を留保するという約定がなかったとする場合に，ⓐＤは，Ｃに対し，どのような主張をすることができるか，ⓑＢに対し破産手続が開始したときに，Ｃは，Ｂの管財人に対し，どのような権利行使をすることができるか，ⓒＣは，Ｄに対し，Ｂに支払うべき代金のうち300万円までをＣに支払うべきことを請求することができるか，という各点を考察せよ。

●】**参考判例**【●

①　最判昭和 50・2・28 民集 29 巻 2 号 193 頁
②　最判平成 17・2・22 民集 59 巻 2 号 314 頁
③　最判平成 21・3・10 民集 63 巻 3 号 385 頁
④　最判平成 22・6・4 民集 64 巻 4 号 1107 頁
⑤　最判平成 29・12・7 民集 71 巻 10 号 1925 頁
⑥　最判平成 30・12・7 民集 72 巻 6 号 1044 頁

●】**解説**【●

### 1　課題状況

　経済的な取引として行われる動産の売買において，しばしば避けることのできないことがある。それは，売主が代金全部の支払を受けない段階で買主に売買目的物を引き渡すという進め方であり，そして，それは，売主を危険な状況に置く。買主が代金を支払わないまま資力が悪化し，そのため代金の支払が得られないという状況になって，それにもかかわらず売買目的物を取り返すことができないということになるならば，売主が経済的な損失をこうむるからである。そうであるからこそ，売主は，原則として，買主が代金を支払おうとするまでは目的物を引き渡さないものとすることができるものとされる（533 条本文）。換言するならば，代金の支払を受けないまま目的物を引き渡す仕方の取引をするかどうかは，売主が実際の危険の度合を判断して決めることでよい。けれども，現実の取引においては，目的物を先に引き渡し，後に代金の支払を求めるということが実際上要請されることは少なくない。いわゆる信用売買または掛売りである。

　このような場合に，売主が代金債権を担保するための手段として民法が用意している制度が動産売買先取特権（321 条）であるが，これには不便な点が少なくない。目的物が第三者に売却されて引渡しもなされると効力が失われる旨の規定があり（333 条），また，この際に買主が第三者に対し取得する代金債権に売主が物上代位するためには，この債権を差し押えなければならない（304 条 1 項ただし書）。

そこで，より簡易かつ確実に代金債権の履行を促す手段として用いられる手段が，所有権留保である。代金の完済があるまでは所有権を売主に留め置くことであり，最終的に代金の支払がない場合において，売主は，留保していた所有権に基づいて目的物の返還を求めることになる。

## 2　所有権留保

### (1)　意義

この所有権留保は，売買において所有権が移転する時期を当事者が合意で定めることは可能であるという理解が，それを成り立たせる論理的前提をなしている。この理解を前提として，買主が代金を支払うまで所有権を売主に留保する旨が合意される。このようにして代金債権の担保が企図されることが，所有権留保にほかならない。買主が代金を支払わない場合において，売主は，留保していた所有権に基づいて売買目的動産の返還を請求することができるから，そのことにより代金債権の実質的な担保が図られる。

もっとも，所有権留保の細部の法律関係を考えるうえでは，その本質のとらえ方をめぐり，さらに次のような考え方の分岐が観察される。

第1は，留保売主の権利行使の根拠が所有権そのものであることを強調する構成である。留保売主の権利行使が「所有権に基づいてその引渡しを求めるもの」であるとする側面（参考判例①）を強調する法的構成であり，そのもとにおいては，売買契約を解除することは，権利行使の要件として必然的には要請されない。参考判例①も，その事案においては売買契約の解除がなされているが，判決の一般的な立言の部分は，解除を要件として掲げていない。これからあと，この方向性をもつ考え方を単に所有権的構成という。

これに対し，留保売主の権利行使の根拠として所有権留保という非典型担保であることを強調する構成も想定することができ，非典型担保である動産の所有権留保の実体的な性質を強調する理解として，それに買主のための使用認容および原則として転売許容が定型的に伴うと考えることとなる。こちらは，これからあと，担保的構成と呼ぶことにしよう（前記の所有権的構成とともに，これらの名辞は，文脈においてさまざまの意味で用いられるものであり，ここに示す理解も，これから後の考察のためのものであるにとどまる）。

判例は，所有権的構成を基調とするようにもみえるが，被担保債権の弁済

期の前後で留保売主の権利義務について異なる解決をとる場面もみられる（関連問題の考察に手かがりを与える参考判例③が，判例の近時の立場を考えるうえで有益である）。

(2) 実行

所有権留保による代金債権担保の実質的な実現は，上述のとおり，留保されていた所有権に基づく目的物の返還請求により図られる。

所有権的構成のもとにおいて，留保売主は，単に所有権の移転時期に関する特約が附款として存在したことを主張立証することでよい。買主が被告である場合は，これに応じて目的物を返還することになり，また，被告が転買主である場合は，(4)で紹介する考え方に基づき，権利濫用であるとする評価を根拠づける具体的な事実として，留保売主が転売を許容していたことなどを主張立証することになる。

これに対し担保的構成を強調する際は，動産の所有権留保の実体的な性質を強調する理解として，それに転売許容と使用認容が定型的に伴うと考えることとなるから，その訴訟上の攻撃防御への反映として，所有権留保の本体部分の約定を主張するために，併せて代金債権の弁済期，使用権原賦与および原則として転売授権を不可分に１個の主要事実として主張するべきものであると考えられる。これらの点において，単に売買契約に所有権移転時期の特約が附款として添えられる場合とは異なる。所有権留保は，非典型担保であるから当然のことながら冒頭規定を欠くが，それに当たるものを書き表わすとするならば，「動産の所有権留保の売主は，買主が代金を支払わない場合において，買主に対し第三者への売却及びそれに基づく引渡しを許した売買目的物の返還を請求することができる」というものになると考えられる。

(3) 買主が倒産した場合の返還請求

買主が破産した場合において，所有権留保をもって，端的にいまだ所有権が移転していない事態であると捉えるならば，売主は，完全な所有権者として取戻権（破62条）を行使することができるということになる。これに対し，所有権留保の担保としての効力を強調するならば，担保権者の資格において別除権（同法65条１項）の主張をなしうるにすぎないという考え方も成り立たないことはない（また，民再53条参照）。同様の考え方の分岐は，倒

産のような包括執行でなく個別執行の場面においてもみられる。売買目的動産を買主の債権者が差し押えた場合に，判例は，売主が第三者異議の訴え（民執38条）を提起することができるとする（最判昭和49・7・18民集28巻5号743頁）けれども，所有権留保の担保としての実質を強調するならば，配当要求をすることができるにとどまるという解釈も成り立つことであろう。また，別除権とされる他の担保権と同じく，登記・登録の対象とされる財産については，留保売主が登記・登録を有することも必要になる（参考判例④⑤）。

### (4) 転得者に対する権利行使の可否

　売主が所有権を留保している場合において，買主が目的物の所有権を第三者に譲渡したときの法律関係は，どのように考えられるか。第三者への所有権移転は，典型的には第三者への売買により生じうる。第1の売買において所有権が売主に留保されていて所有権が移転していないのであるから，転買主は，所有権を取得することができないと考えることが原則となる。

　この原則に対し例外があるとするならば，まず，転買主が民法192条の要件を満たすときには，即時取得により所有権を取得することができる。

　では，即時取得の成立が認められない場合はどうか。所有権を留保していた売主が買主による転売を承認していた場合，具体的なイメージとしては，問屋が小売店に売ったというような場合において，小売店は目的物を消費者に転売することができなければ困る。問屋にしたところで，小売店に重大な信用不安が生じない限り，小売店の円滑な経営を助け，ひいては自身の経済的利益につなげるためにも，このような転売が実際上可能でなくてはならない。そこで，一定の要件のもと転買主の保護が認められてよい。この結論を導くための法的構成として，まず，CのDに対する所有権の主張が権利の濫用に当たるとすることが考えられ（1条3項），判例は，この考え方を採用している（参考判例①）。また，学説には，このような権利濫用による処理をさらに洗練させる試みとして，売主が買主に与えていた転売授権の効果として転買主の所有権取得を認めるという構成を試みるものもある。

### (5) 転得者に対する権利行使と民法545条1項ただし書の適用関係

　所有権的構成において，留保売主は，所有権の対世的効果として引渡しを

請求するものであり，これを売買解除の対第三者効制限で阻却することはできない。訴訟上の攻撃防御においても，売買解除の意思表示を留保売主が主張する場面がないと考える際には，これに対し民法545条1項ただし書の主張をする場面も見出すことができない。

また，担保的構成においては，1つの非典型担保であると構成される所有権留保の対第三者追及力として，問題局面は整理される。したがって，転買主は，そのような担保権の負担を受けた物の第三取得者にほかならない。

### (6) 物上代位

所有権を留保していた売主が物上代位権を行使することができるかという問題，たとえば買主が第三者の転売をした場合の転売代金債権に物上代位をすることができるかという問題について，所有権的構成は，そのような権能が所有権から導かれるとは考えにくいから，否定に傾くであろう。これに対し，担保的構成において，担保としての所有権留保の性格を極端に徹底するならば，上述のような物上代位を肯定する考え方も成立可能である。

### (7) 流動動産譲渡担保との関係

譲渡担保の所有権的構成を前提とすると，転得者の特殊な形態であるとみることができる者が，動産を譲渡担保に取った債権者である。この債権者との間において種類を定めて流動動産譲渡担保が約されていた場合において，当該の種類に当たる物の所有権を留保して売った者が，どのような法律的地位に置かれるか，考察を要する（参考判例⑥）[→本巻[57]]。

### 3 動産売買先取特権

### (1) 意義

動産売買の先取特権は，動産の代金と利息について，当該動産の上に成立する（321条）。動産上の特別の先取特権の一種であり，法定の担保物権である。

### (2) 実行

動産売買先取特権は，それに基づき売買目的動産について優先弁済権が与えられる。まず，先取特権の目的物について他の債権者が申し立てた競売において先取特権者は配当要求をして優先弁済を受けることができる（民執133条）。また，民事執行法190条の規定に基づき，先取特権者が自身で競売

を申し立てることもできる。

(3) 倒産

買主に対し破産手続が開始する場合において，動産売買先取特権は，別除権として扱われる（破2条9項・10項・65条1項）。このように担保権の一角をなすものとして遇されることは，他の倒産手続においても同様であり，民事再生手続において別除権（民再53条）として扱われ，また，会社更生手続においては更生担保権となる（会更2条10項・196条5項2号）。

(4) 転得者との関係

売買目的動産の所有権が第三者に移転し，かつ引渡しもされた場合には，もはや当該動産の上へは先取特権を行使することはできないものとされる。民法333条の定めるところであり，第三取得者の善意・悪意を問わないとするのが伝統的な解釈である。

(5) 物上代位

売買目的動産について売却・賃貸・滅失・損傷があった場合において，売主は，それらにより買主が取得した債権の上に物上代位をすることができる（304条）。いまだ売主に代金を支払っていない買主が第三者に目的物を転売した場合において，売主は，民法304条1項および民事執行法193条1項後段に従い，買主の転買主に対する代金債権に物上代位をすることができる。

・・・・・**関連問題**・・・・・・・・・・・・・・・・・・・・・・・・・・・・・・・・・・・・・・・・・・・・・・・

B・C間の動産丙の売買契約において，本問のとおり，Bが代金を完済するまでCが所有権を留保する旨が約されていたとする場合において，本問のAは，Cに対し，動産丙を甲土地から撤去することを求めることができるか。

また，B・C間の動産丙の売買契約において，Bが代金を完済するまでCが所有権を留保する旨の契約条件がなかったとする場合において，Aは，Bの未払賃料を取り立てるため，丙動産を差し押えることができるか。それができるとする場合におけるA・Cの権利関係は，どのように考えられるか。

●】参考文献【●

＊田髙寛貴・判タ 1305 号（2009）48 頁〔参考判例③判批〕／和田勝行・百選
　Ⅰ〔第 8 版〕（2018）204 頁〔参考判例③判批〕

（山野目章夫）

# 59 代理受領の第三者効

　A会社（以下，「A」という）は，B会社（以下，「B」という）より建物の建築を1億5000万円で請け負い，建築工事を完了し建物をBに引き渡した（2024年10月）。工事代金は3回に分けて支払われることになっており，Bはすでに2回の支払は済ませ，残りの5000万円の支払については工事完成・建物引渡後の同月16日と約束されている。

　C信用金庫（以下，「C」という）は，2024年5月に，Aに対して8000万円の融資をするに際して（返済期日は同年10月10日），Aの代表取締役Dに連帯保証人になってもらうと同時に，上記工事の残額代金債権5000万円（以下，「本件債権」という）につき，AがBに対する本件債権の取立てをCに依頼し，そのための代理権をAがCに付与する合意をした。しかし，BがAに支払ってしまうと困るため，Cの担当者がBの本社を訪れて，権限を有するBの社員と交渉して，貸金回収目的であるといった事情を説明して，Cへの支払を書面により承認してもらった。

　その後，Aは2024年10月10日の返済期日にCに8000万円の支払がなかったため，CはAにその支払を請求したが，支払がされないため，Cは本件債権からの支払を受けることにした。これに対して，Aが他から入金の可能性があるので，10月末まで支払を延ばしてほしいと懇願してきたため，Cは本件債権の取立てを見合わせることにした。しかし，Aは，Bに対してCへの取立ての委任は解除されているので心配ないとBの担当者を安心させて，BにAの口座への振込みをさせたうえで，これを引き出して建築資材の購入などに使用した。

　この事例で，CはBに対してどのような請求ができるか。

## ●】参考判例【●

① 最判昭和 44・3・4 民集 23 巻 3 号 561 頁
② 最判昭和 61・11・20 判時 1219 号 63 頁

## ●】解説【●

### 1 代理受領の意義：B の A への弁済は有効

本件債権に C によって債権質が設定され，A による債権質権設定の通知がされたならば，もはや B の A への弁済は無効になる。また，担保のために本件債権が C に譲渡されその通知が A により B にされた場合にも，A への弁済は無効である。

ところが，公共工事についての地方公共団体に対する債権については，法令により債権の譲渡・質権設定が禁止されているため，これらの方法によることができない。そこで，担保目的で債務者から債権についての取立受領権限の付与を受けて，事実上優先的債権を図るという担保目的の取引が，実務慣行により発生したのである。このような担保目的の取立受領権限を獲得する実質的担保取引を代理受領という。

本問は，民法の問題であるため，私人間の代理受理の約束がされた事例としたが，その問題点は，公共工事の代金債権と変わることはない。

代理受領では，債権質の設定とは異なり，債務者の受領権限を奪うものではなく，債務者の代理人として取り立てるにすぎないので，債務者（本問では A）に支払われてしまえば，その弁済は有効である。そのため，債務者への支払がされないようにしておく必要があり，代理受領では，債権回収を確実なものとするために，第三債務者（本問では B）の承諾を得ておくのである（取立委任の委任状の最後に第三債務者に，「上記の件，異議なく承諾します」といったような記載がされ，この解釈ないし評価が問題になる）。それにもかかわらず，本問でいえば B が A に支払ってしまったらどうなるのかが問題になるのである（甲斐道太郎「契約形式による担保権——代理受領」遠藤浩 = 林良平 = 水木浩監修『現代契約法大系(6)』〔有斐閣・1984〕34 頁以下）。

## 2　Cを保護する法的構成1：弁済の効力を否定できないか

　Cを保護するために，弁済の効力を否定することもまったく不可能ではない。その方法としては，A・B・Cの三者間で，Aの受領権限を否定しCにのみ受領権限を認めるという合意があったと契約解釈により導く方法である。契約自由の原則からして不可能とまではいわないとしても，そこまでの合意をしていると契約解釈することが許されるかははなはだ疑問であろう。

　そこで，次にBがCへの支払を約束しておきながら，Aに支払うことは禁反言に反する行為であり，信義則上弁済の有効性を主張できないという解決も考えられる。しかし，そこまでの強い効力をこの合意に認めてよいのかは疑問である。

　結局，Bのなした弁済を無効とすることは無理というほかはない。なお，代理受領という取引自体の法的性質としては，ⓐ単なる取立委任説，ⓑ債権質権類似の無名契約説，ⓒ第三者のためにする契約説，ⓓ三面的無名契約説，ⓔ債権担保契約説などが考えられている（甲斐・前掲40頁参照）。

## 3　Cを保護する法的構成2：損害賠償による保護

### (1)　第三債務者の義務

　(a)　債務を負担する意思表示ではないとすると　　第三債務者BのCへの代理受領の承認を法的にどう分析すべきかが，この問題を解くキーポイントになる。これを単に，Cの取立権限を認めてCが請求してきたらCに支払うというだけの約束であれば，何ら法的な債務の負担の合意ではない。

　しかし，債務を負担する意思表示ではないとしても，Cが本件債権から債権回収を図ろうと考えていることを知りつつ，また，これに意思表示ではないとしても支払を約束してCを安心させている。Cは担保をとったも同然と信頼して，それゆえにAに融資を行ったのである。これによりCに保護に値する利益が成立し，BはAに弁済することによりそれを侵害しない信義則上または不法行為上の義務を負うということも考えられる。ところが，その保護の対象となる権利ないし利益をどう構成したらよいのかという点でさらに疑問が生じよう。債権侵害であろうか，それとも一種の担保といった期待利益であろうか。しかし，そうすると債権侵害において違法性が認められるためには主観的要件として侵害の認識といった強度の違法性が必要では

ないか，といった疑問をぬぐえない。

　(b)　債務の負担という構成　　信義則上の義務や不法行為上の義務とは
異なり，契約自由の原則（521条2項）があるので，CB間の合意でBがC
に対して何らかの債務を負担することは可能である。そのような債務として
は，保証債務とは異なるが，BがCにAになすべき給付を行う債務（さら
には併存的債務引受），または，Aに支払をしないという不作為債務を並存的
に負担するということが考えられる。

　契約自由の原則からこのような債務を負担する合意を無効とする理由はな
く，問題は，そのような合意がされていると事実認定ができるのかというこ
とである。ただし，信義則上の義務を債務として肯定すれば，合意に依拠す
ることなくBにAに対して支払わない信義則上の義務を認定でき，その違
反による債務不履行を語ることは許される。

　(c)　判例による解決　　判例は，本問のように，第三債務者（本問のB）
が，代理受領が解除されたという債務者（本問のA）の説明を信頼して確認
もせずに債務者に弁済をなした事例について，おおむね次のように判示し
て，債権者（本問のC）による第三債務者（本問のB）に対する損害賠償請求
を認容している（参考判例①）。

　代理受領の委任状が提出された当時，担保の事実を知って代理受領を承認
したのであり，X（債権者）からはこの請負代金を受領すれば，債務者に対
する手形金「債権の満足が得られるという利益」を有すると解され，この承
認は，「単に代理受領を承認するというにとどまらず，代理受領によつて得
られるXの右利益を承認し，正当の理由がなく右利益を侵害しないという
趣旨をも当然包含するものと解すべきであり」，したがって，Yとしては，
この「承認の趣旨に反し，Xの右利益を害することのないようにすべき義
務がある」と解するのが相当である（Yの担当者の過失を認めてYの損害賠償
義務を認めた原審判決を認容）。

　「債権の満足が得られるという利益」を問題にしているので，債権侵害と
いうよりも実質担保取引により享受する担保的利益を問題にしているかのよ
うである。民法709条では，権利だけでなく法的に保護される利益も含まれ
るので（2004年の現代語化で明記），条文上は問題ない。そして，損害は，本問

でいうと，CがAに対する債権を回収できないという損害ではなく，CがA
のBに対する本件債権から債権回収をするという担保利益を問題にしている。
そのため，(2)のように他に担保があっても損害は否定されないことになる。

(2) **賠償請求できる損害**

　代理受領の約束に反して第三債務者により債務者への弁済がなされた場
合，債権者に対する不法行為が成立するとしても，損害は何であろうか。担
保侵害であるとすると，その担保による確実な回収可能性ということにな
り，その担保がなくても債権回収できる場合であっても損害ありということ
になるのであろうか。

　この点，参考判例②は，原審判決は，「一種の担保が失われても残存する
他種の担保によって十分に担保されているときには，担保の喪失による損害
はない」として，資力十分な連帯保証人がいるため，「代理受領権の喪失に
よる損害はない」としたのを破棄し，「担保権の目的物が債務者又は第三者
の行為により全部滅失し又はその効用を失うに至った場合には，他に保証人
等の人的担保があって，これを実行することにより債権の満足を得ることが
可能であるとしても，かかる場合，債権者としては，特段の事情のない限
り，どの担保権から債権の満足を得ることも自由であるから，そのうちの一
個の担保が失われたことによりその担保権から債権の満足を受けられなくな
ったこと自体を損害として把握することができ，他に保証人等の人的担保が
設定され，債権者がその履行請求権を有することは，右損害発生の障害とな
るものではない」とした。代理受領を超えて担保侵害の一般論としても注目
される判決である。抵当権侵害についていえば，その抵当権により債権回収
しえた金額が損害であり，債務者が資力十分であり債権侵害を観念しえない
としても，損害賠償が認められることになる。債権者に行きすぎた保護を与
えるのではないかという疑問は残るが，損害の認定を軽減するという観点か
らは是認してよい解決である。

　**4　本問への当てはめと関連問題**

(1) **本問への当てはめ**

　判例を本問に当てはめれば，Bには，承認という先行行為に基づく作為義
務ないし不可侵義務として，本件債権から確実に債権回収ができるという

「利益」(担保利益) を侵害しない義務が成立する。

そうすると，Bは容易にCに確認が可能なのに，Aの説明のみを鵜呑みにしてAに支払っており，この義務に違反する過失があるといえ，BはCに対して民法709条 (ないし同法715条1項) による損害賠償義務を免れないことになる。Bとしては，確実な連帯保証人DがいるのでCに損害はないという主張をするであろうが，上記判例によればこのような主張は認められないことになる。

### ⑵　代理受領の関連問題 (⒝〜⒟は本問の対象外)

⒜　債務不履行責任の認否　　代理受領の関連問題としては，まず，債務を負担する意思表示とまでいえないとしても，信義則上の義務が成立しその違反による債務不履行を問題にできないかという問題がある。民法724条1号の3年の時効に対して，民法166条1項1号の5年の時効によるという，消滅時効の点で債務不履行責任による利点があるが，信義則上の義務をそこまで拡大できるのかは問題が残される。

⒝　Aに対する求償の問題等　　次に，もしBがCに損害賠償をした場合に，BはAに求償できるか，また，AのCに対する債務はどうなるかという問題がある。BのAに対する弁済は有効なので，不当利得返還請求権は認められない。また，BはAのCに対する債務を保証人のように代わりに弁済したわけではない。しかし，CがAとBから二重に債権額を超える支払を受けるのは認めることはできないはずであり，CのAに対する債権が存続するというのは不合理である。Cに対して，AとBとが連帯債務の関係になり，BのCに対する賠償金の支払により，CのAに対する債権も消滅すると考えるべきである。そうすると，Cに対してAとBとは連帯債務を負うことになるため，公平の観点からBからAへの求償が認められるべきであり，実質的に担保ということを考えれば，BからAへの全面的な求償を認めるべきである。

⒞　Dに対する求償の問題　　さらに，Bと連帯保証人Dとの関係も問題になる。というのは，CのAに対する債権につき，BとDの2人が担保を負担することになるからである。ⓐDが弁済した場合，Bは担保を負担していないので弁済者代位 (499条) ができず，ⓑ他方，Bが賠償したら，

Dに対する保証債権に全面的に弁済的代位ができるというのは，公平ではない。そのため，C・D間には共同保証人間の求償についての民法465条1項を類推適用して，相互に頭割りでの求償を認めるべきである。

(d)　第三者との関係　　さらには，正規の担保ではないので，第三者への対抗はどうなるのかという疑問が残される。代理受領の合意後に，本件債権が第三者に譲渡されたり，質権が設定されたり，さらには第三者が差し押えることが考えられる。対抗要件がないのみならず，あくまでもAC間の相対的な義務にすぎないので，他の第三者はCのBとの関係で認められる利益を害しない不可侵義務を負わないというべきである。結局，Cは第三者が差し押えたならば，それを排除できないことになる。

では，二重に代理受領が合意されたらどうなるであろうか。両者に第三債務者が承諾してしまえば，相対的な義務であるので，いずれに対しても判例のいう利益そしてそれを侵害しない義務が成立するのであろうか。

---

**■ 関連問題 ■**

　もし本問において，CがAから本件債権について取立・受領権限の付与を受けたのではなく，AがCに有する預金口座に，Bが本件債権の支払金額を振り込むことをAに約束したが，AがBに，AがD銀行に有する口座に振込先を本件債権の支払先を変更することを求め，Bがこれに応じてD銀行のAの口座に本件債権の支払金額を振り込んだ場合だとしたら，CはBに対してどのような法的請求ができるであろうか。

---

**●】参考文献【●**

＊杉田洋一・最判解民昭和44年度（上）133頁／加藤雅信・百選Ⅰ〔第5版新法対応補正版〕（2005）210頁／椿寿夫編集代表『担保法の判例Ⅱ〔ジュリ増刊〕』（有斐閣・1994）107頁〔松本恒雄〕／宮川不可止「代理受領論の現代的展開」京都学園法学56号（2008）1頁以下

（平野裕之）

# 判例索引
(参考判例として掲載されたものは太字で示した)

Law Practice 民法Ⅰ【総則・物権編】〔第5版〕

| 2009年 9 月30日 | 初　版第 1 刷発行 |
| 2014年 4 月 1 日 | 第 2 版第 1 刷発行 |
| 2017年 3 月10日 | 第 3 版第 1 刷発行 |
| 2018年 6 月20日 | 第 4 版第 1 刷発行 |
| 2022年10月15日 | 第 5 版第 1 刷発行 |

編　　　者　　千　葉　恵美子　　潮　見　佳　男
　　　　　　　片　山　直　也

発　行　者　　石　川　雅　規

発　行　所　　鑶 商 事 法 務
〒103-0025 東京都中央区日本橋茅場町3-9-10
TEL 03-5614-5643・FAX 03-3664-8844〔営業〕
TEL 03-5614-5649〔編集〕
https://www.shojihomu.co.jp/